Bettina Dennerlein ·
Islamisches Recht und sozialer Wandel in Algerien

ISLAMKUNDLICHE UNTERSUCHUNGEN · BAND 221

begründet
von
Klaus Schwarz

herausgegeben
von
Gerd Winkelhane

KLAUS SCHWARZ VERLAG · BERLIN

ISLAMKUNDLICHE UNTERSUCHUNGEN · BAND 221

Bettina Dennerlein

Islamisches Recht und sozialer Wandel in Algerien

Zur Entwicklung des Personalstatuts seit 1962

KS

KLAUS SCHWARZ VERLAG · BERLIN · 1998

Die Deutsche Bibliothek - CIP-Einheitsaufnahme

Dennerlein, Bettina:
Islamisches Recht und sozialer Wandel in Algerien : zur Entwicklung des Personalstatuts seit 1962 / Bettina Dennerlein. - Berlin : Schwarz, 1998
(Islamkundliche Untersuchungen ; Bd. 221)
Zugl.: Berlin, Freie Univ., Diss., 1997
ISBN 3-87997-273-7

Klaus Schwarz Verlag GmbH, Postfach 41 02 40, D-12112 Berlin
ISBN 3-87997-273-7
Druck: Offsetdruckerei Gerhard Weinert GmbH, D-12099 Berlin

ISSN 0939-1940
ISBN 3-87997-273-7

Vorwort

Diese Arbeit wurde vom Fachbereich Philosophie und Sozialwissenschaften II der Freien Universität Berlin als Dissertation angenommen. An erster Stelle möchte ich Herrn Prof. Dr. Fritz Steppat herzlich danken, ohne dessen Interesse und Unterstützung die Arbeit nicht zustandegekommen wäre. Auch Herrn Prof. Dr. Klaus Wähler, der den Fortgang der Arbeit mit Aufmerksamkeit kritisch begleitet hat, gilt mein besonderer Dank. Für wichtige Anmerkungen zur Überarbeitung der Prüfungsfassung im Hinblick auf eine Publikation bin ich Frau Prof. Dr. Gudrun Krämer sehr dankbar. Herr Prof. Dr. Martin Forstner hat mir freundlicherweise im Rahmen einer Vorstudie zu dieser Arbeit algerische Rechtsliteratur zur Verfügung gestellt.

Stipendien des Wissenschaftskollegs zu Berlin und der Volkswagen-Stiftung in den Jahren 1996/97 und 1997/98 haben es mir ermöglicht, neben der Arbeit an neuen Projekten Zeit und Anregungen für letzte Veränderungen und Korrekturen am vorliegenden Manuskript zu finden.

Nicole Savall und Stephan Trudewind bin ich in besonderer Weise für ihre Unterstützung und Ermutigung zu Dank verpflichtet.

Die Sammlung des Materials, das hier bearbeitet wird, wurde im wesentlichen während eines letzten Forschungsaufenthalts in Algier im Herbst 1993 abgeschlossen. Angesichts der seither in Algerien herrschenden Verhältnisse war mir eine Rückkehr dorthin zu Forschungszwecken nicht mehr möglich. Die Namen meiner algerischen Gesprächspartnerinnen und Gesprächspartner, denen ich großen Dank schulde, habe ich aus Sorge um ihre Sicherheit nicht genannt.

Die Umschrift des Arabischen folgt grundsätzlich den Empfehlungen der Deutschen Morgenländischen Gesellschaft. Längere Zitate sind ins Deutsche übersetzt worden. Personen- und Ortsnamen sind an der algerischen französischen Schreibweise orientiert und werden nur bei ihrer jeweils ersten Nennung im Text durch die Umschrift des Arabischen ergänzt. Bei in der deutschen Fachsprache üblichen Begriffen (wie „Koran“ oder „malikitisch“) wurde auf eine Wiedergabe in Umschrift ganz verzichtet.

Berlin, im September 1998

INHALT

Islamisches Recht und sozialer Wandel in Algerien
Zur Entwicklung des Personalstatuts seit 1962

1 EINLEITUNG: KONTEXTE DES ISLAMISCHEN RECHTS

Es ist das Anliegen dieser Arbeit, am Beispiel Algeriens die Dynamik gegenwärtiger Entwicklungen des islamischen Personalstatuts zu analysieren. Im Vordergrund soll die Eingebundenheit des islamischen Rechts in verschiedene institutionelle Zusammenhänge einerseits, in allgemeinere gesellschaftliche Transformationsprozesse andererseits stehen. Das Hauptmaterial der Untersuchung bildet dabei neben politischen und juristischen Diskursen die konkrete Rechtspraxis algerischer Gerichte.

Algerien bietet sich für eine solche Untersuchung insofern an, als erst 1984, mehr als zwanzig Jahre nach der Unabhängigkeit des Landes, mit der Verabschiedung des ersten algerischen Familiengesetzes eine politische Entscheidung über das Personalstatut gefällt wird. Bis dahin liegen für diesen Bereich nur vereinzelte gesetzliche Regelungen vor. Diese Situation verleiht den Systematisierungs- und Interpretationsanstrengungen von Rechtslehrern und Richtern besonderes Gewicht. Zwar ist unbestreitbar, daß die dem algerischen Personalstatut zugrundeliegenden Werke des traditionellen malikitischen Rechts zumindest in Grundzügen einen positiven Inhalt sowie eine gewisse normative Eigenlogik vorgeben. Auch ist zu berücksichtigen, daß die Eingriffsmöglichkeiten der Richter ebenso wie die des Gesetzgebers aufgrund der großen symbolischen Bedeutung des islamischen Personalstatuts im algerischen Kontext begrenzt sind. Dennoch können weder das traditionelle Recht noch die politischen Verhältnisse allein die konkrete Ausgestaltung und Entwicklung des algerischen Personalstatuts erklären. Der häufig konstatierte Konservatismus der obersten Richter und des Gesetzgebers muß vielmehr mit Karl Mannheim als „reflexiv gewordener Traditionalismus" verstanden werden.[1] Der selektive Rückgriff auf traditionelles islamisches Recht ist ebenso wie dessen Reinterpretation und Reform immer auch auf die aktuellen gesellschaftlichen Verhältnisse bezogen.[2]

In der Einleitung sollen nun zunächst Möglichkeiten und Probleme einer kontextbezogenen Untersuchung des islamischen Personalstatuts diskutiert werden. In einem ersten Teil geht es dabei um die politischen Rahmenbedingungen der Rechtsentwicklung. In einem zweiten Teil wird versucht, trotz

---

1 Vgl. MANNHEIM *Konservatismus*, 106.

2 Für die historische Bedingtheit religiös legitimierter Traditionen allgemein in muslimischen Gesellschaften vgl. GILSENAN *Recognizing Islam*, 14 f.

großer Lücken im Forschungsstand grundlegende Entwicklungstendenzen der algerischen Familie herauszuarbeiten. In einem letzten Teil werden Forschungsansätze vorgestellt, die sich unter verschiedenen Fragestellungen mit der sozialen Bedingtheit von Recht auseinandersetzen. Neben theoretischen und methodischen Grundlagen soll hier auch das Material, auf das sich die Arbeit stützt, im einzelnen vorgestellt werden.

1.1 ISLAM UND POLITIK

Ein grundsätzliches Problem, das sich für eine Untersuchung der Praxis des islamischen Rechts stellt, liegt in der Politisierung des Gegenstandes. So hat einer der international bekanntesten Rechtswissenschaftler an der Universität Algier das algerische Personalstatut einmal als bestenfalls unter politikwissenschaftlichen Gesichtspunkten relevanten Forschungsgegenstand bezeichnet.[3] Auch in der einschlägigen wissenschaftlichen Literatur wird das islamische Personalstatut vor allem in seiner im engeren Sinn politischen Bedeutung gewürdigt. Es liegt daher für die Zeit nach 1962 bis jetzt keine systematische Analyse der algerischen Rechtspraxis in Personalstatutssachen vor.[4]

Tatsächlich ist unbestreitbar, daß die Entwicklung des algerischen Personalstatuts eng mit dem komplizierten Verhältnis von Religion, Staat und Politik allgemein zusammenhängt. Das zeigt sich nicht zuletzt an der großen Bedeutung, die dem islamischen Recht für die Definition der algerischen Nation zukommt. Dennoch läßt sich, wie im Verlauf der Arbeit gezeigt werden soll, die Entwicklung des Personalstatuts nur zum Teil durch den Rekurs auf politische und ideologische Faktoren erklären. Im folgenden sollen daher Grundzüge der politischen Geschichte Algeriens nur insoweit skizziert werden, wie sie als Rahmenbedingungen der Rechtsentwicklung relevant sind.

1.1.1 Religion und Nationalismus

Theoretische Ansätze, die von einer notwendigen und unumkehrbaren Marginalisierung der Religion im Prozeß gesellschaftlicher Modernisierung ausgingen, sind spätestens seit dem Ende der siebziger Jahre in dieser Absolutheit kaum mehr haltbar. Seither sind nicht nur die Begriffe der Säkularisierung und des Säkularismus mit Bezug auf den Nahen Osten historisch und theoretisch weiter differenziert worden.[5] Auch die historischen und die politischen Bedingungen und die Probleme der Säkularisierung und des Säkularismus im Nahen Osten sind Gegenstand wissenschaftlicher Reflexion ge-

---

3 Interview der Verfasserin (Algier im März 1993).

4 Es existiert lediglich ein eher deskriptiv gehaltener Überblick über die aktuelle Rechtslage in zwei Bänden (BENMELHA *Droit algérien de la famille* und ders. *Le droit patrimonial*).

5 Vgl. etwa SCHÖLCH *Säkularistische Traditionen*.

worden.[6] Andere Autoren haben unter Verweis auf verschiedene Beispiele religiöser Revitalisierungsbewegungen den Zusammenhang von Modernisierung und Säkularisierung ganz grundsätzlich in Frage zu stellen versucht.[7]

In der einschlägigen wissenschaftlichen Literatur wird dabei insbesondere Algerien immer wieder als Beispiel für die Vereinbarkeit oder sogar die gegenseitige Bedingtheit von Islam und Modernisierung genannt.[8] Der Grund dafür liegt in der besonderen Rolle, die bestimmte Formen des Islam für die Artikulation des algerischen Nationalismus und später für die Ideologie des unabhängigen algerischen Staates gespielt haben.

So scheint der Islam in Algerien spätestens seit dem Ende des Ersten Weltkriegs nicht mehr nur Religion des Rückzugs, sondern, in Gestalt des Reformislam, auch Religion der sozialen Mobilisierung gewesen zu sein. In dem Maße, in dem der tribale Widerstand gegen die Kolonisierung durch moderne Formen politischen Protests abgelöst wurde, nahm auch der Islam neue, rationalistische und nach Jacques Berque geradezu „jakobinische" Züge an.[9] Vor allem Ernest Gellner hat auf die modernisierende Wirkung hingewiesen, die vom algerischen Reformislam ausging. Er bezieht sich bei dieser Beurteilung einerseits auf die große Bedeutung, die der Reformislam als „Proto-Nationalismus" für die Konstruktion einer kollektiven Identität der algerischen Muslime hatte.[10] Andererseits sieht Gellner vor dem Hintergrund der Auflösung traditionaler Sozialstrukturen in den individualistischen, puritanischen und zugleich unitarischen Zügen des Reformislam die Grundlage für neue Formen gesellschaftlicher Integration. *„Die Auflösung der kräftigen alten lokalen und Verwandtschaftsstrukturen (...) geht Hand in Hand mit der Ausschaltung der Heiligenkulte, die die Organisation der Kleingemeinschaften ratifiziert hatten, und ihrer Ersetzung durch eine reformierte individualistische und unitarische Theologie.*"[11] Der in der wissenschaftlichen Literatur immer wieder hervorgehobene gesellschaftspolitische Traditionalismus des algerischen Reformislam insbesondere in Fragen der Familie und der Geschlechterbeziehungen muß dabei keineswegs in Widerspruch zum Gesagten stehen. Die Vertreter des Reformislam sahen in der Aufrechterhaltung der überkommenen Familienverhältnisse keinen Selbstweck, sondern einen Schutzmechanismus gegen die als Bedrohung der muslimischen Gesellschaft wahrgenommenen Auswirkungen der Kolonisierung.

---

6 AL-ʿAẒMA *al-ʿAlmānīya.*

7 HANF *Modernisierung ohne Säkularisierung.*

8 VATIN *Religious Resistance*, 124. Vgl. auch GELLNER *Nationalismus und Moderne*, 120 ff.; ders. *Leben im Islam*, 244-252 und COLONNA *Cultural Resistance*, 248.

9 BERQUE *Le Maghreb entre deux guerres*, 73 f.

10 GELLNER *Leben im Islam*, 244. Für den Zusammenhang von Islam und nationaler Identität vgl. auch ABUN-NASR *Islam und Nationalidentität.*

11 GELLNER *Nationalismus und Moderne*, 121.

Bestimmte soziale Praktiken wie die strenge Geschlechtertrennung und die Verschleierung von Frauen wurden erst in Konfrontation mit der Gesellschaft der Siedler aufgewertet und als Ausdruck der Besonderheit der muslimischen Identität der Algerier interpretiert und verteidigt. Das Anliegen der Vertreter des Reformislam war es, so den gemeinschaftlichen Zusammenhalt der Muslime gegen den Kolonialstaat zu stärken.[12] Auch waren sie stets darum bemüht, überkommene Strukturen selbst neu zu begründen und zugleich zu reformieren. Daher das Engagement von Anhängern des Reformislam für einen Ausbau der Mädchenbildung „auf Grundlage unserer Religion und unserer nationalen Persönlichkeit".[13] Frauen sollten durch Erziehung auf ihre Mutterrolle vorbereitet und dadurch in das Projekt des Aufbaus einer „besseren muslimischen Gesellschaft" einbezogen werden.[14]

Obwohl die Vertreter des algerischen Reformislam vornehmlich auf dem religiösen Feld agierten, hatte ihr Engagement unter den kolonialen Bedingungen notwendigerweise auch politische Implikationen. Die im Mai 1931 gegründete *Association des ʿUlamāʾ Musulmans Algériens* (AUMA)[15] setzte sich zunächst zwar in erster Linie für die „Erneuerung" des algerischen Islam ein. Ihre Aktivitäten waren aber nicht nur gegen bestimmte Formen des mystischen Islam,[16] sondern ebenso gegen Bestrebungen zur vollkommenen Französierung der algerischen Muslime gerichtet.[17] So bemühte sie sich um die Wiederbelebung des Arabischen und gründete private Schulen, in denen religiöse sowie moderne Lehrinhalte in arabischer Sprache unterrichtet wurden.[18] Die von ihr angestrebte Wiederherstellung der „Würde" des arabisch-islamischen Algerien führte die AUMA aber auch auf unmittelbar politisches Terrain.[19] Neben dem Kampf um die Vereinbarkeit von islamischem Personalstatut und französischen Staatsbürgerrechten blieben dabei die Durchsetzung der Trennung von Islam und (Kolonial-) Staat und die Anerkennung des Arabischen als algerischer Nationalsprache die wichtigsten politischen Anliegen der *ʿulamāʾ* in den dreißiger Jahren.[20] Der Reformislam formulierte schießlich auch das Motto, das später zum „ideologischen Zement"[21] der Nationalbewegung werden sollte: *„Der Islam ist unsere Re-*

---

12 MERAD *Réformisme musulman*, 331.
13 MERAD a.a.O., 330.
14 MERAD a.a.O., 329. Vgl. auch BORRMANS *Statut personnel et famille*, 117 f.
15 *Ǧamʿīyat al-ʿulamāʾ al-muslimīn al-ǧazāʾirīyīn.*
16 Zum Verhältnis zwischen islamischer Gelehrsamkeit und mystischem Islam in verschiedenen regionalen Kontexten vgl. die Beiträge in KEDDIE *Scholars*.
17 AGERON *Histoire de l'Algérie*, 326 ff.; MERAD *Réformisme musulman*, 119 ff.
18 Zu den Schulen der *ʿulamāʾ* vgl. AGERON *Histoire de l'Algérie*, 337 ff.
19 MERAD *Réformisme musulman*, 147.
20 AGERON *Histoire de l'Algérie*, 326-336.
21 LECA *Etat et société*, 18.

ligion, das Arabische ist unsere Sprache, und Algerien ist unser Vaterland (waṭan)".[22]

Der im engeren Sinn politische Widerstand gegen die französische Kolonialherrschaft wurde zunächst noch von ganz unterschiedlichen Tendenzen getragen. Den am französischen Vorbild orientierten Liberalen und Kommunisten auf der einen Seite standen der seit Mitte der dreißiger Jahre zunehmend politisierte Reformislam und ein eher populistischer Nationalismus auf der anderen Seite gegenüber, die sich beide stärker auf die Identität der Algerier als arabisch-islamischer Nation beriefen.[23] Liberale und Kommunisten hatten jedoch unter den spezifischen Bedingungen des Siedlungskolonialismus nur geringen Einfluß innerhalb der algerischen Bevölkerung. Die liberalen, französisch gebildeten *Jeunes Algériens*, die sich für eine vollständige Assimilierung der Kolonisierten einsetzten, fanden in einer breiteren Öffentlichkeit kaum Gehör. Nur eine radikalere Faktion, die die Forderung nach Gleichstellung der Muslime mit derjenigen nach Aufrechterhaltung des islamischen Personalstatuts als Symbol der algerischen nationalen Identität verband, konnte einen gewissen politischen Erfolg verbuchen. Nach Einschätzung Charles-Robert Agerons tendierte diese Faktion wenn auch unbewußt dazu, durch den Bezug auf den Islam in der algerischen Bevölkerung insgesamt Fuß zu fassen. Sie strebte eine Synthese aus den politischen Forderungen der französierten Elite und den eher religiös geprägten, dem französichen Einfluß ablehnend gegenüberstehenden Einstellungen der Mehrheit der Bevölkerung an.[24] Als politische Bewegung löste sich diese Faktion allerdings mit dem Exil ihres Führers Emir Khaled (Ḫālid) im Jahre 1923 auf.[25] Die kommunistische Partei war ihrerseits unter der muslimischen algerischen Bevölkerung nie sehr einflußreich, was sowohl mit ihrer sozialen Basis als auch mit ihrer bis zuletzt schwankenden Haltung in der Frage der politischen Zukunft Algeriens zusammenhing.[26]

Die treibende politische Kraft der algerischen Unabhängigkeitsbewegung wurde schließlich der 1937 gegründete *Parti du Peuple Algérien* (PPA), später *Mouvement pour le Triomphe des Libertés Démocratiques* (MTLD) unter der Führung von Messali Hadj (Maṣṣālī al-Ḥāǧǧ). Diese Bewegung, die bereits in den zwanziger Jahren als *Etoile Nord-Africaine* unter nordafrikanischen Emigranten aus dem Umfeld der KPF in Paris entstanden war, trat von Anfang an für die vollständige Unabhängigkeit Algeriens von

22 AGERON *L'Algérie contemporaine*, 86.
23 HARBI *La guerre commence*, 105 f.
24 AGERON *Histoire de l'Algérie*, 291.
25 AGERON a.a.O., 288 f.
26 AGERON a.a.O., 378-385, 596-601, 610.

Frankreich ein.[27] Erst nach dem Ende des Zweiten Weltkriegs wurde diese Forderung auch von den anderen politischen Parteien und von der Organisation der Reform-*ᶜulamāʾ* endgültig übernommen.[28] Der PPA-MTLD war außerdem die erste politische Partei in Algerien, die systematisch versuchte, größere Teile der Bevölkerung zu erreichen und politisch zu mobilisieren.[29] Für diesen Zweck verband der PPA-MTLD in seinem politischen Diskurs linkspopulistische Elemente zunehmend mit der Betonung der arabisch-islamischen Identität Algeriens.[30] Prominente Kritiker dieser Orientierung wurden immer stärker marginalisiert und im Verlauf der sogenannten „Berberkrise" 1948/49 aus der Partei ausgeschlossen.[31] Der bewaffnete Kampf wurde schließlich am 1. November 1954 von dem aus einer Spaltung des PPA-MTLD hervorgegangenen *Front de Libération Nationale* (FLN) eingeleitet. In den frühen Texten und politischen Erklärungen des FLN blieb unklar, welche Rolle die Religion in einem unabhängigen Algerien spielen sollte.[32] Der Aufruf zum 1. November forderte lediglich ganz allgemein die Errichtung eines souveränen, demokratischen und sozialen algerischen Staates im Rahmen „islamischer Prinzipien".[33] Gleichzeitig diente der Islam während des Unabhängigkeitskampfes als Moment sozialer Kontrolle und Disziplinierung auch ganz praktischen Zwecken. So wurden im Namen des Islam Rauch- und Alkoholverbote sowie strenge Regeln für den Umgang der Geschlechter miteinander durchgesetzt.[34]

1.1.2 Die Rolle der Religion im unabhängigen Algerien

Obwohl der Reformislam als organisierte Bewegung ohne politischen Einfluß blieb, stellt er nach der Unabhängigkeit Algeriens eine wichtige Quelle religiöser und damit potentiell auch politischer Legitimität dar. So haben die Reform-*ᶜulamāʾ* zwar auf dem politischen Feld verloren - aus den ideologischen Kämpfen aber gingen sie gewissermaßen als Sieger hervor.[35] Diese Situation hilft zu erklären, warum die Religion einerseits für das Selbstverständnis des unabhängigen Algerien von zentraler Bedeutung ist, dem Islam und den *ᶜulamāʾ* andererseits aber kein Einfluß auf den institutionellen Auf-

---

27 AGERON a.a.O., 349-358; 587.
28 AGERON a.a.O., 604 f.
29 AGERON a.a.O., 356 ff.; 590 ff.
30 HARBI *La guerre commence*, 169.
31 Vgl. AGERON *Histoire de l'Algérie*, 589 ff.
32 GADANT *Islam et nationalisme*, 32.
33 GORDON *Passing of French Algeria*, 55.
34 GADANT a.a.O., 21 ff., 33.
35 VATIN *Religious Resistance*, 133.

bau des Staates eingeräumt wird.[36] Vertretern des Reformislam gelingt es allerdings dennoch, wichtige Positionen innerhalb der staatlichen Administration, insbesondere in den Ministerien für Bildung und Religion zu besetzen. So kommt es im Rahmen des unabhängigen Staates zu einer regelrechten Arbeitsteilung zwischen technisch qualifizierten „Modernisierern" und eher konservativ eingestellten Vertretern eines religiösen „kulturellen Kapitals".[37] Der Einfluß des Reformislam zeigt sich nicht zuletzt auch daran, daß der Islam 1963 gegen den Widerstand säkularistisch eingestellter Kräfte in der Vertretung des FLN in Frankreich, aber auch unter algerischen Studenten, unter Gewerkschaftern und unter Anhängern der kommunistischen Partei als Religion des Staates in der Verfassung verankert wird.[38] Gleichzeitig wird den *ʿulamāʾ* jedoch im Zuge der konsequenten Politik der Verstaatlichung religiöser Einrichtungen die Grundlage ihrer früheren Autonomie entzogen.[39] Der Reformislam geht damit nach einer Formulierung Jean-Claude Vatins von einer Kraft des kulturell-religiösen Widerstandes gegen den (Kolonial-)Staat in einen „staatstragenden Reformismus" über.[40]

Seit der Unabhängigkeit wird der nunmehr staatlich verwaltete Islam als Moment der nationalen Integration eingesetzt. Die systematische Verbreitung eines „offiziellen Islam" auch über die städtischen Zentren hinaus geht dabei Hand in Hand mit dem Ausbau der staatlichen Administration.[41] Diese Tendenz drückt sich auch auf symbolischer Ebene aus. Die algerische Staatsangehörigkeit wird an die muslimische Religion gebunden und in der politischen Sprache des algerischen Regimes wird der *citoyen* immer zugleich auch als Gläubiger angesprochen.[42]

Ungeachtet des Ausbaus staatlicher Kontrolle über die Religion bleibt die inhaltliche „Besetzung" des Islam jedoch Gegenstand andauernder politischer Konflikte. So tritt zwar der erste algerische Präsident, Ahmed Ben Bella (Aḥmad Bin Billa), für eine Verbindung von „wissenschaftlichem Sozialismus" und arabisch-islamischen kulturellen Werten ein. Dennoch ist seine dreijährige Regierungszeit von Machtkämpfen zwischen eher säkularistischen und sozialistischen Kräften auf der einen, Vertretern der arabisch-islamischen „Authentizität" Algeriens auf der anderen Seite gekennzeich-

---

36 Vgl. ABUN-NASR *Islam und Nationalidentität*, 178.

37 COLONNA *Cultural Resistance*, 247.

38 Für eine ausführliche Darstellung der Differenzen innerhalb des FLN zu Beginn der 1960er Jahre vgl. GORDON *Passing of French Algeria*, 109 ff., 135-159.

39 Vgl. auch SANSON *Statut de l'Islam*.

40 VATIN *Religious Resistance*, 133.

41 COLONNA *Cultural Resistance*, 248.

42 VANDEVELDE *Glissement*. Zur ideologischen Integrationsfunktion des Islam vgl. auch GELLNER *Nationalismus und Moderne*, 131. Zum algerischen Staatsangehörigkeitsrecht vgl. Kapitel 2.

net.[43] Im Unterschied dazu setzt Präsident Houari Boumediene (Huwārī Bū Madyan) nach seiner Machtübernahme 1965 eine wesentlich strengere Vereinheitlichung und Kontrolle herrschender Politik und Ideologie durch. Vor dem Hintergrund ehrgeiziger, staatlicher Industrialisierungspläne wird nun systematisch versucht, den algerischen Sozialismus auch islamisch zu legitimieren.[44] Dieses Anliegen führt unter anderem zur Einrichtung des Obersten Islamischen Rates im Jahre 1966, der die staatliche Politik durch die Erstellung religiöser Rechtsgutachten (*fatāwā*) von einem islamischen Standpunkt aus rechtfertigen soll. Eine der berühmtesten *fatāwā* von 1976 erlaubt es algerischen Stahlkochern, das Fasten während des Ramadan auszusetzen, um effektiv zur ökonomischen Entwicklung ihres Landes beitragen zu können.[45] Das algerische Regime versucht so, den Islam zum „Motor" einer auf die Anforderungen der angestrebten Industrialisierung zugeschnittenen Modernisierung zu machen.[46] Dabei unterscheidet die politische Führung streng zwischen Modernismus als intellektueller und politischer Haltung auf der einen, einer eher instrumentell verstandenen, sozialstrukturellen Modernisierung auf der anderen Seite. Frauenfrage sowie politischer und kultureller Pluralismus werden so zugunsten der Entwicklung einer modernen ökonomischen Infrastruktur zurückgestellt. Angestrebt wird der Aufbau einer Industriegesellschaft, die durch den Einfluß der Religion moralisch gefestigt bleiben soll.[47] Diese Strategie bildet auch den Rahmen für Kompromisse zwischen der politischen Führung und der Religionsverwaltung. Die Staatsführung ist dabei insbesondere in Fragen der öffentlichen Moral und der Geschlechterbeziehungen zu Zugeständnissen bereit. Angehörige der Religionsverwaltung machen jedoch immer wieder ihren Anspruch geltend, die algerische Politik und Gesetzgebung auch über diese Bereiche hinaus auf von ihnen für authentisch erklärte islamische Werte und Normen zu verpflichten. Dabei sind die Grenzen zwischen loyalen und oppositionellen islamischen Strömungen oft fließend.[48] Zwar scheint der herrschende religiöse Diskurs in den siebziger Jahren die Vereinbarkeit von Islam und Sozialismus nicht grundsätzlich in Frage zu stellen.[49] Dennoch wird zumindest von einzelnen Persönlichkeiten von Anfang an im Namen des Islam funda-

---

43 GORDON *Passing of French Algeria*, 110 ff., 116 f.

44 Für die Analyse des algerischen Industrialisierungs- und Entwicklungsmodells vgl. ELSENHANS *Postkoloniale Entwicklung* und RAFFINOT/JACQUEMOT *Capitalisme d'état*.

45 Vgl. SANSON *Statut de l'Islam*, 106 f. Vgl. auch ETIENNE *Cultures et Révolution*, 135.

46 ETIENNE *Cultures et Révolution*, 141.

47 ETIENNE a.a.O., 191.

48 Vgl. DEHEUVELS *Islam et pensée contemporaine*, 274 f.

49 Zur Linkswende des algerischen Regimes in der Mitte der 1970er Jahre vgl. ELSENHANS *Postkoloniale Entwicklung*, 173 f.

mentale Kritik am algerischen Entwicklungsmodell geübt. So denunziert der oppositionelle algerische Religionsgelehrte Ahmed Soltani (Aḥmad Sulṭānī) in seinem 1974 in Marokko erschienenen Werk über die Ursprünge des Sozialismus die Entwicklungspolitik Boumedienes als Materialismus und als mit dem wahren Islam unvereinbare Häresie.[50]

Im Gegensatz zu den siebziger Jahren ist die Regierungszeit Präsident Chadli Bendjedids (aš-Šāḏilī Bin Ǧadīd) von wachsenden ökonomischen Problemen geprägt, was schließlich auch zur Akzentuierung der Legitimationsprobleme des Staates führt. Wirtschaftspolitische Differenzen und Machtkalül veranlassen Bendjedid von Beginn an dazu, Vertreter des sozialistischen Entwicklungsmodells aus wichtigen Ämtern in Staat und Partei zu verdrängen.[51] Im Verlauf der achtziger Jahre ist dann insgesamt eine Tendenz zur Rücknahme direkten staatlichen Engagements in Wirtschaft und Gesellschaft und eine zunehmende „Delegierung von Verantwortung" zu beobachten.[52] Die in dieser Zeit eingeleiteten Wirtschaftsreformen zielen einerseits auf den Abbau staatlicher Gestaltungsaufgaben in der Ökonomie.[53] Andererseits werden private Investitionen ermuntert und der Erwerb privaten Grundbesitzes erleichtert.[54] Gleichzeitig verliert der voluntaristische, staatliche Diskurs der sozialistischen Entwicklung an Bedeutung.[55] Vor diesem Hintergrund gelingt es Vertretern der Religionsverwaltung, ihren Forderungen nach größerem Einfluß der Religion in Staat und Gesellschaft mehr Gewicht zu verleihen.[56] Gleichzeitig wird das sozio-ökonomische und ideologische „Desengagement" des Staates von einem Diskurs der Rechtsstaatlichkeit begleitet, in dem die Suche nach einer stärker formal begründeten Legitimität des Staates zum Ausdruck kommt.[57] Ein neues Gesetz über die Gründung sozialer und kultureller Vereinigungen aus dem Jahr 1987 unterstreicht dieses Bemühen um neue Formen politischer Integration.[58]

Der Wandel in der algerischen Politik in den achtziger Jahren muß dabei vor dem Hintergrund der Herausbildung einer neuen politischen Opposition beurteilt werden. Der algerische Staat ist in dieser Zeit zum ersten Mal mit politischem Widerstand konfrontiert, der nicht mehr wie bisher von Faktio-

---

50 Vgl. DEHEUVELS *Islam et pensée contemporaine*, 216 f.; TOZY *Islam et Etat*, 32.

51 Zum politischen Umbau in den 1980er Jahren vgl. CHALABI *L'Etat et le droit*, 28-34, 46 ff.; LECA *Etat et société*, 25.

52 LECA a.a.O., 29.

53 Vgl. ELSENHANS *Contradiction*, 238 f.

54 LECA *Etat et société*, 30.

55 LECA a.a.O., 27.

56 Vgl. DEHEUVELS *Islam et pensée contemporaine*, 275.

57 Zum neuen Diskurs der Rechtsstaatlichkeit und seiner politischen Instrumentalisierung vgl. CHALABI *L'Etat et le droit*, 12 ff.

58 LECA *Etat et société*, 30.

nen innerhalb des Regimes selbst, sondern von der noch kaum strukturierten und organisierten „Zivilgesellschaft" getragen wird.[59] Zu dieser Opposition ist zunächst der Islamismus zu rechnen, auf den der Staat einerseits mit Repressionen, andererseits mit dem Ausbau seiner Kontrolle über religiöse Institutionen und mit der Ausweitung offizieller religiöser Aktivitäten reagiert.[60] Das stärkt wiederum die Position des islamischen Establishments, dessen Verbindungen zu oppositionellen religiös-politischen Kräften immer offensichtlicher werden.[61] Gleichzeitig bildet sich aber auch eine überwiegend säkularistisch orientierte Opposition heraus, die im Namen von Demokratie und Menschenrechten für Gleichberechtigung und für kulturellen und politischen Pluralismus eintritt. Zu dieser Opposition gehören die Berber-, die Frauen- und die Menschenrechtsbewegung.[62] Der Staat reagiert auch auf diese Bewegungen vor allem mit Repressionen. Dennoch werden an die Berberbewegung zumindest symbolische Zugeständnisse gemacht. So betont die Nationalcharta seit ihrer Neufassung im Jahr 1986 sehr viel stärker als bisher die berberischen Ursprünge und die kulturelle Vielfalt der algerischen Nation.[63] Das Regime bemüht sich außerdem darum, die Menschenrechtsfrage politisch zu vereinnahmen.[64] Die Forderungen der Frauenbewegung werden hingegen in keiner Weise aufgegriffen, da Personalstatut und Fragen der Geschlechterbeziehungen Politikfelder sind, in denen Kompromisse mit Konservativen und mit religiös-politischen Kräften geschlossen werden.[65]

Bis zum Ende der achtziger Jahre werden insgesamt jedoch bloß symbolische Zugeständnisse an die genannten Oppositionsbewegungen gemacht. Zu einer zumindest vorübergehenden politischen Öffnung kommt es erst in Reaktion auf die Eskalation sozialen Protests gegen das Regime im Oktober 1988.[66] Mit einer neuen Verfassung, die im Februar 1989 per Referendum angenommen wird, versucht Präsident Bendjedid schließlich, dem Staat neue Legitimität zu verschaffen und sich selbst als Garant einer Demokratisierung

---

59 LECA a.a.O., 26.

60 In diesem Zusammenhang sind Maßnahmen wie die Eröffnung der islamischen Universität in Constantin (Quṣnaṭīna) 1984 zu nennen. Vgl. auch TOZY *Islam et Etat*, 39, 44.

61 Zum Wandel des Diskurses von Vertretern des Religionsministeriums in den 1980er Jahren vgl. DEHEUVELS *Islam et pensée contemporaine*, 275.

62 Vgl. FAATH *Berberbewegung*; GADANT *Mouvement des femmes*; CESARI *Droits de l'homme*; WALTZ *Human Rights*.

63 Vgl. auch CHALABI *L'Etat et le droit*, 86 f.

64 Vgl. auch CESARI *Droits de l'homme*, 28 f.; LECA *Etat et société*, 26; WALTZ *Human Rights*, bes. 139-144, 151-172, 173 ff., 185-193, 216-230.

65 Vgl. dazu Kapitel 3.3.

66 Schon zuvor ist es zu sozialen Protesten gegen die allgemeine Verschlechterung der Lebensverhältnisse gekommen (vgl. auch CHALABI *L'Etat et le droit*, 161 ff.).

von oben darzustellen.[67] Rückblickend läßt sich feststellen, daß Präsident Bendjedid die Oktoberunruhen von 1988 für die Durchsetzung des von ihm schon seit seinem Machtantritt angestrebten Rückzugs des Staates aus der Gesellschaft nutzt.[68] So wird der Sozialismus als Ideologie und als politisches Programm in der Verfassung von 1989 endgültig aufgegeben. Gleichzeitig wird die nunmehr stärker formale, demokratische Legitimation des Staates durch eine weitergehende Verankerung des Islam ergänzt.[69]

Vor dem Hintergrund der politischen Geschichte Algeriens haben verschiedene Autoren zu Recht darauf hingewiesen, daß die große symbolische Bedeutung und die politische Instrumentalisierung des Islam den Eingriffsmöglichkeiten des Gesetzgebers im Bereich des islamischen Personalstatuts Grenzen setzen.[70] Zweifellos muß gerade die Verabschiedung des Familiengesetzes 1984 im Kontext der politischen Entwicklungen dieser Zeit gesehen werden. Die Fixierung auf die politische Dimension des Personalstatuts allein führt jedoch häufig dazu, daß die Rechtswirklichkeit in diesem Bereich gar nicht erst zur Kenntnis genommen wird.

Tatsächlich kann angesichts der Diversität und des Wandels in der Rechtspraxis, die später noch im einzelnen darzustellen sind, keinesfalls davon ausgegangen werden, daß die Modernisierung der algerischen Gesellschaft vor den „fundamentalen Regeln des islamischen Rechts" Halt macht.[71] Auch scheinbar unveränderte Elemente des traditionellen Rechts können vor dem Hintergrund sich wandelnder Verhältnisse unter Umständen ihre Funktion verändern und neue Bedeutung gewinnen. Politische Faktoren stellen hier nur einen der verschiedenen zu berücksichtigenden „Kontexte" des islamischen Rechts dar.

---

67 LECA *Etat et société*, 30.
68 ELSENHANS *Contradiction*, 241. Vgl. auch LECA *Etat et société*, 31.
69 Vgl. dazu Kapitel 2.2.
70 LECA *Etat et société*, 20.
71 So eine Formulierung Jean Lecas (LECA a.a.O., 19).

1.2 CHARAKTERISTIKA DER ALGERISCHEN FAMILIE

Ein zweites Problem, das sich für eine kontextbezogene Untersuchung des islamischen Personalstatuts zum gegenwärtigen Zeitpunkt stellt, ist der geringe Kenntnisstand über Familienstrukturen in Algerien wie auch in arabisch-muslimischen Gesellschaften allgemein. Formen und Funktionen sowie die Entwicklungsdynamik der Familie sind für die Region bisher nicht systematisch untersucht worden. Dennoch soll im folgenden versucht werden, anhand der einschlägigen wissenschaftlichen Literatur einige Charakteristika der Familienentwicklung darzustellen.

Zunächst ist festzustellen, daß algerische Statistiken einen deutlichen Trend zur Kernfamilie als selbständigem Haushalt aufzeigen.[72] Gleichzeitig widerlegen jedoch empirische Einzelstudien die gelegentlich noch immer vertretene Annahme einer notwendigen und unumkehrbaren Entwicklung vom „traditionellen“, erweiterten agnatischen Familienverband hin zur „modernen“, egalitären Partnerfamilie.[73] In Algerien scheinen vielmehr verschiedene Familienformen nebeneinander zu existieren. Kernfamilien, die keineswegs allein ein städtisches oder ein Oberschichten-Phänomen darstellen, sind dabei weder notwendig egalitär strukturiert, noch können sie in jedem Fall als Endpunkt eines Auflösungsprozesses größerer Verwandtschaftszusammenhänge betrachtet werden. Sie bilden in manchen Fällen lediglich ein Übergangsstadium im Prozeß der Herausbildung neuer Formen zusammengesetzter Familien. Auch sind Tendenzen zur Aufrechterhaltung familialer Kohäsion und Solidarität zu beobachten, die nicht unbedingt zur Bildung größerer gemeinsamer Haushalte führen.[74]

Trotz der Heterogenität der Familienformen läßt sich festhalten, daß der erweiterte Familienverband als stabile und unhinterfragte Einheit an Bedeutung verliert. Verschiedene Indikatoren deuten darauf hin, daß der einzelne nicht mehr selbstverständlich auf Dauer in die Familie eingebunden bleibt.[75]

---

72 Während 1966 58,8% aller Haushalte aus Eltern und minderjährigen Kindern bestanden, waren es 1987 bereits 66,97 % (ADEL *Lien conjugal*, 7).

73 Vgl. etwa BORRMANS *Statut personnel et famille*, 613 ff. Für Widerlegungen dieser Sicht vgl. BOUTEFNOUCHET *Famille algérienne*, 30 f., 268-280; CHAULET *Stratégies familiales*; BENNOUNE *Making of Algeria*, 240. Für eine allgemeine Kritik am Modell der „orientalischen Familie“ bzw. an evolutionistischen Ansätzen in der Familienforschung vgl. GOODY *Ehe und Familie* und ROULAND *Anthropologie juridique*, 22 f.

74 Für eine kritische Übersicht über den Forschungsstand zur algerischen Familie vgl. *ADEL Lien conjugal.*

75 Vgl. auch von SIVERS *Maghreb und Westafrika*, 402 ff.

Insbesondere für Frauen kann diese Situation zu einem Verlust an materieller und moralischer Sicherheit führen.[76] Zwar ergeben sich zumindest für junge und gebildete Frauen in Einzelfällen auch neue Perspektiven materieller Unabhängigkeit und sozialen Aufstiegs.[77] Aus Erwerbstätigkeit und selbst aus beruflichem Erfolg folgt aber nicht unmittelbar ein größeres Maß an persönlicher Freiheit und an Egalität in den Familienbeziehungen. Empirische Untersuchungen haben vielmehr nachgewiesen, daß die patriarchalische Grundstruktur der Familie durch Frauenbildung und Frauenerwerbsarbeit nicht notwendig in Frage gestellt wird. Das Geschlechterverhältnis bleibt in der Regel streng hierarchisch organisiert. Nach wie vor besteht eine klare geschlechtsspezifische Rollentrennung und Arbeitsteilung innerhalb der Familie sowie zwischen den Bereichen der Familie und der Öffentlichkeit.[78]

1.2.1 Faktoren der Entwicklung

Die gleichen Faktoren (Zentralisierung, Urbanisierung, Industrialisierung), die eine Auflösung der ökonomischen Grundlagen der traditionalen Familie als Produktions- und Konsumtionseinheit bewirken, scheinen gleichzeitig neue Bedingungen für die partielle Aufrechterhaltung überkommener Familienstrukturen zu schaffen. Angesichts der spezifischen Branchenstruktur der algerischen Wirtschaft und angesichts des chronischen Arbeitsplatzmangels können etwa das hierarchische Geschlechterverhältnis und die damit verbundene Familienorientierung von Frauen durchaus funktional sein.[79] Sie helfen, auf dem Arbeitsmarkt einen „Kampf der Geschlechter um die

---

76 Vgl. auch JANSEN *Women without Men*, 2, 7 ff., 244.

77 HAYEF *Célibat féminin*; KACHA *L'algérienne*; REZIG *Women's Roles*, insbes. 199-208; TOUALBI *Représentations*, 167-173. Zu den widersprüchlichen Folgen der Auflösung patriarchalischer Familienstrukturen in vergleichender Perspektive vgl. KANDIYOTI *Bargaining*, 281 ff.

78 Boutefnouchet hat festgestellt, daß auch die neuere Form der Kernfamilie eine patriarchalische bzw. ein *type familial paternel* ist (BOUTEFNOUCHET *Famille algérienne*, 268 f.). Vgl. auch ABROUS *L'honneur*, 93, 196, 201 f.

79 Frauenerwerbsarbeit kann so als überflüssiger „Luxus" abgetan werden (ABROUS *L'honneur*, 196). Eines der Hauptprobleme der algerischen Entwicklung ist die Privilegierung der mit hochmoderner, importierter Technologie ausgerüsteten Schwerindustrie, von der keine wesentlichen Beschäftigungseffekte ausgehen. Da ein allgemeiner Industrialisierungs- und Integrationsschub der algerischen Wirtschaft ausbleibt, können Massenunterbeschäftigung und Arbeitslosigkeit sowie strukturelle Heterogenität nicht überwunden werden. Gleichzeitig ist der algerische Staat als Rentierstaat nicht zu einer produktiven Verwendung der vorhandenen Mittel gezwungen. Für eine Analyse der algerischen ökonomischen Entwicklung vgl. ELSENHANS *Postkoloniale Entwicklung* und ders. *Contradiction* .

knappen Früchte des Fortschritts" zu verhindern.[80] Marnia Lazreg hat die Familie in diesem Sinn als ein „strategisches Moment des algerischen Sozialismus" bezeichnet.[81] Gleichzeitig führen die unsicheren Einkommensverhältnisse sowohl auf dem Land als auch in der Stadt dazu, daß Frauen aber auch Männer häufig dauerhaft auf die Unterstützung von Familienangehörigen angewiesen bleiben. Familiale Solidarität kann hier helfen, soziale und ökonomische Härten abzufedern.[82]

Die objektive Funktionalität patriarchalischer Strukturen und familialer Solidarität genügt jedoch nicht, um deren selektive Aufrechterhaltung zu erklären. Auch psycho-soziale Faktoren scheinen hier eine wichtige Rolle zu spielen. Dhabia Abrous hat in ihrer Untersuchung über die Auswirkungen von Frauenerwerbsarbeit in Algerien die Tatsache, daß erwerbstätige Frauen gegenüber ihren Familien keinesfalls selbstverständlich an finanzieller oder persönlicher Autonomie gewinnen, folgendermaßen erklärt: *„(...) la famille (...) réadapte ses stratégies de défense en passant, suivant les cas, soit par la surveillance tatillonne des horaires, des trajets, des rencontres, etc., soit en déplaçant l'interdiction de sortir, de ce qu'elle avait d'explicite et de direct, vers le champ de l'interdit psychologique; c'est là tout le rôle inhibiteur de >la confiance< dont les jeunes femmes s'enorgueillissent et à laquelle elles adhèrent parfaitement.*"[83] Bezeichnend ist hier die ambivalente Haltung der betroffenen Frauen selbst, die häufig ihre eigene Erwerbstätigkeit als Tabubruch und damit als potentielle Gefahr für ihre Stellung innerhalb der Familie erleben.[84] Um ihren Ausschluß aus der Familie zu verhindern, verinnerlichen erwerbstätige Frauen den *code de l'honneur* und übersteigern ihn dabei zum Teil noch, um ihre eigene Ehrbarkeit unter Beweis zu stellen.[85] Darüber hinaus ist ganz allgemein anzumerken, daß reguläre Frauenerwerbstätigkeit in Algerien ohnehin von bloß marginaler Bedeutung geblieben ist. Obwohl die Zahl erwerbstätiger Frauen zwischen 1966 und 1987 von 94.511 auf 365.094 angestiegen ist, liegt die Frauenerwerbsquote Ende der achtziger Jahre bei nur 4,7%.[86] Auch im Bildungsbereich sind Mädchen und Frauen nach wie vor unterrepräsentiert.[87]

---

80 LEßNER *Soziale Lage der Frau*, 178. Vgl. auch LEGGEWIE *Widersprüche*, 82.
81 LAZREG *Gender and Politics*, 778.
82 Über die „Modernität" zusammengesetzter Familienformen vgl. CHAULET *Stratégies familiales*. Vgl. auch von SIVERS *National Integration*, 117.
83 ABROUS *L'honneur*, 199.
84 Vgl. auch HAYEF *Célibat féminin*; KACHA *L'Algérienne*; REZIG *Women's Roles*.
85 ABROUS *L'honneur*, 92. Vgl. auch HAYEF *Célibat féminin*.
86 Frauen bilden damit nur ca. 8% der aktiven Bevölkerung (Erwerbstätige plus Arbeitssuchende) (SAADI *Femme et loi*, 91 f.).
87 Vgl. dazu SAADI *Femme et loi*, 108 ff.

1.2.2 Familiendiskurse und staatliche Politiken

Auch wenn die wenigen vorliegenden Untersuchungen zur algerischen Familie evolutionistische Erklärungsschemata widerlegen, kann festgehalten werden, daß die Verwandtschaftsverhältnisse ihre vorkoloniale Bedeutung als wirtschaftliche und politische Grundstruktur der algerischen Gesellschaft eingebüßt haben.[88] Die Rolle der Familie wird durch diesen Prozeß aber nicht allein, wie Peter von Sivers es zugespitzt formuliert hat, auf Aufgaben der biologischen Reproduktion reduziert.[89] Nach wie vor erfüllt die Familie wichtige materielle Versorgungsfunktionen und spielt selbstverständlich auch eine entscheidende Rolle in der Sozialisation ihrer Mitglieder.[90]

Es ist daher nicht überraschend, daß in Algerien ungeachtet politischer und ideologischer Differenzen ein breiter Konsens darüber zu bestehen scheint, daß die Familie zu schützen und zu stabilisieren sei. Zwar bleiben Politik und Gesetzgebung in diesem Bereich von ideologischen Gegensätzen überlagert. Gleichzeitig ist aber auch zu beobachten, daß sich langfristig eine eher pragmatische Haltung durchsetzt. Das zeigt sich nicht nur, wie später noch ausführlicher darzulegen ist, im Zusammenhang mit dem Personalstatut selbst, sondern auch am Beispiel der propagierten Geschlechterrollen und anhand der staatlichen Familienpolitik.[91]

Die Widersprüchlichkeit des politischen Diskurses drückt sich zunächst deutlich in den offiziellen Frauenbildern aus: Die Frau als Mutter und Erzieherin steht hier der Frau als Unabhängigkeitskämpferin und Arbeiterin gegenüber.[92] Das Bild der Frau als Mutter ist dabei nicht nur traditionalistischen Einflüssen geschuldet. Im Rahmen der staatlichen Entwicklungsideologie der sechziger und siebziger Jahre wird das Bevölkerungswachstum als wichtiger Faktor wirtschaftlichen Fortschritts gewertet. So heißt es in der Nationalcharta von 1976, daß jede arbeitsfähige Person in einer sozialistischen Ökonomie eine ebenso wichtige Produktivkraft darstellt wie natürliche Ressourcen.[93]

---

88 Zum vorkolonialen Algerien vgl. VALENSI *Le Maghreb*, 120. Zu den Auswirkungen der Modernisierung in dieser Hinsicht vgl. GELLNER *Nationalismus und Moderne*, 130 f.

89 von SIVERS *Maghreb und Westafrika*, 402.

90 Für eine der wenigen Untersuchungen zur familialen Sozialisation im algerischen Kontext vgl. ZERDOUMI *Enfants d'hier*.

91 Zur Entwicklung des Bevölkerungswachstums in Algerien vgl. SARI *Croissance démographique*.

92 Vgl. auch BOUDEFA *Image de la femme*.

93 *Charte Nationale* 1976, 143.

In den achtziger Jahren kommt es angesichts wachsender ökonomischer und sozialer Probleme dagegen zu einer vorsichtigen Neuorientierung.[94] Die Nationalcharta in ihrer Fassung von 1986 macht unter dem Titel „Familienpolitik und demographisches Wachstum" nicht nur auf die Notwendigkeit staatlicher Maßmahmen aufmerksam, sie fordert gleichzeitig ein größeres Verantwortungsbewußtsein des einzelnen Bürgers.[95] Dabei wird festgestellt, daß Familienplanung „nationale Werte" nicht verletzen dürfe. Jede Politik in diesem Berich müsse im Rahmen dieser Werte entworfen werden.[96] Auch die staatlichen Aufklärungsprogramme zur Geburtenregelung sind darum bemüht, ein neues Bild der Familie zu verbreiten, das das patriarchalische Geschlechterverhältnis jedoch nicht in Frage stellt. Die Modell-Familie in den Kampagnen zum *espacement des naissances* zeigt Vater und Mutter mit zwei bis vier Kindern (Söhne und/oder auch nur Töchter!). Zwischen Mann und Frau herrscht eine klare Rollen- und Aufgabenteilung. Dennoch werden beide als auf ihre Weise für das Wohl der Familie und für die Erziehung der Kinder verantwortlich dargestellt.[97] In der Nationalcharta von 1986 und in der Politik zur Familienplanung äußert sich so ungeachtet ideologischer Spannungen ein ganz praktisches Interesse des Staates an der Reform der Familie.[98]

Angesichts der geringen Anzahl wissenschaftlicher Untersuchungen zur algerischen Familie ist es kaum möglich, die Analyse des islamischen Personalstatuts im folgenden systematisch auf empirische Phänomene oder gar auf statistische Daten zu beziehen. Dennoch soll die Bedeutung der Rechtspraxis für die hier skizzierte Dynamik der Familienentwicklung allgemein herausgearbeitet werden. Wichtig ist dabei die Frage, wie verschiedene Intepretationen und Reformen des islamischen Personalstatus auf den sich wandelnden gesellschaftlichen Regelungsbedarf reagieren und welche Bedeutung ihnen umgekehrt für die Regulierung der sozialen Verhältnisse zukommt.

---

94 Vgl. VANDEVELDE *Entre le planning et le code.*

95 *Charte Nationale* 1986, 78. In der Fassung von 1976 enthält die Nationalcharta keinen Hinweis auf die Notwendigkeit einer Familienpolitik. Forderungen an das damals noch in Vorbereitung begriffene Familiengesetz finden sich unter dem Titel „La promotion de la femme algérienne" (*Charte Nationale* 1976, 71 f.).

96 *Charte Nationale* 1986, 78.

97 Vgl. ACHOUR/MORSLY *Entre enracinement et devenir.*

98 Unter Umständen kann der staatliche Diskurs über Familienplanung sogar zum Ansatzpunkt für frauenpolitisches Engagement werden. Das zeigen die Aktivitäten der 1986 gegründeten *Association Algérienne pour le Planning Familial* (vgl. auch DENNERLEIN *Difficile autonomie*). Für einen Überblick über die neue algerische Frauenbewegung vgl. Kapitel 3.3.

1.3 THERORETISCHE VORÜBERLEGUNGEN

Eine Untersuchung des Personalstatuts, die das islamische Recht nicht nur als politischen Faktor oder als anachronistisch gewordenen Traditionalismus betrachtet, muß auf Theorien und Methoden zurückgreifen, die die soziale Bedingtheit des Rechts in den Vordergrund stellen.

1.3.1 Recht als gesellschaftliche Praxis - Forschungsfragen

Arbeiten zur Entwicklung des islamischen Personalstatuts waren bis in die siebziger Jahre hinein stark von evolutionistischen Erklärungsansätzen geprägt. Sie gingen dabei von der bereits oben kritisierten Vorstellung aus, die nah-östliche Familie entwickle sich notwendigerweise vom erweiterten agnatischen Familienverband zur egalitären Partnerfamilie. Die Gesetzgeber in den verschiedenen muslimischen Staaten, so die Vermutung der Autoren, werden dieser Entwicklung mit entsprechenden gesetzlichen Reformen folgen oder ihr sogar vorgreifen.[99] Die Chancen für die Durchsetzung gesetzlicher Reformen wurden dabei ausschließlich im Hinblick auf die jeweiligen politischen Machtverhältnisse bzw. auf die ideologischen Orientierungen der verschiedenen Regime hin bewertet. In rechtsdogmatischer Hinsicht haben verschiedene Autoren bisherige Reformen des islamischen Personalstatuts dabei sehr unterschiedlich beurteilt. Während die einen in den Reformen einen Bruch mit traditionellem Recht sahen, betonten die anderen gerade die Entwicklungspotentiale des islamischen Rechts.[100] Gegen solche Ansätze sind grundsätzlich drei Einwände vorzubringen. Erstens ist das hier unterstellte Modell der Familienentwicklung nicht haltbar. Zweitens widerlegt gerade das algerische Beispiel die These, daß sozialistische Ideologien notwendigerweise zu radikalen Reformen oder sogar zu einer offensiven Säkularisierung des Personalstatuts führen.[101] Drittens läuft die ab-

---

99 Für die islamischen Länder insgesamt vgl. etwa ANDERSON *Eclipse of the Patriarchal Family*; für Algerien vgl. BORRMANS *Statut personnel et famille*, 613 ff.

100 So sehen Coulson und Anderson in den Reformen des 20. Jahrhunderts im Ansatz eine Weiterentwicklung des klassischen Rechts, während Schacht und später auch Mayer darin einen klaren Bruch sehen (ANDERSON *Islamic Law Today*; COULSON *Islamic Law*, 218-225; MAYER *Methodology*; SCHACHT *Modern Islamic Legislation*). Für eine detailliertere Diskussion der verschiedenen Konzeptionen des islamischen Rechts vgl. Kapitel 7.1.

101 Eine solche Perspektive hat Anderson noch Mitte der 1970er Jahre vertreten (ANDERSON *Law Reform*, 218).

strakte Definition des islamischen Rechts Gefahr, den Blick auf dessen Praxis zu verstellen.

Seit den späten siebziger Jahren ist in der wissenschaftlichen Forschung demgegenüber wieder ein größeres Interesse an der Untersuchung der Rechtswirklichkeit erkennbar.[102] Unter Rückgriff auf soziologische und anthropologische Ansätze sind Autoren seither bemüht, gerade die Bedingtheit des islamischen Rechts durch die gesellschaftlichen Verhältnisse und seine Anpassungs- bzw. seine Wandlungsfähigkeit herauszuarbeiten.[103] In diesem Zusammenhang hat vor allem die Arbeit von Lawrence Rosen über die Entscheidungspraxis eines Familienrichters in Sefrou, Marokko, die wissenschaftliche Diskussion angeregt.[104] Rosen unternimmt hier im Anschluß an die theoretischen Überlegungen von Clifford Geertz zum Phänomen des *local knowledge*[105] den Versuch, die Praxis eines marokkanischen Gerichts in Personalstatutssachen als Ausdruck der islamischen bzw. marokkanischen „Kultur" zu interpretieren. Auch wenn dieser Ansatz erlaubt, wichtige Einsichten in die Wechselwirkung zwischen Recht, Kultur und Gesellschaft zu gewinnen, stellen sich dennoch einige ungelöste Probleme. Zum einen blendet Rosen durch die von ihm gewählte Untersuchungsperspektive die institutionellen Rahmenbedingungen des marokkanischen Rechtssystems vollkommen aus. Auch der konkrete Inhalt und die normative Eigenlogik des traditionellen malikitischen Rechts ebenso wie die des marokkanischen Personalstatutsgesetzes werden nicht behandelt.[106] Zum anderen wird Recht hier zwar kulturell „kontextualisiert", die marokkanische Kultur selbst aber wird einfach als Bezugsgröße vorausgesetzt. Ihre Historizität und damit ihre Veränderbarkeit gehen so verloren. Auch scheint es fraglich, ob die von Rosen für die marokkanische Kultur insgesamt und damit auch für die Entscheidungspraxis des Familienrichters in Sefrou als charakteristisch herausgearbeitete Aushandelbarkeit sozialer Beziehungen in dieser Allgemeinheit der gegenwärtigen Rechtspraxis im Bereich des Personalstatuts wirklich gerecht werden kann.[107]

---

102 FLUEHR-LOBBAN *Islamic Law and Society*; LAYISH *Divorce in the Libyan Family*; MIR-HOSSEINI *Marriage on Trial*; ROSEN *Anthropology of Justice*. SHAHAM *Family and the Courts*. Zum Perspektivwechsel in der Forschung zum islamischen Recht der Gegenwart vgl. auch HENRY *Droit comme enjeu*.

103 Für eine kritische Sicht solcher neuerer Forschungansätze vgl. GERBER *State, Society and Law*, 1-23.

104 ROSEN *Anthropology of Justice*.

105 GEERTZ *Fact and Law*.

106 Vgl. dazu auch MUNDY *Oral and Written*.

107 Zur Ehe im malikitischen Recht und zu deren Reform (vom Vertrag zur Institution) vgl. Kapitel 4. Zum Eherecht und zur sozialen wie rechtlichen Stellung der Frau in Marokko vgl. auch HÖLL *Stellung der Frau*, 121-217. Für eine feministische Kritik der Ver-

Einen anderen Weg als Rosen schlägt Hilse Dwyer in der Einleitung zu einem von ihr herausgegebenen Sammelband über Recht und Islam im Nahen Osten vor.[108] Sie versucht, Recht gleichzeitig als Institution und als symbolisches System zu betrachten. Auch Dwyer betont dabei zwar, daß die Rolle des Islam im Recht nicht auf das Vorhandensein von Vorschriften des traditionellen islamischen Rechts in einzelnen Gesetzestexten reduzierbar ist. Das Islamische im Recht sei ein kulturelles Phänomen und könne nur anhand der konkreten Rechtspraxis untersucht werden. Aber auch in dieser Hinsicht ist Dwyers Ansatz weniger abstrakt als der Rosens. Ihr geht es nicht um Generalisierungen, sondern gerade um eine genaue Rekonstruktion der verschiedenen Haltungen und Rechtsauffassungen der Betroffenen, die nach ihrer Auffassung jeweils von gesellschaftlichen und nicht zuletzt auch von geschlechtsspezifischen Faktoren abhängig sind. Es scheint dennoch dikussionswürdig, ob Dwyers Grundfrage nach dem Islam oder dem Islamischen im Recht in dieser Allgemeinheit sinnvoll sein kann. Um diese Frage überhaupt stellen zu können, müßten „der Islam" oder „das Islamische" immer zunächst in jeweils konkreten Kontexten genauer definiert werden.

1.3.2 Ansatz, Aufbau und Material der Untersuchung

Für die Untersuchung des islamischen Rechts als gesellschaftlicher Praxis scheint eine Kombination verschiedener theoretischer Ansätze sinnvoll. Dabei geht es nicht um die mechanische Anwendung von Theorien auf vorgeblich „rohe" Fakten, sondern darum, mit Hilfe verschiedener Ansätze und Konzepte bestimmte Phänomene besser beschreiben und erklären zu können. Anthropologische Theorien sind dabei in zweifacher Weise hilfreich.[109] Zum einen heben sie die Interdependenz von Recht und Gesellschaft im Rahmen konkreter „sozialer Felder" oder „sozialer Grundstrukturen" wie etwa der Familie hervor.[110] Zum anderen kann aus anthropologischer Sicht auch die kulturelle, d.h. die symbolische Bedeutung von Recht erfaßt werden. So hat Clifford Geertz vorgeschlagen, Recht nicht nur als Ausdruck, sondern auch als „Vorstellung" von Gesellschaft zu interpretieren. Er weist damit auf die Funktion des Rechts hin, nicht nur bestehende soziale Ver-

---

tragstheorie am Beispiel des Ehevertrages allgemein vgl. PATEMAN *Sexual Contract*, 3, 165-168.

108 DWYER *Law and Islam*.

109 Zu anthropologischen Definitionen von Recht allgemein vgl. auch DWYER *Substance and Process*, 317 f. und ROULAND *Anthropologie juridique*, 7 f. Für die Möglichkeit der Übernahme rechtsanthropologischer Fragestellungen in die sozialhistorische Forschung zur Geschichte des islamischen Rechts vgl. GERBER *State, Society and Law*, 5 f.

110 Vgl. dazu MOORE *Semi-Autonomous Social Field* und SANTOS *Production of Law*.

hältnisse abzubilden, sondern als symbolisches System auch ordnend auf diese Verhältnisse zurückzuwirken.[111] Dieser Ansatz ist insbesondere bei der Analyse der Begrifflichkeit des Rechts von großem Nutzen. Für die Untersuchung juristischer Diskurse kann aber auf Überlegungen aus der Rechtstheorie zu Fragen des normativen Geltungsanspruchs von Recht zurückgegriffen werden.[112] Schließlich sind auch theoretische Ansätze aus der Rechtssoziologie in unserem Zusammenhang hilfreich. So läßt Bourdieus Konzept des „juristischen Feldes“ selbst das formalisierte Rechtssystem moderner Staaten und sein „Produkt“, das moderne Recht, noch als Ergebnisse bestimmter institutioneller, professioneller und spontaner individueller Praxen erkennen.[113]

Die methodische Klammer für die verschiedenen Teile der vorliegenden Arbeit bildet die von Charnay für die Rechtssoziologie vorgeschlagene Arbeitsweise. Charnay sieht die Aufgabe der Rechtssoziologie darin, die „Produktion“ von Recht anhand der Praxis der zuständigen staatlichen Organe und Institutionen, aber auch anhand des alltäglichen „Gebrauchs“ des Rechts durch Individuen und soziale Gruppen zu untersuchen.[114] Unter dieser Klammer sollen hier die politischen und rechtswissenschaftlichen Auseinandersetzungen um das Personalstatut, der Prozeß der Gesetzgebung und die Rechtspraxis (Rechtsprechung und Vorgehensweisen der Betroffenen) in der Analyse miteinander verbunden werden.

In den Kapiteln 2 und 3 geht es um die Stellung des islamischen Rechts innerhalb der algerischen Rechtsordnung insgesamt und um die politischen sowie rechtswissenschaftlichen Auseinandersetzungen im Zusammenhang mit der Kodifizierung des islamischen Personalstatuts. In den Kapiteln 4 und 5 wird die Rechtsprechung des Obersten algerischen Gerichtshofes in Personalstatutssachen ausgewertet und mit dem Familiengesetz von 1984 verglichen. Dabei geht es insbesondere um die Auslegung des Familiengesetzes durch Richter und juristische Fachkommentare. Die Kapitel 6 und 7 beschäftigen sich mit der Vermittlung von Rechtsnorm und gesellschaftlicher Realität. Zunächst werden dabei die Leitbilder von Ehe und Familie, die der Rechtsprechung und dem Gesetz zugrundeliegen, und der „Gebrauch“ des Rechts durch die Betroffenen untersucht. Abschließend geht es um die Frage, welche Bedeutung dabei dem spezifischen Charakter des Personalstatus als islamischem Recht zukommt.

---

111 Vgl. GEERTZ *Fact and Law.*

112 HABERMAS *Diskurstheorie;* LARENZ *Methodenlehre.* Vgl. dazu die Anmerkungen in Kapitel 7.

113 BOURDIEU *Champ juridique.*

114 CHARNAY *Méthode de sociologie juridique*, 513 f.

Das Material der Arbeit bilden neben verschiedenen Gesetzestexten auch unveröffentlichte Unterlagen aus den für die Kodifizierung des Personalstatuts zuständigen Ministerien, Protokolle der Parlamentsdebatten über das Familiengesetz von 1984, algerische Fachpublikationen, Presseartikel und Veröffentlichungen verschiedener politischer Parteien und Vereinigungen. Hinzu kommen Interviews mit einem Mitglied der Kommission zur Ausarbeitung des Familiengesetzes von 1984, mit algerischen Juristinnen und Juristen sowie mit Aktivistinnen der algerischen Frauenbewegung. Die Analyse der Rechtsprechung stützt sich auf ca. 320 vom algerischen Justizministerium gesammelte und in verschiedenen Zusammenhängen veröffentlichte Urteile des 1963 eingerichteten Obersten Gerichtshofes aus den Jahren 1963 bis 1990. Ergänzt wird dieses Material durch 15 unveröffentlichte Urteile des Obersten Gerichtshofes, durch einzelne Unterlagen einer Anwältin, durch Fachkommentare zu dem Familiengesetz sowie durch Interviews mit zwei hohen algerischen Richtern und mit Rechtsanwältinnen und Rechtsanwälten.[115]

Die hier ausgewerteten Urteile des Obersten algerischen Gerichtshofes sind nicht im statistischen Sinn repräsentativ. Sie können jedoch in ihrer Auswahl durch das Justizministerium als Reaktion auf einen dort festgestellten Regelungs- bzw. Klärungsbedarf betrachtet werden. Anhand der Urteilsbegründungen der obersten Richter läßt sich außerdem nachvollziehen, welche Wertungen und Ordnungsvorstellungen in die Interpretation und Anwendung von Vorschriften des traditionellen islamischen Rechts einfließen. Darüber hinaus enthalten die Urteile des Obersten Gerichtshofes jeweils Zusammenfassungen des Sachverhalts, der erst- und zweit-instanzlichen Entscheidungen in der verhandelten Sache und der Klageschrift.[116] In Grundzügen lassen sich daher auch die verschiedenen Konfliktkonstellationen und die Strategien der betroffenen Parteien rekonstruieren.

---

115 Alle der hier genannten Interviews wurden im Februar/März und September/Oktober 1993 in Algier geführt. Ein weiteres Interview fand im November 1995 in Berlin statt.

116 Seit der Rechts- und Justizreform von 1965/66 ist die algerische Gerichtsbarkeit im Bereich des Zivilrechts in drei Instanzen gegliedert. Urteile der Gerichte erster Instanz (*Maḥākim/Tribunaux*) sind vor den Gerichten der zweiten Instanz (*Cours/Maǧālis al-qaḍā'*) berufungs-, und vor dem Obersten Gerichtshof (*Cour Suprême/Maǧlis al-qaḍā' al-aᶜlā*) kassationsfähig. Bis dahin waren die Gerichte der ersten Instanz in *Tribunaux d'Instance* und *Tribunaux de Grande Instance* unterteilt. Zum algerischen Gerichtswesen vgl. LAPASSAT *Justice* 73-81; MATHETES *Réforme judiciaire*.

2 RECHT UND ENTWICKLUNG

Die algerische Rechtsordnung ist insgesamt durch das Nebeneinander verschiedener Rechtssysteme bzw. Rechtstraditionen gekennzeichnet. Dabei stehen sich nicht nur positives, staatliches und islamisches Recht gegenüber. Auch das positive Recht selbst läßt sich noch einmal in von Frankreich übernommenes Recht auf der einen, „sozialistisches" Recht auf der anderen Seite unterteilen.[1] Im Zusammenhang mit der staatlichen Rechtspolitik sind dabei in der einschlägigen Literatur immer wieder der Pragmatismus und der Utilitarismus des Gesetzgebers hervorgehoben worden.[2] Bisher liegt jedoch keine wissenschaftliche Untersuchung der algerischen Rechtslehre oder Rechtspraxis vor, die Aufschluß über die Auswirkungen dieser Situation geben könnte. Es scheint daher sinnvoll, bei der folgenden Darstellung vor allem die gesellschaftspolitischen und ideologischen Aspekte kolonialer sowie nachkolonialer Rechtsreformen in den Vordergrund zu stellen.

In einem ersten Teil geht es dabei um das Spannungsverhältnis zwischen der Marginalisierung des islamischen Rechts und dessen politischer Instrumentalisierung im Rahmen des Kolonialstaates. Dieses Spannungsverhältnis bildet auch den Hintergrund für die Politisierung des Personalstatuts im Rahmen der algerischen Nationalbewegung. In einem zweiten Teil wird die nachkoloniale Rechtsordnung dargestellt. Hier soll gezeigt werden, welche Konsequenzen die politische Aufwertung des Islam im allgemeinen und des islamischen Personalstatuts im besonderen für die weitere Entwicklung dieses Rechtsbereichs hat. Gleichzeitig ist nach dem Einfluß der Entwicklung anderer Rechtsbereiche auf das Personalstatut zu fragen.

---

1 MAHIEDDINE *Dualisme conflictuel.*

2 Für kritische Darstellungen des in Algerien herrschenden Rechtsverständnisses vgl. CHALABI *Droit, Etat et pouvoir*; MAHIOU *Etat, droit et société* und ders. *Principes généraux.*

2.1 DIE KOLONISIERUNG VON RECHT UND RELIGION

Die Rechtsreformen des 19. und des frühen 20. Jahrhunderts haben in den meisten Ländern des Nahen Ostens zumindest formal zu einer weitgehenden Marginalisierung des islamischen Rechts geführt. Die Reformen haben dabei nacheinander das Handelsrecht, das Strafrecht, das Liegenschaftsrecht sowie in einigen Fällen auch das Schuld- und Vertragsrecht betroffen. Zuletzt wurden Reformen im Bereich des Familien-, Ehe- und Erbrechts durchgesetzt, die hier jedoch die Geltung des islamischen Rechts an sich nicht unbedingt in Frage gestellt haben.[3] Die Einführung europäischen Rechts in fast allen anderen Bereichen folgte dabei zum einen aus der Entwicklung nahöstlicher Staaten zu modernen, bürokratischen Zentralstaaten. Zum anderen war sie Ausdruck der wachsenden Macht politischer und wirtschaftlicher Interessen Europas im Nahen Osten.

Algerien weicht von diesem Modell insofern ab, als die Marginalisierung des islamischen und die Einführung französischen Rechts hier unmittelbar für die Durchsetzung von Siedlerinteressen politisch instrumentalisiert wurden.[4] Der spezifisch koloniale Rechtspluralismus (Institutionalisierung „lokaler" Personalstatuten und weitgehende Französierung der übrigen Rechtsbereiche) hatte dabei die Funktion, die Kolonisierung des Landes zu ermöglichen und gleichzeitig die autochthone algerische Bevölkerung in untergeordneter Position in den Kolonialstaat zu integrieren. Einerseits mußten daher die überkommenen Eigentums- und die mit ihnen verbundenen Rechtsverhältnisse mit Blick auf die Aneignung algerischen Bodens und im Rahmen des Ausbaus zentralstaatlicher Kontrolle zerstört werden. Andererseits wurden traditionale gesellschaftliche Strukturen und Teile der früheren Rechtspraxis aufrechterhalten, um die Stabilität sozialer und politischer Verhältnisse zu sichern.[5] Die juristisch sanktionierte Ausgrenzung der Algerier als Muslime hatte dabei zur Folge, daß die Wahrung ihrer kollektiven, islamischen Identität mit politisch-rechtlicher Unterordnung gleichbedeutend wurde.[6] Da die Ausgrenzung und die Diskriminierung entlang religiöser Grenzen verliefen, wurde die Religion schließlich ein wichtiger Bezugspunkt für die Artikulation politischen Widerstandes gegen diese Diskriminierung. Der Islam konnte zu einem zentralen Element der Definition einer nationalen algerischen Identität und nach der Unabhängigkeit zum Kriterium der

---

3 LIEBESNY *Law of the Middle East*, 56; vgl. auch ANDERSON *Law Reform*, 100 ff.
4 Vgl. auch HENRY/BALIQUE *Doctrine coloniale*, 13 f.
5 Vgl. CHRISTELOW *Muslim Law Courts*, 3.
6 CHRISTELOW a.a.O., 10.

Mitgliedschaft in der politischen Gemeinschaft des postkolonialen Staates werden.[7]

2.1.1 Die politische Ausgrenzung der Muslime

Mit dem systematischen Aufbau einer zivilen Verwaltung nach dem Muster Frankreichs wurde die Existenz zweier Gesellschaften, der der europäischen Siedler auf der einen, der der muslimischen Algerier auf der anderen Seite, institutionalisiert. Gleichzeitig wuchs der politische Einfluß der Siedler, die zum Teil in offenem Konflikt mit der Pariser Regierung um den Ausbau oder zumindest den Erhalt ihrer Privilegien kämpften.[8]

Bis 1870 hatte die Praxis der Kolonialverwaltung in den eroberten Gebieten Algeriens noch zwischen der früheren, vom Militär getragenen „indirekten Verwaltung", die sich auf überkommene Strukturen stützte und traditionale Notabeln für die Durchsetzung ihrer Ziele einsetzte, und der in den zivil verwalteten Gebieten Nordalgeriens spontan betriebenen „Assimilation" an die administrativen Strukturen des Mutterlandes geschwankt. Seit der Gründung der Dritten Republik wurde dann eine konsequente Assimilationspolitik eingeleitet, die sich für die muslimische algerische Bevölkerung allerdings eher als Unterwerfungspolitik darstellte.[9] Schon die Verfassung von 1848 hatte Algerien zu einem integralen Bestandteil des französischen Territoriums erklärt und 1865 waren alle Bewohner Algeriens zu Untertanen (*sujets*) des französischen Staates, nicht jedoch zu französischen Staatsbürgern gemacht worden.[10]

Die offizielle Assimilationspolitik ging mit dem systematischen Ausschluß der muslimischen Bevölkerung von grundlegenden Freiheits- und politischen Partizipationsrechten einher. Die wenigen Mitbestimmungsmöglichkeiten der Muslime, die die Angehörigen einer zahlenmäßig ohnehin sehr kleinen muslimischen Elite durch ein paralleles Wahlkolleg wahrnehmen konnten, waren auf die Bestimmung bzw. auf die Wahl zusätzlicher Vertreter für verschiedene administrative Gremien beschränkt.[11] Das entscheidende Kriterium für den politischen Ausschluß der Muslime war dabei ihre Zugehörigkeit zu einem der drei „lokalen" Personalstatuten und damit letztlich ihre

---

7 Vgl. auch ABUN-NASR *Islam und Nationalidentität.*

8 Zur Kolonialpolitik und den Interessen der Siedler vgl. AGERON *Histoire de l'Algérie*, 154 ff., 160 ff., 198 f., 242 ff., 272-275, 283, 300-307, 403 ff., 452 ff., 605 f., 609.

9 Zum Aufbau der kolonialen Institutionen und zur Periodisierung der Kolonialpolitik vgl. COLLOT *Institutions de l'Algérie.*

10 Zum besonderen Status Algeriens im französischen politischen System und zur Periodisierung der Kolonialpolitik vgl. COLLOT a.a.O., 5 f., 7-20.

11 Vor dem ersten Weltkrieg waren gerade einmal 5.000 Algerier zur Teilnahme an dem muslimischen Wahlkolleg berechtigt (AGERON *Histoire de l'Algérie*, 243 f., 249).

Religionszugehörigkeit. Während die europäischen Siedler in Personalstatutssachen dem französischen Zivilgesetzbuch unterstellt waren, richtete die Kolonialmacht für die algerischen Muslime besondere „lokale“ Personalstatuten ein. Neben dem islamischen Recht malikitischer Schule, dem die Mehrheit der Algerier unterstand, galt für die Bewohner des Mizab ibaditisches Recht und in der Kabylei kabylisches „Gewohnheitsrecht“.[12] Bis zum Inkrafttreten des Algerien-Statuts von 1944 war die Verleihung voller Staatsbürgerrechte an Muslime nur unter der Bedingung ihres Verzichts auf das lokale Personalstatut möglich. Auf diese Form der Naturalisierung reagierte die algerische Bevölkerung allerdings nahezu geschlossen mit Ablehnung.[13] Die Forderung nach Vereinbarkeit von islamischem Personalstatut und voller französischer Staatsbürgerschaft wurde daher nach dem Ende des Ersten Weltkriegs zu einem Kristallisationspunkt des antikolonialen Widerstands. Die Reformunfähigkeit der Kolonialadministration[14] und die Zuspitzung der sozialen und ökonomischen Widersprüche führten schließlich nach dem Zweiten Weltkrieg zur Entstehung einer Nationalbewegung, die die Idee der arabisch-islamischen, algerischen Nation mit der Forderung nach politischer Unabhängigkeit verband.[15]

---

12 Die algerischen Juden waren durch das sogenannte Crémieux-Dekret von 1870 „naturalisiert“ und dadurch dem französischen Personalstatut zugeordnet worden (JULIEN *L'Afrique du Nord*, 32). Zu den lokalen Personalstatuten im einzelnen vgl. BORRMANS *Statut personnel et famille*, 427-446.

13 Bis zum ersten Weltkrieg waren erst 1.557, am Ende des 1. Weltkriegs 2.500 und bis 1944 insgesamt lediglich 7.000 Muslime auf diese Weise „naturalisiert“ worden (JULIEN *L'Afrique du Nord*, 33 und SALACUSE *Law in Africa*, 40, 75).

14 Nach dem ersten Weltkrieg wurden erste wichtige Reformen durchgesetzt, die größeren Teilen der algerischen Bevölkerung innerhalb des muslimischen Wahlkollegs Partizipationsrechte einräumten. Dieses Wahlkolleg umfaßte danach 425.000 Personen, die nun als Wähler nicht mehr dem *„statut de l'indigénat“* unterlagen (AGERON *Histoire de l'Algérie*, 274 f.). Weitergehende Reformvorschläge zur stärkeren Vertretung der muslimischen Bevölkerung innerhalb dieses Systems der getrennten politischen Repräsentanz scheiterten 1936/37 am Widerstand der europäischen Siedler und ihrer Lobby in Paris. Erst das Algerienstatut von 1944 ermöglichte dann einerseits die Verleihung französischer Staatsbürgerrechte an einen großen Teil der muslimischen Elite unter Beibehaltung des islamischen Personalstatuts und erhöhte andererseits die Anzahl der Vertreter des muslimischen Wahlkollegs in den verschiedenen Institutionen. Ein letztes Algerienstatut von 1947 sah schließlich die paritätische Vertretung beider Wahlkollegs vor.

15 Zur Entwicklung des antikolonialen Widerstandes zwischen dem Ersten Weltkrieg und 1954 vgl. AGERON *Histoire de l'Algérie*, 313-361, 433-448, 584-595. Vgl. auch Kapitel 1.1.

2.1.2 Die Marginalisierung des islamischen Rechts

In Algerien waren die Rechtsreformen der französischen Kolonialmacht und insbesondere die zunehmende Marginalisierung des islamischen Rechts von dem grundlegenden Widerspruch zwischen dem „Mythos der Assimilation" und der Praxis von Sondergesetzen und Diskriminierung gekennzeichnet.[16]

Das öffentliche Recht war unmittelbar nach Abschluß der Eroberungen französiert worden.[17] Im Bereich des Strafrechts galten zunächst noch islamisches und französisches Recht nebeneinander. Der Anwendungsbereich des islamischen Rechts war in Strafsachen allerdings auf Fälle beschränkt worden, an denen ausschließlich Muslime beteiligt waren. 1859 wurde das islamische Strafrecht schließlich vollständig zugunsten des französischen Rechts außer Kraft gesetzt. Nur in den Saharagebieten und in der Kabylei wurde erst in den 1870er Jahren französisches Recht eingeführt. Die Aufhebung der Geltung islamischen Rechts hatte hier jedoch keineswegs die Assimilation im Sinn einer strafrechtlichen Gleichbehandlung der Muslime zur Folge. Vielmehr wurden parallel zu der regulären Strafgerichtsbarkeit für die muslimische algerische Bevölkerung eine Art administrativer Justiz und besondere Strafgerichte eingeführt.[18] Seit 1881 galt außerdem der sogenannte *code de l'indigénat*, der eine Reihe von zusätzlichen Strafrechtstatbeständen für Muslime vorsah.[19]

Im Bereich des Zivilrechts wurde von der französischen Administration zwischen dem Personalstatut einerseits und dem Liegenschaftsrecht andererseits unterschieden. Diese Differenzierung nach *statut personnel* und *statut réel* lag dabei in der Logik der Kolonialpolitik begründet, die die Muslime aus der Gesellschaft der Siedler ausschließen und gleichzeitig ihr Eigentum an Grund und Boden französischem Recht unterwerfen wollte.[20] Nachdem 1854 zunächst die Geltung des islamischen Rechts für sämtliche zivilrechtliche Konflikte unter Muslimen aufrechterhalten worden war, wurde das Liegenschaftsrecht ab 1873 sukzessive französiert. Nur das islamische Erbrecht blieb davon unberührt.[21] Gleichzeitig wurde die Zuständigkeit der islamischen Gerichte immer weiter beschnitten. Nach einer Phase relativer Autonomie der islamischen Gerichtsbarkeit wurden ihre Kompetenzen 1889 endgültig auf Fragen des Ehe-, Familien- und Erbrechts beschränkt. In allen anderen Fällen waren französische Gerichte für die Anwendung islamischen Rechts zuständig. Die Urteile islamischer Gerichte waren außerdem grund-

16 HENRY/BALIQUE *Doctrine coloniale*, 13.
17 HENRY/BALIQUE a.a.O., 16 f.
18 COLLOT *Institutions de l'Algérie*, 190-197.
19 AGERON *L'Algérie contemporaine*, 61.
20 HENRY/BALIQUE *Doctrine coloniale*, 19.
21 COLLOT *Institutions de l'Algérie*, 179 ff.

sätzlich nur vor französischen Appellationsgerichten und vor dem französischen Kassationsgericht berufungs- bzw. revisionsfähig.[22] Seit 1889 gab es für Muslime darüber hinaus ein Optionsrecht darauf, in Personalstatutssachen auch in erster Instanz ein französisches Gericht anzurufen.[23]

Bis zum Ende des 19. Jahrhunderts war die Zuständigkeit der islamischen Gerichte (*maḥākim*) somit auf Fragen des Ehe-, Familien- und Erbrechts eingeschränkt worden. Die *maḥākim* unterstanden dabei der Kontrolle durch die koloniale Justiz. Das islamische Recht galt ferner für Zivilsachen unter Muslimen, soweit es dabei nicht um französiertes Eigentum an Immobilien ging. Hierfür waren allerdings französische Gerichte zuständig. An der 1880 gegründeten Rechtshochschule (*Ecole de droit*), die 1910 in die Rechtsfakultät der Universität Algier überging, wurde gleichzeitig eine Lehre des „algerischen islamischen Rechts" (*droit musulman algérien*) ausgearbeitet, die die Rechtspolitik des Kolonialstaates systematisierte und zugleich legitimierte.[24] Die muslimischen Richter wurden an den von der Kolonialverwaltung eingerichteten und kontrollierten Oberschulen (*madāris*) für Gelehrte des Islam und des islamischen Rechts ausgebildet.[25]

2.1.3 Kolonialstaat und Islam

Im Zuge der Eroberung und der Besetzung Algeriens waren zahlreiche Moscheen und religiöse Bildungsstätten sowie andere islamische Einrichtungen vernichtet worden.[26] Die Kolonialpolitik zielte insgesamt jedoch nicht auf die Zerstörung, sondern auf die Kontrolle, die Institutionalisierung und die Instrumentalisierung des Islam für ihre Zwecke. Nachdem seit Beginn der Eroberungen öffentliche, religiöse Stiftungen (*waqf/ḥubus*) bereits zu großen Teilen verstaatlicht worden waren, wurden die Träger religiöser Funktionen in den offiziell registrierten und von der Kolonialadministration

22 COLLOT a.a.O., 181-190.

23 Die Zuständigkeit dafür lag bei französischen Friedensrichtern. In der Kabylei waren die lokalen Gerichte schon zuvor vollständig durch Friedensrichter ersetzt worden (AGERON *Histoire de l'Algérie*, 432).

24 Zur kolonialen Lehre des algerischen islamischen Rechts vgl. HENRY/BALIQUE *Doctrine coloniale*, 26-51.

25 Die *madāris* waren in den 1850er Jahren von der Kolonialadministration in den Städten Algier, Tlemcen und Constantine eingerichtet worden. Diese Initiative sollte verhindern, daß die im Dienst des Kolonialstaates stehenden Gelehrten an den großen Moschee-Universitäten der Nachbarländer Marokko und Tunesien oder in Bildungseinrichtungen islamischer Bruderschaften in Algerien selbst ausgebildet wurden (CHRISTELOW *Muslim Law Courts*, 41).

26 Vgl. AGERON *Histoire de l'Algérie*, 168 ff. und COLONNA *Instituteurs*, 20 ff.

kontrollierten Moscheen ab 1875 zu Angestellten im Staatsdienst gemacht. Das öffentliche Begehen religiöser Feste sowie die Pilgerfahrt nach Mekka bedurften einer behördlichen Genehmigung.[27] Die strenge Kontrolle des Islam durch den Kolonialstaat wurde auch nach der Verabschiedung des Gesetzes über die Trennung von Kirche und Staat in Frankreich im Jahr 1905 aufrechterhalten. Allerdings räumte die Verwaltung den Muslimen daraufhin beschränkte Mitbestimmungsmöglichkeiten in Fragen der Religionsverwaltung ein.[28] Die Vertreter des „offiziellen" Islam verfügten jedoch unter der muslimischen Bevölkerung nur über wenig Einfluß. Daher erklärt sich das Interesse der Kolonialverwaltung an den mystischen Bruderschaften, die zumindest bis zum Ersten Weltkrieg eine wichtige religiöse Kraft in Algerien blieben.[29] Die Haltung der Kolonialmacht gegenüber den Bruderschaften wandelte sich daher seit dem Ende des 19. Jahrhunderts von Mißtrauen und Repression zu einer Politik der Tolerierung. Während des Ersten Weltkriegs konnte es sogar gelingen, die wichtigsten Bruderschaften zu öffentlichen Loyalitätserklärungen gegenüber Frankreich zu bewegen.[30] Soziale Transformationsprozesse einerseits, die „Kollaboration" der Bruderschaften andererseits trugen jedoch dazu bei, daß auch die Bruderschaften in der algerischen Gesellschaft immer weiter an Einfluß verloren.[31]

Die Bedeutung des Islam im Rahmen des Kolonialstaates lag nicht nur darin, auf der juristisch-politischen Ebene die Grenze zwischen der Gesellschaft der Siedler und den Kolonisierten zu markieren. Auch im Bereich der Kultur institutionalisierte und instrumentalisierte die Kolonialpolitik den besonderen Status der Muslime.[32] In dieser Situation konnte der Reformislam der Bewegung der algerischen *ʿulamāʾ* offenbar die überzeugendste Antwort auf die entlang religiöser Grenzen erfahrene politische und kulturelle Diskriminierung der Algerier bieten.[33] Noch bevor der politische Nationalismus nach dem Zweiten Weltkrieg in Algerien Fuß fassen konnte, hatte Ben Badis (Ibn Bādis), einer der Begründer des algerischen Reformislam,[34] bereits die Idee einer „ethnischen Nationalität" (*ǧinsīya qaumīya*) der Algerier formuliert. Ohne die politische Zugehörigkeit zu Frankreich als „politische Natio-

---

27 AGERON a.a.O., 169 ff.

28 JULIEN *L'Afrique du Nord*, 104 f.

29 MERAD *Réformisme musulman*, 58 f.

30 MERAD a.a.O., 54, 56.

31 AGERON *Histoire de l'Algérie*, 172 und MERAD a.a.O., 62.

32 Für eine detaillierte Studie über die koloniale Schulpolitik vgl. COLONNA *Instituteurs*, 41-45, 57, 69, 136-138. Zur kulturellen Dimension kolonialer Unterdrückung vgl. auch PROCHASKA *Making Algeria French*. Zum Zusammenhang von Religion, Kultur und Nationalbewußtsein in Algerien vgl. ABUN-NASR *Islam und Nationalidentität*.

33 MERAD *Réformisme musulman*, 85.

34 Zu den wichtigsten Personen der Bewegung vgl. MERAD a.a.O., 79-118.

nalität" (*ğinsīya siyāsīya*) offen in Frage zu stellen, hatte Ben Badis die ethnische algerische Nationalität durch Religion, Kultur, Sitten und soziale Lebensformen definiert. Islam und Arabismus waren in dieser Konzeption die tragenden Säulen der kollektiven algerischen Identität.[35]

2.1.4 Reformen der *statuts personnels locaux*

Der koloniale Gesetzgeber griff bis Ende der fünfziger Jahre nur punktuell durch gesetzliche Reformen in die sogenannten „lokalen" Personalstatuten ein.[36] Diese Reformen betrafen vor allem Fragen der Vormundschaft und der Volljährigkeit. Aber auch der rechtliche Status kabylischer Frauen wurde verbessert. Ein *décret* aus dem Jahre 1902 legte die Volljährigkeit für die dem kabylischen Gewohnheitsrecht unterstellten Männer und Frauen auf 18 Jahre fest.[37] 1930 wurde dann ein Ehemindestalter von 15 Jahren für beide Geschlechter vorgeschrieben.[38] Ein weiteres *décret* von 1931 räumte schließlich kabylischen Frauen in Anlehnung an das malikitische Recht die Möglichkeit ein, aus bestimmten Gründen eine richterliche Auflösung der Ehe zu beantragen. Das gleiche *décret* unterband, daß Frauen bzw. deren Familien im Fall der Eheauflösung durch Verstoßung zur Leistung einer Kompensation an den Mann verpflichtet werden konnten. Auch die erbrechtliche Stellung kabylischer Frauen wurde durch das *décret* verbessert.[39]

Für die dem islamischen Recht malikitischer Schule unterstellte Mehrheit der algerischen Bevölkerung wurde 1936 lediglich die Volljährigkeit, die den selbständigen Abschluß von Rechtsgeschäften ermöglicht, durch Gesetz auf 22 Jahre für Männer und verheiratete Frauen bzw. auf 25 Jahre für unverheiratete Frauen festgesetzt.[40] Zu Beginn des 20. Jahrhunderts unternommene Initiativen zu einer umfassenden Kodifizierung des islamischen Personalstatuts scheiterten jedoch an den Divergenzen innerhalb der Kolonialadministration und innerhalb der französischen Richterschaft.[41] Die Arbeit einer 1905 eingesetzten Kodifizierungskommission, an der neben französischen Juristen und Kolonialbeamten auch islamische Gelehrte beteiligt

---

35 MERAD a.a.O., 397. Vgl. auch AGERON *Histoire de l'Algérie*, 582 f.

36 Zur Institutionalisierung der „lokalen" malikitischen, ibaditischen und kabylischen Personalstatuten vgl. BORRMANS *Statut personnel et famille*, 99-106, 427-446.

37 Artikel 1 *Décret portant réglementation de la tutelle en Kabylie* vom 1. August 1902.

38 Artikel 1 *Loi concernant la déclaration des fiançailles et l'âge du mariage des Kabyles* vom 2. Mai 1930.

39 Artikel 1, 2 und 3-10 *Décret sur la réglementation de la condition de la femme kabyle* vom 19. Mai 1931. Vgl. auch BORRMANS *Statut personnel et famille*, 102 f., 468.

40 BORRMANS a.a.O., 468.

41 Zum Scheitern der kolonialstaatlichen Initiativen zur Kodifizierung des islamischen Personalstatuts vgl. BONTEMS *Tentatives de codification*.

waren, wurde nicht zu Ende geführt.[42] Der aus den Vorbereitungen hervorgegangene sogenannte *Code Morand*, der 1916 als Monographie veröffentlicht wurde, erlangte nie Gesetzeskraft. Die Kolonialadministration war in der Frage gespalten, ob eine Kodifizierung, d.h. auch eine Reformierung an sich überhaupt wünschenswert sei. Aber selbst unter Anhängern von Reformen war umstritten, ob gesetzliche Maßnahmen sinnvoll wären. In den Augen vieler Juristen und insbesondere vieler Richter bot die Kontrolle der islamischen Gerichte durch die französische Justiz bereits genügend Möglichkeiten zu flexiblen Eingriffen und Reformen seitens der Rechtsprechung. Eine Kodifizierung würde demgegenüber nicht nur die Flexibilität einschränken. Sie enthielte außerdem notwendigerweise immer kompromißhafte Lösungen.[43] Schließlich begründeten die Gegner einer Kodifizierung ihre Position auch damit, daß das Personalstatut als Ausdruck der Identität der Muslime von der Kolonialadministration nicht modifiziert werden dürfte. In dieser Position drückte sich nicht zuletzt das Interesse aus, einen offenen Konflikt mit den traditionalistischen, algerischen Eliten zu vermeiden.[44]

Erst vor dem Hintergrund des algerischen Unabhängigkeitskrieges unternahm die französische Kolonialverwaltung einen erneuten Anlauf zur Kodifizierung und Reform des islamischen Personalstatuts. Dahinter stand jetzt das Anliegen, zumindest einen Teil der algerischen Muslime in ein umfassendes politisches, soziales und ökonomisches Reformprojekt einzubinden, um den antikolonialen Widerstand zu schwächen.[45] Obwohl auch diese Initiative aufgrund der schwierigen politischen Verhältnisse scheiterte, wurden Ende der fünfziger Jahre zwei wichtige Texte zur Reform des Vormundschafts- sowie des Ehe- und Scheidungsrechts erlassen. Ein Gesetz von 1957 legte die Volljährigkeit für Männer und Frauen auf 21 Jahre fest. Außerdem wurde die Mutter im Fall des Todes des Vaters in Abweichung vom traditionellen islamischen Recht zum gesetzlichen Vormund ihrer Kinder erklärt.[46] 1959 wurde schließlich das Ehe- und Scheidungsrecht für das malikitische und für das kabylische Personalstatut entscheidend formalisiert und

42 Vgl. auch CHRISTELOW *Muslim Law Courts*, 253 ff.

43 Tatsächlich haben französische Richter in Einzelfragen das malikitische Recht im Namen des französischen *ordre publique* stark abgeändert oder sogar umgangen (CHARNAY *Vie musulmane*, 299 ff.). Vgl. auch COULSON *Islamic Law*, 163, 171 f.

44 Vgl. auch CHRISTELOW *Muslim Law Courts*, 255 f. Christelow hat ganz allgemein darauf hingewiesen, daß die politische Instrumentalisierung des Personalstatuts Reformen des islamischen Rechts letztlich stark behindert hat (ebenda, 10).

45 BORRMANS *Statut personnel et famille*, 466 f. Vgl. auch LAZREG *Eloquence of Silence*, 133-137.

46 Artikel 1 und 19 *Loi portant réforme du régime des tutelles et de l'absence en droit musulman* vom 11. Juli 1957.

vereinheitlicht. Gleichzeitig wurden auch inhaltliche Reformen vorgenommen. Die Eheschließung kommt nach der *ordonnance* vom Februar 1959 allein durch die persönliche und öffentlich gegebene Zustimmung der zukünftigen Eheleute zustande. Auch wurde ein Ehemindestalter von 15 Jahren für Frauen und 18 Jahren für Männer festgelegt. Die Auflösung der Ehe kann nur noch vor Gericht stattfinden.[47] Ein *décret* über die Anwendung der genannten Regelungen schrieb außerdem vor, daß eine Ehe prinzipiell nur noch durch Auszug aus dem standesamtlichen Register (*état civil*) nachzuweisen ist. Auch wurden genaue Gründe für eine gerichtliche Eheauflösung festgelegt, die überwiegend französischem Recht entnommen waren. Die Möglichkeit der Eheauflösung durch den einseitigen Willen des Mannes blieb zwar erhalten. Der Richter konnte der Frau in einem solchen Fall jedoch seither Anspruch auf Schadensersatz zusprechen.[48] Im Fall der Eheauflösung sollten nach dem *décret* beide Eltern gleichermaßen für den Unterhalt und die Erziehung ihrer Kinder verantwortlich sein.[49]

Der FLN reagierte auf die Texte von 1959 mit Ablehnung. In *El-Moudjahid*, dem offiziellen Organ des FLN, hieß es zu den Reformtexten: „*Ainsi des Français, au surplus chrétiens ou de confession israélite (...) ont osé, de propos délibéré, porter atteinte au Coran, de par son essence immuable, et imposer par le sabre, aux musulmans d'Algérie les lois laïques de France, et ce, dans la matière la plus sacrée, à savoir le statut personnel. (...) Cette nouvelle atteinte par la France à l'islamisme soulève contre elle l'indignation non seulement de tout le monde musulman mais aussi de tous les peuples et de tous les hommes épris de liberté et pour qui la religion est un domaine qui relève exclusivement de la communauté des croyants.*“[50] Die Heftigkeit dieser Reaktion muß allerdings vor dem Hintergrund der von Siedlervertretern inszenierten „Entschleierung“ muslimischer Frauen im Jahr 1958 gesehen werden, die die emanzipatorische Kapazität der Kolonialmacht unter Beweis stellen sollte.[51] Dennoch trafen die Eherechtsreformen von 1959 zumindest bei einzelnen algerischen Intellektuellen auf Zustimmung.[52]

---

47 Artikel 2, 5 und 6 *Ordonnance relative au mariage contracté dans les départements d'Algérie, des Oasis et de la Saoura par les personnes de statut civil local* vom 4. Februar 1959. Artikel 10 der *ordonnance* nimmt die nach ibaditischem Recht geschlossenen Ehen von den genannten Regelungen ausdrücklich aus.

48 Artikel 11 und Artikel 21 Absatz 3 *Décret portant règlement d'administration publique par l'application de l'ordonnance no. 59.274 du 4 février 1959* vom 17. September 1959. Für eine genaue Darlegung der ehe- und scheidungsrechtlichen Vorschriften vgl. Kapitel 4.

49 Artikel 21 Absatz 1 des *décret* vom 17. September 1959.

50 Zitiert nach GADANT *Islam et nationalisme*, 55.

51 Vgl. LAZREG *Eloquence of Silence*, 132, 134 f.

52 BORRMANS *Statut personnel et famille*, 481, 493 ff.

2.1.5 Zusammenfassung

Die Kolonialpolitik Frankreichs hat die Entwicklung des algerischen Rechts insgesamt und speziell die des islamischen Personalstatuts auf lange Sicht entscheidend geprägt. Seine offensichtliche Instrumentalisierung zur Durchsetzung der Kolonial- und Siedlerinteressen reduzierte das Recht insgesamt weitgehend auf ein Mittel der Politik. Auch das islamische Recht verlor vor diesem Hintergrund seine bisherige Autonomie:[53] Es war nicht länger dem Zugriff des weltlichen Gesetzgebers entzogen, und die islamische Gerichtsbarkeit wurde der zentralisierten und bürokratisierten, staatlichen Justiz unterstellt. Das islamische Recht wurde so als besonderer, aber untergeordneter Bereich in die positive Rechtsordnung integriert.[54] Das Interesse des Kolonialstaates im Bereich des Personalstatuts war dabei ein zweifaches. Zunächst wurden die „lokalen Personalstatuten" als solche institutionalisiert und zur rechtlich-politischen Ausgrenzung der Muslime eingesetzt. Das führte umgekehrt dazu, daß der Islam und das islamische Personalstatut in Reaktion auf die entlang religiöser Grenzen erfahrene Unterdrückung zu tragenden Elementen eines kulturellen und identitätsbestimmenden Nationalismus werden konnten. Gleichzeitig setzte der Kolonialstaat Reformen des Personalstatuts durch, die auf die Modernisierung, d.h. auf den Ausbau der öffentlichen Kontrolle, aber auch auf die weitergehende Formalisierung und Verrechtlichung der Familienverhältnisse zielten. Angesichts der Politisierung des Personalstatuts waren diese Reformen in der algerischen Öffentlichkeit stark umstritten. Die politische Instrumentalisierung der Frauenfrage im kolonialen Diskurs ließ dabei insbesondere den emanzipatorischen Impuls der Eherechtsreformen von 1959 als Angriff auf die Integrität der muslimischen Gesellschaft erscheinen. Auch nach der Unabhängigkeit setzt sich daher jede Reform des Personalstatuts, die mit einer Verbesserung der rechtlichen Situation von Frauen verbunden ist, dem Vorwurf aus, den arabisch-islamischen Charakter Algeriens in Gefahr zu bringen. Dennoch werden, wie die weitere Entwicklung nach der Unabhängigkeit zeigt, die Reformen von 1957 und 1959 im Kern nicht mehr in Frage gestellt. Insbesondere die Tendenz zur Vereinheitlichung der Personalstatuten, die insbesondere in dem *décret* von 1959 zum Ausdruck kommt, wird nach der Unabhängigkeit bestätigt.[55] Daran wird deutlich, daß die Reformen im Grundsatz tatsächlich einem neuen, sozialen Regelungsbedarf entsprechen, dem jenseits politisch-ideologischer Erwägungen auch das Recht des unabhängigen Staates Rechnung tragen muß.

---

53 Vgl. auch CHRISTELOW *Muslim Law Courts*, 8 ff.

54 HOOKER *Legal Pluralism*, 454 ff.

55 Vgl. auch BONTEMS *Tentatives de codification*, 125. Vgl. auch Kapitel 4 und 5.

2.2 RECHT UND NATIONALE SOUVERÄNITÄT

Kennzeichnend für die Rechtsentwicklung nach der Unabhängigkeit ist neben dem allgemeinen Pragmatismus das sehr instrumentelle Rechtsverständnis des Gesetzgebers.[56] Recht wird dabei einerseits zum Ausbau des staatlichen Zugriffs auf die Gesellschaft und zur Transformation der sozialen Verhältnisse eingesetzt. Andererseits kommt dem Recht die Funktion zu, die ideologische Legitimität des Staates zu untermauern.[57]

Als Ausdruck des Bruchs mit dem Kolonialstaat wird zunächst die Bedeutung des Islam innerhalb des politischen Systems und innerhalb der Rechtsordung nach der Unabhängigkeit grundlegend umgewertet. Der Islam wird zum Symbol der nationalen Einheit und Souveränität Algeriens. Alle Verfassungen erklären den Islam zur Religion des Staates.[58] Auch die nationale Zugehörigkeit des einzelnen wird über die Religion bzw. über das islamische Personalstatut definiert. Das Staatsangehörigkeitsgesetz vom März 1963 legt fest: „*Le mot >algérien< en matière de nationalité d'origine s'entend de toute personne dont au moins deux ascendants en ligne paternelle sont nés en Algérie et y jouissaient du statut musulman.*“[59] Keine der algerischen Verfassungen erhebt jedoch den Islam oder das islamische Recht in den Rang einer Quelle staatlicher Gesetzgebung.[60] Erst das Zivilgesetzbuch (ZGB) von 1975 erklärt die Prinzipien des islamischen Rechts zu einer Hilfsquelle des Privatrechts. Wo Wortlaut und „Geist“ des Gesetzes schweigen, soll der Richter nach Artikel 1 ZGB auf die „Prinzipien der *šarīᶜa*“ (*mabādiᵓ aš-šarīᶜa al-islāmīya*) zurückgreifen.[61] Die Prinzipien des islamischen Rechts werden hier allerdings offensichtlich als Teil der algerischen Rechtstradition

---

56 Vgl. auch CHALABI *Droit, Etat et pouvoir*, 40. Rosen spricht in diesem Zusammenhang von einer aus der Kolonialzeit übernommenen „administrativen“ Sicht auf Recht (ROSEN *Law and Social Change*, 14). Für die Rolle des Rechts in der Entwicklung anderer arabischer Staaten vgl. BOTIVEAU *Loi et droit*, 105, 129-137.

57 Vgl. auch BEN ACHOUR *Politique, religion et droit*, 182 ff.

58 Artikel 2 der Verfassungen von 1963, 1976 und 1989.

59 Artikel 34 *Code de la Nationalité* von 1963.

60 Vgl. auch MERAD *Religion de l'Etat*.

61 „*La loi régit toutes les matières auxquelles se rapporte la lettre ou l'esprit de l'une de ses dispositions. En l'absence d'une disposition légale, le juge se prononce selon les principes du droit musulman* (mabādiᵓ aš-šarīᶜa al-islāmīya) *et, à défaut, selon la coutume* (ᶜurf). *Le cas échéant, il a recours au droit naturel* (al-qānūn aṭ-ṭabīᶜī) *et aux règles de l'équité* (qawāᶜid al-ᶜadāla).“ (Artikel 1 ZGB). Das algerische Zivilgesetzbuch weicht an dieser Stelle von seinem ägyptischen Vorbild ab, das nach dem Gesetz zunächst die Gewohnheit als zusätzliche Rechtsquelle nennt.

und nicht als paralleles oder übergeordnetes Rechtssystem betrachtet und bilden daher keinen Gegensatz zum staatlichen Recht.[62] Außerdem ist bisher nicht bekannt, ob dieser Vorschrift überhaupt praktische Bedeutung zukommt. Allein im Bereich des Personalstatuts gilt seit der Unabhängigkeit erklärtermaßen islamisches Recht. Das wird auch mit dem Familiengesetz von 1984 bestätigt, das nicht nur inhaltlich weitgehend auf islamischem Recht beruht, sondern darüber hinaus die Vorschriften (*aḥkām*) der *sarīʿa* zur einzigen Hilfsquelle des Familienrechts erklärt.[63] Aber auch im Bereich des Personalstatuts ist das islamische Recht in die positive Rechtsordnung des Nationalstaates integriert – es wird als nationales Recht von ordentlichen Gerichten angewendet.[64]

2.2.1 Staat und Recht nach der Verfassung

Die verschiedenen algerischen Verfassungen haben in erster Linie die Funktion, die staatliche Ordnung bzw. deren Umbau zu legitimieren.[65] Die erste algerische Verfassung aus dem Jahr 1963 beschreibt nach offiziellem Verständnis weder ein parlamentarisches noch ein Präsidialsystem, sondern die Herrschaft der Einheitspartei FLN.[66] Neben der Partei werden als Institutionen des Staates die Nationalversammlung als gesetzgebende Gewalt und der Präsident als Vertreter der Exekutive genannt. Die Rechtsprechung ist laut Verfassung nicht nur dem Gesetz, sondern auch den „Interessen der sozialistischen Revolution" verpflichtet. Der Islam ist in der Verfassung zweifach, als Religion des Staates und als Religion des Präsidenten, verankert.[67]

Nach dem Staatsstreich vom 19. Juni 1965 wird als oberstes Organ des Staates ein sogenannter Revolutionsrat eingerichtet.[68] Die 1963er Verfassung wird daraufhin *de facto* außer Kraft gesetzt.[69] Erst 1976 wird zusammen mit der Nationalcharta eine neue Verfassung angenommen. Diese

---

62 Zum Verständnis des islamischen Rechts, wie es dem ägyptischen Zivilgesetzbuch zugrunde liegt, vgl. HILL *Islamic Law*, 71-83. Für das algerische Zivilrecht vgl. LAʿŠAB *al-Mabādiʾ*.

63 Art. 222 Familiengesetzbuch. Vgl. auch unten. Für das Verhältnis von religiöser und politischer Legitimation des Familiengesetzes vgl. Kapitel 7.

64 HENRY *Droit musulman, Etat moderne*.

65 Zur Funktion von Verfassungen in postkolonialen Staaten allgemein vgl. ROSEN *Law and Social Change*, 12-17.

66 SALACUSE *Law in Africa*, 56.

67 SALACUSE a.a.O., 57 f.

68 SALACUSE a.a.O., 58 ff.

69 CUBERTAFOND *République Algérienne*, 155. Gesetze werden in den folgenden Jahren ausschließlich durch Präsidial- oder Ministerialdekrete erlassen (SALACUSE *Law in Africa*, 103).

Verfassung hat die doppelte Funktion, den Sozialismus im politischen System Algeriens zu verankern und die Kompetenzen des Präsidenten zu sichern und auszuweiten.[70] Artikel 1 der Verfassung von 1976 erklärt den algerischen Staat zu einem sozialistischen Staat. Der Sozialismus ist laut Verfassung eine irreversible, politische Option und kann nicht zum Gegenstand zukünftiger Verfassungsänderungen werden.[71] Die Nationalcharta wird von der Verfassung in den Rang einer Quelle der Gesetzgebung gehoben und soll der ideologischen Orientierung der staatlichen Politik dienen.[72] Aufgabe der Justiz ist es, der sozialistischen Revolution zu dienen und diese zu schützen.[73] Der Präsident und Staatschef hat nach der neuen Verfassung umfangreiche Rechte und Kompetenzen. Er ist nicht nur höchster Vertreter der Exekutive,[74] sondern kann auch gesetzgeberisch tätig werden.[75] Außerdem hat er gegenüber dem Parlament als dem eigentlichen Organ der Gesetzgebung weitgehende Machtbefugnisse.[76] Auch die 1976er Verfassung schreibt die führende Rolle der Einheitspartei FLN fest.[77] Artikel 94 besagt, daß im Rahmen der Einheit von Staat und Partei die Parteispitze die politischen Richtlinien vorgibt. Der Präsident „verkörpert" dabei die Einheit von Staat und Partei auf der Ebene der politischen Führung.[78] Der Islam wird, wie schon in der ersten Verfassung von 1963, zur Religion des Staates erklärt.[79] Auch muß der algerische Präsident Muslim sein.[80]

Die jüngste algerische Verfassung vom Februar 1989, die unter dem Eindruck der Oktoberunruhen von 1988 erarbeitet wurde, beendet formal das Einparteienregime. Dem FLN kommt nach der Verfassung keine staatstragende Rolle mehr zu, und das Recht, politische Vereinigungen zu gründen, wird ausdrücklich anerkannt.[81] Außerdem wird der Sozialismus aus der Verfassung gestrichen. Der Staat ist daher nicht mehr auf eine bestimmte politische Ideologie verpflichtet. Zumindest im Grundsatz führt die neue Verfassung die Gewaltenteilung ein – Legislative und Judikative sollen unabhängig sein.[82] Allerdings hat der Präsident als höchster Vertreter der Exe-

---

70 Vgl. CUBERTAFOND *République Algérienne*, 196.
71 Artikel 10 und 195 der Verfassung von 1976.
72 Artikel 6 der Verfassung von 1976.
73 Artikel 166 der Verfassung von 1976.
74 Artikel 104, 111, 113 f. der Verfassung von 1976.
75 Artikel 148 und 153 der Verfassung von 1976.
76 Artikel 155 und 163 der Verfassung von 1976.
77 Zur algerischen Konzeption der Parteiherrschaft und zur politischen Realität vgl. LECA/VATIN *L'Algérie politique*, 9, 13 ff.
78 Artikel 111 der Verfassung von 1976.
79 Artikel 2 der Verfassung von 1976.
80 Artikel 107 der Verfassung von 1976.
81 Artikel 40 Verfassung von 1989.
82 Artikel 92 und 129 Verfassung von 1989.

kutive noch immer umfangreiche Rechte und Machtbefugnisse[83] und die Unabhängigkeit der Justiz bleibt weiterhin prekär.[84] Der Religion wird von der 1989er Verfassung größeres Gewicht als bisher beigemessen: Der Islam ist nicht mehr nur Religion des Staates und des Präsidenten.[85] Den staatlichen Institutionen wird außerdem untersagt, gegen „die islamische Moral" (*morale islamique/ḫulq islāmī*) zu verstoßen.[86]

Während die Verfassung von 1963 vor allem die Funktion hat, die nationale Souveränität des postkolonialen Staates zu unterstreichen und nach innen ein prekäres politisches Gleichgewicht zu wahren, dient die Verfassung von 1976 dazu, die bereits durchgesetzte innere Ordnung zu legitimieren und zu stabilisieren.[87] In beiden Verfassungen sind die Staatsgewalten nicht voneinander getrennt und nicht unabhängig. Exekutive, Legislative und Judikative werden nicht auf den Grundsatz der Rechtsstaatlichkeit, sondern auf die Durchsetzung der sozialistischen Revolution verpflichtet. Recht und Justiz bleiben dabei auch in der Praxis an politische Vorgaben der Staats- und Parteiführung gebunden und unterliegen einer strengen Kontrolle durch die Administration.[88] Demgegenüber soll die Verfassung von 1989 dem Regime erstmals eine demokratische, d.h. hier vor allem formale Legitimität verleihen. Wie die anhaltenden Machtkämpfe innerhalb des algerischen Regimes und die jüngste Verfassungsreform von 1996 zeigen, geht es aber auch dabei nur vordergründig um mehr Demokratie.[89] Angesichts wachsender ökonomischer und sozialer Probleme soll die Verfassung von 1989 vielmehr in erster Linie die Rücknahme materieller und ideologischer Leistungen des Staates legitimieren.

Die Rolle des Islam bleibt in allen drei Verfassungen ambivalent. Die Formulierung, nach der der Islam die Religion des Staates ist, kann sowohl ein Über- als auch ein Unterordnungsverhältnis zwischen Staat und Islam zum Ausdruck bringen.[90] Die Verfassung von 1989, die die staatlichen Institutionen auf die Achtung der „islamischen Moral" verpflichtet, gesteht der Religion ein größeres Gewicht zu als die früheren Texte. Nach keiner der

---

83 CHALABI *Dictature et démocratie.*

84 TAIB *Juge algérien.*

85 Artikel 2 und 70 Verfassung von 1989.

86 Artikel 9 Verfassung von 1989.

87 Die Verfassung von 1963 wird gegen den Widerstand säkularer und liberaler Kräfte durchgesetzt. Zur politischen Funktion der Verfassung von 1976 vgl. CUBERTAFOND *République Algérienne*, 196.

88 Für eine Kritik des Chadli-Regimes im Hinblick auf das Verhältnis von Staat und Recht vgl. CHALABI *L'Etat et le droit*, 12-15, 34. Für eine kritische Darstellung der Rolle der algerischen Justiz vgl. auch ASLAOUI *Etre juge* und dies. *Dame justice.*

89 Zur Verfassungsreform von 1996 vgl. GOURON *Constitution algérienne.*

90 Vgl. auch MERAD *Religion de l'Etat* und SANSON *Laïcité islamique.*

Verfassungen hat der Islam jedoch Einfluß auf die institutionelle Gestaltung des Staates oder auf die staatliche Gesetzgebung.

2.2.2 Kontinuität und Wandel des Rechts

Außerhalb des Verfassungsrechts besteht in Algerien ein sich wandelndes Spannungsverhältnis zwischen Kontinuität und Wandel.[91] Im Dezember 1962 übernimmt die provisorische Exekutive per Gesetz zunächst bis auf weiteres grundsätzlich bisher geltendes Recht. Nur in seinen „kolonialistischen“ Teilen wird es formal aufgehoben. „*Tous les textes et les dispositions portant atteinte à la souveraineté intérieure ou extérieure de l'Etat algérien ou d'inspiration colonialiste ou discriminatoire, tous les textes ou dispositions portant atteinte à l'exercice normal des libertés démocratiques, sont considérés comme nuls et non avenus.*“[92] Auch wenn die Rechtsprechung, soweit dies bekannt ist, nur selten auf diese Ausnahmeregel zurückgreift,[93] wird damit zumindest theoretisch die Möglichkeit zu einem eher willkürlichen Umgang mit übernommenem Recht geschaffen.[94] So muß das Übernahmegesetz von 1962 vor allem als Ausdruck des Anspruchs auf politische Souveränität verstanden werden.[95]

Tatsächlich werden in vielen Rechtsbereichen nach der Unabhängigkeit häufig lediglich französische Traditionen fort- oder sogar erst eingeführt.[96] Das gilt insbesondere für die im Rahmen der Justizreform von 1965/66 verabschiedeten Texte wie das Strafgesetz, das Strafprozeßgesetz und das Zivilverfahrensgesetz.[97] Auch die verschiedenen Maßnahmen zur Arabisierung und Algerianisierung der Rechtsordnung beenden den französischen Einfluß hier nicht. Zwar werden noch in den sechziger Jahren französische Berater in der Justizverwaltung weitgehend durch ägyptische ersetzt. Aber auch das führt oft bloß dazu, daß französische Einflüsse als arabische umdefiniert und neu angeeignet werden. Das zeigt sich insbesondere am Beispiel des algerischen Zivilgesetzbuches von 1975. Dieses Gesetz stimmt weitgehend mit dem

---

91 Vgl. MAHIOU *Rupture ou continuité*. Zur Kontinuität zwischen kolonialem und postkolonialem Staat allgemein vgl. TLEMCANI *State and Revolution*, 73-107.

92 Artikel 2 *Loi tendant à la reconduction jusqu'à nouvel ordre de la législation en vigueur au 31 décembre 1962* vom 31. Dezember 1962.

93 Vgl. auch SALACUSE *Law in Africa*, 92.

94 Vgl. auch CHALABI *Droit, Etat et pouvoir*, 39.

95 CHALABI a.a.O., 38. Daher führt auch die Aufhebung des Übernahmegesetzes von 1962, die 1975 wirksam wird, nicht zu einem wirklichen Bruch in der Rechtsentwicklung. Vgl. auch MAHIOU *Rupture ou continuité*.

96 Vgl. auch BEN ACHOUR *Politique, religion et droit*, 182 f.

97 MATHETES *Réforme judiciaire*.

entsprechenden ägyptischen Gesetz überein, das seinerseits wiederum überwiegend dem französischen *Code civil* entlehnt ist.[98]

Gleichzeitig zeichnet sich jedoch in anderen Rechtsbereichen schon früh ein tiefgreifender Wandel ab. Aus den entwicklungspolitischen Prioritäten des algerischen Regimes und insbesondere aus dem Aufbau eines zentralstaatlich organisierten öffentlichen Wirtschaftssektors ergibt sich die Notwendigkeit, ein angemessenes juristisches Instrumentarium nach dem Vorbild anderer sozialistischer Länder zu schaffen. Der dafür notwendige Wandel des algerischen Rechtssystems vollzieht sich in den ersten Jahren nach der Unabhängigkeit zunächst zum Teil einfach durch Neuinterpretation oder durch bloß selektive Anwendung bzw. durch offene Umgehung formal noch geltenden Rechts. Cubertafond hat diese Praxis als Ausdruck einer „Legalität der Entwicklung“ (*légalité du développement*) bezeichnet.[99] Als Beispiele können die Verstaatlichungen von Land unmittelbar nach der Unabhängigkeit genannt werden, für die erst im Oktober 1963 eine gesetzliche Grundlage geschaffen wird. Auch die anfänglichen Reglementierungsversuche im Bereich des privaten Wirtschaftssektors sowie die Gründung erster Staatsbetriebe werden zunächst ohne entsprechende gesetzliche Basis unternommen.[100]

Auf der Ebene der Legislative stellen in dieser Hinsicht die Gesetze über die Selbstverwaltung im landwirtschaftlichen Bereich (*autogestion*) vom März 1963 den ersten wirklichen Bruch mit französischen Rechtstraditionen dar.[101] Im Rahmen der Justizreform von 1965/66 werden dann weitere gesetzliche Regelungen zum Schutz und zum Ausbau des staatlichen Wirtschaftssektors erlassen. Das algerische Strafgesetzbuch von 1966, das zu großen Teilen eine Übernahme des entsprechenden französischen Textes ist, sieht im Zusammenhang mit der Selbstverwaltung von Wirtschaftsbetrieben zusätzliche Strafrechtstatbestände vor. Im selben Jahr werden außerdem spezielle Gerichte für „Verbrechen gegen die Wirtschaft“ eingerichtet, die nach Sondergesetzen urteilen.[102] Weitere wichtige Maßnahmen zur gesetzlichen Innovation im Bereich des öffentlichen Sektors sind die Verordnung und die Charta über die Agrarrevolution von 1971 sowie die Neuregelung

---

98 MAHIOU *Rupture ou continuité*, 132 f. Zum ägyptischen Zivilgesetzbuch vgl. HILL *Islamic Law*, 65-70.

99 *„Au nom de la >légalité du développement<, à rapprocher du principe de la >légalité socialiste< en usage dans les pays de l'Est, le pouvoir s'autorise une application souple de la règle du droit interne et des accords internationaux quand ils ne correspondent plus à la situation présente, ont été imposés par l'extérieur, font obstacle au développement ou encore, et surtout, quand ils sont en contradiction avec les objectifs révolutionnaires.“* (CUBERTAFOND *République Algérienne*, 47)

100 MAHIOU *Rupture ou continuité*, 112 ff.

101 MAHIOU a.a.O., 116.

102 MATHETES *Réforme judiciaire*, 118 f.

des Status der Staatsbetriebe als „sozialistische Betriebe" aus dem Jahr 1977.[103] Die „Legalität der Entwicklung" wird schließlich in der Verfassung von 1976 verbindlich festgeschrieben. Artikel 28 erklärt die „radikale Umgestaltung" der Gesellschaft zur Aufgabe des „sozialistischen Staates".[104]

Erst nach Boumediens Tod kehrt sich dieser Trend langsam wieder um. So werden seit Anfang der achtziger Jahre einzelne Maßnahmen zur Dezentralisierung des öffentlichen Sektors, zur Dereglementierung der Landwirtschaft und zur Fördergung des privaten Sektors durchgesetzt.[105] Bis zum Ende der achtziger Jahre scheitern umfassendere Wirtschaftsreformen jedoch an Widerständen innerhalb des algerischen Staatsapparates.[106] Erst die durch soziale Proteste erzwungene politische Öffnung von 1988/89 ermöglicht eine konsequentere Durchsetzung der angestrebten Wirtschaftsreformen.[107]

2.2.3 Exkurs: Staat, Entwicklung und Geschlechterverhältnisse

Bevor die Entwicklung des Personalstatuts nach der Unabhängigkeit im einzelnen dargestellt wird, soll zunächst nach den Auswirkungen der algerischen Entwicklungs- und Rechtspolitik insgesamt auf Ehe und Familie gefragt werden. Grundsätzlich scheint die Ordnung der Geschlechterbeziehungen in Algerien von den staatlichen Modernisierungsstrategien weitgehend ausgespart geblieben zu sein. Daß dafür nicht allein das islamische Personalstatut verantwortlich gemacht werden kann, zeigt sich nicht zuletzt daran, daß patriarchalische Strukturen auch in anderen gesellschaftlichen Bereichen Bestand haben und zum Teil sogar neue Funktionalität gewinnen.[108] Außerdem bleibt auch der Sozialismus als Staatsideologie in der Frage der Geschlechterverhältnisse ambivalent. Einerseits kann er zwar dazu dienen,

---

103 MAHIOU *Rupture ou continuité*, 119-121.

104 Mahiou hat den algerischen Staat in diesem Sinn als „*Etat prométhéen*" charakterisiert (MAHIOU *Etat, droit et société*, 23, 27).

105 ELSENHANS *Algerian Development*, 64-67.

106 ELSENHANS *Contradiction*, 239, 241 f.

107 ELSENHANS a.a.O., 241. Zu den Gefahren, die sich aus der von Maßnahmen zur wirtschaftlichen Öffnung begleiteten politischen Liberalisierung ergeben, vgl. LECA *Etat et société*, 32 f.

108 Vgl. auch Kapitel 1.2. Leßner hat die Konstituierung einer „peripheren", d.h. abhängigen kapitalistischen Gesellschaft in Algerien in diesem Sinn als „Patriarchalisierungs-Prozeß" charakterisiert (LEẞNER *Soziale Lage der Frau*, 30). Lazreg hat vor allem unter politischen Aspekten die Bedeutung der „islamischen Familie" angesichts des Scheiterns des algerischen Sozialismus herausgearbeitet (LAZREG *Gender and Politics*). Für eine Kritik der Fixierung feministischer Diskussionen auf die Kritik der Familie vgl. auch ACKER *Problem with Patriarchy*.

Forderungen nach sozialer und rechtlicher Besserstellung von Frauen zu begründen. Andererseits wird die Frauenfrage jedoch im Rahmen des offiziellen sozialistischen Diskurses ebenso wie in oppositionellen, linken Ideologien politisch vollkommen in den Hintergrund gedrängt. Dennoch muß festgehalten werden, daß in den sechziger und siebziger Jahren in weiten Rechtsbereichen zumindest formal die Gleichstellung von Frauen und Männern erreicht wird. Dabei sind es vor allem sozialistisch inspirierte Gesetzestexte, die darüber hinaus spezielle Maßnahmen zum Schutz von Frauen vorsehen. Demgegenüber führen die Rücknahme des sozialistischen Engagements des algerischen Staates einerseits, die Ausweitung des offiziellen „islamischen Engagments" andererseits seit den achtziger Jahren zu einer Verschlechterung der rechtlichen Situation von Frauen.

2.2.3.1 Algerischer Sozialismus – die Nationalcharta von 1976

Die Nationalcharta, die 1976 noch vor der Verfassung aus demselben Jahr durch Referendum angenommen wird, ist der wichtigste politische Text, der ausführlich die ideologischen und gesellschaftspolitischen Grundsätze des algerischen Sozialismus formuliert.[109]

Unter der Überschrift „Der Islam und die sozialistische Revolution" ist der Religion in der Nationalcharta von fast 200 Seiten nur eine einzige gewidmet. Der Islam wird hier zwar zunächst als Bestandteil der algerischen nationalen Identität gewürdigt: *„Le peuple algérien est un peuple musulman. L'Islam est la religion de l'Etat.*" Gemeint ist aber ein Islam, der mit der „sozialistischen Revolution" vereinbar ist. *„La Révolution entre bien dans la perspective historique de l'Islam. (...) L'Islam a apporté au monde une conception très élevée de la dignité humaine (...). Son égalitarisme foncier peut trouver une expression adaptée à chaque époque.*" Den Verfassern der Nationalcharta geht es nicht um eine Islamisierung der Sitten und der gesellschaftlichen Moral, wie sie von religiösen Kräften innerhalb und außerhalb des Staatsapparates immer wieder gefordert wird. Ihr Ziel ist vielmehr die Revolution der sozialen Verhältnisse. Jede Reinterpretation des Islam muß daher nach ihrer Auffassung Teil des allgemeinen Umbaus der Gesellschaft sein. *„Le déclin du monde musulman ne s'explique pas par des causes pure-*

---

109 Im folgenden wird aus der französischen Version der Nationalcharta zitiert, da dieser Text zunächst tatsächlich in französischer Sprache abgefaßt wurde. Die Nationalcharta von 1976 wird unter den Bedingungen einer kurzfristigen Radikalisierung des Sozialismus innerhalb des algerischen Entwicklungsmodells in der Mitte der 1970er Jahre ausgearbeitet. Konservative religiöse Kräfte werden in dieser Situation vorübergehend in den Hintergrund gedrängt (ELSENHANS *Postkoloniale Entwicklung*, 173 f.).

ment morales. (...) En fait, pour se régénérer, le monde musulman n'a qu'une issue: dépasser le réformisme et s'engager dans la voie de la Révolution sociale. (...) C'est à dire que toute entreprise qui se fixe, aujourd'hui, pour objectif une reconstruction de la pensée musulmane, doit, pour être crédible, renvoyer obligatoirement à une entreprise beaucoup plus vaste: la refonte totale de la société."[110]

Die „Förderung" der Frau ist nach der Nationalcharta Teil des sozialistischen Fortschritts. „*Cette promotion (...) est, à la fois un impératif de l'esprit de justice et de l'équité, une exigence dictée par la dialectique du progrès, de la démocratie et de l'édification harmonieuse du pays, une implication absolue de son statut de citoyenne dans une Algérie libre, révolutionnaire et socialiste.*" Gleichwohl werden Frauen in erster Linie als Ehefrauen und Mütter angesprochen. „*Dans l'amélioration du sort de la femme doivent intervenir des actions qui viseront, avant tout, à transformer une sorte d'environnement mental et juridique négatif et parfois préjudiciable à l'exercice de ses droits reconnus d'épouse et de mère, et à sa sécurité matérielle et morale.*"[111] Im Zusammenhang mit der Arbeitsmarktpolitik und der angestrebten Vollbeschäftigung wird ausdrücklich gefordert, die von Frauen zu leistende Familienarbeit zu berücksichtigen. „*(...) l'intégration de la femme algérienne dans les circuits de la production doit tenir compte des contraintes inhérentes au rôle de la mère de famille et à celui de l'épouse dans la construction et la consolidation du foyer familial, qui forme la cellule constitutive de la Nation.*"[112]

Die Bedeutung solcher Ausführungen bleibt im algerischen Kontext ambivalent. Zwar werden die geschlechtsspezifische Arbeitsteilung und die sozialen Rollen der Frau als Ehefrau und Mutter nicht grundsätzlich hinterfragt. Dennoch untergräbt die prinzipielle Befürwortung von Frauenerwerbsarbeit an sich schon die ausschließliche Familienorientierung der Frau. Im Zusammenhang mit der Forderung nach rechtlicher Besserstellung von Frauen als Ehefrauen und Mütter wird überdies zumindest implizit die herrschende Familienrechtspraxis kritisiert. „*Ainsi, il devra être mis un terme à la pratique de la dot exorbitante et ruineuse, à l'abandon par des maris peu scrupuleux d'enfants laissés à leurs mères démunies de ressources, à l'enlèvement injustifié d'enfants arrachés à l'affection maternelle, aux divorces non motivés et sans garanties de pension ni de soins, aux violences exercées impunément contre les femmes, à leur exploitation par une catégorie d'éléments antisociaux.*"[113] Die Nationalcharta bezieht hier eindeutig Position gegen eine zu enge Orientierung des Personalstatuts am

110 Zitate aus: *Charte Nationale* 1976, 21.
111 a.a.O., 72.
112 a.a.O., 144.
113 a.a.O., 72.

traditionellen islamischen Recht. Aber auch die Nationalcharta enthält keine Frauenrechtsforderungen im engeren Sinn. Sie bringt vielmehr die offizielle Ideologie zum Ausdruck, nach der die Frauenfrage nur als Teilproblem im Rahmen der sozialistischen Entwicklung der algerischen Gesellschaft insgesamt zu lösen ist.[114] In den Reden algerischer Politiker werden Frauenrechtsforderungen daher auch immer wieder als Ausdruck des *embourgeoisement* und/oder der Verwestlichung abgetan.[115]

2.2.3.2 Sozialismus im Recht – die siebziger Jahre

Die sozialistische Orientierung des algerischen Gesetzgebers kommt vor allem in der formalen Gleichbehandlung der Geschlechter zum Ausdruck. Die algerische Verfassung von 1976 enthält nicht nur den Grundsatz der Gleichberechtigung von Mann und Frau und ein allgemeines Diskriminierungsverbot, das sich ausdrücklich auch auf die Diskriminierung aufgrund des Geschlechts bezieht.[116] Der Staat hat laut Verfassung außerdem den Auftrag, den Grundsatz der Gleichberechtigung auch umzusetzen. Artikel 41 der Verfassung verpflichtet den Staat dazu, alle ökonomischen, sozialen und kulturellen Hindernisse auszuräumen, die einer Verwirklichung der Gleichberechtigung in allen gesellschaftlichen Bereichen im Wege stehen.

Gemäß ihrem sozialistischen Anspruch garantiert die Verfassung von 1976 ein allgemeines Recht auf Arbeit.[117] Neben dem Grundsatz der Gleichberechtigung und einem ausdrücklichen Diskriminierungsverbot gilt im Arbeitsrecht das Prinzip des gleichen Lohns für gleiche Arbeit. Darüber hinaus gibt es spezielle Regelungen, die auf die Vereinbarkeit von Familie und Erwerbsarbeit für Frauen zielen.[118] Auch im Bildungsbereich sind Frauen formal den Männern ohne Einschränkung gleichgestellt. Die algerische Verfassung von 1976 garantiert das Recht auf Schul- und Berufsbildung.[119] Die allgemeine Schulpflicht gilt für Jungen wie Mädchen gleichermaßen. Auch

---

114 Zur Frauenfrage in der Ideologie des algerischen Regimes vgl. BOUDEFA *Image de la femme* und GADANT *Nationalité et citoyenneté*, 145, 150.

115 Vgl. ABDELKRIM-CHIKH *Enjeux politiques*, 261; BOUDEFA a.a.O., 193, 199.

116 Artikel 39 der Verfassung von 1976. Im Unterschied dazu stellt die ägyptische Verfassung von 1981 in Artikel 11 den Gleichheitsgrundsatz ausdrücklich unter einen Islamrechtsvorbehalt: Er darf die spezifischen Rechte und Pflichten der Frau nach der *šarīʿa* nicht berühren (vgl. auch BOTIVEAU *Droit de la famille*, 64 Fn. 24).

117 Artikel 59 der Verfassung von 1976.

118 Vgl. SAADI *Femme et loi*, 83-88. Die meisten dieser Regelungen gehen auf den 1978 erlassenen *Statut général du travailleur* zurück.

119 Artikel 50 der Verfassung von 1976.

werden in nahezu allen algerischen Schulen Mädchen und Jungen gemeinsam unterrichtet.[120]

Im Bereich der Sozialgesetzgebung garantiert der Staat laut Gesetz umfassende Rechte von Frauen. Die Verfassung von 1976 stellt nicht nur die Familie unter den besonderen Schutz von Staat und Gesellschaft. In demselben Artikel heißt es, daß auch ganz allgemein Mütter, Kinder, Jugendliche und alte Menschen durch staatliche Politiken und geeignete Institutionen zu schützen sind.[121] Das 1976 erlassene Gesetz über die öffentliche Gesundheit sieht daher tatsächlich ausdrücklich auch die materielle und medizinische Versorgung unverheirateter Mütter und ihrer Kinder vor.[122]

Die formale Gleichstellung von Frauen und Männern hat in der Praxis nicht zu einer Aufhebung der Benachteiligung von Frauen in der Gesellschaft geführt. Das gilt für den Bereich der Erwerbstätigkeit ebenso wie für die Schul- und die Hochschulbildung.[123] Die nahezu vollkommene Abwesenheit von Frauen in höheren Parteigremien und Staatsämtern unterstreicht darüber hinaus ihre politische Marginalisierung.[124] Die Gründe für diese Diskrepanz zwischen den Texten einerseits, der gesellschaftlichen Realität andererseits liegen dabei ebenso in den wirtschaftlichen und politischen Bedingungen der algerischen Entwicklung wie in überkommenen familialen Werten und Strukturen.[125] Dennoch stellt die formale Verankerung der Rechte von Frauen, wie sie in den sechziger und siebziger Jahren erreicht wurde, eine wichtige Errungenschaft dar – nicht zuletzt deshalb, weil sie geeigent ist, die Forderung nach Umsetzung dieser Rechte zu legitimieren.

---

120 Die Koedukation ist in der algerischen Öffentlichkeit dennoch umstritten (vgl. SAADI *Femme et loi*, 107, 111-121).

121 Artikel 65 der Verfassung von 1976.

122 Artikel 114 bis 120 und Artikel 243 bis 268 *Code de la Santé Publique* 1976. In der Praxis werden jedoch gerade diese Leistungen kaum realisiert, da sie an noch immer machtvolle gesellschaftliche Tabus rühren (vgl. auch AIT-ZAI *L'enfant illégitime*).

123 Der Anteil der Frauen an der aktiven Bevölkerung (Erwerbstätige und Arbeitssuchende) beträgt nach offiziellen Angaben 1987 lediglich 8,8 % (SARI *Croissance démographique*, 36). Zum Ausschluß der Frauen aus dem Bildungssystem vgl. SAADI *Femme et loi*, 109 ff.

124 CHALABI *L'Etat et le droit*, 79; SAADI a.a.O., 138.

125 Vgl. dazu Kapitel 1.2.

2.2.3.3 Das „soziale Desengagement des Staates"[126] – die achtziger Jahre

Die sukzessive Rücknahme des sozialen und wirtschaftlichen Engagements des algerischen Staates in den achtziger Jahren kommt auch auf den Ebenen der Ideologie und des Rechts zum Ausdruck. Die Nationalcharta von 1986 gibt den Sozialismus als Ideologie des Staates zwar nicht vollkommen auf, nimmt seine Bedeutung jedoch gegenüber der Fassung von 1976 deutlich zurück. Gleichzeitig wird dem Islam als Bestandteil der algerischen nationalen „Persönlichkeit" größere Bedeutung eingeräumt.[127] Hinsichtlich der Rechte von Frauen ist der Diskurs der Nationalcharta deutlich weniger voluntaristisch. Zwar drückt sich im neu eingefügten Abschnitt über „Die Familienpolitik und das Bevölkerungswachstum" ein ganz praktisches Interesse an der Reform der Familienverhältnisse aus.[128] Andererseits läßt sich aber bereits seit Mitte der achtziger Jahre im Bereich der Sozialgesetzgebung eine Tendenz zur Rücknahme sozialistischer Errungenschaften feststellen, die sich eindeutig zuungunsten von Frauen auswirkt. So wird der besondere Schutz unverheirateter Mütter und ihrer Kinder 1985 nicht mehr in die überarbeitete Sozialgesetzgebung aufgenommen.[129] Die umfassende Neuregelung des Arbeitsrechts aus dem Jahr 1990 enthält schließlich auch keine besonderen Sicherheiten für erwerbstätige Frauen mehr.[130]

Die algerische Verfassung von 1989, die das „soziale Desengagement" des algerischen Staates besiegelt, gibt den Sozialismus als ideologische Referenz und als Modell der gesellschaftlichen Entwicklung vollkommen auf. Das wirkt sich auch auf die Verankerung von Frauenrechten in der Verfassung aus. So wird der Gleichstellungsauftrag des Staates gegenüber der Formulierung von 1976 deutlich enger gefaßt. „*Les institutions de l'Etat ont pour finalité d'assurer l'égalité* (ḍamān musāwāh) *en droits et en devoirs de tous les citoyens et citoyennes en supprimant les obstacles qui entravent l'épanouis-*

[126] Camau hat den Ausdruck des *désengagement social de l'Etat* geprägt, um die politische Entwicklung der arabischen Staaten in den 1980er Jahren zu charakterisieren (CAMAU *La démocratisation*, 26).

[127] Auch betont die Nationalcharta von 1986 stärker die kulturelle und linguistische Vielfalt Algeriens. Der Staat reagiert mit diesen Veränderungen auf die oppositionellen Bewegungen der Islamisten und der Kabylen (vgl. auch CHALABI *L'Etat et le droit*, 86 f.).

[128] *Charte Nationale* 1986, 77 f. Vgl. auch Kapitel 1.2.

[129] Zur algerischen Sozialgesetzgebung in den 70er und 80er Jahren vgl. AIT-ZAI *L'enfant illégitime*; SAADI *Femme et loi*, 88 f., 122 ff.; SARI *Croissance démographique*, 39-46.

[130] Es ist zu erwarten, daß die Rücknahme staatlicher Reglementierungen und die Tendenz zu einer freieren Aushandelbarkeit von Arbeitsverträgen die arbeitsrechtliche Situation von Frauen insgesamt noch weiter verschlechtern (SAADI a.a.O., 82, 90 f.).

sement de la personne humaine (tafattuḥ šaḫṣīyat al-insān) *et empêchent la participation effective de tous à la vie politique, économique et sociale.*"[131] Hier ist nur noch von gleichen Rechten und Pflichten, nicht mehr von faktischer Gleichstellung die Rede. Außerdem läßt die Formulierung, nach der die aktive Teilnahme aller Bürgerinnen und Bürger am öffentlichen Leben ermöglicht werden soll, offen, worin diese Teilnahme besteht. Schließlich stellt die Verfassung von 1989 nur noch die Familie unter den Schutz des Staates und der Gesellschaft.[132] Die ideologische Aufwertung der Familie kommt auch darin zum Ausdruck, daß die Ausübung bürgerlicher Freiheiten in der Verfassung ausdrücklich unter den Vorbehalt des Ehrschutzes und der Aufrechterhaltung der familialen Ordnung gestellt wird: „*L'ensemble des libertés de chacun s'excercent dans le respect des droits reconnus à autrui par la Constitution, particulièrement dans le respect du droit à l'honneur* (iḥtirām al-ḥaqq fī š-šaraf), *à l'intimité* (sitr) *et à la protection de la famille, à celle de la jeunesse et de l'enfance.*"[133] Ehre und Familie werden hier nicht gegenüber Eingriffen des Staates und seiner Institutionen, sondern gegen ihre Beeinträchtigung durch die Ausübung individueller Freiheitsrechte geschützt.

Die mit der Verfassung von 1989 eingeleitete zumindest vorübergehende politische Liberalisierung bringt für Frauen schließlich sowohl Vor- als auch Nachteile. So besteht nun einerseits die Möglichkeit, unabhängige politische Vereinigungen und Interessengruppen zu bilden, um für mehr soziale und politische Rechte zu kämpfen.[134] Frauenrechtsforderungen können jetzt legitimerweise ohne Bezug auf ein sozialistisches Entwicklungsmodell formuliert werden. Die stärkere Betonung des Islam in der Verfassung von 1989 könnte längerfristig jedoch auch dazu führen, daß Frauenrechte weiter beschnitten werden.[135] So stellen algerische Islamisten, die nun ebenfalls legal agieren können, Frauenbildung und Frauenerwerbsarbeit in ihren Texten offen in Frage. Außerdem sind Frauen seit 1989 privilegierte Angriffsziele verbaler und physischer Gewalt militanter Islamisten geworden.[136] Angesichts der aktuellen Situation läßt sich nicht absehen, welche Veränderungen sich aus einer erfolgreichen politischen Liberalisierung für die rechtliche Situation von Frauen ergeben hätten.

---

131 Artikel 30 Verfassung 1989.

132 Artikel 55 a.a.O.

133 Artikel 60 a.a.O.

134 Zu den verschiedenen Frauenvereinigungen, die nach 1989 zugelassen worden sind, vgl. BRAC DE LA PERRIÈRE *Associations algériennes*.

135 Daher die Kritik von Vertreterinnen der algerischen Frauenbewegung an der verfassungsmäßigen Verankerung des Islam als Religion des Staates und der islamischen Moral als normativer Vorgabe für staatliche Institutionen (vgl. dazu Kapitel 3).

136 Zu den Auseinandersetzungen zwischen Frauenbewegung und Islamisten um das Familiengesetz in den Jahren 1989 bis 1991 vgl. Kapitel 3.

2.2.4 Reformen des Ehe-, Familien- und Erbrechts

Im Bereich des Personalstatuts kommt es nach der Unabhängigkeit zu der paradoxen Situation, daß das islamische Recht einerseits politisch aufgewertet, andererseits aber noch weitergehend als bisher staatlicher Kontrolle unterstellt wird. Gerade die Durchsetzung des islamischen Rechts als nationales Personalstatutsrecht hat damit *de facto* säkularisierende Wirkung.[137] 1963 werden zunächst die aus der Kolonialzeit stammenden islamischen Gerichte (*maḥākim*) in das ordentliche Gerichtswesen integriert. Durch das Zivilverfahrensgesetz von 1966 wird außerdem auch das formelle Recht vereinheitlicht.[138] Gleichzeitig wird der Anwendungsbereich des islamischen Rechts definitiv auf das Ehe-, Familien- und Erbrecht eingeschränkt.[139] Aber selbst hier gilt nicht einfach traditionelles Recht. Die kolonialen Gesetze über das Ehe- und Vormundschaftsrecht von 1957 und 1959 bleiben aufgrund des Übernahmegesetzes von 1962 prinzipiell weiter in Kraft. Ihre Anwendung wird dabei ausdrücklich auf alle algerischen Staatsbürger und Staatsbürgerinnen ausgeweitet.[140] Nicht zuletzt trägt auch der 1963 eingerichtete Oberste Gerichtshof zur Vereinheitlichung des Personalstatuts und zu seiner weiteren Integration in die Rechtsordnung des Nationalstaates bei. In gewisser Weise radikalisiert der postkoloniale Staat also lediglich die seit der Kolonialzeit betriebene „Positivierung" des islamischen Rechts.[141]

Diese Situation kann jedoch nicht verhindern, daß die Kodifizierung und die Reform des islamischen Personalstatuts politisch umstritten bleiben. In den sechziger und siebziger Jahren scheitern verschiedene Entwürfe für ein Familiengesetz an den ideologischen Gegensätzen innerhalb des algerischen Regimes selbst.[142] Erst die politische Neuorientierung unter Präsident Bendjedid, durch die die Anhänger des algerischen Sozialismus an Einfluß verlieren, ermöglicht 1984 die Verabschiedung eines relativ eng an traditionelles malikitisches Recht anglehnten Familiengesetzes.[143] Das Gesetz von 1984 mag dabei auf politischer Ebene die Funktion haben, die islamische Legitimität des Staates zu unterstreichen.[144] Es enthält dennoch wichtige

---

137 Zum Verhältnis Staat/islamisches Recht in Algerien vgl. HENRY *Droit musulman, Etat moderne*.

138 Zur Rechts- und Justizreform von 1965/66 vgl. MATHETES *Réforme judiciaire*.

139 Zuvor galt islamisches Recht auch für alle anderen Zivilrechtssachen unter Muslimen, sofern keine Rechte an französiertem Grundeigentum betroffen waren (vgl. oben).

140 Zuvor war ihre Anwendung auf die Angehörigen des malikitischen bzw. diejenigen des malikitischen und des kabylischen Personalstatuts beschränkt gewesen.

141 Vgl. auch HENRY *Droit musulman, Etat moderne*.

142 Vgl. dazu Kapitel 3.

143 Vgl. Kapitel 1.1.

144 Vgl. auch TOZY *Islam et politique*, 44.

formale und inhaltliche Neuerungen gegenüber dem traditionellen Recht. Borrmans spricht daher von einen Kompromiß zwischen „traditionalistischen" und „modernistischen" Elementen.[145] In den „modernistischen" Elementen drückt sich jedoch, wie im folgenden Kapitel noch ausführlicher zu zeigen sein wird, kein spezifisches ideologisches Engagement mehr aus. Sie scheinen vielmehr allgemeineren familienpolitischen Prioritäten geschuldet zu sein.[146]

2.2.4.1 Das Personalstatut in den sechziger und siebziger Jahren

Aufgrund des Gesetzes vom 31. Dezember 1962 über das Inkraftbleiben bisher geltenden Rechts behalten auch die kolonialen Reformen des Personalstatuts weiterhin Gültigkeit. Tatsächlich bezieht sich die Rechtsprechung hinsichtlich der Formalisierung der Eheschließung und der Eheauflösung grundsätzlich auch weiterhin auf die kolonialen Reformtexte.[147] Auch die erste und bis 1984 einzige Initiative des postkolonialen Gesetzgebers, die das Personalstatut unmittelbar betrifft, knüpft an die Reformen von 1959 an: Ein Gesetz von 29. Juni 1963 erhöht das Ehemindestalter für Frauen von 15 auf 16 Jahre. Gleichzeitig wird bestätigt, daß grundsätzlich nur die standesamtliche Registrierung als gesetzlicher Nachweis der Ehe gilt.[148] Auch wird der koloniale Pluralismus im Bereich des Personalstatuts nun endgültig aufgehoben: Artikel 5 und 10 der *ordonnance* vom Februar 1959, die nach ibaditischem Recht geschlossene Ehen von der Anwendung der Reformen ausgenommen hatten, werden außer Kraft gesetzt.[149]

Die grundsätzliche Kontinuität im Bereich des Personalstatuts wird selbst nach der Aufhebung des kolonialen Rechts zum Juli 1975 nicht wirklich unterbrochen.[150] Die algerische Rechtsprechung bleibt bezüglich der Formali-

---

145 BORRMANS *Les grandes lignes*.

146 Vgl. auch Kapitel 1.2. Zu dem Familienmodell, das dem Gesetz von 1984 zugrundeliegt, vgl. Kapitel 6.1.

147 In allen anderen Fragen greifen die Richter auf klassisches malikitisches Recht zurück. Zur Analyse der Rechtsprechung vgl. Kapitel 4. und 5.

148 Artikel 1 und 5 *Loi fixant l'âge minimum pour le mariage* vom 29. Juni 1963. Allerdings sieht das Gesetz in Artikel 5 Absatz 2 die Möglichkeit einer nachträglichen Registrierung von Ehen vor. Diese Möglichkeit wird durch spätere Regelungen bestätigt und auch auf nach 1963 geschlossene Ehen ausgeweitet (vgl. auch BIN LAŠNAB *at-Tanāzuʿ*, 64 f.; vgl. auch Kapitel 4.1.).

149 Artikel 6 *Loi fixant l'âge minimum pour le mariage* vom 29. Juni 1963.

150 Artikel 1 bis 4 *Ordonnance portant abrogation de la loi du 31 décembre 1962 tendant à la reconduction, jusqu'à nouvel ordre, de la législation en vigueur au 31 décembre 1962* vom 5. Juli 1973.

sierung der Eheschließung und der Eheauflösung weiterhin konstant.[151] Der algerische Gesetzgeber greift bis zur Verabschiedung des Familiengesetzes von 1984 jedoch nicht unmittelbar in das Personalstatut ein. Das Zivilgesetzbuch von 1975 verweist für alle vom Gesetz nicht geregelten Fragen lediglich auf die Prinzipien des islamischen Rechts und auf Gewohnheit, Naturrecht sowie Billigkeit.[152] Nur in einem Punkt berührt das Zivilgesetzbuch selbst indirekt das Eherecht. So hat der Richter nach dem Gesetz die Möglichkeit, die eheliche Mietwohnung nach einer Eheauflösung der Frau zuzusprechen, wenn diese die Personensorge für gemeinsame Kinder ausübt.[153]

2.2.4.2 Das Familiengesetz (*Qānūn al-usra*) von 1984

Das algerische Familiengesetz von 1984 umfaßt nicht nur das Ehe-, Familien- und Erbrecht im engeren Sinn. Es regelt darüber hinaus auch Schenkungen, die Errichtung privater frommer Stiftungen, Fragen der Vormundschaft und Entmündigung, die Abwesenheit von Personen und die „gesetzliche Aufnahme" von Minderjährigen (*kafāla*).[154] Im Unterschied zum traditionellen islamischen Recht ist die Geltung des Familiengesetzes nicht auf Muslime beschränkt – das Gesetz ist in allen Teilen auf die Gesamtheit der algerischen Staatsangehörigen anzuwenden.[155] Für alle Fragen, die vom Gesetz selbst nicht ausdrücklich geregelt sind, gelten die „Vorschriften des islamischen Rechts" (*aḥkām aš-šarīᶜa al-islāmīya*).[156]

Das algerische Familiengesetz folgt in wesentlichen Teilen traditionellem islamischem Recht, wobei es an bestimmten Punkten direkt auf die malikitische Schule zurückgreift. Polygynie und Verstoßung sind prinzipiell gestattet, das Erbrecht hält sich trotz einiger Modifizierungen an einschlägige islamrechtliche Grundsätze, die Möglichkeit der Auflösung der Ehe auf Antrag der Frau ist an wenige, genau festgelegte gesetzliche Gründe geknüpft und für eine Eheschließung ist in jedem Fall die Mitwirkung des Ehevormundes der Frau notwendig. Trotzdem hält das Familiengesetz an der Formalisierung der Eheschließung und ihrer Auflösung fest. Schon der Titel des Gesetzes bringt außerdem zum Ausdruck, daß der Gesetzgeber nicht etwa die Aufrechterhaltung oder die Wiederherstellung traditionaler Familien-

---

151 Vgl. Kapitel 4. und 5.

152 Artikel 1 Absatz 2 Zivilgesetzbuch (vgl. auch oben).

153 Artikel 467 Absatz 2 Zivilgesetzbuch.

154 Bergmann/Ferid haben die *kafāla* als ein Rechtsinstitut beschrieben, das der Pflegekindschaft nahekommt (BERGMANN/FERID *Algerien*, 12). Zu den Rechten und Pflichten aus der *kafāla* vgl. unten.

155 Artikel 221 FGB.

156 Artikel 222 FGB.

strukturen, sondern die Durchsetzung eines neuen Modells der Kernfamilie (*usra*) im Auge hat.[157] Auch die konkreten Reformen von Vorschriften des traditionellen islamischen Rechts zielen insgesamt auf eine Stabilisierung der Familie als Einheit aus Eltern und unselbständigen Kindern, ohne allerdings die patriarchalische Struktur des Geschlechterverhältnisses direkt in Frage zu stellen.[158]

2.2.5 Zusammenfassung

Dem symbolischen Bruch mit dem Kolonialstaat folgt kein realer Bruch in der algerischen Rechtsentwicklung nach der Unabhängigkeit. Der Umbau der Rechtsordnung vollzieht sich vielmehr selektiv nach sich wandelnden gesellschafts- und entwicklungspolitischen sowie ideologischen Prioritäten.
Für das Personalstatut ergibt sich nach der Unabhängigkeit die paradoxe Situation, daß die politische Aufwertung des islamischen Rechts und die Ausweitung seiner Geltung als nationales Recht objektiv säkularisierende Wirkung haben. So verliert das islamische Recht seine unmittelbar religiöse Dimension, indem es endgültig dem Prinzip der Territorialität unterworfen und vollkommen in die ordentliche Gerichtsbarkeit integriert wird. Gleichzeitig wird an der zumindest partiellen Kodifizierung und Reform des islamischen Personalstatuts festgehalten. Der algerische Gesetzgeber übernimmt zunächst die kolonialen Eherechtsreformen von 1959 und auch das Familiengesetz von 1984 und hält im Grundsatz an der Formalisierung und Reglementierung der Ehe fest. Die Reform des Personalstatuts wird allerdings nicht, wie lange Zeit von Beobachtern angenommen, im Namen sozialistischer Ideale durchgesetzt.[159] Ganz im Gegenteil werden diese Ideale und auf sie zurückgehende Regelungen in der Verfassung sowie im Arbeits- und Sozialrecht im Verlauf der achtziger Jahre insgesamt zurückgenommen. Die Verabschiedung des Familiengesetzes von 1984 ist vielmehr das Ergebnis eines Kompromisses zwischen politisch bedingtem „Traditionalismus“ und pragmatisch motiviertem „Modernismus“.

---

157 Im Unterschied zum neuen Begriff der Kernfamilie (*usra*) bezeichnet *ʿāʾila* im algerischen Kontext den erweiterten agnatischen Familienverband (BOUTEFNOUCHET *Famille algérienne*, 38 ff.).

158 Eine detailliertere Darstellung und Problematisierung einzelner Teile des Gesetzes findet sich im systematischen Teil ab Kapitel 4.

159 Vgl. ANDERSON *Law Reform*, 218.

3 KONSENS UND KONFLIKT - AUSEINANDERSETZUNGEN UM DAS PERSONALSTATUT

Die algerische Personalstatutsgesetzgebung wird in der einschlägigen wissenschaftlichen Literatur in der Regel allein als Akt „symbolischer Politik" betrachtet, bei dem es um Fragen der ideologischen Legitimität des Staates und um den Einfluß verschiedener politischer Kräfte innerhalb des Regimes geht.[1] Konflikte um das Personalstatut werden dabei oft als Kämpfe zwischen an Europa orientierten „progressiven" Kräften auf der einen Seite, dem islamischen Recht anhängenden „traditionalistischen" und/oder „konservativen" Kräften auf der anderen Seite interpretiert. Zum Maßstab der Beurteilung wird die Orientierung am traditionellen islamischen Recht oder an dem bereits in der Einleitung kritisierten Modell der „modernen", egalitären Partnerfamilie gemacht.[2] In dieser Perspektive geht die Ambivalenz bzw. die Widersprüchlichkeit sowohl islamischer als auch sogenannter „moderner" ehe- und familienrechtlicher Vorstellungen verloren. Tatsächlich wird im Namen des islamischen Rechts um ganz verschiedene Entwürfe von Ehe und Familie und damit zumindest implizit auch um verschiedene Gesellschaftsentwürfe allgemein gestritten. Dabei werden konservative Positionen nicht notwendigerweise immer unter Berufung auf islamisches Recht formuliert. Die rechtswissenschaftlichen und politischen Debatten lassen sich außerdem nicht losgelöst von spezifischen Kontexten, d.h. ohne Bezug auf Strukturen und Funktionsweisen des juristischen und des politischen „Feldes" verstehen.

---

1 Zur Gesetzgebung als symbolischer Politik vgl. ABEL *Comparative Law*, 224 ff.

2 Vgl. auch BORRMANS *Statut personnel et famille*, 535-542.

3.1 INTERNE KONFLIKTE UM EIN FAMILIENGESETZ

Seit der Unabhängigkeit bewegt und spaltet die Frage der Familiengesetzgebung nicht nur die politische und intellektuelle Öffentlichkeit Algeriens. Auch innerhalb der zuständigen Ministerien kann in den sechziger und siebziger Jahren zunächst kein Konsens über eine entsprechende Gesetzesvorlage erzielt werden. Das pragmatische Anliegen, die Familienverhältnisse zu verrechtlichen und zu reformieren, wird von dem ideologisch aufgeladenen Konflikt um den „islamischen" Charakter des Familienrechts durchkreuzt. Während dabei ein erster Kodifizierungsversuch von 1963/64 noch an ganz grundlegenden Differenzen innerhalb der zuständigen Kommission scheitert (die einen orientieren sich offensichtlich am französischen Zivilgesetzbuch, die anderen legen ihrer Arbeit traditionelles islamisches Recht zugrunde), [3] verschiebt sich seit der zweiten Hälfte der sechziger Jahre die Ebene der Auseinandersetzung. Die Zugrundelegung des traditionellen malikitischen Rechts wird nun offensichtlich intern nicht mehr prinzipiell in Frage gestellt. Dennoch bestehen Differenzen hinsichtlich der Verbindlichkeit des traditionellen Rechts im Detail und hinsichtlich der Methoden und Freiräume bei seiner Auslegung. Im Februar 1966 berichtet die algerische Presse zum zweiten Mal davon, daß ein Familiengesetzentwurf zur Verabschiedung bereitliegt.[4] Justizminister Mohammed Bedjaoui (Muḥammad Bağāwī) bestätigt daraufhin die Wiederaufnahme der Arbeiten an dem Entwurf, dementiert jedoch dessen bevorstehende Verabschiedung. In einem Interview gibt der Minister bekannt, daß das Familienrecht als Teil des zu verabschiedenden Zivilgesetzbuches konzipiert werde. Hauptanliegen des Gesetzes sei es, so der Minister, die Familie zu stabilisieren und die Rechte von Frauen und Kindern zu stärken.[5] Schließlich wird eine unbestätigte Fassung des Entwurfes veröffentlicht, die insbesondere bei politisch engagierten Frauen auf heftige Kritik stößt. Im Zentrum der Kritik stehen die Vorschriften zur Ehevormundschaft für Frauen, zur Polygynie und zur Verstoßung sowie das Erbrecht.[6] Aber auch intern bleibt der Entwurf umstritten.

---

3 Es handelt sich dabei um eine Kommission, die das algerische Justizministerium 1963 zur Kodifizierung des Personalstatuts eingesetzt hat. Parallel dazu arbeiteten verschiedene Kommissionen an der Reform anderer Rechtsbereiche (HADDAD *Projets de codes*, insbes. 173-176). Zu den Konflikten innerhalb der Kommission vgl. BORRMANS *Statut personnel et famille*, 521-525.

4 BORRMANS a.a.O., 525.

5 Vgl. Abdruck des Interviews und Kommentar in AdJ 1966 (II), 635-640.

6 BORRMANS *Statut personnel et famille*, 525-528. Für den Text des Entwurfes vgl. ders. *Documents*, 311-320.

Das zeigt ein späterer Bericht der Kodifizierungskommission aus dem Jahr 1969. Hier wird im Gegensatz zu dem Regierungsentwurf von 1966 vorgeschlagen, Polygynie und Verstoßung zu verbieten.[7]

1981 wird zum ersten Mal ein Gesetzesentwurf in der algerischen Nationalversammlung beraten.[8] Obwohl nie eine offizielle Version dieses Entwurfes veröffentlicht wird, kommt es nach Bekanntwerden der parlamentarischen Beratungen zu heftigen Protesten von Frauen, denen sich später ehemalige Widerstandskämpferinnen sowie zahlreiche Juristen und Juristinnen anschließen. Öffentliche Debatten, Petitionen und Demonstrationen gegen das Gesetzesvorhaben bewegen die Regierung dazu, das Projekt im Januar 1982 noch während der laufenden parlamentarischen Beratungen zurückzuziehen.

Die algerische Frauenbewegung wertet die Rücknahme des Gesetzentwurfes zunächst als politischen Sieg. Allerdings revidiert die Regierung die inhaltliche Ausrichtung des Textes keineswegs. Die zögerliche Haltung des Gesetzgebers scheint tatsächlich weniger der Rücksichtnahme auf politische Haltungen in der algerischen Gesellschaft als vielmehr den Spannungen innerhalb und zwischen den verschiedenen an der Ausarbeitung des Gesetzes beteiligten Kommissionen und Ministerien geschuldet zu sein. Im folgenden geht es daher darum, diese Spannungen zu rekonstruierten und den Kompromiß zu analysieren, der mit dem Familiengesetz von 1984 gefunden wird.

3.1.1 Islamisches Recht und Sozialreform in den Regierungsentwürfen

Einleitend sollen am Beispiel zweier Regierungsentwürfe für ein Personalstatutsgesetz aus den Jahren 1979 und 1981 exemplarisch die ambivalenten Folgen des Rückgriffs auf traditionelles Recht für die Ordnung der Geschlechterbeziehungen und für die Ordnung der Familie insgesamt aufgezeigt werden.[9]

Der Text von 1981 ist gegenüber dem früheren Entwurf vor allem bezüglich der Eheschließung traditionellem malikitischen Recht angenähert worden.[10] So nennt der Entwurf von 1979 als Elemente der Eheschließung lediglich die Übereinkunft der Eheleute, die Morgengabe und die Anwesen-

---

7 *Rapport*, 27-34.

8 Über Art und Anzahl der bis dahin ausgearbeiteten Projekte gibt es in der einschlägigen Literatur nur vage und sehr uneinheitliche Angaben.

9 Bei den mir vorliegenden Dokumenten handelt es sich um französische Versionen bisher nicht veröffentlichter Entwürfe.

10 Für eine detaillierte Darstellung des malikitischen Personalstatuts vgl. Kapitel 4 und 5.

heit zweier Zeugen.[11] Es wird ausdrücklich festgelegt, daß die Einwilligung in die Ehe von den Eheleuten öffentlich und persönlich gegeben werden muß.[12] Im Unterschied dazu schreibt der Text von 1981 vor, daß für eine rechtmäßige Eheschließung außerdem die Zustimmung des Ehevormundes der Frau erforderlich ist.[13] Die Verheiratung der Frau obliegt ihrem Ehevormund.[14] Auch in der Reglementierung der Polygynie unterscheiden sich die Entwürfe. Beide Texte sehen vor, daß die Mehrehe des Mannes einer amtlichen Genehmigung bedarf. Während jedoch der Text von 1981 bloß ganz allgemein die Überprüfung des Grundes für eine weitere Eheschliessung und den Nachweis der Möglichkeiten des Mannes zur Gleichbehandlung der Frauen vorsieht,[15] fordert der Text von 1979 ausdrücklich eine richterliche Genehmigung. Es wird festgelegt, daß die Genehmigung einer weiteren Eheschließung erst nach Anhörung des Mannes und der ersten Frau gegeben wird. Gegen eine entsprechende Entscheidung des Richters können außerdem Rechtsmittel eingelegt werden.[16]

Insbesondere die in beiden Entwürfen unterschiedliche Regelung der ehelichen Pflichten zeigt, wie eng das jeweils entworfene Geschlechterverhältnis mit der Ordnung der Familie insgesamt verbunden ist. Obwohl beide Entwürfe den Mann zum Oberhaupt der Familie erklären,[17] unterscheiden sie sich hinsichtlich der Rechte von Frauen. Der Text von 1979 gesteht der Frau das uneingeschränkte Recht zu, einer Erwerbsarbeit nachzugehen.[18] Gleichzeitig wird die erwerbstätige Frau jedoch dazu verpflichtet, nach ihren Möglichkeiten zum Unterhalt der Familie beizutragen.[19] Der Entwurf von 1981 ist demgegenüber enger am traditionellen islamischen Recht ausgerichtet. So obliegt die Versorgung der Familie allein dem Mann.[20] Andererseits wird aber auch das Recht der Frau auf Berufstätigkeit eingeschränkt. Sie darf nur dann einer Erwerbsarbeit nachgehen, wenn dies im Ehevertrag ausdrücklich festgelegt ist und wenn sie bereits vor der Eheschließung erwerbstätig war bzw. wenn sie während der Ehe bereits mit Zustimmung des Mannes gearbeitet hat.[21]

---

11 Artikel 18 *projet* 1979.
12 Artikel 3 *projet* 1979.
13 Artikel 6 *projet* 1981.
14 Artikel 8 *projet* 1981.
15 Artikel 4 *projet* 1981.
16 Artikel 15 *projet* 1979.
17 Artikel 40 *projet* 1979; Artikel 32-34 *projet* 1981.
18 Artikel 47 *projet* 1979.
19 Artikel 42 *projet* 1979.
20 Artikel 32 und 34 *projet* 1981.
21 Artikel 33 *projet* 1981.

In der Frage der Eheauflösung halten beide Entwürfe an der islamrechtlichen Verstoßung fest. Das Verstoßungsrecht des Mannes wird allerdings insofern modifiziert, als nach beiden Texten die Ehe nur vor Gericht aufgelöst werden kann.[22] Bezüglich der übrigen Scheidungsgründe orientiert sich der Entwurf von 1979 an den Regelungen von 1959, die wiederum großenteils französischem Recht entlehnt sind.[23] Nach diesem Entwurf können Frau und Mann gleichermaßen die folgenden Gründe für eine Eheauflösung geltend machen: Ehebruch, eine ehrenrührige Freiheitsstrafe oder schwerwiegende und wiederholte Verletzungen der ehelichen Pflichten.[24] Der Richter kann dabei der geschädigten Seite Schadensersatz zusprechen.[25] Die Frau kann außer in den genannten Fällen auch dann die Eheauflösung beantragen, wenn der Mann über mehr als drei Monate der ehelichen Wohnung fernbleibt ohne Unterhalt zu leisten, oder wenn er länger als ein Jahr abwesend ist.[26]

Im Unterschied dazu hält sich der Entwurf von 1981 wesentlich enger an Vorschriften des traditionellen malikitischen Rechts. Zwar bleibt auch hier die Verstoßung reglementiert. So kann der Richter im Fall einer „willkürlichen" Verstoßung der Frau Schadensersatz und den Anspruch auf die eheliche Wohnung zuerkennen. In seiner Entscheidung über die Eheauflösung ist der Richter jedoch allein an den Willen des Mannes gebunden. Gegen ein entsprechendes Urteil können keine Rechtsmittel eingelegt werden.[27] In Anlehnung an malikitisches Recht kann die Frau ihrerseits lediglich aus folgenden Gründen die Eheauflösung verlangen: wegen Nichtleistung von Unterhalt; wegen eines körperlichen Mangels des Mannes, der dem Ehezweck entgegensteht; wegen einer gesetzlich anerkannten „Schädigung"; wegen der Weigerung des Mannes über mehr als vier Monate, das Bett mit seiner Frau zu teilen; wegen der Verurteilung des Mannes zu einer Haftstrafe oder wegen einer länger als ein Jahr dauernden Abwesenheit des Mannes, wenn er in dieser Zeit keinen Unterhalt leistet oder wenn seine Abwesenheit unbegründet ist.[28] Kann die Frau kein schuldhaftes Verhalten des Mannes nachweisen, muß das Gericht zwei „Schiedsrichter" einsetzen, die nach einem Versöhnungsversuch eine Regelung für die Eheauflösung vorschlagen. In diesem Rahmen kann die Frau auch eine Eheauflösung gegen „Kompensation" vorschlagen.[29]

---

22 Artikel 48 *projet* 1979; Artikel 43 *projet* 1981.
23 Vgl. dazu Kapitel 4.2.
24 Artikel 50 *projet* 1979.
25 Artikel 51 *projet* 1979.
26 Artikel 52 *projet* 1979.
27 Artikel 44 *projet* 1981.
28 Artikel 45 *projet* 1981.
29 Artikel 46 *projet* 1981. Zur Eheauflösung im traditionellen malikitischen Recht vgl. Kapitel 4.2.

Hinsichtlich der Eheauflösung kann festgehalten werden, daß angesichts der realen Ungleichheit der Geschlechter und ihrer grundsätzlichen Ungleichbehandlung im Familienrecht die traditionalistischeren Vorschriften des Textes von 1981 für Frauen unter Umständen von Vorteil sein können. Nach dem Entwurf von 1981 muß der Mann seine Frau verstoßen, um die Eheauflösung zu erwirken. Dabei kann er gegebenenfalls zur Leistung von Schadensersatz verpflichtet werden. Der Text von 1979 sieht dagegen auch die Möglichkeit vor, daß der Mann die Eheauflösung unter Verweis auf einen gesetzlichen Scheidungsgrund beantragt, wobei er dabei unter Umständen selbst Schadensersatzforderungen gegen die Frau geltend machen kann. Auch sieht der Entwurf von 1979 nicht ausdrücklich die Möglichkeit vor, im Fall der Verletzung der Unterhaltspflicht durch den Mann die Ehe auf Antrag der Frau aufzulösen. Die Rechtspraxis zeigt jedoch, daß gerade dieser Vorschrift große Bedeutung zukommt.[30]

Auch in der Regelung der Eltern- und der Kinderrechte unterscheiden sich die beiden Gesetzentwürfe. Der Text von 1979 legt ausdrücklich fest, daß die Personensorge für Kinder ein Recht und zugleich eine Pflicht der Mutter darstellt.[31] Nach der Mutter wird die Personensorge einer eng verwandten Personen anvertraut. Für die Entscheidung darüber soll allein das Interesse des Kindes ausschlaggebend sein.[32] Die Personensorge endet für Jungen im Alter von 15 Jahren, für Mädchen mit dem Vollzug der Ehe.[33] Für den Unterhalt des Kindes ist grundsätzlich der Vater verantwortlich. Lebt das Kind nach einer Eheauflösung nicht beim Vater, muß dieser dem Kind und der pflegeberechtigten Person eine Wohnung zur Verfügung stellen. Beim Tod des Vaters geht die Unterhaltspflicht für die Kinder auf die Mutter über.[34]

Der Entwurf von 1981 orientiert sich auch hier stärker am traditionellen Recht. Die Personensorge ist für die Mutter in erster Linie ein Recht, von dem sie grundsätzlich auch zurücktreten kann.[35] Nach der Mutter haben zunächst die Großmutter und die Tante mütterlicherseits, dann der Vater und nach ihm die nächsten engen Verwandten des Kindes Anspruch auf die Personensorge.[36] Die Personensorge endet für Jungen mit 10 Jahren, für Mädchen mit Erreichen des Ehefähigkeitsalters (hier 16 Jahre).[37] Für Un-

---

30 Vgl. dazu Kapitel 4.2.
31 Artikel 73 *projet* 1979.
32 Artikel 74 *projet* 1979.
33 Artikel 73 *projet* 1979.
34 Artikel 82 *projet* 1979.
35 Artikel 54 *projet* 1981.
36 Artikel 52 *projet* 1981.
37 Artikel 53 *projet* 1981. Nach traditionellem malikitischem Recht endet die Personensorge für Mädchen bzw. Frauen mit dem Vollzug ihrer Ehe (vgl. auch Kapitel 5.2).

terhalt und Wohnung des Kindes ist auch nach der Eheauflösung allein der Vater verantwortlich. Kann er dem Kind keine Wohnung zur Verfügung stellen, muß er die anfallenden Mietkosten übernehmen.[38]

In Abweichung vom malikitischen Recht legt der Text von 1979 größeres Gewicht auf den Schutz des Kindeswohls. Die Personensorge wird zur Pflicht der Mutter erklärt und Entscheidungen über den Anspruch darauf sollen allein im Interesse des Kindes getroffen werden. Beide Entwürfe halten allerdings streng am islamrechtlichen Prinzip fest, das die elterliche Gewalt allein dem Vater zukommt. Nach beiden Texten ist der Vater gesetzlicher Vormund seiner Kinder.[39] Die Personensorge ist daher derjenigen Person zu entziehen, die sich mit dem Kind vom Wohnort des Vaters entfernt.[40] Nach dem Tod des Vaters wird die Mutter nur dann zum Vormund ihrer Kinder, wenn der Vater keine andere Person durch Testament zum Vormund erklärt hat.[41]

Durch die Annäherung an traditionelles malikitisches Recht werden insbesondere im Zusammenhang mit der Eheschließung und der Frage der Erwerbstätigkeit die Rechte von Frauen eindeutig beschnitten. Ein detaillierter Vergleich beider Entwürfe zeigt jedoch, daß einzelne Bestimmungen des traditionellen Rechts nicht zwangsläufig und auch nicht ausschließlich den Interessen von Frauen zuwiderlaufen. Gerade die malikitischen Regelungen zur Eheauflösung auf Antrag der Frau lassen sich durchaus zugunsten von Frauen nutzen.[42] Umgekehrt finden sich in dem Text von 1979 mehr Pflichten der Frau als in dem von 1981. So muß die erwerbstätige Frau nach dem Text von 1979 zum Familienunterhalt beitragen. Gleichzeitig weicht derselbe Text auch zugunsten des Kindes vom traditionellen malikitischen Recht ab. Das zeigt sich an dem Pflichtcharakter der Personensorge und an der besonderen Bedeutung, die dem Kindeswohl beigemessen wird. Aus dem Vergleich beider Entwürfe wird so deutlich, daß das Anliegen, Ehe und Familie zu stabilisieren, und die Absicht, dabei so weit wie möglich traditionellem islamischem Recht zu folgen, unter Umständen in Widerspruch zueinander geraten können.

---

38 Artikel 61 *projet* 1981.

39 Artikel 135 und 136 *projet* 1979; Artikel 76 *projet* 1981.

40 Artikel 77 und 78 *projet* 1979; Artikel 57 und 58 *projet* 1981.

41 Artikel 135 und 136 *projet* 1979; Artikel 76 *projet* 1981.

42 Vgl. dazu Kapitel 4.

3.1.2 Partei und Ministerien – die Suche nach einem Kompromiß

Nach der Rücknahme des Entwurfes von 1981 setzt die Partei ein nationales Komitee zur Ausarbeitung eines neuen Projekts ein. Neben Repräsentanten des FLN sind in diesem Komitee der Präsident des Obersten Islamischen Rates sowie Angehörige des Religions- und des Justizministeriums vertreten.[43] Parallel dazu organisiert die Partei auf sämtlichen Ebenen und in den ihr unterstellten Massenorganisationen Diskussionen über ein „Dossier über die Organisation der Familie". Die Parteiführung gibt dabei selbst die Themen vor, über die die Mitglieder debattieren sollen: die Entwicklung der Familie, die Struktur der Familie und das Verhältnis von Familie und Gesellschaft. Diskussionen über die Rolle der Frau sollen wegen ihrer politischen Brisanz vermieden werden.[44] Hinter diesen Vorgaben scheint das Anliegen zu stehen, Diskussionen über das Personalstatut auf das eher konsensfähige Terrain der Familienpolitik zu überführen. Ganz in diesem Sinn verabschiedet das Zentralkomitee des FLN dann auch auf seiner neunten Sitzung im Juni 1983 eine Resolution zur Familienpolitik, die der Personalstatutsgesetzgebung als Orientierung dienen soll. Im folgenden sollen vor diesem Hintergrund anhand verschiedener Dokumente die Positionen rekonstruiert werden, die bei der Kodifizierung des Personalstatuts eine Rolle gespielt haben. Dabei geht es in erster Linie darum, die Interessen aufzuzeigen, die zur Durchsetzung bzw. zur Verhinderung bestimmter Reformen geführt haben.

3.1.2.1 Richtlinien der Partei

Wie schon in der Themenwahl für die parteiinternen Diskussionen bemüht sich der FLN auch in seiner Resolution von 1983 darum, das Personalstatut in die Perspektive einer umfassenden Familien- und Gesellschaftspolitik zu stellen. Von diesem Bemühen zeugt bereits der Titel „Beschluß zur nationalen Politik der Organisation der Familie".[45] Der Text selbst ist eher pragmatisch ausgerichtet und darum bemüht, ideologische Kontroversen zu vermeiden.

In der Resolution wird zunächst die Notwendigkeit betont, die Familie zu schützen. Im Vordergrund des Interesses steht dabei offensichtlich die Unterstützung der familialen Sozialisations- und Erziehungsaufgaben. Kinder und Jugendliche müßten schon in der Familie Bürgersinn (*sens civique*) er-

43 JOD, 21. April 1984.

44 vgl. SAI *Codification.*

45 Hier liegt lediglich die französische Fassung der Resolution vor, die in der Zeitschrift *Révolution Africaine* vom 10. Juni 1983, S. 21, abgedruckt worden ist.

lernen. Die Familie könne außerdem helfen, die „Kontinuität der Revolution“ aufrechtzuerhalten, indem sie „nationale Werte“ vermittle. Schon während des Kolonialismus sei die Familie ein Ort des Widerstands gegen Entfremdung gewesen und habe so zur Wahrung der islamisch-arabischen nationalen Identität Algeriens beigetragen. Die Familie habe aber nicht nur für die algerische Befreiung eine zentrale Rolle gespielt. Sie leiste auch einen wichtigen Beitrag zur Verwirklichung der sozialistischen Revolution.

In den einleitenden Bemerkungen zur ZK-Resolution wird die Familienpolitik in den Rahmen der Entwicklung der algerischen Gesellschaft insgesamt gestellt: „ *(...) la maîtrise du développement ne peut découler que d'une politique d'organisation de la famille préservant les valeurs arabo-islamiques et ses particularités nationales pour les dimensions de l'édification socialiste conformément aux dispositions de la Charte nationale.*“ Der Islam oder die islamisch-arabischen Werte scheinen hier nur insoweit eine Rolle zu spielen, wie sie der Durchsetzung der angestrebten Entwicklung dienlich sind. Nur an einer Stelle erwähnt der Text das islamische Recht bzw. den „Geist“ (*esprit*) der *šarīᶜa*: „*La famille algérienne doit être fondée sur des bases saines et solides reposant sur le consentement, la compréhension puisés sur l'esprit de la >chari'a< qui s'adapte aux exigences de l'authenticité culturelle contemporaine et de l'évolution (...).*“ Aber auch der „Geist“ des islamischen Rechts soll sich an die gesellschaftlichen und ideologischen Erfordernisse der Zeit anpassen.

Die konkreteren Richtlinien für die „Organisation der Familie“ umfassen unter anderem den Schutz der Stellung der Frau in Familie und Gesellschaft sowie die Bewahrung von Jugendlichen vor sozialen Mißständen. Außerdem soll die Eheschließung vereinheitlicht und formalisiert werden, um die Durchsetzung der Rechte der Familienmitglieder auch wirklich gewährleisten zu können. Die Familie soll dazu befähigt werden, die Kinder gemäß den arabisch-islamischen kulturellen Werten und gemäß den Anforderungen der „Revolution“ zu erziehen. Mütter und Kinder sowie alte und behinderte Personen müßten wirkungsvoller geschützt werden. Dafür trage auch die Familie Verantwortung. Die Resolution geht außerdem auf die Notwendigkeit einer Politik der Familienplanung ein. In diesem Bereich müsse insbesondere die staatliche Aufklärungsarbeit intensiviert werden.

In ihrer ideologischen Ausrichtung ist die Resolution des Zentralkomitees offensichtlich um einen Kompromiß zwischen sozialistischen und islamischen Elementen bemüht. Wichtiger scheint allerdings das Anliegen zu sein, Richtlinien für eine pragmatische Familienpolitik vorzugeben, die auf den Schutz und die Stabilisierung der Familie zielen. Dabei unterstreicht die Resolution immer wieder die zentrale Bedeutung der Familie für den Prozeß sozialer Entwicklung insgesamt. Neben der Betonung der Sozialisationsaufgaben der Familie enthält die Resolution nur zwei Forderungen, die sich unmittelbar auf die Kodifizierung des Personalstatuts beziehen. Zum einen wird verlangt, die Familie müsse auf „Zustimmung" (*consentement*) gegründet sein. Hier ist zweifellos die Zustimmung der Frau zur Eheschließung gemeint. Zum anderen soll die Eheschließung nach der Resolution vereinheitlicht, d. h. formalisiert werden, um so die Rechte der Familienmitglieder zu schützen. In der Verrechtlichung von Ehe und Familie wird also ein wichtiges Moment sozialer Regulierung und Konfliktlösung gesehen. Dem Tenor der Resolution nach muß das islamische Recht dabei insgesamt den gesellschaftspolitischen Vorgaben angepaßt werden.

3.1.2.2 Positionen des Religionsministeriums

Für algerische Religionsgelehrte bieten Diskussionen über die Kodifizierung des Personalstatuts immer wieder die Möglichkeit, sich in Fragen der Gesetzgebung einzumischen. Die Staatsführung ist hier von jeher am ehesten bereit, Forderungen nach einem größeren Gewicht der Religion bzw. des islamischen Rechts nachzugeben.[46] Reformbestrebungen in von der Regierung erarbeiteten Kodifizierungsprojekten stoßen daher wiederholt auf den Widerstand hoher Vertreter der Religionsverwaltung. Im Zusammenhang mit einem Gesetzentwurf aus den siebziger Jahren äußert etwa der Präsident des Obersten Islamischen Rates klar seine Ablehnung einer umfassenden Neuinterpretation des islamischen Rechts: Koran, *sunna* und der Konsens der Gelehrten (*iǧmāᶜ*) seien unabänderbar.[47] Seit dem Ende der siebziger Jahre wird darüber hinaus in einschlägigen Veröffentlichungen des Religionsministeriums auch in anderen Rechtsbereichen immer offensiver eine stärkere Berücksichtigung des islamischen Rechts gefordert.[48]

Als Beispiel für die Haltung von Angehörigen des Religionsministeriums zur Kodifizierung des Personalstatuts soll im folgenden ein 1983 verfaßtes internes Diskussionspapier zur „Organisation der Familie" aus einer der regionalen Vertretungen des Ministeriums analysiert werden.[49] Es ist zwar wenig wahrscheinlich, daß dieses Papier tatsächlich unmittelbar in die Arbeiten zu dem Familiengesetz von 1984 eingegangen ist. Dennoch gibt es in typischer Weise Positionen politisch engagierter Religionsgelehrter wieder,

---

46 DEHEUVELS *Islam et pensée contemporaine*, 202-207.

47 DEHEUVELS a.a.O. 204.

48 DEHEUVELS a.a.O., 206 f.

49 Es handelt sich bei dem vorliegenden Dokument um einen Text, den die Vertretung des Ministeriums für Religiöse Angelegenheiten in der Provinz Batna im Februar 1983 beschlossenen hat (im folgenden zitiert als *milaff*).

die sich für einen größeren Einfluß des Islam in Staat und Gesellschaft einsetzen.

Die Verfasser des Papiers stellen sich in der Einleitung bewußt in die Tradition des algerischen Reformislam, der, so die Autoren, gemeinsam mit der Nationalbewegung die Unabhängigkeit des Landes erkämpft habe. Der Kampf gegen den Kolonialismus sei schließlich unter dem Motto der Bewegung der *ᶜulamāʾ* geführt worden: „*Der Islam ist unsere Religion, das Arabische ist unsere Sprache, Algerien ist unser Vaterland* (waṭan).“[50] Auch habe der Islam einen wichtigen Beitrag zum Schutz der algerischen Gesellschaft und insbesondere der algerischen Familie geleistet.[51] Vor diesem Hintergrund fordert das Papier, das Familiengesetz von Gelehrten der *šarīᶜa* und des positiven Rechts (*ᶜulamāʾ aš-šarīᶜa wa-l-qānūn*) ausarbeiten zu lassen.[52] Immer wieder verweisen die Autoren darauf, daß die malikitische Schule (*al-maḏhab al-mālikī*) oder auch ganz allgemein Koran und *sunna* bereits sämtliche Probleme des Familienrechts verbindlich geregelt hätten.[53] Bei der Kodifizierung sei daher auf die Werke der Gelehrten des islamischen Rechts (*fuqahāʾ*) zurückzugreifen.[54] Außerdem empfiehlt das Papier, zu Einzelfragen religiöse Gutachten (*fatāwā*) des Obersten Islamischen Rates einzuholen.[55]

Die Grundsätze der islamischen Familienordnung, wie sie in dem Papier ausgeführt werden, formulieren eher eine traditionalistische Ehe-Ethik als konkrete Vorschläge für ein Familiengesetz. Nur wenige Aussagen beziehen sich auf die juristische Ordnung von Ehe und Familie im engeren Sinn. So kann z.B. der Mann nach Meinung der Autoren von seiner Frau Gehorsam verlangen und er hat ihr gegenüber ein Züchtigungsrecht. Außerdem hat er Anspruch darauf, daß sie nicht „widerspenstig“ gegen ihn ist, daß sie sein Vermögen bewahrt und daß sie keine „ehelichen Geheimnisse“ preisgibt.[56] Das Recht des Mannes auf Polygynie sei, so das Diskussionspapier, in Koran und *sunna* festgelegt und habe mithin „höhere Ziele“ (*ahdāf sāmīya*), die der Mensch nicht kennen könne. Gleichzeitig habe die Polygynie aber auch ganz „reale Ziele“ (*ahdāf wāqiᶜīya*). So könne sie helfen, Unzucht und damit die Existenz „illegitimer“ Kinder zu verhindern. Die Möglichkeit der Vielehe schütze außerdem kranke und unfruchtbare Frauen vor einer Verstoßung.[57] Das Verstoßungsrecht des Mannes sei als das bei Gott „Verhaßteste“ unter dem rechtlich Gestatteten (*abġaḍ al-ḥalāl ᶜind allāh*) nur der letzte Ausweg

---

50 *Milaff*, 3. Vgl. auch Kapitel 1.1.
51 *Milaff*, 2.
52 *Milaff*, 1.
53 *Milaff*, 2, 4 f.
54 *Milaff*, 11, 14,
55 *Milaff*, 10, 14.
56 *Milaff*, 6 f.
57 *Milaff*, 9 f.

aus einer zerrütteten Ehe.[58] Zunächst müsse der Mann nach den Vorschriften des Koran seine Frau „züchtigen“. Könne der Konflikt nicht auf diese Weise gelöst werden, sei ein Versöhnungsversuch durch den „Familienrat“ (*maǧlis ᶜāʾilī*) durchzuführen.[59] Erst wenn auch dieser gescheitert sei, könne der Mann seine Frau verstoßen.[60] Die Ehefrau habe ihrerseits das Recht auf Unterhalt und auf Gleichbehandlung im Fall der Polygynie. Der Mann dürfe sie außerdem nicht zu heftig und nicht ins Gesicht schlagen, um ihre Würde nicht zu verletzen.[61] Nach Auffassung der Autoren kann die Frau und Mutter außerdem während der Ausübung der Personensorge für die gemeinsamen Kinder einen „Lohn“ von dem Mann verlangen.[62] Der Text hält fest, daß der Islam die Erwerbstätigkeit der Frau nicht grundsätzlich verbiete. Ihre Berufstätigkeit sei aber nur dann gestattet, wenn sie wirtschaftlich notwendig sei, wenn sie der „Natur“ der Frau entspreche und wenn der Mann seiner Frau die Ausübung ihres Berufs ausdrücklich gestattet habe.[63]

Die aktuellen sozialen Probleme in Algerien werden von den Autoren fast ausschließlich als moralische Mißstände und als Ausdruck des allgemeinen Sittenverfalls interpretiert. Die wichtigsten Gründe für den moralischen Niedergang der Gesellschaft seien Ehebruch und Alkoholkonsum. Die moralische Krise werde durch die von Koran und *šarīᶜa* verbotene „Vermischung“ der Geschlechter (*al-iḫtilāṭ bain al-ǧinsain*) und die Zunahme willkürlicher Verstoßungen verschärft.[64] Das Eheleben werde durch falsche Partnerwahl, durch die vom Mann nicht gewollte Erwerbstätigkeit der Frau

58 Mit dem gleichen Argument haben sich Vertreter des Reformislam in Ägypten und im Maghreb schon früher gegen "mißbräuchliche" Verstoßungen ausgesprochen (BORRMANS *Statut personnel et famille*, 57 f, 136, 185 f.). Zur moralischen Beurteilung der Verstoßzung im klassischen Recht vgl. ABŪ DĀWUD *Sunan*, II , 342 f. Vgl. auch LINANT DE BELLEFONDS *Traité de Droit Musulman*, II, 317-320.

59 Der Text bezieht sich hier auf die im Koran erwähnten "Schiedsrichter", die im Konfliktfall zwischen den Eheleuten vermitteln sollen (Koran 4:35). Die Institution des "Familienrates" (*conseil de famille*), wie sie in die maghrebinische Gesetzgebung Eingang gefunden hat, ist tatsächlich jedoch aus französischem Recht übernommen (vgl. BORRMANS a.a.O., 475 f.).

60 *Milaff*, 12 f.

61 *Milaff*, 7.

62 *Milaff*, 11. Das Papier weicht damit von der mehrheitlichen Auffassung malikitischer Gelehrter ab, nach der die Frau auch nach der Eheauflösung keinen Lohn für die Ausübung der Personensorge verlangen kann (vgl. LINANT DE BELLEFONDS *Traité de Droit Musulman*, II, 154). Im Unterschied dazu sieht etwa die marokkanische *Mudawwana* in Anlehnung an hanafitische Meinungen einen solchen Lohn nach einer unwiderruflichen Verstoßung ausdrücklich vor (Art. 103 und 104 *Mudawwana*).

63 *Milaff*, 12.

64 *Milaff*, 4.

und durch die Existenz von Bordellen gefährdet.[65] Gegen solche Verfallserscheinungen setzen die Verfasser des Textes auf die positive Wirkung religiöser Lehren. Allein die rechte Erziehung der Kinder nach dem „islamischen Programm" (*al-minhağ al-islāmī*) und die Verbreitung der islamischen Sitten und der *šarīʿa* könnten soziale Stabilität und den Schutz der Familie gewährleisten.[66]

Um den moralischen Niedergang und das Auseinanderbrechen der Familie aufzuhalten, fordern die Autoren umfassende sozialstaatliche Maßnahmen. Die medizinische Versorgung müsse ausgeweitet und verbessert werden.[67] Außerdem müsse der Staat die materielle Verantwortung für Menschen tragen, die nicht von ihrer Familie unterstützt werden könnten.[68] Besonderer Hilfe bedürften dabei verstoßene und verwitwete Frauen. Die Verfasser verlangen in diesem Zusammenhang die Schaffung von neuen Arbeitsplätzen, die der „Natur" der Frau entsprechen, Aus- und Weiterbildungsmöglichkeiten für Frauen und finanzielle Hilfen für diejenigen, die keiner Erwerbsarbeit nachgehen können.[69]

Der Staat soll nach Vorstellung der Autoren außerdem als Wächter islamischer Sitten dienen. In den abschließenden Bemerkungen wird die Schliessung sämtlicher Bordelle gefordert, da deren Existenz nicht zu einer muslimischen Gesellschaft passe, die von einem muslimischen Staat regiert werde.[70] Das zu verabschiedende Familiengesetz sollte außerdem die Ehe zwischen algerischen Muslimen und Ausländerinnen verbieten.[71] Diese Forderung, die sich nicht ohne weiteres auf traditionelles islamisches Recht stützen kann, wird damit begründet, daß nur muslimische Mütter ihre Kinder wirklich nach dem Islam erziehen könnten. Auch hätten die meisten Algerier, die mit einer Ausländerin verheiratet seien, ihre religiöse Überzeugung aufgegeben. Das sei insbesondere dann der Fall, wenn ihre Frauen „religionslose Polytheistinnen" (*mušrikāt lā din lahunna*) seien. Schon der Koran habe die Ehe des Muslim mit einer *mušrika* definitiv verboten.[72]

In dem hier vorgestellten Papier aus dem Religionsministerium wird eine islamisch begründete Ordnung der Familie entworfen, die als Grundlage für

65 *Milaff*, 14.
66 *Milaff*, 15.
67 *Milaff*, 16.
68 *Milaff*, 9, 17.
69 *Milaff*, 16.
70 *Milaff*, 18.
71 *Milaff*, 18.
72 *Milaff*, 18. Unter Berufung auf bestimmte *aḥādīṯ* (sg. *ḥadīṯ*) haben tatsächlich auch Gelehrte des traditionellen islamischen Rechts Christinnen als Polytheistinnen eingestuft. Die Mehrheit der Juristen gestattete hingegen die Ehe eines Muslims mit einer Christin oder einer Jüdin (vgl. dazu PRUVOST *Contrat de mariage*, 54).

die staatliche Gesetzgebung dienen soll. Die Autoren stellen damit zwar nicht die Recht setzende Kompetenz des Staates an sich in Frage, sie beanspruchen aber für sich die Kompetenz, verbindliche, religiös legitimierte Richtlinien zu formulieren. Zum Teil kann sich das von ihnen entworfene Modell einer islamischen Familie tatsächlich auf traditionelles Recht stützen. Das gilt insbesondere für Aussagen über das Geschlechterverhältnis. Die Frau soll dem Mann als Inhaber der ehelichen Autorität untergeordnet sein. Er hat ihr gegenüber ein Züchtigungsrecht. In der Frage der Verstoßung machen sich die Autoren die moralische Bewertung traditioneller islamischer Gelehrter zu eigen, nach der die Verstoßung zwar rechtlich erlaubt, moralisch aber verwerflich ist.[73] Sie sagen allerdings nichts darüber, ob das Familiengesetz daher die Verstoßung reglementieren soll, oder ob diese Bemerkung lediglich als rechtlich nicht verbindliche Ermahnung gemeint ist. Neu gegenüber dem traditionellen Recht sind die sozial- und arbeitsmarktpolitischen Aufgaben, die der Staat zum Schutz der islamischen Familie und familienloser Personen erfüllen soll. In diesem Zusammenhang sind die Autoren sogar bereit, Frauenerwerbsarbeit zuzulassen, sofern die Tätigkeit der „Natur" der Frau nicht widerspricht und die Geschlechtertrennung auch am Arbeitsplatz gewahrt bleibt. Eindeutig politisch motiviert ist die Forderung, Ehen zwischen Algeriern und Ausländerinnen grundsätzlich zu verbieten. Der xenophobe Zug der religiös-nationalistischen Haltung der Autoren tritt deutlich hervor, wenn sie zumindest implizit nicht-muslimische Ausländerinnen zu Polytheistinnen erklären.

Die politische Absicht der Autoren ist es, Einfluß auf die Kodifizierung des Familienrechts zu nehmen. Daher verweisen sie zunächst auf die historische Legitimität des algerischen Reformislam. Indem die islamischen Quellen des Familienrechts hervorgehoben werden, unterstreichen die Verfasser außerdem ihre eigene Autorität und ihr politisches Gewicht. Sie betonen immer wieder, daß das islamische Recht durch qualifizierte Religionsgelehrte interpretiert werden müsse.[74] Die gleiche Funktion hat die Darstellung der aktuellen sozialen und ökonomischen Probleme als moralische Krise. Als einzige historisch legitimierte ideologische Kraft beanspruchen die Erben des algerischen Reformislam ein Monopol auf die Formulierung der gesellschaftlichen Moral. Jede Diskussion über die Notwendigkeit der Festigung und Förderung islamischer Sitten untermauert so den politischen Einfluß religiöser Kräfte innerhalb des Regimes – oder gegen das Regime.[75]

73 Vgl. oben, Fußnote 58.

74 Diese Position kann auch dazu dienen, die Legitimität des Staates vom Boden der Religion aus in Frage zu stellen (vgl. auch DEHEUVELS *Islam et pensée contemporaine*, 188 ff.).

75 Zu den Moralkampagnen des Religionsministeriums und unabhängiger islamischer Denker vgl. DEHEUVELS a.a.O., 26 ff.

3.1.2.3 Ein Projekt des Justizministeriums

An der Spitze des Justizministeriums steht mit Boualem Benhamouda (Bū ᶜAllām bin Ḥamūda) schon in den siebziger Jahren nicht nur ein überzeugter Anhänger der Arabisierungspolitik, sondern auch eine Person, die politisch dem islamischen Establishment nahesteht.[76] Die enge Verbindung zwischen den Ministerien für Justiz und für Religiöse Angelegenheiten wird in den achtziger Jahren noch deutlicher. Boualem Baki (Bū ᶜAllām Bāqī), seit 1979 Minister für Religiöse Angelegenheiten, wird 1980 Justizminister und kehrt einige Jahre später wieder auf seinen früheren Posten als Religionsminister zurück.[77] Als Justizminister ist Baki einer der politisch Hauptverantwortlichen für das in seiner Amtszeit verabschiedete Familiengesetz von 1984.

Dennoch unterscheidet sich der Zugang von Angehörigen der Justizverwaltung zum traditionellen islamischen Recht von dem der Religionsgelehrten. Das wird anhand eines unveröffentlichen Projekts (*mašrūᶜ*) aus dem Jahr 1983/84 deutlich.[78] Grundlagen dieses Projekts sind neben dem traditionellen islamischen Recht der oben besprochene Regierungsentwurf von 1981 und die Richtlinien des Zentralkomitees des FLN vom Juni 1983.[79]

Die inhaltliche Annäherung an das traditionelle islamische Recht wird in dem Projekt des Justizministeriums mit einer strengen Formalisierung der Ehe und ihrer Auflösung verbunden. Dabei zeigt sich der Einfluß konservativer Positionen insbesondere im Zusammenhang mit dem Ehevormund der Frau, dessen Zustimmung nach dem Projekt zu einem Element der Eheschließung wird.[80] Außerdem wird das Recht der Frau auf Ausübung einer Erwerbsarbeit in dem Projekt im Unterschied zu früheren Regierungsentwürfen gar nicht mehr erwähnt.[81]

Der Anspruch des Mannes auf Polygynie ist hingegen in dem Projekt wieder stärker reglementiert als in dem Regierungsentwurf von 1981. Die Genehmigung polygyner Ehen wird von einer richterlichen Genehmigung abhängig gemacht.[82] Die Verstoßung wird weitergehend als bisher formali-

---

76 Vgl. DEHEUVELS a.a.O., 203; GRANDGUILLAUME *Arabisation*, 107; vgl. auch BENHAMOUDA *Allocution*.

77 Zu den Regierungsumbildungen vgl. die Chroniken im *Annuaire de l'Afrique du Nord*.

78 Der hier vorliegende Text (im folgenden zitiert als *mašrūᶜ*) ist nicht datiert. Aus den einleitenden Bemerkungen geht jedoch hervor, daß er nach der Sitzung des ZK des FLN im Juni 1983 verfaßt worden ist.

79 *Mašrūᶜ*, 2.

80 Artikel 3 und 7 *mašrūᶜ*.

81 Zu den Rechten der Frau vgl. Artikel 32 *mašrūᶜ*.

82 Artikel 10 *mašrūᶜ*. Das Projekt nimmt hier die Regelungen des Regierungsentwurfes

siert. In Anlehnung an die vom traditionellen Recht getroffene Unterscheidung zwischen der „orthodoxen" (*sunna*) und der auf eine „illegitime Neuerung" (*bidʿa*) zurückgehenden Verstoßung[83] schreibt das Projekt vor, daß eine Verstoßung durch den Mann nicht während der Menstruation ausgesprochen werden kann. Auch während einer „Reinheitsperiode" zwischen zwei Regelblutungen ist eine Verstoßung nur dann zulässig, wenn der Mann seine Frau in dieser Zeit nicht mehr „berührt" hat.[84] Im Fall der willkürlichen Verstoßung kann der Richter der Frau nach dem Projekt Schadensersatz zusprechen. Einen Anspruch auf die eheliche Wohnung soll die Frau im Unterschied zum Regierungsentwurf von 1981 allerdings nur noch im Fall zwingender Notwendigkeit haben.[85]

Für die Eheauflösung auf Antrag der Frau (*taṭlīq*) sieht das Projekt die gleichen Gründe vor wie der Entwurf von 1981. Allerdings erwähnt das Projekt des Justizministeriums zum ersten Mal die „Verstoßung gegen Kompensation" (*ḫulʿ*) als eine eigenständige Form der Eheauflösung auf Antrag der Frau. Können sich die Eheleute nicht über den hierbei von der Frau zu zahlenden Betrag einig werden, legt der Richter dessen Höhe fest.[86] Neu in dem Projekt ist auch die Möglichkeit, die Ehe im Fall der „Widerspenstigkeit" (*nušūz*) eines der Ehepartner gerichtlich aufzulösen.[87] Wie nach dem Entwurf von 1981 hat die Frau, die die Personensorge für gemeinsame Kinder ausübt, nach Auflösung der Ehe gemäß den Möglichkeiten des Mannes und entsprechend der Zahl der Kinder Anspruch auf Unterbringung.[88] Die Rechte der Mutter werden dabei gegenüber dem Entwurf von 1981 insofern gestärkt, als sie nach dem Projekt des Justizministeriums beim Tod des Vaters in jedem Fall zum gesetzlichen Vormund ihrer Kinder wird.[89]

---

von 1979 wieder auf.

83 Zu den verschiedenen Formen der Verstoßung im traditionellen Recht vgl. LINANT DE BELLEFONDS *Traité de Droit Musulman*, II, 321 f.

84 Artikel 42 *mašrūʿ*. Das traditionelle Recht hält im Unterschied dazu auch die auf eine "illegitime Neuerung" zurückgehende Verstoßung für voll rechtswirksam (LINANT DE BELLEFONDS *Traité de Droit Musulman*, II, 321-325).

85 Artikel 44 *mašrūʿ*.

86 Artikel 47 *mašrūʿ*.

87 Artikel 48 *mašrūʿ*. Der Begriff des *nušūz* kann sich zwar theoretisch auf das intolerante oder unnachgiebige Verhalten beider Eheleute beziehen (FORSTNER *Ehe- und Kindschaftsrecht*, 218). Angesichts des hierarchischen Verhältnisses zwischen den Geschlechtern in der Ehe ist allerdings fraglich, wann das Verhalten des Mannes als *nušūz* zu beurteilen ist. Andererseits könnte der Mann nach einer solchen Vorschrift eine Verstoßung umgehen, indem er den *nušūz* der Frau als gesetzlichen Scheidungsgrund geltend macht.

88 Artikel 56 *mašrūʿ*.

89 Artikel 71 *mašrūʿ*. Nach dem Entwurf von 1981 wird die Mutter nur dann zum Vormund, wenn der Vater keinen testamentarischen Vormund für seine Kinder eingesetzt hat (vgl. oben).

Als Zugeständnis an konservative Positionen wird im Zusammenhang mit dem Erbrecht die Bedeutung der Religionszugehörigkeit unterstrichen. Es ist in dem Projekt ausdrücklich festgelegt, daß Apostasie (*ridda*) und Unglaube (*kufr*) zum Verlust von gesetzlichen Erbansprüchen führen.[90] Die Nennung der Apostasie ist hier insofern problematisch, als kein Gesetzestext diesen Tatbestand definiert und auch sein Nachweis nirgends geregelt ist. Außerdem werden binationale Ehen zwischen Algeriern und nichtmuslimischen Ausländerinnen zwar nicht formal verboten, wie es Vertreter des Religionsministeriums fordern. Nichtmuslimische Frauen bleiben dennoch wie im traditionellen Recht ausdrücklich auch im Entwurf des Justizminiseriums diskriminiert.

Das Projekt aus dem Justizministerium widerspiegelt die Spannung zwischen formal-juristischen und gesellschaftspolitischen Anforderungen an die Kodifizierung des Familienrechts einerseits, einem eher positivistischen Zugang zum traditionellen islamischen Recht andererseits. Dabei liegen im Ansatz des Justizministeriums zwar bestimmte Reformmöglichkeiten, wie sich im Zusammenhang mit der Verstoßung und insbesondere im Zusammenhang mit den Regelungen zur Polygynie zeigt. Eine in rechtsdogmatischer Hinsicht systematische Reformperspektive wird aber auch hier nicht entwickelt.

3.1.2.4 Beratung und Abstimmung des Familiengesetzes von 1984

Der Entwurf zum Familiengesetz, den die algerische Nationalversammlung im Frühjahr 1984 schließlich berät und dem sie nach langen Debatten und mit einer Reihe von Änderungen zustimmt, ist nie veröffentlicht worden. Die hier vorliegende, im *Journal Officiel des Débats* abgedruckte Zusammenfassung der Beratungen in der Nationalversammlung enthält jedoch im Anhang den Wortlaut der beschlossenen Änderungsvorschläge und die entsprechenden ursprünglichen Formulierungen des Entwurfes.[91]

Insgesamt zeichnen sich die Beiträge der Parlamentarier vor allem durch ihren gesellschaftspolitischen Konservatismus und ihren offenen Sexismus aus. Nur zum Teil machen sich die Abgeordneten die Mühe, sich auf den Islam oder auf islamisches Recht zu beziehen. Häufig wird ohne Angabe von Gründen gefordert, die Rechte von Frauen zu beschränken oder ihnen mehr Pflichten aufzuerlegen. Die Hauptkritik der Abgeordneten richtet sich gegen die Reglementierung der Polygynie, die in dem zu beratenden Entwurf von

90 Artikel 133 *mašrūʿ*.

91 Es handelt sich hier um die offizielle französische Übersetzung des *Journal Officiel des Débats* (JOD) vom 21., 23. und 24. April sowie vom 29. Mai 1984.

einer richterlichen Genehmigung abhängig gemacht worden ist. Die Polygynie sei ein islamrechtlicher Anspruch des Mannes, der nicht in dieser Weise eingeschränkt werden könne. Der Koran fordere lediglich die Gleichbehandlung der Frauen – weitere Bedingungen und Reglementierungen seien daher illegitim. Ein zweiter zentraler Kritikpunkt betrifft die Regelung, nach der die Frau im Fall einer willkürlichen Verstoßung Anspruch auf die eheliche Wohnung hat. Dies sei, so empören sich immer wieder Abgeordnete, eine ungerechtfertigte Begünstigung der Frau und führe lediglich dazu, daß Frauen ihre Verstoßung provozierten, um ihren Mann aus der Wohnung vertreiben zu können.

Vereinzelt wird darüber hinaus weitere Kritik geäußert, die sich auf die Rechte und Pflichten von Frauen allgemein bezieht. So wird vorgeschlagen, den Anspruch der Ehefrau auf Besuch und Empfang ihrer nahen Verwandten einzuschränken und von einer ausdrücklichen Erlaubnis des Mannes abhängig zu machen. Außerdem müsse das Gesetz die Frau ausdrücklich zur Hausarbeit verpflichten. Überhaupt sei es die Pflicht einer Frau, im Haus zu bleiben.

Nur zwei der im *Journal Officiel* angeführten Äußerungen widersetzen sich diesem Trend. Gleich zu Beginn der Beratungen fordert die einzige weibliche Abgeordnete, deren Stellungnahme zu dem Gesetzentwurf dokumentiert ist, die Erhöhung des Ehemindestalters.[92] Gegen Ende der Beratungen fordert ein zweiter Abgeordneter außerdem einen besseren Schutz der Rechte von Frauen. Insbesondere ihr Recht, einer Erwerbstätigkeit nachzugehen, müsse gesetzlich verankert werden.[93]

Tatsächlich kommt es aufgrund der von den Abgeordneten geäußerten Kritik zu einzelnen Änderungen des Entwurfes. Nach längeren Debatten stellt die Kommission eine Neufassung der Regelung zur Wohnungsfrage vor. Gegenüber dem ursprünglichen Text des Entwurfes wird darin die Möglichkeit, der Frau die eheliche Wohnung zuzuweisen, stark eingeschränkt. Die Neufassung verlangt nicht nur, daß die Frau die Personensorge für gemeinsame Kinder ausübt. Außerdem muß die Frau nachweisen, daß sie keinen Vormund hat, der sie und ihre Kinder aufnehmen kann. Ist die Ehewohnung die einzige Wohnung des Mannes, so kann sie der Frau in keinem Fall zugewiesen werden.[94] Nachdem der anwesende Regierungsvertreter seine Zustimmung zu der Neufassung erklärt hat, nimmt die Nationalversammlung die neue Regelung an.

---

92 Der Entwurf sieht ein Mindestalter von 17 Jahren für die Frau und 19 Jahren für den Mann vor (JOD 21.4.84, 19).

93 JOD 23.4.84, 15.

94 JOD 29.5.84, 22.

In der Frage der Polygynie kann sich die Parlamentsmehrheit zunächst nicht mit der Kommission und mit dem Regierungsvertreter einigen. Die Kommission hat auch in dieser Frage einen Kompromißvorschlag ausgearbeitet, der einigen Parlamentariern jedoch nicht weit genug geht. Nach dem Vorschlag der Kommission soll die Polygynie „in den Grenzen der *šarīᶜa*" zulässig sein, wenn ein „legitimer Grund" gegeben ist, wenn die Bedingungen und die Absicht zur Gleichbehandlung der Frauen vorliegen und wenn die betroffenen Frauen zuvor informiert worden sind. Ist die Frau mit einer weiteren Eheschließung nicht einverstanden, kann sie vor Gericht die Auflösung ihrer Ehe beantragen.[95] Die Kommission begründet diesen Vorschlag damit, daß das islamische Recht Polygynie zwar toleriere, der Koran aber gleichzeitig nahelege, daß die notwendige Gleichbehandlung der Frauen nahezu unrealisierbar sei.[96] Die Polygynie, so ein Vertreter der Kommission vor der Nationalversammlung, gefährde außerdem die Stabilität von Ehe und Familie und habe daher negative Auswirkungen auf die Gesellschaft insgesamt. Die in dem Kompromißvorschlag vorgesehene Reglementierung der Polygynie gehe außerdem nicht über die in der *šarīᶜa* enthaltenen Auflagen hinaus.[97] Der Regierungsvertreter hält im Unterschied dazu zwar an der Notwendigkeit einer richterlichen Genehmigung polygyner Eheschließungen fest, signalisiert jedoch seine Bereitschaft, auch dem Kompromißvorschlag der Kommission zuzustimmen.[98] Ein Parlamentsmitglied fordert jedoch, den entsprechenden Artikel dahingehend neuzufassen, daß die Polygynie ohne weitere Einschränkungen „in den Grenzen der *šarīᶜa*" erlaubt sei.[99] Nachdem bei einer ersten Abstimmung der Vorschlag der Kommission nicht die notwendige Mehrheit erhalten hat, wird die Abstimmung aus vorgeblich formalen Gründen wiederholt. Beim zweiten Durchgang zieht der betreffende Abgeordnete dann seinen Gegenvorschlag zurück und die Nationalversammlung nimmt schließlich den Kompromißvorschlag der Kommission an.[100]

Während die genannten Änderungen den konservativen Charakter des Gesetzes noch unterstreichen, können in zwei Punkten Reformvorschläge durchgesetzt werden. So wird in der endgültigen Fassung die Definition der Ehe verändert: Das Gesetz nennt die Fortpflanzung nicht mehr ausdrücklich als Ehezweck, sondern betont demgegenüber die Bedeutung der ehelichen

---

95 JOD 29.5.84, 19.

96 JOD 29.5.84, 18. In ähnlicher Weise haben bereits Vertreter des ägyptischen Reformislam am Anfang des 20. Jahrhunderts argumentiert (vgl. BORRMANS *Statut personnel et famille*, 55 f.).

97 JOD 29.5.84, 19.

98 JOD 29.5.84, 18 f.

99 JOD 29.5.84, 18.

100 JOD 29.5.84, 19 f.

Gemeinschaft.[101] Außerdem wird als Ergebnis der Parlamentsdebatten das Ehefähigkeitsalter für Frauen auf 18 und für Männer auf 21 Jahre erhöht.[102]

Die Abgeordneten der Nationalversammlung, die alle über Listen der Einheitspartei FLN ins Parlament gewählt worden sind, verteidigen ganz offensichtlich vor allem männliche Vorrechte. Ihnen dient der Rekurs auf die Religion und auf islamisches Recht lediglich dazu, das hierarchische Verhältnis zwischen den Geschlechtern zu verteidigen. Die Regierung gibt diesem Druck in zwei Punkten nach: in der Wohnungsfrage und bei der Regelung zur Polygynie. Mehrere Anweisungen aus dem Justizministerium, die eine enge Auslegung der umformulierten Bestimmungen über die Genehmigung polygyner Eheschließungen vorschreiben, zeigen allerdings, daß die Justizverwaltung in dieser Frage nach wie vor eine andere Auffassung vertritt und diese nun auf dem Weg von Auslegungsrichtlinien durchzusetzen versucht.[103]

3.1.3 Zusammenfassung

Das zentrale Anliegen der Staats- und Parteiführung, das sich im Grunde auf einen breiten gesellschaftlichen und politischen Konsens stützen kann, besteht in der Formalisierung und der Stablisierung von Ehe und Familie. Während entsprechende Reformvorschläge in den sechziger Jahren offensichtlich noch stärker auf französisches Recht rekurrieren, kreisen die Auseinandersetzungen seit den siebziger Jahren zunehmend um verschiedene Interpretationen des islamischen Rechts selbst. Bis zum Schluß bleiben dabei Reformdiskussionen von politischen Konflikten über die eng miteinander verbundenen Fragen, welche Verbindlichkeit dem traditionellen Recht zukommen soll, und wer das islamische Recht legitimerweise auslegen kann, überlagert. Die algerische Führung scheint schließlich die Ausarbeitung und die Verabschiedung des Familiengesetzes 1984 dafür zu nutzen, einen Kompromiß zwischen ganz verschiedenen Interessen und Positionen zu formulieren: den sozialpolitisch motivierten Reformbestrebungen der Staats- und Parteispitze, dem selektiven Traditionalismus des Religions- und zum Teil auch des Justizministeriums und schließlich dem Konservatismus und Sexismus des FLN, wie er in den Beratungen der Nationalversammlung zum Ausdruck gebracht wird.

---

101 JOD 29.5.84, 17.

102 JOD 29.5.84, 17.

103 Zu den Anweisungen der Justizverwaltung vgl. ASLAOUI *Effets du code*, 14 f.; FORSTNER *Ehe- und Kindschaftsrecht*, 210.

3.2 DIE JURISTISCHE DISKUSSION

In den juristischen Diskussionen über das Personalstatut scheint grundsätzlich Übereinstimmung über die Notwendigkeit zu bestehen, traditionelles islamisches Recht zu reformieren. Dennoch zeichnen sich entlang beruflich-institutioneller und nicht zuletzt auch entlang sprachlicher Grenzen unterschiedliche rechtspolitische und rechtstheoretische Ansätze sowie konkurrierende politische bzw. professionelle Interessen ab.[104] Unter algerischen Juristen gibt es zwar keine Gelehrten des traditionellen islamischen Rechts. In der universitären Juristenausbildung wird der *fiqh* vor allem als Quelle des positiven algerischen Rechts, nicht als eigenlogisches Rechtssystem behandelt.[105] Differenzen ergeben sich daher nicht zwischen „traditionellen" Gelehrten und „modernen" Juristen. Dennoch scheint die Rechtskultur gespalten zu sein, wobei sich französischsprachige Rechtswissenschaftler auf der einen, arabischsprachige Justizangehörige auf der anderen Seite gegenüberstehen.[106] Diese Situation hängt damit zusammen, daß die Justiz bereits 1971 arabisiert worden ist, während die universitäre Juristenausbildung bis zu ihrer vollständigen Arabisierung Mitte der achtziger Jahre in einen arabischen und einen französischen Zweig unterteilt war.[107] Zwar gewinnen auch an den Universitäten arabischsprachige Juristen seit dem Beginn der Arabisierung 1971 an Einfluß. Das zeigt sich nicht zuletzt an einschlägigen Abschlußarbeiten und Veröffentlichungen.[108] Dennoch wird die rechtswissenschaftliche Diskussion nach wie vor von französischsprachigen Juristen dominiert.

Die Heterogenität der algerischen Rechtskultur soll im folgenden anhand der wissenschaftlichen Beiträge in der von der Universität Algier herausgegebenen Zeitschrift *Revue Algérienne des Sciences Juridiques, Economiques et Politiques* (RASJEP) einerseits, anhand der stärker anwendungsorientier-

---

104 Zum Verhältnis maghrebinischer Juristen zu Politik und Staat vgl. BEN ACHOUR *Politique, religion et droit*, 46 ff.

105 Zur Lehre des islamischen Rechts an algerischen Universitäten vgl. MAHIEDDIN *Enseignement du droit musulman.*

106 Vgl. auch BEN ACHOUR *Politique, religion et droit*, 141 ff.

107 Nur noch einzelne Veranstaltungen finden heute in französischer Sprache statt und nur in bestimmten Rechtsgebieten wie etwa im internationalen Privatrecht können Abschlußarbeiten auch auf Französisch abgefaßt werden. Zur Arabisierung der Justizverwaltung vgl. GRANDGUILLAUME *Arabisation*, 105,

107 ff. Zur Universitätsausbildung vgl. SAADI *Science juridique.*

108 Zum Einfluß arabischsprachiger Juristen an den Universitäten vgl. MAHIEDDIN *Enseignement du droit musulman*, 258 ff.

ten Darstellungen zum Familienrecht in verschiedenen Publikationen des Justizministeriums andererseits dargestellt werden. Da bisher keine umfassende Untersuchung zur Entwicklung der algerischen Rechtslehre vorliegt,[109] können hier nur einzelne Probleme und Argumentationsmuster in der juristischen Würdigung des islamischen Personalstatuts herausgearbeitet werden. Zum Schluß soll am Beispiel der Positionen zweier hoher algerischer Richter zu dem Familiengesetz von 1984 gezeigt werden, daß das Personalstatut auch innerhalb der algerischen Richterschaft sehr unterschiedlich beurteilt wird.

3.2.1 Wissenschaftliche Beiträge in der *Revue Algérienne*

Die Auseinandersetzungen, die in der *Revue Algérienne des Sciences Juridiques, Economiques et Politiques* über das Familienrecht geführt werden, sind in den sechziger Jahren noch vorwiegend mit der Analyse der Rechtswirklichkeit befaßt. Das wird anhand der Beiträge zu einem im Mai 1968 von der Universität Algier zusammen mit dem algerischen Justizministerium organisierten Kolloquium über die „Instabilität der Familie und die Rechte des Kindes im Maghreb" deutlich.[110] In seiner Eröffnungsansprache weist Justizminister Mohammed Bedjaoui auf die Notwendigkeit hin, den aktuellen gesellschaftlichen Anforderungen mit angemessenen gesetzgeberischen Maßnahmen zu begegnen. Im Prozeß der Steuerung und der Induzierung sozialen Wandels weist er der Rechtswissenschaft und dem Recht eine führende Rolle zu. Als wichtigstes Ziel der anstehenden Reformen nennt Bedjaoui die Stabilisierung der Familie. *„Or celle-ci* (l'institution de la famille, bd) *se désintègre sous nos yeux, grâce à la conjugaison de causes dissolvantes majeures. Que faire? Signer un pacte avec le passé, réaffimer ce qui justement se désagrège? Ce n'est pas raisonnable lorsqu'on sait que le corps social est dynamique et non pas statique.*"[111] Die Wahrung der eigenen Traditionen und der arabisch-islamischen Werte müsse daher mit den aktuellen sozialen Aufgaben in Einklang gebracht werden.

Die algerischen Teilnehmer des Kolloqiums vom Mai 1968 sind nicht nur Rechtswissenschaftler, sondern in der Regel gleichzeitig als Anwälte oder Richter tätig und von daher auch mit der Rechtswirklichkeit vertraut. Die

---

109 Zu einer kritischen Betrachtung einzelner Aspekte der Entwicklung des algerischen Rechts und der Rechtswissenschaft vgl. MAHIEDDIN *Dualisme conflictuel*; ders. *Fiqh islamique*; ders. *L'enseignement du droit musulman*; SAADI *a.a.O.*.

110 Für eine Dokumentation der Beiträge zu diesem Kolloquium vgl. *Revue Algérienne* (RASJEP) 4/1968.

111 RASJEP 4/1968, 1049.

Mehrheit der Referenten geht von der Notwendigkeit aus, das islamische Familienrecht grundlegend zu reformieren, um Ehe und Familie durch Gesetze stabilisieren zu können. Neben sozialen und ökonomischen Gründen für die Instabilität der Ehe werden immer wieder auch die islamrechtlichen Vorschriften zu Polygynie und Verstoßung sowie das traditionelle Adoptionsverbot als Probleme benannt. Die Auffassungen der Referenten unterscheiden sich allerdings hinsichtlich der Grundlagen und des Ausmaßes der vorgeschlagenen Reformen. Während ein Referent ausdrücklich die Trennung von Religion und Recht fordert,[112] konzentrieren sich die anderen auf einzelne Reformen oder Ergänzungen des islamischen Rechts im Bereich der Adoption, des ehelichen Güterrechts und des Unterhaltsrechts.[113] Die Notwendigkeit, Polygynie und Verstoßung gesetzlich zu reglementieren und einzuschränken, wird von keinem der Teilnehmer bestritten. Eine am Ende des Kolloquiums verabschiedete Resolution bleibt dann allerdings sehr allgemein, und an vielen Punkten kann gar keine Übereinstimmung erzielt werden.[114] Während die Teilnehmer darin einig sind, daß die Auflösung der Ehe durch Verstoßung auch weiterhin an ein gerichtliches Verfahren gebunden sein soll, bleibt umstritten, welche Rolle dem Richter in diesem Verfahren zukommen kann. Die Frage, ob der Richter auch über die Berechtigung der Verstoßung zu befinden hat und sie mithin unter Umständen ablehnen kann, bleibt unbeantwortet. Außerdem kann keine Einigkeit darüber erzielt werden, ob in Konflikten um die Personensorge streng nach traditionellem islamischem Recht oder aber gemäß dem Interesse des Kindes zu entscheiden sei. Schließlich bleibt auch der Konflikt zwischen Befürwortern und Gegnern der Adoption bestehen.

In den siebziger Jahren verlieren die Beiträge in der *Revue Algérienne* ihren direkten Bezug zur Rechtspraxis. Die Diskussionen über das Familienrecht sind seither eher soziologisch oder theoretisch ausgerichtet. Eine Nummer der Zeitschrift aus dem Jahr 1974, die dem Abdruck einiger Beiträge des von der Universität Constantine im April organisierten Kolloquiums über „Familie und Recht in Algerien" gewidmet ist, bezieht dabei schon in der Auswahl der Texte klar politisch Position.[115] In ihrem Eröffnungsbeitrag fordert die Sozialwissenschaftlerin Hélène Vandevelde von der Universität Algier eine grundlegende Erneuerung des Familienrechts. Sie argumentiert, daß die „egalitäre Gesellschaft" Boumedienes nicht mit einem konservativen

---

112 RASJEP 4/1968, 1088 ff.

113 RASJEP 4/1968, 1091 ff.; 1139 ff.

114 RASJEP 4/1968, 1177 ff.

115 Für eine Dokumentation der Beiträge vgl. RASJEP 3/1974. Für einen Bericht über den Verlauf des Kolloquiums vgl. SOURIAU *L'arabisation.*

Familiengesetz vereinbar sei.[116] Zum Abschluß des Kolloquiums stellt eine Vertreterin der Nationalen Frauenunion UNFA (*Union Nationale des Femmes Algériennes*) die politischen Forderungen ihrer Organisation vor. Sie unterstreicht zunächst die Notwendigkeit eines „revolutionären" Familiengesetzes. Konkret fordert sie die Abschaffung der Polygynie und die Gleichberechtigung der Frau im Erbrecht. Auch müsse die „Morgengabe" auf einen bloß symbolischen Wert beschränkt werden. Angesichts des islamrechtlichen Adoptionsverbotes fordert die Vertreterin der UNFA auch eine Verbesserung der rechtlichen Stellung angenommener Kinder.[117]

Die in der *Revue Algérienne* abgedruckten wissenschaftlichen Beiträge zu dem Kolloquium befassen sich nur zum Teil direkt mit Entwicklungen des algerischen Familienrechts.[118] Immer wieder wird dabei unter Verweis auf die schwierige soziale Lage von Frauen und Kindern die Notwendigkeit grundlegender Reformen betont.[119] Zwei der Referenten gehen unmittelbar auf die Schwierigkeiten bei der Kodifizierung und der Reform des islamischen Familienrechts ein. Der eine verweist auf die Unvereinbarkeit einzelner Vorschriften des islamischen Rechts mit internationalen Menschenrechtsnormen.[120] Der andere beklagt demgegenüber gerade die Ideologisierung der Familiengesetzgebung. Anhänger der Ideologien des „Integrismus" und des „Liberalismus" blockierten sich gegenseitig. Selbst die „pragmatischen" Ansätze, wie sie von der Rechtsprechung einerseits, der UNFA andererseits vertreten würden, seien noch zu stark jeweils einer der „ideologischen" Tendenzen verhaftet. Eine Lösung könne aber nur jenseits des Ideologischen gefunden werden.[121]

Außerhalb der genannten Sondernummern werden bis zur Verabschiedung des Familiengesetzes 1984 in der *Revue Algérienne* nur wenige Beiträge über das Personalstatut veröffentlicht. In diesen Beiträgen geht es vor allem um die Rolle des Islam und des islamischen Rechts in der algerischen Rechtsordnung. Die meisten Autoren sprechen sich in diesem Zusammen-

---

116 RASJEP 3/1974, 7 ff. Vandevelde hat später den Familiengesetzentwurf von 1981 und auch das schließlich verabschiedete Gesetz von 1984 vehement kritisiert (vgl. VANDEVELDE *Problème du code* und dies. *Code de la famille*).

117 RASJEP 3/1974, 157 ff. Diese Forderung bezieht sich auf die Gestaltung der in den Gesetzesvorschlägen vorgesehenen Institution der *kafāla*. Vgl. auch Kapitel 5.2.

118 RASJEP 3/1974, 29-56; 57-83.

119 RASJEP 3/1974, 85-96. In anderen Beiträgen geht es eher allgemein um Entwicklungen der algerischen Familie, um Veränderungen der Formen und Funktionen traditioneller Verwandtschaftsverhältnisse sowie um die neuen gesellschaftlichen Rollen der Familienmitglieder (RASJEP 3/1974, 57-83; 119-126; 149-156).

120 RASJEP 3/1974, 133-148.

121 RASJEP 3/1974, 97-110.

hang für eine zeitgemäße und reformorientierte Interpretation des islamischen Personalstatuts aus, die sowohl der algerischen Verfassung als auch den aktuellen gesellschaftlichen Verhältnissen Rechnung trägt.[122] Nur einer der Autoren geht dabei so weit, die Anwendung des islamischen Rechts im Bereich des Personalstatuts zumindest implizit für verfassungswidrig zu erklären.[123]

Nach der Verabschiedung des Familiengesetzes 1984 erscheinen in der *Revue Algérienne* eine Reihe durchaus kritischer Artikel zum Gesetz. Dabei läßt sich feststellen, daß die Autoren und Autorinnen sich zur Begründung ihrer Kritik neben der algerischen Verfassung immer häufiger auch auf internationale Menschenrechtsnormen beziehen.[124] Das Familiengesetz wird außerdem im Namen der Demokratie abgelehnt. Das Gesetz, so eine Juristin, schreibe „bestimmte kulturelle Werte" auf Kosten demokratischer Strukturen fest.[125] Nach wie vor spielt aber auch der Verweis auf die vom Gesetzgeber ignorierten sozialen Mißstände eine wichtige Rolle. Als konkrete Probleme benennen die Autoren und Autorinnen die mangelnde rechtliche und materielle Sicherheit von Frauen in der Ehe und nach der Eheauflösung sowie die durch das Gesetz untermauerte Ausgrenzung und Diskriminierung außerehelicher Kinder und ihrer Mütter.[126] Beide Argumente, das der Verletzung international anerkannter Menschenrechte und das der sozialen Unverträglichkeit des Gesetzes, werden nach der politischen Öffnung 1989 in verschiedenen Beiträgen noch akzentuiert. Im Vordergrund des Interesses stehen dabei die Rechte von Kindern und Frauen.[127]

Die Diskussionen, die in der *Revue Algérienne* über das Personalstatut geführt werden, geben überwiegend Positionen französischsprachiger, d.h. auch mit dem französischen Recht und der französischen Rechtskultur allgemein vertrauter Wissenschaftler wieder. Insgesamt zeichnen sich die Beiträge durch ihre zunehmend sozialwissenschatliche bzw. theoretische Orientierung und durch ihren fehlenden Praxisbezug aus.[128] Hierin spiegelt sich deutlich die berufliche Situation vieler französischsprachiger Juristen und Juristinnen wider, denen angesichts der raschen Arabisierung der Justiz-

---

122 BENCHENEB *Tradition et modernité*; BONTEMS *L'influence française*.

123 CHALABI *Place de l'Islam*.

124 BELHADJ *Atteintes à la liberté*; BENCHENEB *Kafala*.

125 DEKHLI *Principe d'égalité*.

126 DANŪNĪ *Taʿaddud az-zauǧāt*.; CHALABI/MEKARBECH *L'enfant hors mariage*.

127 AIT-ZAI *L'enfant illégitime*; dies. *Abandon de l'enfant*; ASLAOUI *L'enfant au Maghreb*, dies. *Effets du code*; DENDANI *Filiation*. Im Unterschied dazu wird nur in einem Artikel die islamische Eheethik des Familiengesetzes ausdrücklich gelobt (HARNĀN *al-Usra*).

128 Zum Problem der Entkoppelung von Rechtswissenschaft und Rechtsprechung in Algerien vgl. auch CHALABI *Droit, Etat et pouvoir*, 42.

verwaltung seit Anfang der siebziger Jahre eine Karriere in diesem Bereich verwehrt ist. Inhaltlich sprechen sich die Autoren und Autorinnen der *Revue Algérienne* für grundlegende Reformen des islamischen Personalstatuts aus. Die Orientierung der *Revue Algérienne* in Fragen des Familienrechts kann allerdings nicht als repräsentativ für die Mehrheit der Universitätsangehörigen gelten. Die Proteste arabischsprachiger Studenten während des erwähnten Familienrechts-Kolloquiums an der Universität Constantine 1974 machen deutlich, daß die dort vertretenen Positionen auch innerhalb der Universität auf Widerstand stoßen. Zwar richten sich die Proteste in erster Linie gegen die Verwendung des Französischen. Im Verlauf der Auseinandersetzungen wird jedoch deutlich, daß sich die im Namen der nationalen Authentizität und des Islam geforderte Aufwertung des Arabischen auch inhaltlich gegen die bei dem Kolloquium diskutierten Probleme und Reformperspektiven richtet.[129] Die wenigen Veröffentlichungen arabischsprachiger Dozenten der Rechtswissenschaft lassen außerdem darauf schließen, daß sich in der Folge der Arabisierung auch auf der Ebene der Lehrenden oft die rechtswissenschaftlichen und gesellschaftspolitischen Orientierungen verschieben.[130]

Die Polarisierung bzw. die Politisierung der Auseinandersetzungen scheint dabei eher zuzunehmen. So berufen sich die Autoren der *Revue Algérienne* seit der Mitte der achtziger Jahre nicht mehr nur auf die Idee sozialer Gerechtigkeit und auf die algerische Verfassung. Sie argumentieren außerdem immer häufiger mit dem Verweis auf international anerkannte, universelle Menschenrechtsnormen. Diese Haltung teilen die Autorinnen und Autoren mit einer im algerischen Kontext neuen Form politischer Opposition, die im Namen von Demokratie und Menschenrechten die Durchsetzung sozialer, kultureller und politischer Rechte fordert.[131]

---

129 Vgl. dazu SOURIAU *L'arabisation*, 382 ff.

130 Vgl. etwa AL-QĀḌĪ *Qānūn al-usra* und NAĠAM *Muḥāḍarāt*. Zum Zusammenhang von Arabisierung und Islamismus allgemein vgl. auch BURGAT *L'Algérie*, 48; ROBERTS *Radical Islamism*, 566 f.; ROUADJIA *Les Frères et la mosquée*, 163-169, 183-196.

131 Vgl. Kapitel 1.1.

3.2.2 Publikationen des Justizministeriums

Die einschlägigen Veröffentlichungen des algerischen Justizministeriums enthalten sowohl Darstellungen und Erklärungen zur staatlichen Rechtspolitik als auch juristische Abhandlungen über neue Gesetze oder einzelne Rechtsprobleme. Durch den Abdruck und die Kommentierung von Gerichtsurteilen wird außerdem versucht, auf die Vereinheitlichung der herrschenden Rechtsmeinung hinzuwirken.[132]

Die Fachartikel über das Familienrecht sind seit Ende der sechziger Jahre fast ausschließlich der Erläuterung islamrechtlicher Regeln und Vorschriften gewidmet. Während die Beiträge im *Annuaire de la Justice* aus den ersten Jahren nach der Unabhängigkeit noch einen kritischen Umgang mit Vorschriften des traditionellen islamischen Rechts dokumentieren,[133] geht es im *Bulletin des Magistrats* bzw. in der *Našrat al-Quḍāt* eher um praktische Fragen. Autoren sind neben dem ägyptischen Rechtslehrer Muḥammad Yūsuf Mūsā von der ᶜAin-Šams-Universität Kairo, der eine Beitragsfolge über die „Vorschriften des islamischen Rechts" verfaßt, vor allem algerische Richter.[134] Die Beiträge zum Familienrecht sind schon vor der Arabisierung der Justizverwaltung meist in arabischer Sprache abgefaßt. Die Autoren vertreten außerdem mehrheitlich eher konservative Vorstellungen von Ehe und Familie. Sie halten die islamrechtlich legitimierte Unterordnung der Frau unter den Mann und die strenge Aufgaben- und Rollenteilung zwischen den Geschlechtern grundsätzlich für richtig. Dennoch haben sie keineswegs die Rückkehr zum traditionellen islamischen Recht im Auge. Bestimmte Reformen zugunsten von Frauen, die das hierarchische Geschlechterverhältnis insgesamt jedoch nicht in Frage stellen, werden ausdrücklich befürwortet. Das gilt etwa für den Anspruch der Frau auf eine „Trostgabe" (*mutᶜa*) im Fall der willkürlichen Verstoßung.[135] In anderen Beiträgen werden im Namen einer gegenüber dem traditionellen Recht deutlich veränderten Ehemoral noch weitergehende Reformen vorgeschlagen. Mehrere Autoren fordern eine gesetzliche Begrenzung der Morgengabe, da die Eheschließung durch überhöhte *mahr*-Zahlungen zu einem kommerziellen Akt degradiert werde.[136] Auch stellt keiner der Autoren im Namen des traditionellen islamischen Rechts die bereits geltenden Reformen in Frage. Das isla-

---

132 Es handelt sich um folgende Veröffentlichungen: *Annuaire de la Justice* (1965-1969) und *Bulletin des Magistrats* bzw. *Našrat al-Quḍāt* (ab 1966). Seit 1989 gibt das Justizministerium unter dem Titel *al-Mağalla al-Qaḍā'īya* vierteljährlich unkommentierte Urteilssammlungen des Obersten Gerichts heraus.

133 AdJ 1966 (I)-1967, 217-231; AdJ 1969, 27-34.

134 BdM 4/66, 13-16; AdM 2/68, 3-18; AdM 3/68, 3-22; NQ 1/70, 49-51; NQ 4/85, 22-30.

135 BdM 4/66, 15; BdM 2/68, 13 f.

136 NQ 1/70, 51; NQ 1/70, 59.

mische Recht wird nicht als ein heiliges, überpositives Recht behandelt. Seine positiven Bestimmungen sind nicht unbedingt für den Gesetzgeber verbindlich. Vielmehr soll das staatliche Familienrecht nach Auffassung der Autoren auf bestimmte Werte verpflichtet werden, die sich zwar zum Teil auf eine islamische Eheethik berufen können, die aber nicht zwangsläufig mit Vorschriften des traditionellen Rechts zusammenfallen.[137] Vereinzelte islamrechtliche „Zitate" wie der Verweis eines Autors auf die „Leute des Lösens und des Bindens" (*ahl al-ḥall wa-l-ᶜaqd*) und die gesetzgebende Kompetenz der Macht- bzw. „Befehlshaber" (*ūlū l-amr*)[138] dienen eher dazu, die Recht setzende Kompetenz des Staates auch islamisch zu legitimieren.

In den erwähnten Darstellungen bleibt eine gewisse Ambivalenz im Verständnis des islamischen Charakters des Personalstatutsrechts bestehen. Zwar wird das traditionelle Recht nicht als ein dem staatlichen Recht übergeordnetes Rechtssystem betrachtet. Andererseits bleibt das Personalstatut aber auf bestimmte religiös-ethische Werte verpflichtet. Dabei werfen gerade der Pragmatismus und die Selektivität im Rückgriff auf Vorschriften des traditionellen Rechts ungelöste epistemologische und politische Fragen auf. So bleibt offen, welche Vorschriften oder Prinzipien des traditionellen Rechts auf Grundlage welcher Kriterien und mithilfe welcher Erkenntnisschritte von wem für rechtsverbindlich erklärt und angewendet bzw. kodifiziert werden sollen. Dieses Problem wird auch mit der Verabschiedung des Familiengesetzes 1984 nicht endgültig gelöst. Das läßt sich anhand der sehr unterschiedlichen Haltungen algerischer Richter gegenüber dem Gesetz zeigen.

3.2.2.1 Die Richter und das Familiengesetz

Das Familiengesetz von 1984 bedeutet zwar grundsätzlich eine Arbeitserleichterung für algerische Richter, die sich nun auf einen verbindlichen Gesetzestext beziehen könnnen. Auch wird der Status des islamischen Rechts im Bereich des Personalstatuts nun eindeutig geklärt: Es bildet nicht nur die Hauptquelle des Gesetzes selbst;[139] die Vorschriften der *šarīᶜa* werden dar-

137 Zur klassischen islamischen Eheethik vgl. AL-ĠAZĀLĪ *Iḥyāʾ ᶜulūm ad-dīn*, 78 ff. und MUSALLAM *Sex and Society*, 11 ff.

138 NQ 1/70, 51. Zur Entstehung und Bedeutung dieser Konzepte im traditionellen Recht, deren Funktion es war, politische Herrschaft islamisch zu legitimieren, vgl. COULSON *Islamic Law*, 129-134 und LAMBTON *State and Government*, 86 f. Für deren Verwendung unter Vertretern des Reformislam vgl. KERR *Islamic Reform*, 153-186.

139 Zum islamischen Recht als Quelle des Familiengesetzes vgl. auch HAMDAN *Difficultés de codification*.

über hinaus zur einzigen Hilfsquelle erklärt.[140] Die Kritik algerischer Richter an dem Gesetz zeigt dennoch, daß nicht nur der Inhalt des Gesetzes kontrovers bleibt. Die der Beurteilung des Gesetzes jeweils zugrundegelegten Maßstäbe zeigen außerdem, daß offensichtlich kein Konsens über die normative Geltungsgrundlage des Personalstatutsrechts besteht.[141]

Liberal eingestellte Richter und Richterinnen halten es zwar grundsätzlich für gerechtfertigt, daß im Bereich des Familienrechts islamisches Recht gelten soll. Sie lehnen aber die konservative „Lesart" des Islam ab, die dem Familiengesetz von 1984 zugrundeliegt.[142] Eine der prominentesten Vertreterinnen dieser Position ist die ehemalige Familienrichterin am Obersten algerischen Gerichtshof, Leïla Aslaoui. Schon seit der Verabschiedung des Gesetzes im Mai 1984 hat sich Aslaoui als moderate, aber konsequente Kritikerin des Gesetzes in der algerischen Öffentlichkeit profiliert.[143] Sie setzt sich für eine systematischere und zeitgemäße Reinterpretation der *šarīʿa* ein. Sie hält das Familiengesetz in seiner gegenwärtigen Form für einen im Grunde politischen Text, der weder den gesellschaftlichen noch den juristischen Anforderungen an ein modernes Gesetz gerecht wird.[144] Daher fordert Aslaoui eine Reform des Familiengesetzes „im Geist" (*esprit*) des Islam und die Anpassung des islamischen Rechts an die aktuellen gesellschaftlichen Verhältnisse. Diese Forderung richtet sie ausdrücklich an den Rechtsstaat (*Etat de droit*): Die Reformierung und Kodifizierung des islamischen Rechts obliegt nach ihrer Vorstellung allein dem politischen Gesetzgeber, der dabei seinerseits an die Verfassung gebunden ist.[145]

Konservative Richter scheinen weitestgehend mit dem Familiengesetz zufrieden zu sein. Zwar begründen sie ihre Kritik an einzelnen Vorschriften des Gesetzes zum Teil mit dem Verweis auf islamisches Recht. Das Argument der mangelnden Übereinstimmung mit der *šarīʿa* wird jedoch nicht systematisch durchgehalten, sondern nur an einzelnen Punkten strategisch eingesetzt. So führt ein Richter, Verfasser eines juristischen Fachkommentars zum Familiengesetz, im Zusammenhang mit den gesetzlichen Regelungen zur Polygynie an: *„Es ist auf keinen Fall möglich, daß das Familiengesetz*

---

140 Artikel 222 Familiengesetzbuch.

141 Dieser Vergleich stützt sich auf die im folgenden zitierten Veröffentlichungen zu dem Familiengesetz sowie auf Interviews mit zwei hohen Richtern und mit vier algerischen Anwältinnen und Anwälten, die im Februar/März und September/Oktober 1993 in Algier und im November 1995 in Berlin geführt worden sind.

142 ASLAOUI *Effets du code*, 24.

143 *Algérie Actualité* vom 4. April 1985.

144 ASLAOUI *Effets du Code*, 20.

145 Vgl. die von der Zeitschrift *Révolution Africaine* organisierte *table ronde* zu dem Familiengesetz (*Révolution Africaine* vom 20. Januar 1990).

der šarīᶜa *widerspricht.*"[146] Der Begriff der *šarīᶜa* wird dabei nicht näher definiert. So entsteht insgesamt der Eindruck, daß der Autor das Gesetz letztlich weder systematisch nach allgemeinen Prinzipien der algerischen Rechtsordnung noch nach traditionellem islamischem Recht beurteilt. Ausschlaggebend scheinen vielmehr eher implizit vorausgesetzte außerrechtliche Wertmaßstäbe zu sein.[147]

3.2.3 Zusammenfassung

Weder Rechtswissenschaftler noch Praktiker beschäftigen sich mit dem traditionellen islamischen Recht als einem eigenen Rechtssystem. Weder die einen noch die anderen suchen einen systematischen Zugang zum *fiqh* oder zu islamrechtlichen Instrumenten der Rechtsfortbildung.[148] Auch eher konservative Praktiker stellen die Kodifizierung und Reformierung des islamischen Rechts im Interesse der Stabilisierung und der Kontrolle von Ehe und Familie nicht prinzipiell in Frage.[149] Die Differenzen zwischen ihnen und den kritischeren Rechtswissenschaftlern betreffen vielmehr den Inhalt und die normativen Grundlagen des Familienrechts. Während die einen sich auf den Islam bzw. auf ein islamisch legitimiertes Familienmodell beziehen, berufen sich die anderen auf die Verfassung und auf internationale Menschenrechtsnormen.[150] Dieser Gegensatz durchzieht und strukturiert die juristische Diskussion insgesamt, auch wenn er nur selten direkt ausgesprochen wird.[151] Gegen die traditionale, vom islamischen Recht untermauerte Hierarchie der Geschlechter wird der verfassungsmäßige Gleichheitsgrundsatz gestellt und während die einen vom Gesetzgeber den Schutz der islamischen Familie fordern, verlangen die anderen die ethische Neutralität des Rechts in dem Sinn, daß nur wenige, universalistische und unter vernünftigen Bedingungen allgemein zustimmungsfähige moralische Prinzipien rechtliche

---

146 SAᶜD *az-Zawāǧ*, 149.

147 Für eine genauere Darstellung der kommentierenden Literatur zum Familiengesetz vgl. Kapitel 6.1.

148 Zum Reformpotential des islamischen Rechts vgl. BORRMANS *Statut personnel et famille*, 460 ff.

149 Diese Situation könnte sich durch die berufliche Integration der an der 1984 in Constantine gegründeten Islamischen Universität ausgebildeten Juristen durchaus ändern (vgl. dazu MAHIEDDIN *Enseignement du droit musulman*, 259 f.).

150 Zu vergleichbaren Diskussionen über das Eherecht in Europa im 19. und 20. Jahrhundert vgl. DILGER *Ehescheidung*.

151 Eine Ausnahme bildet die Position Chalabis, der die Verfassung ausdrücklich über den Islam stellt. Den Personalstatutsentwurf von 1981 hält er für mit der Verfassung nicht vereinbar (CHALABI *Place de l'Islam*, 450 f.).

Verbindlichkeit beanspruchen können.[152] Der tunesische Rechtswissenschaftler Yadh Ben Achour sieht in diesem Konflikt den Gegensatz zwischen der Idee einer „Homogenität der Norm", d.h. dem Zusammenfallen von religiös-ethischer und juristischer Norm, und dem Konzept der ethischen „Indifferenz" des Rechts.[153] Versuche liberaler Juristen, zwischen diesen Gegensätzen zu vermitteln, stoßen an enge Grenzen. So muß Aslaoui den „Geist" des Islam gegen das islamische Recht anführen, um den Gleichheitsgrundsatz rechtsstaatlich und zugleich religiös begründen zu können.[154]

Die Divergenzen in den Rechtsauffassungen algerischer Juristen verdeutlichen dabei ein allgemeineres Dilemma der algerischen Rechtsentwicklung. Verschiedene Autoren haben darauf hingewiesen, daß der Mangel an Rechtsstaatlichkeit und die fehlende Einheitlichkeit des Rechts bzw. der Rechtskultur dazu führen, daß der Islam für die Auslegung des Rechts zu einer Art überrechtlichem Referenzrahmen wird.[155] Ben Achour spricht in diesem Zusammenhang vom „Kulturalismus" der Richter, die sich im Fall einer Gesetzeslücke nicht auf die *ratio legis*, sondern auf islamisches Recht beziehen.[156] Der Gesetzespositivismus, der nach einer Formulierung desselben Autors in den arabischen Ländern ohnehin seiner Zeit noch weit voraus sei, werde vor diesem Hintergrund weiter geschwächt.[157]

---

[152] Für eine liberale Kritik an der Wertbegründung des Rechts vgl. BÖCKENFÖRDE *Wertbegründung*.

[153] Ben Achour spricht in diesem Zusammenhang vom positiven Recht als Kennzeichen einer *société d'indifférence* (BEN ACHOUR *Politique, religion et droit*, 50).

[154] ASLAOUI *Effets du code*, 15.

[155] Vgl. CHALABI *Droit, Etat et pouvoir*, 44 f.; DEPREZ *Prérennité de l'Islam*, 342 f. Zur Normativität des Islam bzw. des islamischen Rechts in der Rechtspraxis vgl. Kapitel 7.

[156] BEN ACHOUR *Politique, religion et droit*, 201.

[157] BEN ACHOUR a.a.O., 50.

3.3 DIE POLITISCHE DIMENSION

In den politischen Auseinandersetzungen um das algerische Personalstatut wird die Frage nach der Geltungsgrundlage des Rechts und nach seinem Verhältnis zu Moral und Religion gegenüber den juristischen Debatten radikalisiert und unmittelbar mit dem Problem der Legitimität des Staates verknüpft. Aufgrund seiner Anordnung am Schnittpunkt von Religion, Recht und Politik kann das Personalstatut dabei in den achtziger Jahren auf der einen Seite zum Kristallisationspunkt der neuen, unabhängigen algerischen Frauenbewegung werden, die im Namen der algerischen Verfassung und internationaler Menschenrechtsnormen die gesetzliche Ungleichbehandlung der Geschlechter kritisiert und eine umfassende Demokratisierung von Staat, Recht und Gesellschaft fordert. Auf der anderen Seite nehmen das Personalstatut bzw. die Themen Familie und Rolle der Frau einen privilegierten Platz im Diskurs algerischer Islamisten ein, für die die rechtliche Ordnung des Geschlechterverhältnisses ein wichtiges Instrument zur Islamisierung der Gesellschaft darstellt.[158] Anhand der in den Jahren der politischen Öffnung zwischen 1989 und 1991 geführten Diskussionen soll im folgenden genauer untersucht werden, um welche politischen „Einsätze" es bei den Konflikten um das islamische Recht geht.

158 Vgl auch DEHEUVELS *Islam et pensée contemporaine*, 187 ff.

3.3.1 Personalstatut und Staatsbürgerinnenrechte - die neue Frauenbewegung

Die Geschichte der algerischen Frauenbewegung ist eng mit der der algerischen Linken verbunden, aus der Ende der siebziger Jahre die ersten Aktivistinnen der unabhängigen Frauenbewegung hervorgehen.[159] Dennoch hat die Entwicklung der Frauenbewegung eine eigene Dynamik gegenüber derjenigen anderer Protest- und Oppositionsbewegungen angenommen, die wie sie in den achtziger Jahren für Demokratie und Menschenrechte kämpfen.[160]

Seit der Unabhängigkeit mischen sich algerische Frauen in die öffentlichen politischen Debatten ein. Sie kritisieren im Namen des emanzipatorischen Anspruchs der algerischen Revolution die anhaltende Unterdrückung von Frauen.[161] Einzelne Intellektuelle wie die Lehrerin und Journalistin Fadéla M'rabet engagieren sich dabei ebenso wie die offizielle Frauenorganisation UNFA für die Verwirklichung von Frauenrechten.[162] Nach dem Staatsstreich von 1965 werden jedoch die politischen Freiheiten allgemein und damit auch die Möglichkeiten des öffentlichen Engagements von Frauen sehr weitgehend eingeschränkt.[163] In seiner Rede zum 8. März 1966 steckt Boumediene der politischen Arbeit der UNFA enge Grenzen. Er stellt zunächst fest, daß „die" algerische Frau ihre Rechte bereits durch ihre Beteiligung am nationalen Befreiungskampf erlangt habe. In Zukunft müsse es stärker darum gehen, daß sie auch ihre gesellschaftliche Verantwortung übernehme – denn sie habe eben nicht nur Rechte, sondern auch Pflichten. Als wichtigste Pflicht nennt der Präsident die Durchführung politischer Bildungsarbeit unter den Frauen der Landbevölkerung. Boumediene beendet seine Rede schließlich, indem er das bisherige politische Engagement der UNFA offen mißbilligt: *„Nous avons décidé de déployer tous les efforts pour que votre organisation puisse remplir son rôle, car l'UNFA n'a joué*

---

[159] Auf eine Phase halblegaler politischer Existenz der linken Opposition folgen nach der Machtübernahme Boumedienes 1965 zunächst Repression, dann Vereinnahmung und Einbindung durch die staatliche Politik des algerischen Sozialismus. Ein großer Teil der algerischen Linken, darunter die ehemalige kommunistische Partei PAGS (*Parti de l'Avant-Garde Socialiste*), verfolgen seit dem Ende der 1960er Jahre eine Strategie der „kritischen Unterstützung" für das Regime. Erst angesichts der von Bendjedid eingeleiteten politischen Wende entwickeln verschiedene linke Gruppen dann einen oppositionellen politischen Diskurs in Namen von Demokratie und Menschenrechten. Für eine kritische Darstellung der algerischen Linken vgl. GADANT/HARBI *Quel pôle démocratique.* Zu den ersten Aktivistinnen der unabhängigen Frauenbewegung vgl. LOUIS *La lutte*, 179.

[160] Vgl. Kapitel 1.1.

[161] Für die Diskussionen in den 60er und 70er Jahren vgl. BORRMANS *Statut personnel et famille*, 535-542; GORDON *Women of Algeria*, 68-74.

[162] Vgl. auch M'RABET *Femme algérienne.*

[163] Vgl. auch LEßNER *Soziale Lage der Frau*, 57 ff.

aucun rôle depuis l'indépendence et ne peut avoir d'éfficacité dans la libération de la femme si son action ne s'étend pas à la campagne.“[164] In den Jahren 1967 bis 1969 wird die streitbare Führung der UNFA schließlich politisch ausgeschaltet und die Organisation wird ebenso wie die anderen Massenorganisationen noch stärker unter die Kontrolle der Staats- und Einheitspartei FLN gebracht.[165] Dennoch vertritt die Frauenunion bezüglich der Familiengesetzgebung noch bis Ende der siebziger Jahre eine relativ kritische Position. Das hängt damit zusammen, daß bis dahin noch zahlreiche Frauen aus linken Oppositionsgruppen in der UNFA aktiv sind. Unter Bendjedid werden die Parteistatuten jedoch dahingehend verändert, daß nur noch Mitglieder der Einheitspartei FLN leitende Funktionen innerhalb der Massenorganisationen übernehmen können. Damit soll der Einfluß der linken Opposition weiter geschwächt werden, deren Strategie es bis dahin gewesen ist, den algerischen Sozialismus „kritisch“ zu unterstützen.[166]

3.3.1.1 Der Kampf gegen das Personalstatut

Der Impuls zur Gründung unabhängiger Organisationen geht zunächst von Frauen aus, die schon in den sechziger und siebziger Jahren in marxistischen Oppositionsgruppen an den Universitäten politische Erfahrung gesammelt haben.[167] Als wichtiges Datum für die neue Frauenbewegung gilt der 5. Februar 1981, an dem in den Räumen der Universität Algier das *Collectif indépendant des femmes* gegründet wird.[168] Dieser Initiative ist im Dezember des Vorjahres ein von der Gewerkschaftssektion am Institut für Politische Wissenschaften der Universität Algier organisiertes Kolloquium vorausgegangen, das die Diskrepanz zwischen der von Nationalcharta und Verfassung „verordneten“ Gleichberechtigung und den realen Lebensverhältnissen von Frauen zum Thema hatte.[169] Der konkrete Anlaß für die Gründung des *Collectif* sind Gerüchte über eine Anweisung des Innenministeriums an die Grenzpolizei, Frauen nicht mehr ohne eine schriftliche Genehmigung ihres Vaters oder Ehemannes außer Landes reisen zu lassen.[170] Als im September

---

164 AdJ 1966 (II)-1967, 620.

165 Zur Entwicklung der UNFA und der Ausschaltung ihres widerständigen Potentials vgl. LEßNER *Soziale Lage der Frau*, 157-170.

166 Vgl. dazu GADANT/HARBI *Quel pôle démocratique*.

167 LOUIS a.a.O., 179. Auch diese Gruppen haben sich allerdings kaum für Frauenrechte eingesetzt (GADANT *Nationalité et citoyenneté*, 150, 154 f.).

168 Zu den Ereignissen von 1981 vgl. LOUIS a.a.O. Eine Reihe von Texten der algerischen Frauenbewegung aus dieser Zeit sind in der in Paris herausgegebenen Zeischrift *Sou'al* 4/1983 abgedruckt.

169 ADAM *Chronique sociale* 1979, 671.

170 Vgl. auch GADANT *Nationalité et citoyenneté*, 321. Nach Protesten der Frauen demen-

desselben Jahres in der algerischen Presse Berichte über die bevorstehende parlamentarische Beratung eines von der Regierung bereits genehmigten Familiengesetzentwurfes erscheinen, organisiert das *Collectif* verschiedene öffentliche Protestaktionen. Während die nationale Frauenunion UNFA ihre Unterstützung verweigert, schließen sich bald auch ehemalige Widerstandskämpferinnen (*muǧāhidāt*) den Protesten an. Die *muǧāhidāt* verfassen ein Protestschreiben an den Generalsekretär ihrer Organisation und fordern unter Verweis auf die Nationalcharta und die Verfassung von 1976 in einer öffentlichen Erklärung folgende Reformen des Personalstatuts: Monogamie; das uneingeschränkte Recht der Frau, einer Erwerbsarbeit nachzugehen; gleiche Ansprüche von Mann und Frau auf das eheliche Vermögen; gleiches Ehefähigkeitsalter für Mann und Frau; Gleichberechtigung hinsichtlich der Eheauflösung; Schutz verlassener Kinder.[171] Das breite Bündnis algerischer Frauen gegen den Gesetzentwurf von 1981 ist zwar zunächst politisch wirksam, seine Grundlagen sind jedoch von Beginn an brüchig: Während das *Collectif* ein religiöses Gesetz grundsätzlich ablehnt, fordern die *muǧāhidāt* und viele der nicht organisierten Frauen lediglich Reformen des islamischen Personalstatuts.[172]

Als im Mai 1984 das Familiengesetz verabschiedet wird, beugt das algerische Regime möglichen Protesten schon früh wirksam vor. Seit Anfang des Jahres werden Aktivistinnen unter offensichtlich vorgeschobenen Anschuldigungen verhaftet, und die Berichterstattung im Zusammenhang mit der Verabschiedung des Gesetzes unterliegt strengster Zensur. Außerdem ist die Kontrolle über die UNFA weiter verstärkt worden. So ist zu erklären, daß eine Sprecherin der UNFA das neue Gesetz 1984 öffentlich verteidigt.[173] Als Reaktion auf das Familiengesetz gründen einige unabhängige Frauen daher trotz der äußerst schwierigen politischen Situation im Mai 1985 die *Association pour l'Egalité devant la Loi des Femmes et des Hommes* (AELFH).[174] Aber erst nach der 1989 eingeleiteten politischen Liberalisierung kann die neue Frauenbewegung offen als Teil der legalen Opposition auftreten.

---

tiert der Innenminister die Existenz einer solchen Anweisung und die entsprechende Praxis auf den Flughäfen des Landes wird ausgesetzt.

171 Vgl. VANDEVELDE *Problème du Code*, 48 ff.

172 Vgl. LOUIS *La lutte*.

173 DAOUD *Féminisme et politique*, 186. Die Frauen, die den Widerstand 1981/82 organisiert hatten, hatten die Rücknahme des Gesetzentwurfes durch die Regierung Anfang 1982 zunächst als politischen Sieg mißverstanden. Für einen selbstkritischen Rückblick einer aktiven algerischen Feministin der ersten Stunde vgl. MESSAOUDI *Une Algérienne debout*, 85 f.

174 RASJEP 21.7.89, 46 ff.; El-M 8.3.90, 10.

3.3.1.2 Positionen der Frauenvereinigungen 1989 bis 1991

Nach der Annahme der neuen Verfassung vom Februar 1989, die die Gründung von politischen Vereinigungen ausdrücklich erlaubt,[175] beantragen viele bereits bestehende Gruppen und Vereine ihre Anerkennung, andere werden neu gegründet. Im März 1990 existieren bereits über 20 eingetragene Frauenvereinigungen, die allerdings nicht alle einen ausdrücklich politischen Charakter haben.[176] Im Zentrum der Aktivitäten der politischen Frauenvereinigungen steht der Kampf gegen das Familiengesetz von 1984. Die Argumentation der Frauenvereinigungen gegen das Familiengesetz von 1984 ist dabei eine zweifache. Zunächst wird die Ablehnung des Familiengesetzes damit begründet, daß es der international anerkannten und in der algerischen Verfassung verankerten Gleichberechtigung von Frau und Mann widerspricht. Gleichzeitig sehen die Frauen in ihrer Diskriminierung durch das Familiengesetz und insbesondere in der Institution des Ehevormundes darüber hinaus auch eine Verletzung ihres Status als Rechtspersonen und damit als Staatsbürgerinnen. Die Ablehnung des Familiengesetzes wird in diesem letzten Punkt mit der Kritik am Wahlgesetz von 1989 verbunden, nach dem Männer ohne formale Bevollmächtigung für ihre Ehefrauen wählen können.[177]

Ungeachtet der Eingigkeit der verschiedenen Frauenvereinigungen in der Ablehnung des Familiengesetzes unterscheiden sie sich jedoch nach wie vor deutlich in ihrer Strategie. Während die Mehrheit der Organisationen die Rücknahme des Gesetzes von 1984 fordert und statt dessen für die Verabschiedung eines „zivilen", d.h. eines nicht religiösen Familiengesetzes eintritt, fordern andere lediglich Reformen des geltenden Gesetzes.[178] Dennoch arbeiten die verschiedenen Vereinigungen im Rahmen eines nationalen Koordinationsrates bis 1991 eng zusammen. Die Spaltung der Frauenbewegung vollzieht sich erst angesichts der Zuspitzung der allgemeinen politischen Lage. Seit der Verhängung des Ausnahmezustandes im Juni 1991 kann sich der Koordinationsrat nicht mehr auf eine gemeinsame Stellungnahme einigen. Nach dem Staatsstreich vom 11. Januar 1992 bricht der Kontakt dann endgültig ab. Dabei ist die Frauenbewegung nicht nur, wie das demokratische Lager insgesamt, in ihrer Haltung gegenüber den Islamisten uneins.[179]

---

175 Artikel 40 Verf. 89. Zu einer kritischen Darstellung der neuen Verfassung vgl. CHALABI *L'Etat et le droit*, 255 ff.

176 El-M 8.3.90, 10.

177 RASJEP 28.7.89, 40. Das Gesetz wird schließlich nach breiten öffentlichen Protesten im Oktober 1991 vom algerischen Verfassungsrat für verfassungswidrig erklärt und aufgehoben.

178 RASJEP 4.8.89, 32 f.

179 Hier geht es um die Frage, ob die Islamisten trotz ihres un- oder sogar offen anti-demo-

Für die Frauen stellt sich darüber hinaus die Frage, welche Priorität Frauenrechtsforderungen angesichts der allgemeinen Eskalation der Gewalt überhaupt noch haben können.[180]

Zusammenfassend ist festzuhalten, daß die neue Frauenbewegung ihren Kampf gegen das Familiengesetz seit den achtziger Jahren in die Perspektive der Demokratisierung von Staat und Gesellschaft stellt. Dabei ist diese Bewegung von Anfang an mehrheitlich laizistisch orientiert. Die meisten Frauenvereinigungen fordern, das Familiengesetz durch ein säkulares Gesetz zu ersetzen. Sie sehen schon in der verfassungsmäßigen Verankerung des Islam als Religion des Staates einen Verstoß gegen den Grundsatz der Rechtsstaatlichkeit.[181] Eine gute Kennerin der algerischen Frauenbewegung hat den Laizismus geradezu als Grundlage des frauenpolitischen Engagements charakterisiert: „*Le collectif* (de février 1981, bd) *en avançant l'idée de lois civiles levait un interdit symbolique majeur et concrétisait l'élargissement du politique: les rapports entre les sexes cessaient d'être une simple affaire privée.*“[182] Der Laizismus der neuen Frauenbewegung kann also nicht einfach als Ausdruck ihrer „Verwestlichung“ abgetan werden. Er ist vielmehr Ergebnis der spezifischen politischen Verhältnisse der achtziger Jahre. Dennoch bleibt kritisch zu fragen, ob durch diese politische Strategie nicht die Möglichkeit verbaut wird, die *de facto* Säkularisierung des islamischen Personalstatuts im Rahmen der algerischen Rechtsordnung pragmatisch für die Durchsetzung frauenpolitischer Forderungen zu nutzen.[183]

---

kratischen Diskurses politisch integriert oder aber mit Gewalt bekämpft werden sollten (vgl. KHELLADI/VIROLLE *Démocrates algériens*).

180 Vgl auch LALAMI-FATES *Associations de femmes*.

181 RASJEP 21.7.89, 9 ff.

182 ABDELKRIM-CHIKH *Enjeux symboliques*, 265.

183 Vgl. auch DENNERLEIN *Difficile autonomie*.

3.3.2 Geschlechterverhältnis und Islamisierung der Gesellschaft – Ehe und Familie im Diskurs der Islamisten

Im Unterschied zu anderen kulturellen und politischen Bewegungen der achtziger Jahre, wie der Frauen-, aber auch der Berber- und der Menschenrechtsbewegung[184], kann der algerische Islamismus in vieler Hinsicht geradezu als Erbe des algerischen Nationalismus betrachtet werden.[185] Als religiös-politische Oppositionsbewegung reagiert der Islamismus seit dem Ende der siebziger Jahre auf Tendenzen der sozialen Desintegration und auf die zunehmende Delegitimierung des Staates.[186] Neben der Arabisierung sind die gesellschaftliche Rolle des Islam und, damit verbunden, Fragen des Geschlechterverhältnisses und der Familiengesetzgebung wichtige Politikfelder, in denen die Islamisten agieren.[187] Sprecher und Intgrationsfiguren der Bewegung sind zu Beginn der achtziger Jahre noch islamische Gelehrte, die schon in den siebziger Jahren als Kritiker des algerischen Sozialismus aufgetreten sind. Als es 1982 nach der Ermordung eines linken Studenten an der Universität Algier erstmals zu Verhaftungen unter Aktivisten der religiöspolitischen Opposition kommt, engagieren sich die Religionsgelehrten und ehemaligen Mitglieder der Vereinigung der algerischen *ᶜulamāʾ*[188] Ahmed Sahnoun (Aḥmad Saḥnūn) und Abdellatif Soltani gemeinsam mit dem Pädagogikprofessor Abbasi Madani (ᶜAbbāsī Madanī) nicht nur für die Freilassung der Verhafteten. In einer Petition an die algerischen Behörden fordern sie außerdem die Abschaffung der universitären Koedukation und die umfassende Anwendung der *šarīᶜa* als staatliches Gesetz.[189]

Das algerische Regime reagiert auf die islamistische Opposition zunächst mit Zugeständnissen und mit einer Ausweitung staatlicher religiöser Aktivitäten. Gleichzeitig verschärft die Regierung die Sicherheitsmaßnahmen und geht massiv gegen den militanten Flügel der Islamisten vor.[190] Dennoch können Vertreter des legalistischen Flügels der algerischen Islamisten ihre Präsenz innerhalb der offiziellen religiösen Einrichtungen stärken und gleichzeitig durch Sozialarbeit ihre Basis in der städtischen Gesellschaft ausbauen.[191] Neben Diskussionszirkeln an Universitäten und Zusammenschlüssen auf der Ebene einzelner Stadtviertel bleiben Moscheen wichtige Orte der politischen Mobilisierung und der Rekrutierung von Anhängern. Auch die

---

184 Vgl. Kapitel 1.1.

185 Vgl. auch LABAT *Islamistes algériens*, 69-72, 296 ff.

186 BURGAT *L'Algérie*, 48; ROUADJIA *Les frères et la mosquée*, 114.

187 ROUADJIA a.a.O., 170-181.

188 Zur Geschichte dieser Vereinigung vgl. Kapitel 1.1.

189 ROUADJIA *Les frères et la mosquée*, 158.

190 BURGAT *L'islamisme au Maghreb*, 97 ff.; ROBERTS *Radical Islamism*, 579 ff.; ROUADJIA *Les frères et la mosquée*, 198 ff., 260 f.; TOZY *Islam et Etat*, 44 ff.

191 BURGAT *L'Algérie*, 56.

bis zu ihrem Verbot 1992 stärkste religiös-politische Partei, die Islamische Heilsfront (FIS),[192] konstituiert sich im Februar 1989 in einer Moschee der Hauptstadt.[193] Schon bei der Gründung des FIS werden allerdings auch die politischen Spannungen und Differenzen innerhalb der Organisation deutlich, die immer wieder zu Auseinandersetzungen über die richtige politische Strategie führen und in denen die spätere Spaltung zwischen dem militanten Flügel der Bewegung und den „Legalisten" bereits angelegt ist.[194] Im folgenden geht es jedoch nicht um die politische Rolle des algerischen Islamismus allgemein, sondern allein um die Frage, welche Bedeutung den Themen Familie und islamisches Personalstatut in der Ideologie des FIS und seiner Anhänger zukommt.

3.3.2.1 Das Programm der Islamischen Heilsfront

Vor den Kommunal- und Provinzwahlen im Juni 1990 veröffentlicht der FIS das „Vorläufige Projekt eines politischen Programms",[195] in dem die Grundzüge einer „islamischen Politik" dargelegt werden. Der Begriff der *šarīᶜa* spielt in dem Text eine zentrale Rolle. Das islamische Recht (*aš-šarᶜ al-islāmī*) wird zur Grundlage der politischen Arbeit des FIS erklärt, und die Autoren verlangen, daß die staatliche Gesetzgebung den Vorschriften der *šarīᶜa* folgt.[196] Es ist allerdings fraglich, ob der Text hier wirklich traditionelles islamisches Recht meint. Die „Politik in Übereinstimmung mit der *šarīᶜa*" (*as-siyāsa aš-šarᶜīya*),[197] die in dem Programm entworfen wird, scheint eher eine „gute" Form autoritärer Herrschaft zu sein, die sich auf Konsultation (*šūrā*) und Einverständnis durch Identifikation gründet.[198] Ziel der islamischen Politik ist nach dem Programm des FIS die Verwirklichung göttlicher Gerechtigkeit.[199]

Die Autoren des Programms äußern sich nicht direkt zu dem Familiengesetz von 1984. Im Zusammenhang mit allgemeineren Ausführungen zur Fa-

---

192 *Front Islamique du Salut/al-Ǧabha al-islāmīy a li-l-inqāḏ*".

193 Vgl. auch AA 23.2.89, 8; AA 2.3.89, 9; RASJEP 26.4.90, 13 ff.

194 Vgl. dazu LABAT *Islamistes algériens*, 105 f., 129 ff.

195 *al-Mašrūᶜ at-tamhīdī li-l-barnāmiǧ as-siyāsī li-l-Ǧabha al-islāmīya li-l-inqāḏ* (im folgenden zitiert als *Barnāmiǧ*).

196 *Barnāmiǧ* , 3, 6.

197 Für das seit dem 11. Jahrhundert von islamischen Juristen entwickelte öffentliche Recht hat Coulson diesen Begriff als „Regierung in Übereinstimmung mit dem geoffenbarten Gesetz" wiedergegeben (COULSON *Islamic Law*, 129). Zur Bedeutung dieses Begriffs bei den Juristen des klassischen Rechts vgl. auch JOHANSEN *Eigentum*, 57 f.; KERR *Islamic Reform*, 88 und SCHACHT *Introduction*, 54, 86 f., 91.

198 *Barnāmiǧ* , 5, 6.

199 *Barnāmiǧ* , 8.

milienpolitik betonen sie jedoch immer wieder die Bedeutung der Familie als Sozialisationsinstanz. In der Familie würden islamische Werte vermittelt und wichtige soziale Rollen gelernt. Zum Schutz der islamischen Familie verlangt das Programm vom Staat eine Arbeitsplatzgarantie für Familienväter, die Bereitstellung von Wohnraum und unter Umständen auch die Zahlung einer „Mutter-Rente".[200] Mädchenbildung soll nach Auffassung der Autoren vor allem die Funktion haben, auf die häuslichen Aufgaben der Ehefrau und Mutter vorzubereiten.[201]

Der Staat muß nach dem Programm des FIS durch gezielte wirschafts- und sozialpolitische Maßnahmen eine gerechte Verteilung gesellschaftlicher Ressourcen garantieren.[202] Im Mittelpunkt der islamischen Gesellschaftspolitik muß nach Meinung der Autoren dabei die Würde des Menschen stehen. Diese sei nur dann zu verwirklichen, wenn jeder Person ihre vom islamischen Recht vorgesehenen Rechte und Freiheiten garantiert seien.[203] Rechte und Pflichten sind nach Auffassung des FIS also nicht universell, sondern nach einem ethisch begründeten Sozialmodell zu bestimmen. Auch im Erziehungs- und Ausbildungswesen sollen die Werte der *šarīᶜa* durchgesetzt werden. Als wichtigstes Anliegen nennt das Programm hier die Abschaffung der Koedukation.[204]

Die Familie wird im Programm des FIS als Baustein der islamischen Gesellschaft dargestellt. Der Staat, dessen Aufgabe die Errichtung dieser Gesellschaft ist, muß daher die Familie materiell unterstützen und durch eine entsprechende Bildungspolitik stärken. Die vom FIS geforderte strenge Geschlechtertrennung ist dabei nicht einfach nur Ausdruck der Fortdauer traditionaler oder „archaischer" Denk- und Verhaltensweisen. Das Anliegen des FIS, die geschlechtsspezifische Arbeitsteilung aufrechtzuerhalten, ist vielmehr eine Reaktion auf die Auflösung überkommener Geschlechterrollen und die damit einhergehende allgemeine materielle und moralische Verunsicherung.[205]

---

200 *Barnāmiǧ* , 30 f.
201 *Barnāmiǧ* , 31 f.
202 *Barnāmiǧ* , 15-22.
203 *Barnāmiǧ*, 23.
204 *Barnāmiǧ* , 25.
205 Für die Bedeutung patriarchalischer Strukturen und Werte zur Kompensation raschen sozialen Wandels bei fundamentalistischen religiös-politischen Bewegungen vgl. RIESEBRODT *Fundamentalismus*, 238 ff.

3.3.2.2 Die politische Polemik

In der von Oktober 1989 bis zu seinem Verbot 1992 vom FIS herausgegebenen, zweiwöchentlich erscheinenden Zeitschrift „Der Retter" (*al-Munqiḏ*) werden Beiträge von der Partei nahestehenden Autoren und Autorinnen zu aktuellen politischen Problemen veröffentlicht.[206] Die Artikel beschäftigen sich mit den Themen Islam und Demokratie, Intoleranz, Laizismus, Frauenfrage, Familie und Familiengesetzgebung.

Die algerische Frauenbewegung ist für die Autoren der Zeitschrift eines der wichtigsten Feindbilder. Sie wird als verlängerter Arm des imperialistischen und/oder zionistischen Feindes denunziert. Die Frauenvereinigungen verbreiten nach islamistischer Auffassung soziale Unordnung (*fitna*).[207] Die Forderung nach Gleichberechtigung der Frau stellt nach Meinung des *Munqiḏ* die Identität und den Bestand der algerischen Gesellschaft in Frage. Sie widerspricht der schöpfungsgemäßen Natur (*fiṭra*), zersetzt die Familie und zerstört so die islamische Gesellschaft. Mit dem gleichen Argument lehnen die Autoren Frauenerwerbsarbeit grundsätzlich ab.[208] Die Rolle der Frau in Ehe und Familie wird nicht nur als Ausdruck ihrer natürlichen Bestimmung verteidigt. Sie wird außerdem als Erfüllung einer besonders verantwortungsvollen gesellschaftlichen Aufgabe dargestellt. Denn schließlich sei die Frau als Mutter eine „Produzentin von Männern" (*ṣāniᶜat ar-riǧāl*).[209]

Kritiker und Kritikerinnen des Familiengesetzes von 1984 werden im *Munqiḏ* kurzerhand zu Feinden des Islam gestempelt. Ihnen wird vorgeworfen, das „göttliche Gesetz" (*qānūn rabbānī*) abändern oder durch ein von Menschen geschaffenes ersetzen zu wollen.[210] Gleichzeitig wird das Familiengesetz im *Munqiḏ* von einem islamischen Standpunkt aus kritisiert. So merkt der Verfasser einer Artikelserie über die Vorzüge der Polygynie (*taᶜaddud az-zauǧāt*) an, daß die *šarīᶜa* eigentlich nur eine einzige Bedingung an den Mann stelle: die materielle Gleichbehandlung der Frauen. Jede weitergehende Einschränkung des Rechts auf Polygynie lehnt der Autor als unzulässige Neuerung (*bidᶜa*) ab.[211]

---

206 *al-Munqiḏ* veröffentlicht nur selten Artikel in französischer Sprache. Die Zeitschrift erscheint bis zum Verbot des FIS im Januar 1992 in einer geschätzten Auflage von 100.000 Exemplaren (vgl. auch ROUADJIA *Les frères et la mosquée*, 253 Fn. 10).

207 *al-Munqiḏ* 14.12.89, 12. Zum Begriff der *fitna* und seiner Verwendung vgl. Artikel *Fitna* (EI^2), 930 ff.; MERNISSI *Feminity as Subversion*, 90; dies. *Geschlecht, Ideologie, Islam*, 12.

208 *al-Munqiḏ* 16.11.89, 14; 28.12.89, 5; 25.1.90, 10; 8.3.90, 6; 5.4.90, 9.

209 *al-Munqiḏ* 5.4.90, 10; vgl. auch 11.1.90, 12; 5.4.90, 10.

210 *al-Munqiḏ* 30.11.89, 12; 14.12.89, 12; 8.3.90, 6.

211 *al-Munqiḏ* 28.12.89, 10.

Die Haltungen der Autoren gegenüber der algerischen Verfassung und gegenüber demokratischen Strukturen allgemein sind ambivalent bis ablehnend. Die Artikel in der Zeitschrift *al-Munqiḏ* beziehen sich nur dort positiv auf die Verfassung, wo sie den Islam als Religion des Staates verankert oder die staatlichen Institutionen auf „die islamische Moral" verpflichtet.[212] An anderer Stelle wird die Verfassung dafür kritisiert, daß sie unter dem Deckmantel der Meinungsfreiheit diejenigen schützt, die die „teuflische" Forderung nach Befreiung der Frau vertreten.[213] Demokratie wird von einigen Autoren grundsätzlich abgelehnt, da sie nach ihrer Auffassung mit der Politik des Islam (*siyāsat al-islām*) unvereinbar ist.[214] Andere lehnen Demokratie zwar nicht prinzipiell ab, setzen ihr jedoch enge Grenzen: Im Hinblick auf laizistische politische Kräfte in Algerien stellt ein Autor fest, daß zwar grundsätzlich Meinungsfreiheit und Pluralismus anerkannt werden sollten. Der „Ausverkauf" Algeriens auf dem christlich-jüdischen „Markt" (*sūq*) könne jedoch nicht hingenommen werden.[215]

Die Autoren der Zeitschrift *al-Munqiḏ* gehen von dem Modell einer islamischen Gesellschaft aus, deren Mitglieder sich vollkommen mit dem Gemeinwesen identifizieren. Innerhalb dieser Einheit von individueller und kollektiver Identität kann es keine normativen Konflikte geben. Politische Gegner müssen daher als Handlanger fremder, äußerer Mächte begriffen werden. Die organisch gedachte, homogene islamische Gesellschaft gründet sich nicht auf allgemeine Prinzipien, sondern ist eine ethische Gemeinschaft in dem Sinn, daß sie auf gemeinsamen Wertorientierungen und Überzeugungen beruht.[216] Daher die Ablehnung der Demokratie als Lösungsmodell für normative Konflikte, die im Weltbild der Islamisten unmittelbar den Bestand der sozialen Ordnung bedrohen. Der Familie kommt im Denksystem islamistischer Autoren große Bedeutung zu. Sie soll die Sozialisation des einzelnen in die islamische Gesellschaft leisten. Außerdem dient sie als Prototyp organisch gedachter Formen der Gemeinschaft der „Naturalisierung" gesellschaftlicher Verhältnisse insgesamt.

---

212 Artikel 2 und 9 der Verfassung von 1989 (*al-Munqiḏ* 28.12.89, 4 ff.).

213 *al-Munqiḏ* 25.1.90. 10.

214 *al-Munqiḏ* 22.3.90, 13.

215 *al-Munqiḏ* 28.12.89, 5.

216 Zur Kritik an derart organischen Betrachtungsweisen von Gesellschaft vgl. FORST *Gerechtigkeit*, 40.

3.3.3 Zusammenfassung

In den politischen Auseinandersetzungen um das islamische Personalstatut geht es in erster Linie um Fragen der Legitimität des Staates und um die Grundlagen der Rechtsordnung allgemein. Die Konfrontation zwischen Frauenbewegung und Islamisten ist dabei symptomatisch für die Gespaltenheit der algerischen Gesellschaft in Vertreter eines „islamischen“ und solche eines „demokratischen“ Staates.[217] In dieser Konfrontation drückt sich der Konflikt zwischen der Idee einer formalen und der einer religiös-ethischen Legitimation von Staat und Recht aus.[218] Auf der einen Seite wird Recht von einem abstrakten Begriff des Individuums und vom Prinzip der Freiheit aus gedacht, auf der anderen Seit wird Recht an einem normativen Modell der islamischen Gesellschaft als organischer Einheit ausgerichtet. Aber auch im Diskurs algerischer Demokraten erschöpft sich der Begriff der Demokratie nicht in politischen Verfahren allein.[219] Auch hier ist Demokratie nicht nur Form, sondern genauso Inhalt, Substanz. So betrachtet die Mehrheit der Frauenbewegung ebenso wie große Teile des demokratischen Lagers insgesamt die Verpflichtung des Staates auf das Prinzip des Laizismus als notwendige Voraussetzung für den Aufbau einer Demokratie. Diese Haltung ist innerhalb der wissenschaftlichen Diskussion immer wieder Anlaß zu politischer Kritik gewesen.[220] Untersuchungen zur normativen und identifikatorischen Dimension von Demokratiekonzepten in arabischen Ländern fehlen dagegen.

---

217 Vgl. auch KHELLADI/VIROLLE *Démocrates algériens.*

218 Zu Recht hat Leca auf die Parallele zwischen solchen politischen Konflikten in arabischen Ländern und der Debatte zwischen Liberalismus und Kommunitarismus in den USA hingewiesen (LECA *Democratization in the Arab World*). Für einen Überblick über diese Debatte in deutscher Sprache vgl. HONNETH *Kommunitarismus.*

219 Zum Verhältnis zwischen Demokratie als Verfahren und ihrer inhaltlichen Ausfüllung in liberaler Sicht vgl. BÖCKENFÖRDE *Freiheit und Recht.*

220 Für eine scharfe Kritik algerischer Demokraten vgl. GADANT/HARBI *Quel pôle démocratique.*

4 DIE EHE ALS VERTRAG UND INSTITUTION

Die Entwicklung des Personalstatuts in Algerien wie auch in anderen arabischen Ländern zeigt, daß angesichts sozio-ökonomischer und demographischer Entwicklungen sowie des damit verbundenen Bedeutungsverlusts traditionaler Formen sozialer Integration und Kontrolle der rein private Charakter der Ehe im islamischen Recht zum Problem geworden ist.[1] Während das islamische Recht die Eheschließung und in den meisten Fällen auch die Auflösung der Ehe als ausschließlich private Rechtsakte wertet, die keiner Kontrolle oder Intervention der öffentlichen Gewalt bedürfen, sind die arabischen Staaten im 20. Jahrhundert um die Formalisierung der Ehe bemüht. Zum einen drückt sich darin das Interesse des bürokratischen Zentralstaats an der administrativen Erfassung und Kontrolle der Bevölkerung aus. Zum anderen scheint in diesem Zusammenhang aber auch der wachsende gesellschaftliche Bedarf nach Verrechtlichung eine Rolle zu spielen.[2] Gegenüber dem traditionellen Recht werden in den meisten arabischen Staaten daher die Ehevoraussetzungen durch gesetzliche Reformen ergänzt und neue Formvorschriften für die Eheschließung erlassen. Polygynie wird zumindest indirekt eingeschränkt, indem sie an bestimmte Voraussetzungen oder sogar an eine ausdrückliche richterliche Genehmigung geknüpft wird. Schließlich wird auch die Auflösung der Ehe in unterschiedlichem Ausmaß reglementiert, ohne jedoch in der Regel die Verstoßung vollkommen abzuschaffen.[3]

In Algerien sind die Formalisierung der Eheschließung und das Prinzip der gerichtlichen Eheauflösung erst 1959 durchgesetzt worden.[4] Vor dem Hinter-

---

1 Zum Wandel der Familienstrukturen im Mittelmeerraum allgemein vgl. PERISTIANY *Family Structures* und SOLINAS *La famille*. Für die algerische Familie vgl. Kapitel 1.2.

2 Vgl. auch BEN ACHOUR *Politique, religion et droit*, 209 f.

3 Eine Ausnahme bildet hier Tunesien. Polygynie ist nicht nur nicht vorgesehen, sondern nach dem Strafgesetzbuch verboten. Auch die Verstoßung ist sozusagen außer Kraft gesetzt, da Mann und Frau beide das Recht haben, ohne Angabe eines gesetzlichen Grundes die Auflösung der Ehe zu beantragen. Zu den Reformen des islamischen Eherechts vgl. ANDERSON *Law Reform*, 100-138.

4 Aber schon zuvor hatten französische Gerichte in der Frage der Zustimmung der Frau zur Ehe und der Berücksichtigung des Kindeswohls bei Entscheidungen über das Pflegerecht auf die Anwendung des islamischen Rechts in reformerischer Absicht Einfluß genommen

grund des Unabhängigkeitskrieges reagiert die algerische Nationalbewegung zwar zunächst mit Ablehnung auf diese Reformen, die sie als illegitimen Eingriff des Kolonialstaates in die inneren Verhältnisse der muslimischen Gesellschaft wertet. Dennoch bleiben die Reformen durch das Übernahmegesetz von 1962 bis zu dessen Aufhebung 1975 zunächst formal weiter in Kraft, und selbst danach hält die Rechtsprechung im Grundsatz an ihnen fest.[5] Andererseits wenden algerische Gerichte die Reformtexte jedoch in bestimmten Punkten von Anfang an nicht an.[6] Im folgenden soll daher im einzelnen gezeigt werden, wie sich die algerische Rechtsprechung in Fragen der gerichtlichen Feststellung von Eheschließungen und hinsichtlich der Eheauflösung seit den sechziger Jahren entwickelt hat. Dabei ist zu fragen, auf welcher Grundlage und mit welcher Absicht die Rechtsprechung zum Teil sowohl islamrechtliche als auch gesetzliche Bestimmungen modifiziert oder umgeht.

(vgl. COULSON *Islamic Law*, 171 f.). Zur Modifizierung des islamischen Personalstatuts zugunsten von Frauen durch französische Gerichte vgl. auch CHARNAY *Vie musulmane*, 302-305.

5 Vgl. BORRMANS *Statut personnel et famille*, 481 (Fn. 49). Schon Charnay hat in seiner Untersuchung über die islamische Rechtsprechung in Algerien in der ersten Hälfte des 20. Jahrhunderts gezeigt, daß die Betroffenen es zum Teil vorzogen, französische Gerichte anzurufen oder in bestimmten Situationen direkt für das französische Zivilrecht zu optieren (CHARNAY *Vie musulmane*, 333-339).

6 Zur postkolonialen Rechtsentwicklung allgemein vgl. Kapitel 2.2.

4.1 DIE FORMALISIERUNG DER EHESCHLIEßUNG

Nach traditionellem malikitischem Recht sind die Elemente der Eheschließung (*arkān az-zawāǧ*) neben dem Willen der Vertragsparteien die Mitwirkung des Ehevormundes (*walī n-nikāḥ*)[7] der Frau, die Festlegung einer Morgengabe (*ṣadāq*) und die Anwesenheit zweier männlicher Zeugen. Einzige Ehevoraussetzung ist die Abwesenheit islamrechtlicher Ehehindernisse.[8] Die Ehe ist ein gegenseitiger Vertrag, bei dem der Mann gegen Leistung der Morgengabe (*ṣadāq*) das Recht erwirbt, über die Person der Frau zu verfügen und ihren Körper sexuell zu „nutzen".[9] Der Ehevertrag unterscheidet sich dabei in verschiedener Hinsicht von dem allgemeinen Modell des gegenseitigen Leistungsvertrages, nach dessen Vorbild er konstruiert ist.[10] Zunächst einmal ist im Zusammenhang mit der Ehe die Religionszugehörigkeit der vertragschließenden Parteien von großer Bedeutung. So kann ein Muslim nur eine Christin oder eine Jüdin heiraten. Der Muslimin ist ausschließlich die Ehe mit einem Muslim gestattet. Außerdem ist insbesondere im malikitischen Recht die Willensfreiheit bzw. die juristische Handlungsfähigkeit der Frau als einer der vertragschliessenden Parteien stark eingeschränkt. Der Vater hat zunächst gegenüber seinen im eherechtlichen Sinn nicht voll geschäftsfähigen Kindern beiden Geschlechts das Recht, sie zu einer Ehe zu zwingen.[11] Der Junge gilt jedoch nach Erreichen der Pubertät als ehefähig und kann ab diesem Zeitpunkt ohne Mitwirkung seines Vormundes persönlich oder durch eine von ihm bevollmächtigte Person eine Ehe eingehen.[12] Die Einwilligung des Mädchens bzw. der Frau in die Ehe ist nach malikitischem Recht demgegenüber nur dann erforderlich, wenn sie

---

7 Korrekterweise müßte dieser Begriff in der Transkription als *walīy* wiedergegeben werden (vgl. auch WEHR *Arabisches Wörterbuch*). In der einschlägigen Literatur wird er jedoch in der Form *walī* verwendet (vgl. LINANT DE BELLEFONDS *Traité de Droit Musulman*, III, 177 und SANTILLANA *Diritto musulmano*, 157).

8 Vgl. LINANT DE BELLEFONDS *Traité de Droit Musulman*, II, 39 ff., 99 ff., 201 ff.; SANTILLANA a.a.O., 157 ff.

9 Für das malikitische Recht vgl. SANTILLANA a.a.O., 168 f.; für das traditionelle islamische Recht allgemein vgl. ABŪ ZAHRA *Aḥwāl šaḫṣīya*, 18 f.; für die hanafitische Konzeption des „Eigentums an der Ehe" (*milk an-nikāḥ*) vgl. JOHANSEN *Eigentum*, 14 f.

10 Zur Spezifität des Ehevertrags im islamischen Recht unter besonderer Berücksichtigung der hanafitischen Schule vgl. JOHANSEN *Human Body*.

11 LINANT DE BELLEFONDS *Traité de Droit Musulman*, II, 48 ff.

12 SANTILLANA *Diritto musulmano*, 159 ff.

bereits verheiratet war und ihre Ehe auch tatsächlich vollzogen worden ist. Selbst in diesem Fall kann sie ihren Willen jedoch nicht persönlich oder durch eine von ihr beauftragte Person, sondern nur durch ihren Ehevormund mitteilen.[13] Die für die Ehe konstitutive Ungleichheit zwischen den Geschlechtern kommt ebenso in der Morgengabe zum Ausdruck. Eine letzte Besonderheit des Ehevertrages, die allerdings das Verhältnis zwischen den Geschlechtern nicht berührt, ist die notwendige Anwesenheit zweier Zeugen. Angesichts der großen gesellschaftlichen und religiösen Bedeutung der Eheschließung wird dadurch ein im traditionellen islamischen Recht sonst unübliches Maß an Öffentlichkeit vorgeschrieben.[14]

4.1.1 Reformen des Eherechts vor 1984

Die französische *ordonnance* vom Februar 1959 und das *décret* vom September desselben Jahres stellen die wichtigsten Eingriffe des kolonialen Gesetzgebers in das islamische Eherecht dar. Sie gelten für alle Algerier, die einem „lokalen" Personalstatut unterstehen; ausgenommen sind lediglich die Angehörigen des ibaditischen Ritus.[15] Die Bedeutung der Reformen wird allerdings von vornherein eingeschränkt. Sie sollen keinen neuen Interpretationsrahmen für das Eherecht insgesamt bilden.[16] So legt die *ordonnance* von 1959 einleitend ausdrücklich fest, daß auch weiterhin in Fragen des Ehe- und Scheidungsrechts grundsätzlich islamisches Recht bzw. kabylische Gewohnheit gelten. Die *ordonnance* enthält also nur ergänzende Vorschriften.[17]

Gegenüber dem traditionellen Recht nehmen die *ordonnance* und das *décret* dennoch tiefgreifende Veränderungen vor. Die Ehe kommt jetzt allein durch die Zustimmung der Eheleute zustande, die persönlich und öffentlich gegeben werden muß. „*Le mariage se forme par le consentement des deux époux. A peine de nullité, le consentement est exprimé verbalement, publiquement et en*

---

13 Vgl. BOUSQUET *Précis*, 101 ff. Für die Sicht des traditionellen malikitischen Rechts vgl. auch die Ausführungen bei Ibn Abī Zaid AL-QAIRAWĀNĪ (gest. 996) (GAL, S. I, 301) (AL-QAIRAWĀNĪ *ar-Risāla*, 172-175).

14 LINANT DE BELLEFONDS *Traité de Droit Musulman*, II, 99-104; SANTILLANA *Diritto musulmano*, 174 ff.

15 Artikel 1 und 10 *ordonnance* vom 4. Februar 1959.

16 BORRMANS *Statut personnel et famille*, 483.

17 „*Le mariage et la dissolution du mariage des personnes visées au présent article restent soumis aux règles des statuts personnels locaux, sauf application des dispositions qui suivent.*" (Artikel 1 Absatz 2 *ordonnance* vom 4. Februar 1959).

personne (...).“[18] Die Zustimmung muß in Anwesenheit von zwei Zeugen und vor einem Standesbeamten oder einem *qāḍī* ausgesprochen werden. Außerdem müssen Eheschließungen von nun an amtlich registriert werden. Eine Ehe ist grundsätzlich nur noch durch standesamtlichen Eintrag nachweisbar.[19] Unter bestimmten Bedingungen kann sie jedoch auch im nachhinein vor Gericht festgestellt werden.[20] Die *ordonnance* von 1959 schreibt außerdem ein Ehemindestalter von 18 Jahren für Männer und 15 Jahren für Frauen als Ehevoraussetzung vor.[21] Auch wird zwischen der Ehe an sich und dem bloßen Eheversprechen klar unterschieden: Die Verlobung (*fiançailles*) verpflichtet nicht zur Eheschließung.[22]

Der Gesetzgeber hält an diesen Reformen nach der Unabhängigkeit prinzipiell fest.[23] Ein Gesetz vom Juni 1963 erhöht lediglich das Ehemindestalter für Frauen von 15 auf 16 Jahre.[24] Dasselbe Gesetz bestätigt, daß die Eheschließung durch ihre amtliche Registrierung nachzuweisen ist. Es wird gleichzeitig festgelegt, daß Ehen, die vor Inkraftreten des Gesetzes geschlossen worden sind, innerhalb von drei Jahren nachträglich registriert werden können.[25] Außerdem vereinheitlicht das Gesetz von 1963 das algerische Personalstatutsrecht noch weitergehend, indem es die Geltung der Reformen von 1959 auf alle Algerier ausweitet.[26] Formal bleiben die Texte von 1959 dann bis zum Juli 1975 in Kraft.

---

18 Artikel 2 Absatz 1 *ordonnance* vom 4. Feburar 1959.

19 Schon ein Gesetz aus dem Jahr 1957 hatte einen solchen Nachweis in Streitfällen gefordert, die nicht mehr in den Kompetenzbereich der islamischen Gerichte fielen, und die Möglichkeit der Feststellung der Ehe durch Gerichtsurteil geregelt (BORRMANS *Statut personnel et famille*, 467).

20 Artikel 3 *ordonnance* vom 4. Februar 1959 sowie Artikel 9 und 10 *décret* vom 17. September 1959.

21 Artikel 5 *ordonnance* vom 4. Februar 1959.

22 Artikel 4 *ordonnance* vom 4. Februar 1959. Diese Vorschrift richtet sich gegen die Praxis informeller Eheschließungen (BORRMANS *Statut personnel et famille*, 485).

23 Vgl. Kapitel 2.2.

24 Artikel 1 *Loi fixant l'âge minimum pour le mariage* vom 29. Juni 1963. Diese Vorschrift wird aber vom Gesetz kaum sanktioniert. Bei Mißachtung des Ehemindestalters ist die Ehe nur nichtig, wenn sie noch nicht vollzogen wurde. Eine bereits vollzogene Ehe kann nur von den Eheleuten selbst angefochten werden – unter der Voraussetzung, daß sie das Ehemindestalter noch nicht erreicht haben und daß die Frau noch kein Kind geboren hat (Artikel 3 und 4 *Loi fixant l'âge minimum pour le mariage* vom 29. Juni 1963). Vgl. auch BORRMANS *Statut personnel et famille*, 518.

25 Artikel 5 *Loi fixant l'âge minimum pour le mariage* vom 29. Juni 1963.

26 Artikel 6 *Loi fixant l'âge minimum pour le mariage* vom 29. Juni 1963.

Die Reformen des algerischen Eherechts ergänzen gegenüber dem traditionellen islamischen Recht also in erster Linie die Ehevoraussetzungen und führen neue Formvorschriften ein. Die Eheschließung bekommt einen öffentlichen Charakter und wird zumindest *de jure* der privaten Autorität der Familie weitgehend entzogen. Die Eheschließung wird zu einer freien Willenseinigung zwischen den Ehepartnern. Die Mitwirkung des Ehevormundes der Frau und die Vereinbarung einer Morgengabe sind zumindest bis zur Aufhebung der Reformtexte im Jahr 1975 nach dem Gesetz keine Elemente der Eheschließung mehr.

Es bleibt allerdings zu zeigen, welche Bedeutung die Reformen für die Rechtspraxis tatsächlich haben. In Algerien scheint sich nach der Unabhängigkeit ein Nebeneinander von „zivilen" Eheschließungen vor einem Standesbeamten, der die gesetzlichen Bestimmungen anwendet, und von „religiösen" Eheschließungen vor einem *qāḍī* bzw. Notar, der an den islamrechtlichen Elementen der Eheschließung festhält, herauszubilden. Diese Situation dauert auch über die formale Aufhebung der Texte von 1959 hinaus an.[27] Vor allem ist zu bedenken, daß stets die Möglichkeit bestanden hat und auch weiterhin besteht, eine nicht regulär geschlossene Ehe im nachhinein gerichtlich feststellen zu lassen.[28] Im folgenden soll daher untersucht werden, auf welcher Grundlage und nach Maßgabe welcher Kriterien die Gerichte in solchen Verfahren zur nachträglichen Anerkennung einer Ehe entscheiden. Da nur eine reguläre Ehe Rechtsansprüche der Frau und der Kinder gegenüber dem Mann und Vater begründet, kommt der gerichtlichen Feststellung nicht registrierter Eheschließungen in der Praxis große Bedeutung zu.

4.1.2 Der Nachweis der Ehe in der Rechtsprechung bis 1984

Es läßt sich zunächst ganz allgemein feststellen, daß algerische Richter in Verfahren zur gerichtlichen Feststellung von Ehen hinsichtlich der Elemente der Eheschließung und zum Teil auch in beweisrechtlichen Fragen schon vor 1975 dazu neigen, unmittelbar auf traditionelles malikitisches Recht zurückzugreifen. Dennoch scheinen die Reformen von 1959 hier insofern eine Rolle zu spielen,

---

27 Vgl. PRUVOST *Contrat de mariage*, 15 f. Zur Funktion des *qāḍī-notaire* vgl. FORSTNER *Ehe- und Kindschaftsrecht*, 207 f. Zur Übernahme des Personals von den islamischen Gerichten in das ordentliche Gerichtswesen insgesamt vgl. LAPASSAT *Justice en Algérie*, 55-59.

28 BORRMANS *Statut personnel et famille*, 488ff.; vgl. auch BIN LAŠNAB *at-Tanāzuʿ*.

als zumindest die Auslegung des traditionellen Rechts in bestimmten Punkten von ihnen beeinflußt ist.

4.1.2.1. Elemente der Eheschließung

Nach der Rechtsprechung des Obersten Gerichtshofes wird gegenüber dem traditionellen Recht die Position der Frau gestärkt, ohne daß sich die Richter dabei allerdings direkt auf die Texte von 1959 beziehen. So halten die obersten Richter die Ehewillenserklärung der Frau in jedem Fall für erforderlich.[29] Frauen können nach Auffassung der obersten Richter eine Ehe anfechten, wenn diese ohne ihre Einwilligung oder gegen ihren ausdrücklichen Willen geschlossen worden ist. Die mangelnde Willenserklärung einer Seite macht nach höchstrichterlicher Rechtsprechung eine Eheschließung ungültig. Auch ein algerisches Berufungsgericht stellt die Nichtigkeit einer Eheschließung fest, da die Frau nicht in die Ehe eingewilligt hat.[30] Außerdem kann die Nichtbeachtung des gesetzlichen Ehemindestalters im Interesse von Frauen strafrechtlich geahndet werden. Frauen können dabei sowohl gegen ihren Vater bzw. Vormund als auch gegen ihren Ehemann vorgehen.[31]

Trotz dieser Neuerungen gewinnt in Abweichung von den kolonialrechtlichen Reformen die Ehevormundschaft in der algerischen Rechtsprechung im Laufe der Zeit wieder an Gewicht. In einem Urteil des Berufungsgerichts Algier von 1965 wird der Vormund im Zusammenhang mit den Bedingungen einer „islamischen Eheschließung" noch nicht einmal genannt: *„Attendu (...) qu'en droit comme en jurisprudence le mariage musulman est soumis quant à sa formation à certaines exigences fondamentales dont essentiellement le consentement des époux, la constitution d'une dot et aussi une certaine publicité (...)*".[32] Demgegenüber ist in den siebziger und achtziger Jahren der Rückgriff auf das traditionelle malikitische Recht akzentuiert worden. Der Ehevormund gilt seither regelmäßig als eines der notwendigen Elemente der Eheschließung (*arkān az-zawāǧ*).[33] Die Mitwirkung des *walī* macht die Ehewillenserklärung der Frau jedoch nach höchstrichterlicher Auffassung nicht überflüssig. In einem Urteil des Obersten Gerichtshofes von 1984 heißt es dazu: *„Wenn nach*

29 vgl. auch BENMELHA *Droit algérien de la famille*, 80.
30 RASJEP 4/1968, 3.11.66 (Cour); vgl. auch MQ 1/90, 34.438.
31 RASJEP 4/1968, 31.5.67 (Cour).
32 AdJ 1965, 9.6.65 (Cour d'Appel).
33 MQ 4/89, 34.137; MQ 1/90, 34.046.

šarīᶜ*a festgelegt ist, daß die wirksame Eheschließung nur durch ihre eindeutig (nachgewiesenen) Elemente (*arkān*) zustandekommt, und Ibn (Abī) Zaid al-Qairawānī in seiner Risāla dazu sagt, daß eine Ehe nur durch (die Mitwirkung des)* walī, *die Morgengabe und zwei unbescholtene Zeugen geschlossen wird, und auch (sagt), daß weder der Vater noch eine andere Person das Mädchen ohne ihren Willen verheiraten darf, so gilt eine Mißachtung dieses Prinzips als Verstoß gegen die Vorschriften der* šarīᶜ*a.*“[34] Der Oberste Gerichtshof lehnt es daher in jedem Fall ab, das Recht des Vaters auf Zwangsverheiratung (*ǧabr*) seiner Tochter anzuerkennen. Auch der algerische Rechtswissenschaftler Benmelha hat in seiner Darstellung des algerischen Eherechts angemerkt, daß die Willenseinigung der Eheleute nach algerischer Rechtsprechung das zentrale Element der Eheschließung bleibt.[35] In einem Fall greifen die obersten Richter sogar auf eine andere als die malikitische Rechtsschule zurück, um eine Eheschließung im Nachhinein anerkennen zu können, bei der der Ehevormund der Frau nachweislich nicht mitgewirkt hat.[36]

Bezüglich der Morgengabe (*dot*/*ṣadāq* bzw. *mahr*) folgt die algerische Rechtsprechung ungeachtet der Reformen von 1959 traditionellem malikitischen Recht. Entgegen anderslautenden Vermutungen aus den sechziger Jahren[37] gilt die Morgengabe nach Auffassung algerischer Richter ohne Unterschied als Element der Eheschließung.[38] Damit bleibt die grundsätzliche Ungleichheit zwischen Mann und Frau auch in dieser Hinsicht in die Eheschließung selbst eingeschrieben. Die Konflikte um den *ṣadāq* ergeben sich in der Regel aber erst im Zusammenhang mit der Eheauflösung. Hinsichtlich der gesetzlichen Gründe für den *ṣadāq* und hinsichtlich des Zeitpunktes sowie des Umfangs seiner Leistung werden konsequent Bestimmungen des malikitischen Rechts angewendet.[39] Obwohl Frauenvereinigungen und auch Juristen immer wieder gefordert

---

34 MQ 1/90, 34.438. Tatsächlich ist an der von den Richtern zitierten Stelle aus der *Risāla* jedoch nicht von der Tochter (*bint*) allgemein die Rede, sondern nur von der Tochter, die bereits verheiratet war und deren Ehe vollzogen worden ist (*ṯayyib*) (vgl. AL-QAIRAWĀNĪ *ar-Risāla*, 174 f.).

35 Der juristische Charakter der Ehevormundschaft bleibt jedoch unklar. Nach Auffassung eines Autors entspricht sie lediglich einer Vollmacht. „*Le wali est un simple mandataire de la femme.*“ (BENMELHA *Droit algérien de la famille*, 79; vgl. auch ebenda 49 f.).

36 MQ 2/92, 51.715. Zur juristischen Argumentation der Richter in diesem Fall vgl. Kapitel 7.1.

37 XXX *Jurisprudence algérienne*, 1187.

38 AdJ 1965, 96.65 (Cour d'Appel d'Alger); MQ 4/89, 34.137; MQ 1/90, 34.438; MQ 1/91, 58.788.

39 MQ 1/90, 34.046; vgl. auch BENMELHA *Droit algérien de la famille*, 65.

haben, den *ṣadāq* abzuschaffen oder ihn zumindest auf einen bloß symbolischen Wert zu begrenzen, um eine „Kommerzialisierung“ der Ehe zu verhindern, sind seitens der Rechtsprechung keine Versuche erkennbar, auf die Festsetzung der Morgengabe Einfluß zu nehmen.[40] Für Frauen muß das unter den gegebenen Bedingungen nicht unbedingt von Nachteil sein, da die Morgengabe angesichts der Instabilität der Ehe im islamischen Recht eine gewisse materielle Absicherung darstellen kann.

Im Unterschied zum Ehevormund und dem Brautgeld ist die vom islamischen Recht geforderte Anwesenheit zweier Zeugen bei der Eheschließung unproblematisch und auch politisch nicht umstritten. Wie schon die Texte von 1959 betrachtet auch die herrschende algerische Rechtsprechung die Anwesenheit zweier Zeugen als notwendiges Element einer gültigen Eheschließung.[41]

In den hier dokumentierten Fällen, in denen eine Ehe vor Gericht im Nachhinein festgestellt wird, spielen Fragen der Religionszugehörigkeit keine Rolle. Es gibt allerdings auch keinen Grund anzunehmen, daß in dieser Frage von traditionellem Recht abgewichen wird. Auch die einschlägige juristische Literatur enthält keine Hinweise auf einen eventuellen Wandel in der Rechtsauffassung.

4.1.2.2 Die gerichtliche Feststellung der Ehe

Grundsätzlich gilt seit 1959 die standesamtliche Registrierung als gesetzlicher Nachweis der Ehe. Auch die Rechtsprechung orientiert sich an dieser Vorschrift.[42] Kann der gesetzliche Nachweis jedoch nicht erbracht werden, muß die Existenz der Ehe vor Gericht festgestellt werden.[43] In solchen Fällen halten sich algerische Richter schon vor 1975 an Vorschriften des traditionellen malikitischen Rechts. Sie verlangen die Aussagen zweier Zeugen, die der Eheschließung beigewohnt oder zumindest von ihr gehört haben. Die Zeugen müssen mit ihren Aussagen das Vorliegen der islamrechtlichen Elemente der Ehe-

---

40 Zu den politischen und juristischen Debatten vgl. Kapitel 3.

41 MQ 2/90, 34.030; vgl. BENMELHA *Droit algérien de la famille*, 83 ff.

42 RASJEP 4/1968, 6.4.67 (Cour).

43 In einem Fall entscheidet der Oberste Gerichtshof, daß für Ehen, die vor Inkrafttreten der Verordnung und des Dekrets von 1959 geschlossen wurden, keine standesamtliche Registrierung als Nachweis gefordert wird (AdJ 1968, 26.6.68 – CS). In einem anderen Fall wird das gleiche für Ehen festgelegt, die vor Inkrafttreten des Gesetzes vom Juni 1963 geschlossen wurden (AdJ 1968, 28.12.68 – CS).

schließung bestätigen. In Abweichung von allgemeinen Prinzipien des algerischen Beweisrechts akzeptieren die obersten Richter in diesem Zusammenhang keine Aussagen von Frauen.[44] Der Nachweis der Einhaltung gesetzlicher Ehevoraussetzungen wie des gesetzlichen Ehemindestalters wird für eine nachträgliche Anerkennung der Ehe vor Gericht nicht verlangt.

Diese Rechtspraxis erleichtert zweifellos die Feststellung einer Ehe bei Einigkeit der Beteiligten. In den meisten der hier dokumentierten Fälle klagen jedoch Frauen gegen ihre Männer auf Feststellung der Ehe. Kann eine Frau keine Zeugen beibringen, die die Eheschließung bestätigen, lehnen die Gerichte solche Klagen regelmäßig ab.[45] Die obersten Richter reagieren dabei zum Teil mit offener Mißbilligung auf nach ihrem Verständnis unbegründete Klagen auf Feststellung einer Ehe. In einer Urteilsbegründung sieht sich der Oberste Gerichtshof dazu veranlaßt, klarzustellen, daß die Existenz der Ehe nicht einfach behauptet werden kann. „*Die Ehe kann nur aufgrund der Aussagen zweier unbescholtener Zeugen festgestellt werden, und jede Frau, die behauptet, daß eine bestimmte Person sie geheiratet hat, muß dies durch Zeugenaussagen belegen.*“[46] Hinter dieser Formulierung verbirgt sich offensichtlich die Befürchtung, auf dem Weg der gerichtlichen Feststellung könnten außereheliche Beziehungen im Nachhinein legalisiert werden.

Eine Ausnahme von der herrschenden Rechtsprechung bildet das Urteil eines Gerichts erster Instanz in Algier aus dem Jahr 1968. Das Gericht stellt unter Berücksichtigung des eheähnlichen Zusammenlebens der Parteien auf Antrag der Frau das Vorliegen einer Ehe fest und ordnet deren nachträgliche Registrierung an. In der Begründung des Urteils heißt es: „*Attendu que les partis ont mené longtemps une vie commune; que cette situation peut être régularisée; que même si le lien est adultérin la demanderesse peut faire établir un acte, d'autant plus qu'il n'y a pas d'empêchement au mariage (...); que le défendeur a déjà pourvu à l'entretien de la demanderesse, que ce soit dans la légitimité ou non (...).*“[47] Mit der gleichen Begründung wird auch die eheliche Abstammung des Kindes aus dieser Beziehung festgestellt.

---

44 Der Oberste Gerichtshof stützt sich hier bei der Frage der Wertung von Zeugenaussagen auf den aus Andalusien stammenden malikitischen Rechtsgelehrten Abū Bakr Muḥammad IBN ᶜĀṢIM (gest. 1427) (GAL, S. II, 375) (MQ 1/91, 48.184). Vgl. auch BOUSQUET *Précis*, 117.

45 MQ 4/89, 34.137; MQ 2/90 34.030.

46 MQ 1/92, 55.706.

47 RASJEP 4/1968, 22.1.68 (Tribunal).

Im Unterschied dazu besteht der Oberste Gerichtshof auf dem Grundsatz, daß nur eine nach islamischem Recht legitime Eheschließung gerichtlich anerkannt werden kann. Die Tatsache des Zusammenlebens von Mann und Frau allein schafft, so die obersten Richter, keine rechtmäßige Verbindung und begründet im Sinne des Gesetzes (*qānūn*) kein legitimes Abstammungsverhältnis zum Vater.[48] Selbst wenn die bereits bestehende Beziehung zwischen den Eltern durch eine spätere Eheschließung regularisiert wird, kann ein zuvor gezeugtes Kind nicht im Nachhinein als ehelich anerkannt werden.[49]

Die Gültigkeit einer Ehe kann nach Auffassung des Obersten Gerichtshofes allerdings nicht einfach aufgrund der Verletzung von Formvorschriften bestritten werden. Die gesetzlichen Formvorschriften spielen in Gerichtsverfahren zur Feststellung von Ehen ebensowenig eine Rolle wie die gesetzlichen Ehevoraussetzungen. Sind die islamrechtlichen Elemente der Eheschließung nachgewiesen, muß eine Ehe auch gegen den späteren Willen der einen Seite anerkannt werden.[50] Der Oberste Gerichtshof lehnt in diesem Sinn die Klage eines Mannes gegen die gerichtliche Feststellung einer „bloß nach Gewohnheit" geschlossenen Ehe ab, da nach Auffassung der obersten Richter alle islamrechtlichen Elemente der Eheschließung nachgewiesen werden konnten. Der Mann hat seine Klage darauf gestützt, daß die 1965 geschlossene Ehe nie registriert worden war.[51]

Der Entscheidungsspielraum der Richter bei der Feststellung einer nach islamischem Recht gültigen Ehe ist dabei in der Regel relativ groß. Nach Auffassung des Obersten Gerichtshofes kann sogar ein bloßes Eheversprechen (*ḫiṭba*), das bereits alle islamrechtlichen Elemente einer Eheschließung enthält, nachträglich zur Eheschließung erklärt werden.[52] Nach dem vorliegenden Material bleibt eine Entscheidung des Berufungsgerichts Algier aus dem Jahr 1965, mit der die Anerkennung einer Ehe abgelehnt wird, weil die Eheleute ihren Willen nicht vor einem Standesbeamten oder *qāḍī* geäußert haben, eine klare Ausnahme.[53]

---

48 MQ 4/89, 34.137.

49 MQ 1/90, 34.046. Zur Regelung der Abstammung vgl. auch Kapitel 5.2.

50 Ein Mann ist in einem solchen Fall sogar strafrechtlich belangt worden, weil er sich geweigert hat, die Ehe registrieren zu lassen (RASJEP 4/1968, 21.4.66).

51 MQ 4/91, 58.224.

52 MQ 1/90, 34.046.

53 RASJEP 4/1968, 23.7.65 (Tribunal de Grande Instance).

Wird die Ehe nicht von einem der Partner selbst, sondern etwa von dessen Erben bestritten, geht der Oberste Gerichtshof bei seinen Entscheidungen außerdem sehr flexibel und pragmatisch vor. Die Ehe einer Frau mit einem bereits verstorbenen Mann kann in Übereinstimmung mit malikitischer Auffassung durch die Aussage nur eines Zeugen und durch den Eid der Frau nachgewiesen werden.[54] Die Klage eines Mannes hingegen, der in der offensichtlichen Absicht, sich einen Erbanspruch zu verschaffen, kurz vor dem Tod seiner inzwischen verstorbenen Frau erfolglos die Anerkennung der Ehe mit ihr gerichtlich beantragt hat, wird abgewiesen. Er hätte, so die obersten Richter, zur Bestätigung seiner Behauptung zwei Zeugen beibringen müssen.[55]

Zusammenfassend kann festgehalten werden, daß algerische Gerichte bei der nachträglichen Feststellung von Eheschließungen auch vor 1975 malikitisches Recht anwenden. Nur in einem Punkt weichen sie von der malikitischen Tradition ab: Nach höchstrichterlicher Rechtsprechung ist die Willenserklärung der Frau in jedem Fall ein notwendiges Element der Eheschließung.

Die Bedeutung des Rückgriffs auf islamisches Recht bleibt dabei ambivalent. Einerseits erlaubt er tatsächlich in vielen Fällen die Regularisierung von Ehen, die nach überkommenem Brauch, nicht aber in den gesetzlichen Formen geschlossen worden sind.[56] Andererseits ergeben sich immer dann Schwierigkeiten, wenn islamrechtliche Normen und gesellschaftliche Praxis nicht zusammenfallen. Die Weigerung der Gerichte, offensichtlich „illegitime" Beziehungen rechtlich anzuerkennen, wirkt sich dabei einseitig zuungunsten von Frauen und Kindern aus. Unverheiratete Mütter und ihre Kinder werden in Algerien nicht nur rechtlich, sondern auch sozial nach wie vor stark diskriminiert.[57] Umgekehrt zeigen die in den Urteilen dokumentierten Konfliktverläufe, daß Männer eine außereheliche Beziehung häufig offen zugeben, um sich so ihren möglichen Pflichten gegenüber Frau und Kind zu entziehen.[58] Auch ist ganz grundsätzlich festzustellen, daß die Anwendung islamischen Rechts die Un-

---

54 MQ 1/89, 37.501. Für das traditionelle malikitische Recht vgl. BOUSQUET *Précis*, 118.

55 MQ 3/90, 53.272. Die Tatsache, daß Urteile in Sachen der Eheanerkennung außerdem als berufungsfähig gelten, unterstreicht noch die Rolle, die der richterlichen Entscheidung hier zukommt (AdJ 1965, 9.6.65/Cour d'Appel).

56 Interview der Verfasserin mit einer Anwältin beim Obersten algerischen Gerichtshof (Berlin im November 1995).

57 Zu den rechtlichen, sozialen und psychologischen Problemen der außerehelichen Mutter- und Kindschaft in Algerien vgl. AIT-ZAI *L'abandon de l'enfant*; BOUCEBSI *Psychiatrie toumentée*, 49-81; ZIDANI *L'enfant hors mariage*.

58 Zu den verhandelten Konflikten und den Strategien der Betroffenen vgl. Kapitel 6.2.

gleichheit der Geschlechter untermauert. Das gilt sowohl für die Ehevormundschaft als auch für den *ṣadāq*.

4.1.3 Das Familiengesetz

Das Familiengesetz von 1984 faßt die Ehe im Unterschied zum traditionellen Recht nicht nur als Vertrag zwischen einem Mann und einer Frau, sondern darüber hinaus auch als Institution auf. Das Gesetz erklärt ausdrücklich nicht die Stiftung legitimer sexueller Beziehungen, sondern die Familiengründung zu einem Eheziel: *„Die Ehe ist ein rechtmäßig* (ᶜalā l-waǧh aš-šarᶜī*) geschlossener Vertrag zwischen einem Mann und einer Frau. Zu ihren Zielen gehört die Bildung einer Familie, die sich auf die Liebe, die Güte, die Zusammenarbeit und die Keuschheit der Eheleute sowie auf den Schutz der legitimen Abstammung (*al-ansāb*) gründet.*"[59] An anderer Stelle wird die Familie als „Basiszelle" (*al-ḫalīya al-asāsīya*) der Gesellschaft beschrieben.[60] Diese programmatische Definition der Ehe führt jedoch nicht zu einer Modifizierung des Geschlechterverhältnisses. Die Ehe bleibt auch nach dem Gesetz streng hierarchisch geordnet.[61]

Das Gesetz hält an den für Männer und Frauen ungleichen Eheverboten aufgrund verschiedener Religionszugehörigkeit fest.[62] Außerdem wird die juristische Handlungsfähigkeit der Frau nun definitiv eingeschränkt. Konstitutive Elemente der Eheschließung (*éléments constitutifs/arkān*) sind laut Familiengesetz neben der Willenseinigung der Eheleute und der Anwesenheit zweier Zeugen auch die Mitwirkung des Vormundes der Frau (*walī*) und die Morgengabe (*ṣadāq*).[63] Die einschneidendste Veränderung gegenüber den Texten von 1959 besteht in der eherechtlichen Minorisierung der Frau.[64] Eine Frau kann nach dem Familiengesetz niemals selbständig, d.h. ohne die Mitwirkung ihres Ehevormundes, eine Ehe eingehen. Zwar ist ihre Zustimmung zur Ehe in je-

---

59 Artikel 4 FGB. Während der arabische Begriff *ansāb* (sg.: *nasab*) im traditionellen Recht allein die legitime Abstammung eines Kindes vom Vater bezeichnet, heißt es in der offiziellen französischen Übersetzung stattdessen ganz allgemein „*les liens de famille*". Es ist zu vermuten, daß diese Ungenauigkeit keinem Zufall entspringt, sondern die jeweils verschiedenen Empfindlichkeiten des arabischsprachigen bzw. des französischsprachigen Publikums bedienen soll.

60 Artikel 2 und 3 FGB.

61 Vgl. Kapitel 5.

62 Artikel 31 Absatz 1 FGB.

63 Artikel 9 FGB.

64 Vgl. ASLAOUI *Effets du code*, 3 f.

dem Fall erforderlich. Dennoch ist auch die Mitwirkung des Ehevormundes ein konstitutives Element der Eheschließung.[65] Nach dem Gesetz ist es nicht einmal mehr erforderlich, daß die Frau ihre Zustimmung öffentlich und persönlich gibt: Die Verheiratung der Frau wird zur Aufgabe ihres *walī* erklärt.[66] Das Gesetz erklärt nach dem Vater der Frau ihre nächsten (agnatischen) Verwandten und schließlich den Richter zum Ehevormund.[67] Der Ehevormund hat zwar im Unterschied zum traditionellen malikitischen Recht kein Zwangsrecht (*ǧabr*) gegenüber der Frau – er darf sie nicht gegen ihren Willen verheiraten. Das Gesetz sagt aber gleichzeitig in Artikel 12 Absatz 2, daß sich der Vater der Eheschließung seiner noch jungfräulichen Tochter (*bikr*)[68] widersetzen kann.[69] Aus dieser Regelung hat eine Kritikerin des Gesetzes umgekehrt geschlossen, daß der Vater seine jungfräuliche Tochter also auch zu einer Eheschließung zwingen könne.[70] Der Wortlaut des Gesetzes läßt diese Intepretation allerdings kaum zu. Die einschlägigen Vorschriften über die Ehevormundschaft werden dabei selbst von konservativen algerischen Juristen sehr unterschiedlich beurteilt. Einer der Kommentatoren des Familiengesetzes begrüßt ausdrücklich die gesetzliche (Wieder-)Einführung der Ehevormundschaft mit dem Argument, die Ehe sei schließlich nicht allein Sache der Frau, sondern betreffe zwei Familien.[71] Ein anderer Kommentator kritisiert demgegenüber die Ungenauigkeit

---

65 Artikel 9 FGB.

66 Nur der Vater hat das Recht, seine minderjährige und jungfräuliche (*bikr*) Tochter an einer Eheschließung zu hindern, wenn dies in ihrem Interesse liegt. Außerdem darf der Ehevormund in keinem Fall die ihm anvertraute Person zu einer Eheschließung zwingen oder ohne ihre Einwilligung verheiraten (Artikel 11 bis 13 FGB).

67 Artikel 11 FGB. Auch das Gesetz definiert nicht genau den juristischen Charakter der Ehevormundschaft. Das Gesetz unterscheidet nicht zwischen dem Ehevormund, der für die Frau die Ehe schließt, und dem Ehevormund, der ihr gegenüber ein „Zwangsrecht" (*ǧabr*) ausübt.

68 Zwar spricht der französische Text hier von der minderjährigen Tochter (*fille mineure*), doch ist die arabische Version des Gesetzes verbindlich. Auch die kommentierende Literatur zu dem Gesetz bezieht sich auf den Begriff der Jungfrau (*bikr*) (vgl. etwa SAʿD *az-Zawāǧ*, 122). In einer 1993 vom algerischen Justizministerium herausgegebenen zweisprachigen Ausgabe des Familiengesetzes von 1984 ist der französische Text dem arabischen angepaßt worden. Dort heißt es jetzt: *„Toutefois, le père peut s'opposer au mariage de sa fille >bikr< (jeune fille) si tel est l'intérêt de la fille.*" (Artikel 12 Absatz 2 FGB)

69 Zwar kann die Frau im Fall einer unbegründeten Weigerung des Vaters ein Gericht anrufen. In einem solchen Fall muß sie jedoch nachweisen, daß die Ehe für sie tatsächlich vorteilhaft ist. Die Richter geben hier in der Regel dem Vater Recht (ASLAOUI *Effets du code*, 4).

70 ASLAOUI *Effets du code*, 4.

71 MUḤADDA *Aḥwāl šaḫṣīya*, 70.

des Gesetzes in der Frage der Ehevormundschaft. Er schlägt statt dessen die Einführung eines „Widerspruchsrechts" oder Vetos für den Vater vor.[72] Auch Vertreter und Vertreterinnen liberaler Positionen sind sich in der Beurteilung der gesetzlichen Ehevormundschaft uneins. Die einen sehen darin eine mit den Prinzipien des algerischen Rechts unvereinbare eherechtliche Entmündigung der Frau.[73] Die anderen halten die entsprechenden gesetzlichen Vorschriften für unproblematisch, da der *walī* nach ihrer Auffassung ohnehin nur aufgrund einer Bevollmächtigung durch die Frau tätig werden kann.[74]

Auch wenn die Elemente der Eheschließung in dem Familiengesetz von 1984 im wesentlichen traditionellem malikitischen Recht entnommen sind, gewinnt die Ehe dennoch keineswegs ihren rein privaten Charakter zurück. Das Familiengesetz von 1984 hält weitgehend an den bisher geltenden Formvorschriften und Ehevoraussetzungen fest. Laut Gesetz wird die Ehe vor einem Notar oder einem von Gesetz wegen zuständigen Beamten geschlossen.[75] Der Nachweis der Ehe erfolgt durch einen entsprechenden amtlichen Eintrag.[76] Die „Verlobung" (*ḫiṭba/fiançailles*) und das Verlesen der *fātiḥa* werden als bloßes Eheversprechen von der rechtsgültigen Eheschließung unterschieden.[77] Das Ehefähigkeitsalter (*ahlīya fī z-zawāğ/capacité de mariage*) wird für Männer auf 21, für Frauen auf 18 Jahre festgelegt und damit gegenüber der früheren Regelung heraufgesetzt.[78]

Das Gesetz erlaubt zwar die Mehrehe des Mannes, macht sie jedoch von einem „legitimen Rechtfertigungsgrund" (*mubarrir šarʿī*) abhängig.[79] Der algerische

72 SAʿD *az-Zawāğ*, 125.

73 ASLAOUI *Effets du code*, 3.

74 Interview der Verfasserin mit einem hohem algerischen Richter (Algier im Februar 1993). Diese Auffassung wird auch von anderen algerischen Juristen vertreten (BENMELHA *Droit algérien de la famille*). In dem Familiengesetz findet sich aber keine unmittelbare Grundlage für diese Interpretation.

75 Artikel 18 FGB. Unter Notar ist hier der bei Gericht für die Registrierung von Zivil- und Handelsverträgen zuständige Funktionär gemeint (FORSTNER *Ehe- und Kindschaftsrecht*, 207, Fn. 111).

76 Artikel 22 Satz 1 FGB. Nach Artikel 22 Absatz 2 FGB ist jedoch auch eine gerichtliche Gültigerklärung der Ehe möglich.

77 Artikel 5 f. FGB.

78 Artikel 7 FGB. Der Richter kann im Fall einer Notwendigkeit allerdings die Ehepartner von der Verpflichtung zur Einhaltung des Ehefähigkeitsalters befreien (Art. 8 FGB). Das Gesetz legt jedoch kein Ehemindestalter fest.

79 Artikel 8 FGB.

Justizminister hat nach der Veröffentlichung des Gesetzes erklärt, unter einem solchen Grund sei die Sterilität oder eine unheilbare Krankheit der ersten Frau zu verstehen.[80] Das Gesetz selbst legt hierzu allerdings nichts genaueres fest. Nach dem Gesetz muß der Mann außerdem vor einer weiteren Eheschließung seine Absicht und die Möglichkeit zur Gleichbehandlung der Ehefrauen nachweisen. Er ist dazu verpflichtet, die betroffenen Frauen über seine eherechtliche Situation zu informieren. Ist eine der Frauen mit der weiteren Ehe nicht einverstanden oder ist sie nicht informiert worden, kann sie die Eheauflösung durch „richterliche Verstoßung" (*taṭlīq*) beantragen.[81] Die erste Frau hat nach dem Gesetz jedoch keine Möglichkeit, eine weitere Eheschließung des Mannes zu verhindern. Auch regelt das Gesetz mit keinem Wort, in welcher Form die Frauen zu informieren sind. Es bleibt außerdem unklar, wer für die Überprüfung der gesetzlichen Voraussetzungen einer weiteren Eheschließung zuständig ist. Das Justizministerium hat dazu in einer Verwaltungsanordnung vom Dezember 1984 festgelegt, daß der Notar oder der Beamte, vor dem die weitere Ehe geschlossen wird, den „legitimen Grund" zu überprüfen hat. Eine zweite Anweisung vom August 1985, die die erste außer Kraft setzt, erklärt die Überprüfung des „legitimen Grundes" allerdings für hinfällig, wenn die erste Frau mit der weiteren Eheschließung grundsätzlich nicht einverstanden ist und bereits die Eheauflösung beantragt hat. Die Anweisung sieht außerdem vor, daß die Möglichkeit und die Absicht des Mannes zur Gleichbehandlung seiner Frauen nicht mehr von dem Beamten, vor dem die weitere Ehe geschlossen wird, sondern von einem Gericht überprüft werden muß. An der Art, wie das Justizministerium hier im Nachhinein interveniert wird deutlich, daß nach wie vor ein Interesse an der weitergehenden Reglementierung und der Beschränkung von Polygynie besteht. Es ist allerdings mehr als fraglich, ob diese Reglementierungen allein auf dem Weg von Verwaltungsanordnungen wirksam durchgesetzt werden können. In der Praxis scheinen die genannten Anordnungen nur in seltenen Ausnahmefällen beachtet zu werden.[82]

Ehen können nach dem Gesetz außerdem auch weiterhin im nachhinein durch Gerichtsurteil festgestellt werden, wenn die vom Gesetz geforderten Essentialia (*arkān/éléments constitutifs*) nachgewiesen sind.[83] Damit macht das Gesetz die Einhaltung der gesetzlichen Formvorschriften und Ehevoraussetzungen nicht in

---

80 FORSTNER *Ehe- und Kindschaftsrecht*, 209.

81 Artikel 8 FGB.

82 Zu den Anweisungen aus dem Justizministerium und ihrer Umsetzung vgl. ASLAOUI *Effets du code*, 15.

83 Artikel 22 Satz 2 und 3 FGB.

jedem Fall zur Bedingung für die Gültigkeit der Eheschließung.[84] Im Hinblick auf das Ehemindestalter könnte daher die vom Gesetz vorgenommene Unterscheidung zwischen Verlöbnis und Eheschließung in der Praxis hinfällig werden.[85] Auch die ohnehin schwammigen Regelungen zur Polygynie sind auf diese Weise einfach zu umgehen.

4.1.4 Zusammenfassung

Die Rechtsprechung wie auch das Familiengesetz von 1984 halten grundsätzlich an der 1959 eingeführten Formalisierung und an der Notwendigkeit der Registrierung von Ehen fest. Die Eheschließung wird damit zu einem öffentlichen Akt. Auch wird die Willensfreiheit der Frau gegenüber dem traditionellen malikitischen Recht gestärkt. Der Ehewille der Frau stellt in jedem Fall ein notwendiges Element der Eheschließung dar. Entgegen früheren Tendenzen setzt sich aber gleichzeitig beim Obersten Gerichtshof die Auffassung durch, daß auch die Mitwirkung des Ehevormundes der Frau für eine Eheschließung erforderlich ist. Dies wird mit dem Familiengesetz 1984 verbindlich festgeschrieben. Ungeachtet der Tatsache, daß die Kompetenzen des Ehevormundes gegenüber dem malikitischen Recht reglementiert und eingeschränkt werden, hält seine Mitwirkung bei der Eheschließung zumindest symbolisch patriarchalische Autoritätsverhältnisse aufrecht. Die juristische Handlungsfähigkeit der Frau wird damit gegenüber der früheren Rechtslage eingeschränkt. Auch der *ṣadāq* als Element der Eheschließung unterstreicht die Ungleichheit der Ehepartner. Gleichzeitig kann er jedoch für Frauen unter Umständen auch einen gewissen Schutz vor einer leichtfertigen Verstoßung bzw. einen materiellen Ausgleich für die Eheauflösung bedeuten.[86]

---

84 Vgl. auch FORSTNER *Ehe- und Kindschaftsrecht*, 207 f.

85 Es liegen hier keine Urteile über „Kinderehen" vor.

86 Zur Eheauflösung und ihren Folgen vgl. unten.

4.2 DIE REGLEMENTIERUNG DER EHEAUFLÖSUNG

Im Zusammenhang mit der Eheauflösung kommt die dem Recht zugrundeliegende Konzeption der Ehe besonders klar zum Ausdruck. Als rein privater Vertrag kann die Ehe nach traditionellem islamischen Recht jederzeit durch den einseitigen Willen des Mannes aufgelöst werden. Die Verstoßung (*ṭalāq*) wird mit der entsprechenden Willensäußerung des Mannes voll rechtswirksam. Auch die Verstoßung gegen Kompensation bzw. der „Selbstloskauf" der Frau aus der Ehe (*ḫulᶜ*) stellt eine ausschließlich private Einigung zwischen den Eheleuten dar.[87] Das traditionelle malikitische Recht kennt jedoch auch die gerichtliche Eheauflösung auf Antrag der Frau. Unter bestimmten Bedingungen kann die Frau eine „Verstoßung durch den Richter" (*taṭlīq*)[88] herbeiführen.[89] Als Gründe für diese Form der Eheauflösung gelten nach malikitischem Recht die Nichtleistung von Unterhalt, die längere Abwesenheit des Mannes, bestimmte Krankheiten oder körperliche Mängel bei dem Mann, die die Eheschließung mit *ex-nunc*-Wirkung rückgängig machen, und der „Schaden" (*ḍarar*), der der Frau aus der Aufrechterhaltung der Ehe entsteht. Kann die Frau keinen Schaden nachweisen, setzt der Richter zwei „Schiedsrichter" ein, die die zerstrittenen Eheleute versöhnen sollen. Hält das „Zerwürfnis" (*šiqāq*) zwischen den Eheleuten an, so entscheiden die Schiedsrichter über eine Auflösung der Ehe.[90]

---

87 Zur Verstoßung und zum *ḫulᶜ* im traditionellen Recht vgl. LINANT DE BELLEFONDS *Traité de Droit Musulman*, II, 313-383, 419-447; SANTILLANA *Diritto musulmano*, 201-212, 215-218.

88 Besitzt die Frau einen Grund zum *taṭlīq*, so fordert der Richter den Mann zunächst dazu auf, seine Frau zu verstoßen. Weigert dieser sich, so spricht der Richter die Verstoßung anstelle des Mannes aus. Daher wird auch der *taṭlīq* von malikitischen Juristen letztlich als (richterliche) Verstoßung verstanden (LINANT DE BELLEFONDS *Traité de Droit Musulman*, II, 453, 455 f.). Dieses Verständnis zeigt sich auch auf sprachlicher Ebene: Als Verbalsubstantiv zum zweiten Stamm des Verbs *ṭalaqa* bringt der Begriff des *taṭlīq* den Kausativ zum Ausdruck.

89 Nach traditionellem malikitischen Recht kann unter Umständen auch der Mann die richterliche Verstoßung beantragen. Er besitzt dann einen Grund zum *taṭlīq*, wenn die Frau bestimmte körperliche Mängel oder Krankheiten hat, die bereits vor der Eheschließung aufgetreten sind (LINANT DE BELLEFONDS *Traité de Droit Musulman*, II, 454 ff.). In der algerischen Rechtspraxis spielt diese Möglichkeit allerdings keine Rolle.

90 Zu den Einzelheiten der gerichtlichen Eheauflösung im malikitischen Recht vgl. LINANT DE BELLEFONDS *Traité de Droit Musulman*, II, 453-464; SANTILLANA *Diritto musulmano*, 226 f.

4.2.1 Rechtsreformen vor 1984

Die *ordonnance* von 1959 und das *décret* aus demselben Jahr, die bis 1975 formal weiter gelten, sehen vor, daß die Ehe außer im Todesfall nur vor Gericht aufgelöst werden kann. Der Antrag auf Eheauflösung kann von beiden Eheleuten gestellt werden. „*Le mariage, hors le cas de décès, n'est dissous que par décision de justice. Cette décision est rendue à la demande de l'un ou de l'autre des époux, par le magistrat compétent.*"[91] Mit der Auflösung der Ehe entscheidet der Richter auch über Fragen des Unterhalts und über die Personensorge für die gemeinsamen Kinder.[92] Der rein private Charakter der Beendigung der Ehe durch Verstoßung (*ṭalāq*) wird damit aufgehoben. Allerdings schaffen die Texte von 1959 das Verstoßungsrecht des Mannes nicht vollständig ab. Der Ehemann kann zu jeder Zeit und ohne Angabe von Gründen vor Gericht die Eheauflösung beantragen. Erhält der Richter durch einen der Ehepartner Kenntnis vom Willen des Mannes, die Ehe zu beenden, muß er sie auflösen. „*(...) le juge, saisi par l'un ou l'autre des époux de la volonté unilatérale du mari de dissoudre le mariage prononce cette dissolution.*"[93] Dabei ist es unwahrscheinlich, daß dem Richter hier eine tatsächliche Entscheidungsgewalt zukommt.[94] Der Text spricht jedoch nicht mehr von „Verstoßung" (*répudiation*), sondern vom „einseitigen Willen" (*volonté unilatérale*) des Mannes.[95] Außerdem muß der Richter, der in einem solchen Fall die Ehe auflöst, gleichzeitig über einen Schadensersatz für die Frau entscheiden. „*En outre, si le juge, saisi en vertu de l'art. 11 dernier alinéa ci-dessus* (volonté unilatérale du mari, bd), *prononce la dissolution, il statue sur les dommages-intérêts dûs par le mari à la femme pour le préjudice matériel ou moral causé à celle-ci par la rupture du lien conjugal (...).*"[96] Der Gesetzgeber geht hier deutlich über die im islami-

---

91 Artikel 6 *ordonnance* vom 4. Februar 1959.

92 Artikel 7 *ordonnance* vom 4. Februar 1959 und Artikel 21 *décret* vom 17. September 1959. Vgl. auch BORRMANS *Statut personnel et famille*, 493.

93 Artikel 11 Punkt 6 *décret* vom 17. September 1959.

94 Vgl. auch BORRMANS *Statut personnel et famille*, 491 f.

95 Das Zivilverfahrensgesetz von 1966 spricht in Artikel 8 sogar von der „Scheidung" der Ehe (*divorce*). Die arabische Version hingegen verwendet den traditionellen islamrechtlichen Terminus *ṭalāq* – wobei hier allerdings jede Form der Eheauflösung unter diesen Begriff gefaßt wird.

96 Artikel 21 Absatz 3 *décret* vom 17. September 1959.

schen Recht empfohlene Trostgabe für die verstoßene Frau (*mut^ca*) hinaus und sanktioniert einen möglichen Mißbrauch des Verstoßungsrechts.[97]

Statt der Verstoßung gegen Kompensation (*ḫul^c*) sieht der Text von 1959 lediglich die Auflösung der Ehe „im gegenseitigen Einverständnis" vor.[98] Die Frau muß hier im Unterschied zum *ḫul^c* keine Ausgleichszahlung leisten. Zwar verbietet das *decret* einen solchen Ausgleich nicht ausdrücklich. Das Verfahren für die Auflösung der Ehe im gegenseitigen Einverständnis gibt dem Richter jedoch die Möglichkeit, zumindest die Freiwilligkeit der Zustimmung beider Seiten zur Beendigung der Ehe zu überprüfen. Auch schreibt das *décret* in diesem Fall einen Versöhnungsversuch durch den Richter vor.[99]

Das *décret* von 1959 regelt außerdem die Eheauflösung wegen schuldhafter Verletzung ehelicher Pflichten. Als zwingende Scheidungsgründe in diesem Sinn werden Ehebruch und die Verurteilung eines der Ehepartner zu einer ehrenrührigen Freiheitsstrafe genannt.[100] Im Fall „schwerer Ausschweifungen, Mißhandlungen und Beleidigungen" hat der Richter dagegen einen gewissen Entscheidungsspielraum. So heißt es in dem *décret* vom September 1959: Die Ehe wird aufgelöst „*(...) à la demande de l'un des époux pour excès, sévices et injures graves, lorsque les faits évoqués constituent une violation grave et renouvelée des devoirs du mariage et rendent intolérable le maintien du lien conjugal.*"[101] Diese Eheauflösungsgründe sind dem französischen Recht entnommen und gelten für Frau und Mann gleichermaßen.[102] Nur in einem Punkt lehnt sich das *décret* an malikitisches Recht an: Im Fall der gerichtlich festgestellten Abwesenheit des Mannes kann die Frau die Eheauflösung beantragen.[103] Die übrigen Gründe, aus denen das malikitische Recht die „richterliche Verstoßung" auf Antrag der Frau zuläßt, kommen nicht vor.[104]

Die Formalisierung der Eheauflösung und die Festschreibung ihres gerichtlichen Charakters sind zweifellos die wichtigsten Errungenschaften der kolonia-

---

97 Nach traditionellem Recht hat die im Koran erwähnte Trostgabe (*mut^ca*) in der Regel keinen rechtlich bindenden Charakter (COULSON *Islamic Law*, 209).

98 Artikel 11 Punkt 4 *décret* vom 17. September 1959.

99 Artikel 13 und 14 *décret* vom 17. September 1959.

100 Artikel 11 Punkt 2 *décret* vom 17. September 1959.

101 Artikel 11 Punkt 3 *décret* vom 17. September 1959.

102 Vgl. auch LINANT DE BELLEFONDS *Traité de Droit Musulman*, II, 480.

103 Artikel 11 Punkt 5 *décret* vom 17. September 1959.

104 Für die Texte von 1959 vgl. auch LINANT DE BELLEFONDS *Traité de droit musulman*, II, 479 f. Für die Möglichkeit, die islamrechtlichen Konzepte unter die neuen gesetzlichen Tatbestände zu fassen, vgl. BORRMANS *Statut personnel et famille*, 491.

len Rechtsreformen. Durch die Übernahme der gesetzlichen Scheidungsgründe aus dem französischen Recht entsteht dabei allerdings eine etwas widersprüchliche Situation, die weder mit der gesellschaftlichen Realität noch mit dem islamischen Recht vermittelbar zu sein scheint. Einerseits wird die prinzipielle Ungleichheit der Geschlechter durch die Eheauflösung aufgrund des einseitigen Willens des Mannes aufrechterhalten. Andererseits werden Männer und Frauen hinsichtlich der Scheidung wegen schuldhafter Verletzung ehelicher Pflichten formal gleichbehandelt. Die Texte berücksichtigen dabei nicht die reale Ungleichheit der Geschlechter in der Ehe, und es ist fraglich, ob ihre Anwendung die scheidungsrechtliche Situation von Frauen tatsächlich verbessern könnte. Nach dem Gesetz können Frauen sich nicht mehr auf bestimmte für sie zum Teil vorteilhafte Regelungen des malikitischen Rechts berufen. Das *décret* von 1959 sieht etwa in der Verletzung der Unterhaltspflicht durch den Mann keinen zwingenden Scheidungsgrund.[105] Auch die sehr weit interpretierbaren malikitischen Konzepte des „Ehezerwürfnisses" (*šiqāq*) und des „Schadens" (*ḍarar*) finden in den Texten von 1959 keine Erwähnung. Zunächst ist jedoch zu fragen, inwieweit die Rechtsprechung sich überhaupt auf die Reformgesetze bezieht und welche Auswirkungen deren formale Aufhebung zum Juli 1975 hat.

4.2.2 Die Verstoßung in der Rechtsprechung und im Familiengesetz

4.2.2.1 Die Rechtsprechung bis 1984

Die höchstrichterliche algerische Rechtsprechung besteht nach der Unabhängigkeit weiterhin grundsätzlich auf einer gerichtlichen Eheauflösung. Gleichzeitig hält sie an der uneingeschränkten Gültigkeit der Verstoßung als Eheauflösung aufgrund des einseitigen Willens des Mannes fest. Eine Untersuchung der Rechtsprechung in Scheidungssachen aus den sechziger Jahren hat gezeigt, daß der Oberste Gerichtshof durchgehend die Auflösung der Ehe durch den einseitigen Willen des Mannes bestätigt. Eine andere Auffassung unter algerischen Richtern, nach der das Gericht zunächst die Berechtigung der Verstoßung an sich klären muß, kann sich nicht durchsetzen.[106] Der oberste Gerichtshof hat in einem Urteil aus dem Jahr 1968 die Verstoßung folgendermaßen gerechtfertigt: „*La répudiation n'est autre que la manifestation de la volonté unilatérale du mari de mettre fin à la vie conjugale. Lorsqu'elle est établie, les juges du fond ne peuvent qu'en prendre acte et prononcer le divorce sans rechercher si les*

---

105 Für die große Bedeutung dieser Vorschrift in der Praxis vgl. unten.

106 ISSAD *Le rôle du juge*.

faits allégués par le répudiateur étaient ou non fondés.“[107] Der Begriff der „Verstoßung“ (*répudiation*), vom kolonialen Gesetzgeber absichtlich vermieden, zeigt den bewußten Rückgriff der Richter auf die Terminologie des islamischen Rechts. Gleichzeitig wird die Verstoßung sozusagen in die Sprache des *décret* von 1959 übersetzt und als „einseitiger Wille“ (*volonté unilatérale*) des Mannes definiert. Der Oberste Gerichtshof bezieht sich im Zusammenhang mit der Verstoßung dabei sowohl auf Gesetz als auch auf islamisches Recht: „*Ce même texte* (le décret du 17 septembre 1959, bd) *prévoit plusieurs causes de divorce, dont notamment le divorce par la volonté unilatérale de l'époux, et ceci pour ne pas déroger au chrâa qui impose au juge de prononcer la dissolution du mariage lorsque le mari répudie sa femme.*“[108] Der Grundsatz, nach dem die Ehe auch im Fall der Verstoßung nur durch Gerichtsurteil aufgelöst werden kann, bleibt von dem Rückgriff des Obersten Gerichtshofes auf islamisches Recht jedoch unberührt. Er wird in der oben zitierten Urteilsbegründung implizit sogar als islamrechtlicher gerechtfertigt.

Aus dem Charakter der Verstoßung ergibt sich nach Auffassung der obersten Richter, daß das Gericht nicht über deren Berechtigung zu entscheiden hat. Eine Verstoßung kann dem Mann in keinem Fall verweigert werden. Entsprechend dieser Auffassung annulliert der Oberste Gerichtshof immer wieder Urteile, die die Verstoßung abgelehnt und die Fortsetzung der Ehe gegen den Willen des Ehemannes entschieden haben.[109] Die obersten Richter führen dafür folgende Begründung an: „*En maintenant les parties dans le lien du mariage même après que le mari ait, en cause d'appel, manifesté sa volonté de rompre, au seul motif que la demande n'est basée sur aucune des bases prévues par l'ordonnance du 4 février 1959, alors que la loi reconnaît au mari le droit de rompre unilatéralement le lien conjugal, l'arrêt attaqué n'a pas fait une correcte application de l'article visé.*“[110] Die Richter scheinen sich hier nur insofern auf die *ordonnance* von 1959 zu beziehen, als diese die Verstoßung gesetzlich verankert.

Mit der Arabisierung des Rechtswesens und in der Folge der formalen Aufhebung der Texte von 1959 wird die Rechtslage seit den siebziger Jahren etwas unübersichtlicher. Insbesondere im Zusammenhang mit der Verstoßung ergeben sich begriffliche und inhaltliche Uneindeutigkeiten. So wird z.B. der Terminus *ṭalāq* nicht nur zur Bezeichnung der Verstoßung verwendet. Oft bedeutet

---

107 AdJ 1968, 27.3.68 (CS); vgl. auch AdJ 1968, 3.5.67 (CS).

108 AdJ 1969, 5.2.69 (CS).

109 AdJ 1968, 3.7.68 (CS); MQ 2/90, 35.346.

110 AdJ 1969, 25.6.69 (CS).

er auch die Auflösung der Ehe allgemein oder sogar die „richterliche Verstossung" (*taṭlīq*) auf Antrag der Frau. Dennoch bleibt in den siebziger und achtziger Jahren weiterhin unbestritten, daß auch die Verstoßung im engeren Sinn nur durch Gerichtsurteil rechtswirksam wird. Der Richter muß bei seiner Entscheidung allerdings unbedingt dem Willen des Mannes folgen. Der *ṭalāq* hängt allein vom Mann ab. Nur er, so der Oberste Gerichtshof, kann die Ehe beenden: *„(...) er allein hat die Verfügungsgewalt über* (yamluk) *die Auflösung der ehelichen Autorität* (fakk ᶜiṣmat an-nikāḥ)."[111] Diese Formulierung zeigt die bewußte Annäherung der Rechtssprache an die Terminologie des traditionellen Rechts. Die Richter ziehen sogar den traditionellen Begriff des *nikāḥ*, der eine vornehmlich sexuelle Konnotation hat, dem des *zawāǧ* vor, der auch die Idee des Paares enthält. Das ist in der gegenwärtigen Rechtssprache eher unüblich.[112] Auch der Begriff der „ehelichen Gewalt" (*ᶜiṣma*), über die allein der Mann verfügt, verweist auf die traditionelle malikitische Definition der Ehe, nach der die *ᶜiṣma* ein eigentumsähnliches Recht (*milk*) des Mannes ist, über das er insofern frei verfügt, als er jederzeit davon zurücktreten kann.[113] Der Richter hat mithin nur noch die Aufgabe, die Verstoßung festzustellen und ihr damit Rechtswirksamkeit zu verleihen.

Das Verstoßungsverfahren

Im Zusammenhang mit der Verstoßung hat der Richter nach Auffassung des Obersten Gerichtshofes allein die Funktion, die Eheauflösung durch ein entsprechendes Urteil gemäß dem Willen des Mannes herbeizuführen oder, wie es Entscheidungen aus den achtziger Jahren formulieren, die Eheauflösung festzustellen. Während der Richter bei einer Eheauflösung auf Antrag der Frau oder im gegenseitigen Einvernehmen nach der *ordonnance* von 1959 und auch nach Auffassung des Obersten Gerichtshofes zunächst einen Versöhnungsversuch unternehmen muß,[114] lehnen die obersten Richter diesen bei Verstoßungsverfahren ausdrücklich ab. Dazu heißt es in einem Urteil aus dem Jahr 1969: *„S'il résulte des énonciations de l'arrêt attaqué que (...) l'époux a soutenu, tant en première instance qu'en appel, qu'il l'avait répudiée, il n'y a pas lieu à tentative de conciliation.*"[115] Nach der formalen Aufhebung der Texte von 1959 ändert

---

111 MQ 2/89, 32.786.

112 Zu islamrechtlichen Ehebegriffen und ihrer Bedeutung vgl. BOUSQUET *Ethique sexuelle*, 101-106. Für eine moderne juristische Kritik des Ehebegriffs im traditionellen islamischen Recht vgl. auch ABŪ ZAHRA *Aḥwāl šaḫṣīya*, 18-23.

113 Vgl. SANTILLANA *Diritto musulmano*, 181.

114 Für die Texte von 1959 vgl. BORRMANS *Statut personnel et famille*, 489-493.

115 AdJ 1969, 5.2.69 (CS).

sich die Rechtslage insofern, als nun auch im Bereich des Personalstatuts unmittelbar das Zivilverfahrensgesetz von 1966 Anwendung findet.[116] Dieses ermöglicht zwar einen Versöhnungsversuch durch den Richter, schreibt ihn aber nicht zwingend vor.[117] Der Oberste Gerichtshof hält den Versöhnungsversuch nach dem Zivilverfahrensgesetz daher zwar auch bei Verstoßungen grundsätzlich für zulässig. Über seine tatsächliche Durchführung haben jedoch die zuständigen Richter zu entscheiden.[118] Damit besteht zwar theoretisch die Möglichkeit, das Verstoßungsverfahren stärker zu formalisieren. In dem hier vorliegenden Material ist allerdings kein Fall dokumentiert, in dem Richter von dieser Möglichkeit gebrauch gemacht haben.

Insgesamt kommt dem Gerichtsverfahren für die Verstoßung also keine unmittelbare Bedeutung zu. In Anlehnung an den außergerichtlichen Charakter der Verstoßung im islamischen Recht muß der Mann nach Auffassung des Obersten Gerichtshofes die Verstoßung nicht einmal notwendigerweise vor dem Richter aussprechen. Schon in dem *décret* von 1959 heißt es im Zusammenhang mit der Auflösung der Ehe durch den einseitigen Willen des Mannes, daß die entsprechende Klage von beiden Partner eingereicht werden kann. Die obersten Richter gehen außerdem davon aus, daß der *ṭalāq* ebenso wie die Eheschließung durch Zeugenaussagen nachgewiesen werden kann.[119] In einer Entscheidung des Obersten Gerichtshofs heißt es, das Recht (*ḥaqq*) des Mannes, seine Frau zu verstoßen, dürfe nicht davon abhängig gemacht werden, daß er den *ṭalāq* auch tatsächlich vor Gericht ausgesprochen hat. Mit dieser Begründung wird ein Urteil annulliert, das eine Verstoßung für unwirksam erklärt hat, da der Mann sie nicht persönlich vor dem Richter ausgesprochen hatte.[120] Erscheint der Mann nicht vor Gericht, verlangt der Oberste Gerichtshof die Aussagen zweier Zeugen, die die Verstoßung bestätigen. Eine Eheauflösung kann jedoch auf diese Weise nicht gegen den Willen des Mannes durchgesetzt werden, wenn er vor Gericht seine Absicht zur Verstoßung leugnet.[121]

Aber selbst im Rahmen einer gerichtlichen Verstoßung ist die Verstoßung selbst nicht Gegenstand der Verhandlung. Nur die Wirksamkeit des Willens des Mannes zur Verstoßung kann unter Umständen strittig sein. Nach islamischem Recht setzt die Wirksamkeit einer Verstoßung unter anderem voraus, daß der

---

[116] Artikel 8 Zivilverfahrensgesetz nennt im Zusammenhang mit der Zuständigkeit der ordentlichen Gerichte ausdrücklich Verfahren in Familien-, Ehe- und Erbsachen.
[117] Artikel 17 ZVG.
[118] MQ 2/90, 36.962.
[119] Vgl. BORRMANS *Statut personnel et famille*, 491.
[120] MQ 4/89, 35.026.
[121] MQ 1/89, 38.105.

Mann im Vollbesitz seiner geistigen Kräfte ist und in Freiheit handelt.[122] Der Oberste Gerichtshof gibt daher unter Berufung auf traditionelles Recht der Klage einer Frau statt, die die Wirksamkeit ihrer Verstoßung durch einen alten und schwerstkranken Mann bestreitet. Nach Darstellung der Frau war ihr Mann zum Zeitpunkt der Verstoßung nicht mehr im Vollbesitz seiner geistigen Kräfte. Er sei, so die Klägerin, von seinen Kindern aus erster Ehe unter Druck gesetzt und zu der Verstoßung gezwungen worden. Der Oberste Gerichtshof begründet seine Entscheidung zugunsten der Klägerin damit, daß eine Verstoßung ungültig ist, wenn sie im Zustand der Krankheit, des hohen Alters oder unter Zwang ausgesprochen wird. Da die widerrufliche Verstoßung auch durch das vorangegangene Gerichtsurteil nicht unwiderruflich geworden sei, könne der *ṭalāq* hier einfach rückgängig gemacht werden.[123]

Die mißbräuchliche Verstoßung

Nach der Rechtsprechung des Obersten Gerichtshofes bleiben also sowohl die Unbedingtheit als auch in gewisser Weise die Privatheit des Verstoßungsanspruchs trotz der Notwendigkeit einer gerichtlichen Feststellung der Eheauflösung weitgehend gewahrt. Gleichzeitig hat sich in der Frage des Schadensersatzanspruchs der Frau eine komplizierte und uneinheitliche Entscheidungspraxis herausgebildet, die darauf hinweist, daß die islamrechtliche Verstoßung in den Augen der Richter dennoch offensichtlich problematisch geworden ist.

Der Oberste Gerichtshof hält zunächst unter Berufung auf das *décret* von 1959 grundsätzlich daran fest, daß der Richter mit der Verstoßung auch über einen Schadensersatz für die Frau entscheidet. „*Attendu qu'il est de jurisprudence constante que le mari a, à tout moment, le droit absolu de répudier sa femme; que l'épouse ne conserve (...) que le recours en dommages-intérêts institués par l'article 21, alinéa 3, du décret du 17 septembre 1959, pour rupture abusive; (...).*"[124] Es bleibt allerdings unklar, unter welchen Voraussetzungen

---

[122] Zu den Bedingungen einer rechtswirksamen Verstoßung im traditionellen Recht vgl. LINANT DE BELLEFONDS *Traité de Droit Musulman*, II, 313-346; SANTILLANA *Diritto musulmano*, 201-207.

[123] MQ 1/89, 39.463. Diese Begründung läßt vermuten, daß der Oberste Gerichtshof wie das traditionelle Recht zwischen einer widerruflichen (*raǧʿī*), einer unwiderruflichen (*bāʾin*) und einer unwiderruflichen und definitiven (*bāʾin wa bātt*) Verstoßung unterscheidet. Es geht aus den hier vorliegenden Urteilen jedoch nicht hervor, welche Konsequenzen sich aus dieser Unterscheidung tatsächlich ergeben, und in welchem Verhältnis dabei die gerichtliche Verstoßung zum Aussprechen der Verstoßungsformel durch den Mann steht. Zur Differenzierung der verschiedenen Verstoßungsformen im traditionellen Recht vgl. LINANT DE BELLEFONDS *Traité de Droit Musulman*, II, 395-403.

[124] RASJEP 4/1968, 18.1.67 (Cour); vgl. auch BdM 1/1968, 29.11.67 (CS).

eine Verstoßung Schadensersatzforderungen der Frau nach sich zieht. In einem Urteil aus dem Jahr 1964 entscheiden die obersten Richter, daß der Frau unabhängig von dem Grund ihrer Verstoßung Schadensersatz zusteht.[125] In die gleiche Richtung deutet eine andere Entscheidung, in der der Oberste Gerichtshof festlegt, daß im Prinzip derjenige Partner die Verantwortung für die Beendigung der Ehe trägt, der den Antrag auf Eheauflösung gestellt hat.[126] Im Gegensatz dazu legt der Wortlaut eines dritten Urteils nahe, daß unter Umständen selbst die Frau für eine Verstoßung verantwortlich gemacht werden kann: „*Aux termes de l'article 11 du décret du 17 septembre 1959, lorsqu'il y a répudiation, le juge ne peut qu'en donner l'acte au mari répudiateur et prononcer le divorce en retenant les torts à la charge de celui des conjoints qui lui paraît en être responsable.*“[127] Tatsächlich kann jedoch nach dem zitierten Artikel des *décret* im Fall der Eheauflösung aufgrund des einseitigen Willens des Mannes wenn überhaupt nur der Frau ein Schadensersatz zugesprochen werden. Nach der hier zitierten Meinung des Obersten Gerichtshofes könnte im Unterschied dazu unter Umständen auch die verstoßene Frau zur Leistung von Schadensersatz an den Mann verpflichtet werden. Es liegt mir allerdings kein Urteil vor, in dem dies tatsächlich geschehen ist.

Seit dem Ende der sechziger Jahre setzt sich dann beim Obersten Gerichtshof die Auffassung durch, daß nur eine „willkürliche“, d.h. eine unbegründete Verstoßung Schadensersatzforderungen der Frau nach sich ziehen kann. Die obersten Richter bestehen daher in jedem Fall auf einer Prüfung der Gründe für eine Verstoßung, um auf dieser Grundlage über mögliche finanzielle Ansprüche der Frau zu entscheiden. Der Oberste Gerichtshof annulliert ein Urteil, das den Mann wegen einer angeblich mißbräuchlichen Verstoßung zur Zahlung von Schadensersatz verurteilt hat, ohne seine Begründung für die Verstoßung zu hören. Das Berufungsgericht hat dabei argumentiert, daß eine Verstoßung keiner Begründung bedürfe. In der Entscheidung des Obersten Gerichtshofes zu diesem Fall heißt es im Unterschied dazu: „*Pour être pertinents les griefs allégués n'ont pas besoin de constituer des causes péremptoires de divorce lorsqu'ils sont invoqués par le mari qui peut, par sa volonté unilatérale non motivée, mettre fin au lien conjugal; ces griefs sont pertinents et leur preuve admissible dès lors qu'ils sont de nature à établir l'absence de tout abus dans le recours par le mari à la répudiation et à faire ainsi échec à la demande de dommages et intérêts formulée par l'épouse.*“[128] Ist der Mann in der Lage, die

---

125 AdJ 1965, 23.12.64 (CS).
126 AdJ 1968, 6.11.68 (CS).
127 AdJ 1966(I)-1967, 3.5.67 (CS).
128 AdJ 1969, 14.5.69 (CS).

Verletzung der ehelichen Pflichten durch die Frau zu belegen, kann er im Fall der Verstoßung nicht zur Leistung von Schadensersatz verpflichtet werden. Der Oberste Gerichtshof bestätigt ein Berufungsurteil, das die Eheauflösung durch den Willen des Mannes „zu Lasten“ der Frau festgestellt und ihr daher Schadensersatz verweigert hat. Aus den Unterlagen gehe hervor, so die Begründung der obersten Richter, daß die Frau ihre ehelichen Pflichten schuldhaft und wiederholt in ernster Weise verletzt habe.[129] Der Frau kann ein Anspruch auf Schadensersatz auch dann verweigert werden, wenn sie zu einem früheren Zeitpunkt nachweislich mit der Eheauflösung einverstanden war.[130] Diese Rechtslage führt in der Praxis dazu, daß Männer häufig entweder aus einem vorgeschobenen Grund die Annullierung ihrer Ehe beantragen, um eine Verstoßung zu vermeiden, oder aber die Verstoßung ausführlich begründen, um den Richter vom schuldhaften Verhalten der Frau zu überzeugen.[131]

Die Uneinheitlichkeit der Rechtsprechung in Fragen des Schadensersatzes kann sicher zum einen mit der Unsicherheit erklärt werden, die sich aus dem Nebeneinander von islamrechtlicher Verstoßung und dem französischen Recht entnommenen gesetzlichen Scheidungsgründen ergibt. Zum anderen zeigt sich darin aber auch eine gewisse Ambiguität in der Haltung der obersten Richter gegenüber der Verstoßung an sich. Obwohl sich der Oberste Gerichtshof in seiner Definition der Verstoßung weitgehend am traditionellen islamischen Recht orientiert, wendet er mit den Vorschriften über den Schadensersatz ein Regulativ an, das dem *fiqh* fremd ist. Zunächst kann sich die Rechtsprechung dabei auf die Texte von 1959 berufen. Aber auch nach deren formaler Aufhebung halten die Richter an der Möglichkeit einer Entschädigung für die verstoßene Frau fest. Gleichzeitig greifen sie auf die koranische „Trostgabe“ (*mutᶜa*) zurück, die der verstoßenen Frau zusteht.[132] Die Begriffe *taᶜwīḍ* (Schadensersatz) und *mutᶜa* (islamrechtliche Trostgabe) werden dabei parallel verwendet. Die Abgrenzung beider Formen des finanziellen Ausgleichs für die Verstoßung gegeneinander bleibt unklar. Der Oberste Gerichtshof legt in einem Urteil fest, daß die Frau im Fall der Verstoßung nur entweder Anspruch auf *taᶜwīḍ* oder auf *mutᶜa* hat, da die Trostgabe bereits im zivilrechtlichen Sinn als Schadensersatz für die der Frau aus der Verstoßung entstehenden Nachteile aufzufassen ist. Mit dieser Entscheidung wird ein Urteil annulliert, das einer

---

129 AdJ 1969, 11.12.68 (CS).

130 AdJ 1969, 29.5.69 (CS).

131 AdJ 1968, 16.10.68 (CS).

132 AdJ 1966(I)-1967, 12.7.67 (CS); AdJ 1968, 27.3.68 (CS).

Frau sowohl *mutᶜa* als auch *taᶜwīḍ* zuerkannt hat.[133] In einem späteren Urteil entscheidet der Oberste Gerichtshof im Unterschied dazu jedoch, daß die Frau im Fall einer „willkürlichen Verstoßung" (*ṭalāq taᶜassufī*) gleichzeitig Anspruch auf einen „Trost-Unterhalt" (*nafaqat al-mutᶜa*) und auf Schadensersatz (*taᶜwīḍ*) hat.[134] Es scheint sich also die Meinung durchzusetzen, daß der Frau im Fall der Verstoßung grundsätzlich eine „Trostgabe" (*mutᶜa*) zusteht – wohingegen ein zusätzlicher Schadensersatz (*taᶜwīḍ*) von der Willkür bei der Verstoßung abhängt. Für diese Interpretation spricht auch eine letzte Entscheidung des Obersten Gerichtshofes, mit der ein Berufungsurteil mit der Begründung annulliert wird, die Richter hätten der Frau keine *mutᶜa* zugesprochen. Die *mutᶜa*, so der Oberste Gerichtshof, gehöre zu den Rechtsfolgen aus dem *ṭalāq*.[135]

4.2.2.2 Das Familiengesetz

Das Familiengesetz von 1984 legt wie schon die *ordonnance* von 1959 fest, daß eine Ehe außer im Fall des Todes eines Ehegatten nur vor Gericht aufgelöst werden kann.[136] Der Begriff des *ṭalāq* bezeichnet dabei nicht nur die Verstoßung im engeren Sinn, sondern jede Form der Eheauflösung. Im Unterschied dazu wird die eigentliche Verstoßung wie in dem *décret* von 1959 als Eheauflösung durch den „Willen des Mannes" (*irādat az-zauǧ*) definiert.[137] Im Rahmen des Gerichtsverfahrens zur Eheauflösung ist außerdem ein Versöhnungsversuch durch den Richter zwingend vorgeschrieben.[138] Hierin kann eine Tendenz zur stärkeren Formalisierung des Verstoßungsverfahrens gesehen werden.[139] Allerdings ist der Richter nach Auffassung des Obersten Gerichtshofes in Verstoßungssachen nach wie vor allein an den Willen des

---

[133] MQ 1/89, 35.912.

[134] MQ 2/89, 41.506.

[135] MQ 3/91, 57.752.

[136] Artikel 47 und 49 FGB. Zur Auflösung der Ehe nach dem Familiengesetz von 1984 vgl. AL-ᶜARABĪ *aṭ-Ṭalāq*.

[137] Artikel 48 FGB. Artikel 11 Punkt 6 *décret* vom 17. September 1959.

[138] Artikel 49 FGB. In der französischen Version heißt das folgendermaßen: „*Le divorce ne peut être établi que par jugement précédé par une tentative de conciliation du juge (...).*"

[139] In einer Entscheidung vom 25.12.1989 erläutern die Richter des obersten Gerichts anläßlich einer Verstoßungssache ausführlich die Gründe und Formen der Auflösung der Ehe nach dem Familiengesetz von 1984. Dort wird ausdrücklich darauf hingewiesen, daß auch bei einer Verstoßung der richterliche Versöhnungsversuch zwingend ist (MQ 3/91, 57.812).

Mannes gebunden.[140] Auch sind Verstoßungssachen nach dem neuen Gesetz außer in ihren materiellen Folgen nicht mehr berufungsfähig.[141]

Im Fall einer „willkürlichen" Verstoßung sieht das Gesetz die Möglichkeit vor, der Frau einen Schadensersatz (*ta^cwīḍ*) zuzusprechen. Die Beurteilung der Willkür wird in das richterliche Ermessen gestellt. „*Ist nach Auffassung des Richters die Willkür des Mannes bei der Verstoßung offensichtlich, so spricht er der Verstoßenen einen Schadensersatz* (ta^cwīḍ) *für den Nachteil zu, der ihr (aus der willkürlichen Verstoßung) entsteht.*"[142] Obwohl das Gesetz nicht auch ausdrücklich von einer „Trostgabe" (*mut^ca*) für die verstoßene Frau spricht, scheint der Oberste Gerichtshof weiterhin davon auszugehen, daß der Frau im Fall einer Verstoßung eine solche trotzdem grundsätzlich zusteht.[143] Die Trostgabe gilt weiterhin als Rechtsfolge aus der Beendigung der „ehelichen Autorität" (*^ciṣma*) durch den Willen des Mannes.[144]

Obwohl das Gesetz die Verstoßung einerseits reglementiert, wird sie andererseits gegenüber der früheren Rechtslage insofern erleichtert, als der Mann nur noch unter ganz eng gefaßten Bedingungen dazu verpflichtet werden kann, der Frau nach der Verstoßung die Ehewohnung zu überlassen.[145] Zunächst wird der Anspruch der Frau auf die Wohnung davon abhängig gemacht, daß ihre Verstoßung willkürlich war, und daß ihr die Personensorge für die gemeinsamen Kinder zugesprochen worden ist.[146] Außerdem muß die Frau nachweisen, daß sie keinen Ehevormund (*walī*) hat, der bereit ist, sie und ihre Kinder aufzunehmen. Schließlich wird die Ehewohnung von dieser Regelung ganz ausge-

---

140 MQ 3/91, 57.812.

141 Artikel 57 FGB. Ob Verstoßungsurteile mithin auch nicht mehr kassationsfähig sind, ist unter algerischen Richtern umstritten. Dabei geht es um den Konflikt zwischen Vertretern einer Tendenz, die die Verstoßung stärker formalisieren und damit einschränken möchten (Interview der Verfasserin mit einem hohen Richter, Algier im Februar 1993), und denen einer zweiten Tendenz, die die islamrechtliche Absolutheit des Anspruchs auf Verstoßung so weit wie möglich zu wahren bemüht sind (SA^cD *az-Zawǧ*, 41).

142 Die französische Version lautet wie folgt: „*Si le juge constate que le mari aura abusivement usé de sa faculté de divorce, il accorde à l'épouse le droit aux dommages et intérêts pour le préjudice qu'elle a subi.*" (Artikel 52 Absatz 1 FGB)

143 MQ 3/91, 57.752. Demgegenüber vertritt ein Fachkommentar zu dem Gesetz die Auffassung, daß *mut^ca* und *ta^cwīḍ* identisch sind (SA^cD *az-Zawāǧ* 305 f., 308 ff.).

144 MQ 4/91, 59.140.

145 Artikel 52 FGB. Tatsächlich ist seit Inkrafttreten des Familiengesetzes eine Zunahme der Verstoßungen festzustellen (ASLAOUI *Effets du code*, 5).

146 Spitzfindige Kommentatoren schließen aus dem in der verbindlichen arabischen Version verwendeten Pluralform *maḥḍūnīn* (sg.: *maḥḍūn*), daß die Frau für mindestens drei Kinder das Pflegerecht haben muß (SA^cD *az-Zawāǧ* 32 f.).

nommen, wenn sie die einzige Wohnung des Mannes ist. Angesichts der in Algerien herrschenden Wohungsnot ist damit praktisch ausgeschlossen, daß der Mann überhaupt zur Bereitstellung einer Wohnung verpflichtet werden kann. Der Richter hat in dieser Frage nach dem Gesetz keinen Interpretationsspielraum mehr.[147] Der Grund für diese Widerspüchlichkeit des Gesetzes in der Frage der Verstoßung ist allerdings vor allem ein politischer - die Wohnungsregelung in dem Familengesetz geht auf die Intervention von Abgeordneten in der Nationalversammlung zurück.[148]

4.2.3 Einverständliche Eheauflösung und Verstoßung gegen Kompensation (*ḫul*^{c}) in der Rechtsprechung und im Familiengesetz

4.2.3.1 Die Rechtsprechung bis 1984

Nach traditionellem Recht stellt der *ḫul*^{c} eine Form der Verstoßung dar, auf die sich die Eheleute zuvor geeinigt haben. In der Regel muß die Frau dabei eine Kompensationszahlung an den Mann leisten.[149] Das *décret* aus dem Jahr 1959 sieht statt dessen einfach die Möglichkeit der Eheauflösung im gegenseitigen Einverständnis vor.[150]

Algerische Gerichte wenden nach der Unabhängigkeit die einvernehmliche Auflösung der Ehe zwar an. Sie berufen sich dabei aber nicht auf das *décret*, sondern auf islamisches Recht.[151] Der Oberste Gerichtshof rechtfertigt die einverständliche Eheauflösung wie folgt: „*Lorsque les époux sont d'accord pour mettre fin à leur union les juges sont tenus de prononcer le divorce, le chrâa admettant le divorce par consentement mutuel.*“[152] Gleichzeitig hält der Oberste Gerichtshof aber auch an der Gültigkeit des *ḫul*^{c} fest und geht schließlich dazu über, die einverständliche Eheauflösung mit dem *ḫul*^{c} gleichzusetzen. Der *ḫul*^{c} wird dabei von den obersten Richtern ganz bewußt nach traditionellem Recht definiert: „*En droit, le >khol< n'est qu'une répudiation émanant de la*

---

147 ASLAOUI *Effets du code*, 13. Bisher war es nach Artikel 467 Zivilgesetzbuch möglich, der Frau die eheliche Mietwohnung schon dann zuzuweisen, wenn sie die Personensorge für gemeinsame Kinder ausübt (vgl. auch Kapitel 2.2).

148 Vgl. dazu Kap. 3.1.

149 LINANT DE BELLEFONDS *Traité de Droit Musulman*, II, 421 f.

150 Artikel 11 Punkt 4 *décret* vom 4. Februar 1959.

151 RASJEP 4/1968, 8.12.65 (CS).

152 BdM 3/1968, 22.5.68 (CS).

volonté unilatérale du mari optenue moyennant le paiement par l'épouse à ce dernier, d'une compensation fixée d'accord des parties. L'offre de >khol< par l'épouse ne lui confère aucun droit et, faute d'acceptation par le mari, n'a aucun effet sur le maintien du lien conjugal. Elle ne saurait être considérée comme une demande soumise aux juges et sur laquelle ceux-ci devaient se prononcer."[153] In einer Anmerkung zu diesem Urteil weist der Oberste Gerichtshof ausdrücklich darauf hin, daß er bei seiner Entscheidung nicht auf die französischen Texte von 1959, sondern auf den malikitischen Gelehrten Sidi Halil zurückgreift.[154] „*Pour Sidi Khalil le Khola est la répudiation consentie par le mari moyennant une compensation offerte par la femme. (...) La Cour Suprême dans l'arrêt ci-dessus du 12 mars 1969 a repris la définition de Sidi Khalil (...).*"[155] Über die einverständliche Eheauflösung nach den Texten von 1959 heißt es weiter: „*Cette procédure ne cadre pas exactement la définition du khol donnée par la Cour Suprême suivant laquelle le divorce provient de la volonté unilatérale du mari. Si les époux la suivent malgré tout, il conviendrait que le juge rédige sa décision de façon à faire ressortir que, plus que l'accord des parties, c'est la volonté du mari qui entraîne le divorce.*"[156] Die Eheauflösung im gegenseitigen Einverständnis wird damit in Übereinstimmung mit dem traditionellen islamischen Recht zu einer Form der Verstoßung umdefiniert.

Im Unterschied zu dieser Definition durch die Rechtsprechung des Obersten Gerichtshofes spielt der *ḫul*^{c} in der Praxis jedoch eher als Eheauflösung auf Antrag der Frau eine Rolle. Dabei gibt es unter algerischen Richtern ganz verschiedene Auffassungen darüber, ob und worüber eine Übereinkunft zwischen den Eheleuten vorliegen muß und welche Kompetenz dem Richter in einem entsprechenden Verfahren zukommt. Der Oberste Gerichtshof hält prinzipiell daran fest, daß der *ḫul*^{c} zumindest eine grundsätzliche Einigung der Eheleute über die Eheauflösung gegen Kompensation voraussetzt.[157] Urteile von Gerichten der ersten und zweiten Instanz, die den *ḫul*^{c} oft allein auf Antrag der Frau hin anwenden, werden annulliert.[158] Nach Auffassung des Obersten Gerichts-

153 AdJ 1969, 12.3.69 (CS).

154 Es handelt sich hier um den aus äyptischen Gelehrten des malikitischen Rechts ḪALĪL b. Isḥāq (gest. 1365) (GAL, S. II, 96), dessen Kommentar *al-Muḫtaṣar* in einer Übersetzung von G.-H. Bousquet schon während der Kolonialzeit eine der wichtigsten Referenzen des *droit musulman algérien* war. Zur kolonialen Lehre des islamischen Rechts in Algerien vgl. HENRY/BALIQUE *Doctrine coloniale*.

155 AdJ 1969, S. 257.

156 AdJ 1969, S. 258.

157 MQ 3/89, 33652.

158 BdM 3/1968, 13.3.68 (CS).

hofes kann der *ḫul*ᶜ in keinem Fall gegen den Willen des Mannes durchgesetzt werden. In mehreren Urteilen haben die obersten Richter klargestellt, daß der *ḫul*ᶜ nicht dazu benutzt werden darf, eine Ehe einfach aufgrund des einseitigen Willens der Frau gegen Kompensation aufzulösen. Diese Interpretation des *ḫul*ᶜ ist nach Ansicht der obersten Richter unzulässig und verstößt sowohl gegen das Gesetz als auch gegen die Vorschriften der *šarīᶜa*.[159]

Nach Meinung des Obersten Gerichtshofes kann der Richter jedoch Einfluß auf die Festlegung der von der Frau zu zahlenden Kompensation nehmen. Wenn die Eheleute sich grundsätzlich über die Beendigung der Ehe durch *ḫul*ᶜ einig sind, nicht aber über den von der Frau zu zahlenden Betrag, so kann nach Meinung des Obersten Gerichtshofes der zuständige Richter die Höhe dieses Betrages sowie die Zahlungsweise festsetzen und die Eheauflösung durch Verstoßung (*ṭalāq*) vornehmen.[160] In diesem Zusammenhang hat der Oberste Gerichtshof entschieden, daß die von der Frau zu zahlende Kompensation den zur Zeit der Eheauflösung üblichen Wert einer Morgengabe nicht überschreiten soll.[161]

In der Praxis hat der Richter aber unter Umständen auch bei der Feststellung, ob überhaupt eine Übereinkunft über den *ḫul*ᶜ zwischen den Eheleuten vorliegt, einen gewissen Entscheidungsspielraum. Der Oberste Gerichtshof bestätigt ein Urteil, das die lange Dauer eines Rechtsstreits zwischen den Eheleuten und eine überhöhte Geldforderung, die der Mann während eines früheren Gerichtsverfahrens im Zusammenhang mit der Möglichkeit des *ḫul*ᶜ genannt hatte, als Ausdruck seiner Zustimmung gewertet und die Ehe aufgelöst hat.[162]

4.2.3.2 Das Familiengesetz

Auch das Familiengesetz von 1984 sieht wie schon das *décret* von 1959 die Möglichkeit vor, die Ehe einverständlich (*bi-tarāḍī z-zauǧain*) aufzulösen.[163] Daneben nennt das Gesetz den *ḫul*ᶜ ausdrücklich als Form der Eheauflösung auf Antrag der Frau. In dem Gesetz heißt es: „*Die Frau kann sich gegen einen Betrag, auf den sich die Eheleute geeinigt haben, von ihrem Mann scheiden lassen* (yaǧuz an tuḫāliᶜ nafsahā min zauǧihā). *Wenn sich die beiden nicht einig sind, legt der Richter einen Betrag fest, der den zur Zeit dieser Festlegung üblichen*

---

159 BdM 3/1968, 13.3.68 (CS); MQ 3/89, 33.652; MQ 3/90, 51.728.

160 MQ 1/89, 36.709.

161 AdJ 1968, 22.5.68 (CS).

162 MQ 1/89, 36.709.

163 Artikel 48 FGB. Artikel 11 Punkt 4 *décret* vom 4. Februar 1959.

Wert einer Morgengabe (ṣadāq al-miṯl) *nicht übersteigt.*“[164] Diese Formulierung läßt offen, ob der *ḫul*ᶜ überhaupt eine Einigung zwischen den Eheleuten voraussetzt.[165] Die mehrheitliche Auslegung des *ḫul*ᶜ geht allerdings nach wie vor davon aus, daß eine grundsätzliche Einigung zwischen den Eheleuten über die Eheauflösung vorliegen muß.[166]

4.2.3.3 Der Bedeutungswandel des *ḫul*ᶜ

Es ist festzuhalten, daß der Oberste Gerichtshof anfangs vor allem darauf bedacht ist, die Auflösung der Ehe im gegenseitigen Einverständnis aus dem *décret* von 1959 als *ḫul*ᶜ und damit als eine Form der Verstoßung umzudefinieren. Es ist unwahrscheinlich, daß hierfür allein die Vorschriften des traditionellen islamischen Rechts ausschlaggebend sind. Ebenso wichtig scheint das Anliegen zu sein, die prinzipielle Ungleichheit zwischen den Geschlechtern bei der Eheauflösung aufrechtzuerhalten. Als Begründung dafür, daß auch die einvernehmliche Eheauflösung letztlich eine Form der Verstoßung ist, führt der Oberste Gerichtshof folgendes Argument an: „*Il fallait, en effet, ressortir qu'en raison de l'inégalité des sexes, le mari seul était appelé à prononcer la rupture de l'union conjugale.*“[167]

Auslegung und Anwendung des *ḫul*ᶜ sind in der Rechtsprechung jedoch keineswegs einheitlich. Insbesondere Gerichte der ersten und zweiten Instanz sehen im *ḫul*ᶜ als „Selbstloskauf der Frau“ eine Möglichkeit, die Ehe auch ohne gesetzlichen Grund gegen den Willen des Mannes auflösen zu können. Diese Interpretation ist weder durch islamisches Recht noch durch das *décret* von 1959 gedeckt. Sie zeigt jedoch, daß die Möglichkeiten der Eheauflösung auf Antrag der Frau von einigen Richtern offensichtlich als unzureichend betrachtet werden. Der Oberste Gerichtshof hält im Unterschied dazu daran fest, daß der *ḫul*ᶜ in jedem Fall den Willen des Mannes zur Eheauflösung voraussetzt.

Die nicht ganz eindeutige Formulierung im Familiengesetz und die Tatsache, daß der *ḫul*ᶜ hier als Möglichkeit aufgeführt wird, die Ehe auf Antrag der Frau aufzulösen, können als Hinweise auf einen Kompromiß zwischen den verschie-

---

164 Artikel 54 FGB; die französische Fassung lautet: „*L'épouse peut se séparer de son conjoint moyennant réparation (khol'a) après accord sur celle-ci. En cas de désaccord, le juge ordonne le versement d'une somme dont le montant ne saurait dépasser la valeur de la dot de parité à l'époque du jugement.*“

165 Interview der Verfasserin mit einem hohen algerischen Richter (Algier im Februar 1993).

166 Vgl. auch SAᶜD *az-Zawāǧ*, 245.

167 AdJ 1969, 275.

denen Tendenzen in der Rechtsprechung betrachtet werden. Tatsächlich vertreten sogar einzelne hohe Richter die Auffassung, daß eine Frau sich durch *ḫulᶜ* auch gegen den Willen des Mannes aus der Ehe „loskaufen" kann.[168] Das stellt zwar lediglich die Meinung einer Minderheit dar. Insgesamt scheint der *ḫulᶜ* jedoch trotz seiner restriktiven Handhabung durch den Obersten Gerichtshof in der algerischen Rechtspraxis fest als eine Form der gerichtlichen Eheauflösung auf Antrag der Frau verankert zu sein.

4.2.4 Die richterliche Verstoßung (*taṭlīq*) auf Antrag der Frau in der Rechtsprechung und im Familiengesetz

Das malikitische Recht kennt als besondere Form der gerichtlichen Auflösung der Ehe die „richterliche Verstoßung" (*taṭlīq*).[169] Die praktische Bedeutung des *taṭlīq* liegt vor allem darin, unter bestimmten Bedingungen eine Ehe im Interesse der Frau auch gegen den Willen des Mannes vor Gericht auflösen zu können.[170] Die malikitische Schule läßt den *taṭlīq* auf Antrag der Frau aus folgenden Gründen zu:[171] die Existenz von körperlichen Mängeln des Ehemannes, eine längere Abwesenheit des Mannes[172] und die Nichtleistung von Unterhalt.[173] Weitere Gründe sind die schändliche Behandlung durch den Mann bzw. die „Schädigung" (*ḍarar*), die die Frau in der Ehe erleidet, und das „Ehezerwürfnis" (*šiqāq*).[174]

---

168 Interview der Verfasserin mit einem hohem algerischen Richter (Algier im Februar 1993).

169 Die gerichtliche Auflösung einer Ehe im Sinn der Annullierung (*fasḫ*) ist vom traditionellen malikitischen Recht nur in einigen wenigen und eher unwahrscheinlichen Fällen vorgesehen: wenn die Eheschließung nichtig ist, wenn der Mann die Frau des Ehebruchs bezichtigt (*liᶜān*) oder wenn sich in einer Ehe zwischen „Heiden" einer der Partner oder in einer Ehe zwischen Angehörigen der christlichen oder der jüdischen Religion die Frau zum Islam bekennt (vgl. LINANT DE BELLEFONDS *Traité de Droit Musulman*, II, 453).

170 Daher greifen die Eherechtsreformen verschiedener arabischer Staaten in dieser Frage auf malikitisches Recht zurück. Zu den Möglichkeiten der gerichtlichen Eheauflösung auf Antrag der Frau in den Gesetzen verschiedener arabischer Länder vgl. LINANT DE BELLEFONDS a.a.O., 471-480.

171 Vgl. dazu auch oben.

172 Die Meinungen über die Dauer der Abwesenheit sind unter den Gelehrten des traditionellen malikitischen Rechts geteilt. Sie gehen von vier Monaten bis zu drei Jahren (LINANT DE BELLEFONDS a.a.O., 458).

173 Vgl. LINANT DE BELLEFONDS a.a.O., 454-461.

174 Vgl. LINANT DE BELLEFONDS a.a.O., 461-464.

4.2.4.1 Gesetzliche Scheidungsgründe und richterliche Verstoßung nach der Rechtsprechung bis 1984

Nach den hier vorliegenden Urteilen kommen die gesetzlichen Scheidungsgründe aus dem *décret* von 1959 auch vor 1975 nicht zur Anwendung. Verlangt ein Mann die Eheauflösung, so wertet der Oberste Gerichtshof dies unabhängig von den vorgebrachten Gründen automatisch als Verstoßung. Der Wille des Mannes zur Beendigung der Ehe genügt dem Obersten Gerichtshof als Grund für die Eheauflösung. „*Saisis d'une demande en divorce par le mari, les juges du fond peuvent faire état de sa détermination de ne pas reprendre la vie commune, alors que celle-ci n'a pas été comprise au nombre des griefs invoqués, pour justifier son action.*“[175] Nach Auffassung der obersten Richter muß der Mann seinen Willen zur Beendigung der Ehe daher zwar nicht begründen, er kann andererseits eine Verstoßung aber auch nicht unter Verweis auf die theoretisch für Mann und Frau gleichermaßen gültigen gesetzlichen Scheidungsgründe des *décret* von 1959 umgehen. Mit dieser Rechtsprechung greift der Oberste Gerichtshof bereits der formalen Aufhebung der Texte von 1959 vor.

Im Unterschied dazu setzt die Eheauflösung auf Antrag der Frau nach herrschender Rechtsprechung zwingend den Nachweis eines „gesetzlichen“ Grundes voraus. Die Ehe kann sonst nicht gegen den Willen des Mannes aufgelöst werden. „*Mais attendu qu'en absence de toutes causes prévues par la loi, le divorce refusé par le mari ne peut lui être imposé par le juge (...).*“[176] Der Oberste Gerichtshof hält außerdem in Übereinstimmung mit dem *décret* von 1959 daran fest, daß der Richter im Fall der Eheauflösung auf Antrag der Frau einen Versöhnungsversuch unternehmen muß. Diesen Versöhnungsversuch begründen die obersten Richter in einer Entscheidung aus dem Jahre 1966 ausdrücklich mit dem Anliegen des (kolonialen!) Gesetzgebers, die Ehe zu stabilisieren: „*(...) cette obligation* (la tentative de conciliation, bd) *qui est de l'ordre publique et à laquelle les parties ne sauraient déroger, traduit la volonté du législateur de préserver l'existence du foyer familial.*“[177] In dieser Begründung kommt deutlich zum Ausdruck, daß die Eheauflösung im Interesse der Frau von den obersten Richtern als potentielle Gefährdung von Ehe und Familie betrachtet wird.

---

[175] AdJ 1965, 23.12.64 (CS).
[176] BdM 3/1968, 13.3.68 (CS).
[177] BdM 3/1966, 18.5.66 (CS).

Daher muß sie nach ihrer Auffassung reglementiert und kontrolliert werden.[178]

Inhaltlich greift der Oberste Gerichtshof bei der Definition der gesetzlichen Gründe für eine Eheauflösung auf Antrag der Frau auf malikitisches Recht zurück, auch wenn er sich bei deren Formulierung zunächst noch an dem *décret* von 1959 orientiert. Insbesondere bei Klagen, die sich auf die Verletzung der Unterhaltspflicht durch den Mann stützen, wird in der Regel im Interesse der Frau entschieden.[179] Die Nichtleistung von Unterhalt stellt, so der Oberste Gerichtshof, eine schwerwiegende Verletzung der ehelichen Pflichten dar und macht die Fortsetzung der Ehe unmöglich.[180] Der Oberste Gerichtshof verteidigt in diesem Zusammenhang auch den islamrechtlichen Anspruch der Frau auf eine von den Verwandten des Mannes oder gegebenenfalls von einer Nebenfrau unabhängige Wohnung. Verletzt der Mann in dieser Hinsicht seine Unterhaltspflicht, kann die Ehe auf Antrag der Frau aufgelöst werden. In einer Urteilsbegrüdung dazu heißt es: „*Sauf convention contraire, le mari est tenu d'assurer à sa femme un logement séparé de celui de ses parents. Le refus d'éxécuter cette obligation constitue une violation grave des droits du mariage et rend intolérable le maintien de la vie commune.*“[181] Die Scheidungsgründe aus dem *décret* von 1959 werden also vom Obersten Gerichtshof schon vor 1975 im Sinn des malikitischen Rechts ausgelegt. Das kann insbesondere im Fall einer Verletzung der Unterhaltspflicht durch den Mann für Frauen durchaus von Vorteil sein.[182]

Die Auslegung des islamischen Rechts

Während die Rechtsprechung die gerichtliche Eheauflösung zunächst in Übereinstimmung mit den Reformen von 1959 generell als „Scheidung“ (*divorce*) bezeichnet, wird es im Zuge der Arabisierung der Justiz und der Aufhebung

---

178 In den vorliegenden Dokumenten bleibt dieser explizite Verweis auf den Willen des Gesetzgebers eine Ausnahme.

179 Zur *nafaqa* im traditionellen Recht vgl. LINANT DE BELLEFONDS *Traité de Droit Musulman*, II, 258 ff.

180 BdM 4/1966, 16.11.66 (CS).

181 BdM 1/1970, 3.12.69 (CS). Diese Formulierung ist offensichtlich dem *décret* von 1959 entlehnt. Dort heißt es: Die Ehe wird aufgelöst „(…) *à la demande de l'un des époux pour excès, sévices et injures graves, lorsque les faits invoqués constituent une violation grave et renouvelée des devoirs du mariage et rendent intolérable le maintien du lien conjugal* (…).“ (Artikel 11 Punkt 3 *décret* vom 17. September 1959).

182 Der Mann ist nach traditionellem Recht gegenüber der Frau unabhängig von ihrer Bedürftigkeit zur Leistung von Unterhalt verpflichtet (BOUSQUET *Précis*, 125-129; LINANT DE BELLEFONDS *Traité de Droit Musulman*, II, 256 f.).

der Texte von 1959 üblich, auf den islamrechtlichen Terminus *taṭlīq* zurückzugreifen. Es ist aber auch von der „Verstoßung auf Antrag der Frau" (*aṭ-ṭalāq bi-ṭalab az-zauğa*) die Rede. Der Oberste Gerichtshof bezieht sich bei Eheauflösungen auf Antrag der Frau seither direkt auf malikitisches Recht. Er erklärt den Nachweis einer Schädigung (*ḍarar*) oder das Vorliegen eines Grundes „nach islamischem Recht" zur notwendigen Voraussetzung für den *taṭlīq*.[183] Dabei wird deutlich, daß der Oberste Gerichtshof die islamrechtlichen Gründe für eine richterliche Verstoßung und vor allem die Konzepte des „Schadens" (*ḍarar*) und des „Ehezerwürfnisses" (*šiqāq*) sehr eng auslegt.

Prinzipiell erkennt der Oberste Gerichtshof die Gründe des malikitischen Rechts für eine von der Frau beantragte richterliche Verstoßung zwar an. Wie schon in den sechziger Jahren werden Klagen auf Eheauflösung wegen Verletzung der Unterhaltspflicht in der Regel zugunsten der Frau entschieden.[184] Allerdings sehen die obersten Richter die Möglichkeit vor, von der Regel, nach der die Frau Anspruch auf eine unabhängige Wohnung hat, unter Umständen abzuweichen. In einem Urteil aus dem Jahr 1987 wird die Klage einer Frau mit dem Argument abgelehnt, angesichts der in Algerien herrschenden Wohnungsnot könne der islamrechtliche Anspruch auf eine unabhängige Wohnung nicht in jedem Fall realisiert werden.[185]

Auch in anderen Urteilen des Obersten Gerichtshofes wird die Tendenz zu einer restriktiven Handhabung der Eheauflösung auf Antrag der Frau deutlich. Zum Teil ergibt sich das einfach aus einer strikten Anwendung des malikitischen Rechts. So kann die Frau nach Auffassung des Obersten Gerichtshofes im Fall eines körperlichen Fehlers des Mannes nicht sofort die Eheauflösung erreichen. Dem Mann muß zunächst eine Behandlungsdauer von einem Jahr zur Heilung zugestanden werden. Während dieser Zeit ist die Frau dazu verpflichtet, weiter an der Seite ihres Mannes zu leben. Erst wenn der körperliche Fehler nach Ablauf der festgesetzten Frist nicht geheilt ist, kann nach höchstrichterlicher Rechtsprechung der *taṭlīq* ausgesprochen werden.[186] Scheint den obersten Richtern der Grund für den *taṭlīq* bloß vorgeschoben zu sein, lehnen sie die Auflösung der Ehe aber auch ohne eindeutige islamrechtliche Grundlage

---

183 MQ 1/91, 43.864; MQ 1/90, 34.767.

184 MQ 4/91, 44.457; MQ 2/90, 39.390. In einem anderen Fall war der Mann zuvor von einem Strafgericht wegen „Vernachlässigung der Familie" (*ihmāl al-ʿāʾila*) zu zwei Jahren Haft verurteilt worden (MQ 3/89, 34.791). Zur strafrechtlichen Sanktionierung familialer Pflichten vgl. SAʿD *al-Ğarāʾim*.

185 MQ 3/90, 44.994.

186 MQ 3/89, 34.791; vgl. auch NQ 1982, 8.2.82 (CS).

ab. So wird das Urteil eines Berufungsgerichts annulliert, das eine Ehe nach zwanzig Jahren wegen Impotenz des Mannes aufgelöst hat.[187]

Die ablehnende Haltung der obersten Richter gegenüber Eheauflösungsklagen von Frauen wird insbesondere im Zusammenhang mit ihrer Auslegung der Schädigung (*ḍarar*) deutlich. So hebt der Oberste Gerichtshof ein Urteil auf, das den *taṭlīq* mit der Begründung entschieden hat, der Mann erlaube es seiner Frau nicht, ihre Verwandten in Frankreich zu besuchen. Das Verbieten einer solchen Reise, so die obersten Richter, erfülle nicht den Tatbestand der Schädigung (*laisa dāḫilan fī bāb aḍ-ḍarar*). Der weitere von der Frau angeführte Grund, ihren Mann „nicht mehr zu wollen", sei kein legaler bzw. islamrechtlicher Grund (*laisa min al-asbāb aš-šarᶜīya*) für den *taṭlīq*.[188] In einem anderen Fall hebt der Oberste Gerichtshof eine richterliche Verstoßung auf, da die Frau keine wiederholte und ernste Schädigung durch das Verhalten des Mannes habe nachweisen können. Die Frau hatte vor dem Berufungsgericht angegeben, sich von ihrem Mann innerlich entfernt zu haben und nicht mehr mit ihm zusammenleben zu können.[189] In Fällen ehelicher Gewalt gegen Frauen macht der Oberste Gerichtshof den Nachweis der Schädigung nahezu unmöglich. Immer wieder lehnen die obersten Richter ärztliche Gutachten über die Folgen körperlicher Mißhandlung als Beweismittel ab. Zur Begründung heißt es, daß die Gutachten bloß die Spuren der Mißhandlung, nicht aber die Täterschaft des Mannes nachweisen könnten.[190] Dabei fordert hier nicht einmal das traditionelle malikitische Recht unbedingt Augenzeugen der Mißhandlung.[191]

---

187 Als Argument führen die obersten Richter an, daß der Mann Vater zweier Kinder aus einer früheren Ehe sei (MQ 2/90, 33.275). Nach traditionellem malikitischen Recht hat die Frau im Fall der Impotenz des Mannes allerdings nur dann keinen Anspruch auf eine richterliche Verstoßung, wenn dieser Zustand erst nach der Eheschließung eingetreten ist. Es gibt keine begrenzte Frist für die Erhebung einer entsprechenden Klage (LINANT DE BELLEFONDS *Traité de Droit Musulman*, II, 454 f.). In dem hier zitierten Fall wurde im Unterschied dazu gar nicht erst geprüft, ob die Impotenz des Mannes vor oder erst nach der Eheschließung eingetreten ist.

188 Der Oberste Gerichtshof hat hierzu festgestellt, daß die Frau gegen ihren Mann auf Ermöglichung der Reisen nach Frankreich hätte klagen sollen (MQ 1/89, 35.891).

189 MQ 1/90, 34.767.

190 MQ 1/90, 34.267; MQ 4/91, 52.278. Der Oberste Gerichtshof akzeptiert lediglich eine strafrechtliche Verurteilung des Mannes wegen Mißhandlung als Beweis für eine „Schädigung" im Sinn des malikitischen Rechts (Interview der Verfasserin mit einer Anwältin beim Obersten algerischen Gerichtshof, Berlin im November 1995). Es ist allerdings fraglich, ob eine solche strafrechtliche Verurteilung einfacher zu erreichen ist.

191 LINANT DE BELLEFONDS *Traité de Droit Musulman*, II, 463.

Während insbesondere algerische Anwälte und Anwältinnen die begrenzten juristischen Möglichkeiten der Eheauflösung auf Antrag der Frau als großes Problem bezeichnen,[192] schränkt der Oberste Gerichtshof die Anwendung des *taṭlīq* eher ein. Diese Haltung ist nicht allein mit dem Rückgriff auf traditionelles islamisches Recht zu erklären. Die verschiedenen Urteilsbegründungen deuten vielmehr darauf hin, daß die obersten Richter zu verhindern suchen, daß durch einen ihrer Auffassung nach rein instrumentellen Umgang mit islamrechtlichen Gründen für den *taṭlīq* letztlich der Wille der Frau zu einem Scheidungsgrund wird.

4.2.4.2 Das Familiengesetz

Auch das Familiengesetz von 1984 sieht die Möglichkeit vor, die Ehe auf Antrag der Frau durch *taṭlīq* aufzulösen.[193] Als gesetzliche Gründe für eine solche „richterliche Verstoßung" gelten die Nichtleistung von Unterhalt, ein körperlicher Fehler des Mannes, der der Erfüllung des „Ehezieles" im Wege steht, die Weigerung des Mannes über mehr als vier Monate, das Bett mit seiner Frau zu teilen, die Verurteilung des Mannes zu einer ehrenrührigen Freiheitsstrafe, die länger als ein Jahr dauernde unentschuldigte Abwesenheit des Mannes, wenn er in dieser Zeit keinen Unterhalt leistet, eine rechtlich anerkannte „Schädigung" der Frau (*ḍarar mu^c^tabar šar^c^a/préjudice légalement reconnu comme tel*), insbesondere die Verletzung der Vorschriften von Artikel 8 (Bedingungen der Polygynie) und Artikel 37 Familiengesetzbuch (Unterhaltspflicht des Ehemannes; Gleichbehandlung der Frauen bei Polygynie) und schließlich das eindeutig nachgewiesene unmoralische Verhalten des Mannes (*fāḥiša mubīna/faute immorale gravement répréhensible établie*).[194]

Diese Gründe sind zwar im wesentlichen dem traditionellen malikitischen Recht entnommen. Zum Teil sind sie jedoch modifiziert worden. So wird in Erweiterung des malikitischen Rechts eine Freiheitsstrafe des Mannes ausdrücklich als gesetzlicher Grund für eine Eheauflösung angeführt.[195] An diesem Punkt schützt das Gesetz einen Anspruch der Frau. Gleichzeitig wird das traditionelle Recht aber auch zuungunsten von Frauen modifziert. So spielt nach malikitischem Recht der Grund einer Abwesenheit des Mannes für den

---

[192] Interview der Verfasserin mit einer Anwältin beim Obersten algerischen Gerichtshof (Berlin im November 1995).

[193] Artikel 48 FGB.

[194] Artikel 53 FGB.

[195] Vgl. LINANT DE BELLEFONDS *Traité de Droit Musulman*, II, 476.

taṭlīq keine Rolle. Außerdem kann die Frau nach malikitischem Recht auch dann den *taṭlīq* beantragen, wenn der Mann während seiner Abwesenheit weiterhin Unterhalt leistet.[196] Im Unterschied dazu schränkt das Gesetz den *taṭlīq* auf solche Fälle ein, in denen der Mann unentschuldigt abwesend ist und zusätzlich seiner Unterhaltspflicht gegenüber der Frau nicht mehr nachkommt. Der Gesetzgeber will hier offenbar verhindern, daß Frauen die durch Arbeitsmigration bedingte Abwesenheit von Männern „ausnutzen" können, um eine gerichtliche Eheauflösung zu erwirken.

Vor diesem Hintergrund und angesichts der einschlägigen Kommentare zu dem Gesetz ist es unwahrscheinlich, daß der an sich offene Begriff der Schädigung (*ḍarar*) zukünftig im Interesse von Frauen weiter ausgelegt wird.[197] Das Gesetz selbst nennt als Schädigung ausdrücklich nur die Verletzung gesetzlicher Pflichten des Mannes.

Auch im Fall des Ehezerwürfnisses (*ḫiṣām/mésentente*) sieht das Gesetz die Möglichkeit einer gerichtlichen Eheauflösung vor.[198] Kann keine der Parteien die Schuld der anderen Seite an der Zerrüttung der Ehe beweisen, setzt der zuständige Richter zwei „Schiedsrichter" ein, deren Aufgabe die Anfertigung eines Berichts über den Zustand der Ehe ist. Die Entscheidung über die Auflösung der Ehe liegt jedoch auch hier beim Richter. Eingedenk der bisherigen Rechtsprechung ist nicht davon auszugehen, daß dieser Möglichkeit der Eheauflösung wegen „Zerrüttung" praktische Bedeutung zukommen wird.

Eine wichtige Neuerung gegenüber der bisherigen Rechtslage stellt die Möglichkeit für die Frau dar, im Fall einer weiteren Eheschließung des Mannes die Eheauflösung zu beantragen.[199] Diese Möglichkeit ändert jedoch nichts an der Tatsache, daß Polygynie auch weiterhin grundsätzlich erlaubt ist.[200]

Neu ist außerdem die Eheauflösung wegen „Widerspenstigkeit" (*nušūz*) eines der Partner, wobei die geschädigte Seite Anspruch auf Schadensersatz geltend machen kann.[201] Die französische Fassung des entsprechenden Artikels spricht zwar nur vom „Verlassen der ehelichen Wohnung". Bezogen auf das Verhalten der Frau kann der Begriff des *nušūz* im traditionellen Recht jedoch ganz allgemein bedeuten, daß die Frau sich dem Mann persönlich und körperlich nicht

---

196 LINANT DE BELLEFONDS a.a.O., 457 f.

197 Vgl. auch SA'D *az-Zawāǧ*, 270-275.

198 Artikel 56 FGB. Vgl. auch FORSTNER *Ehe- und Kindschaftsrecht*, 218 f.

199 Artikel 8 FGB.

200 Zu den sozialen und rechtlichen Folgen der Polygynie vgl. auch ASLAOUI *Effets du code*, 13-15.

vollkommen zur Verfügung hält.[202] Vor diesem Hintergrund kann sich die neue Regelung daher unter Umständen gegen Frauen kehren: Wird eine Frau wegen *nušūz* von ihrem Mann geschieden, könnte sie theoretisch zur Leistung von Schadensersatz verpflichtet werden.

4.2.4.3 Divergenzen in der Rechtsprechung

Während der Oberste Gerichtshof das islamische Recht und später das Familiengesetz eher eng auslegt, um die Anwendbarkeit der richterlichen Verstoßung einzuschränken, sprechen Gerichte der ersten und zweiten Instanz den *taṭlīq* auch in solchen Fällen aus, in denen er offensichtlich unbegründet ist. Den Mangel an Begründung versuchen die Richter häufig dadurch auszugleichen, daß sie die Frau materiell benachteiligen. Dabei interpretieren sie den *taṭlīq* als eine Form der Eheauflösung „zu Lasten" der Frau. Ein Berufungsgericht entscheidet auf *taṭlīq* und weist der Frau die Verantworung für die Eheauflösung zu (*bi-mas'ūlīyat az-zauǧa*). Da sie keinen gesetzlichen Grund für eine Eheauflösung besitzt, verliert sie sämtliche finanziellen Ansprüche aus der Beendigung der Ehe.[203] In einem anderen Fall ist die Frau durch *taṭlīq* „schuldig" von ihrem Mann geschieden worden (*bi-taẓlīm az-zauǧa*).[204] Ein drittes Urteil hat der Frau im Zusammenhang mit ihrer richterlichen Verstoßung aufgrund ihrer „Widerspenstigkeit" (*nušūz*) alle finanziellen Rechte aus der Eheauflösung verweigert.[205] Es kommt auch vor, daß die zuständigen Richter die Frau zur Zahlung einer Kompensation an den Mann verurteilen. In einem der vorliegenden Fälle ist auf „richterliche Verstoßung gegen Kompensation" (*taṭlīq bi-l-ḫulᶜ*) entschieden worden.[206]

Die unsystematische Verwendung islamrechtlicher Termini und die offensichtliche Umgehung geltenden Rechts, wie sie in diesen Urteilen zum Ausdruck kommen, sind in zweierlei Hinsicht aufschlußreich. Einerseits wird deutlich, daß die regulären Möglichkeiten, die Ehe auf Antrag der Frau aufzulösen, von den Richtern der ersten und zweiten Instanz als unzureichend betrachtet werden. Andererseits zeigt diese Gerichtspraxis aber auch, daß die Vorschriften des malikitischen Rechts den Richtern entweder nicht wirklich bekannt sind

---

201 Artikel 55 FGB.

202 Vgl. auch FORSTNER *Ehe- und Kindschaftsrecht*, 218 f.

203 MQ 1/90, 34.767.

204 MQ 2/90, 36.784.

205 MQ 2/90, 33.275.

206 MQ 3/90, 51.728.

oder von ihnen ganz bewußt umgangen bzw. manipuliert werden. Dieser Umgang mit dem traditionellen Recht kann zwar in Einzelfällen helfen, flexible Entscheidungen zu treffen. Er bietet jedoch keine Basis für eine systematische Reinterpretation oder Reform des islamischen Rechts. Der Oberste Gerichtshof annulliert die eben zitierten Urteile ausnahmslos wegen Verstoßes gegen Vorschriften der islamischen *šarīʿa* und wegen Verstoßes gegen das Gesetz.[207]

Differenzen zwischen der erst- und zweitinstanzlichen Rechtsprechung auf der einen, dem Obersten Gerichtshof auf der anderen Seite zeigen sich auch in der Frage der materiellen Folgen einer islamrechtlich begründeten „richterlichen Verstoßung“. Während Richter der ersten und zweiten Instanz Frauen auch hier unter Umständen eine „Trostgabe“ zusprechen[208], hält der Oberste Gerichtshof dies prinzipiell für unzulässig. Er ist der Auffassung, daß Frauen nur im Fall ihrer Verstoßung durch den Mann Anspruch auf eine Trostgabe (*mutʿa*) haben. Der Frau, die selbst die Auflösung der Ehe betreibe, stehe eine solche nicht zu. Ein anderslautendes Urteil wird mit der Begründung annulliert, es verstoße gegen die Grundsätze der *šarīʿa*.[209] In dieser Hinsicht legt der Oberste Gerichtshof auch das Familiengesetz von 1984 sehr eng aus. Die obersten Richter entscheiden zum Beispiel, daß der Frau im Fall einer richterlichen Verstoßung auch kein Schadensersatz (*taʿwīḍ*) zusteht. In der Begründung heißt es, daß die Frau, wenn sie erfolgreich auf richterliche Verstoßung geklagt hat, nicht noch ein zweites Mal von dem Scheidungsgrund „profitieren“ könne.[210] Tatsächlich erwähnt das Familiengesetz einen Schadensersatzanspruch nur im Zusammenhang mit der willkürlichen Verstoßung oder der „Widerspenstigkeit“ (*nušūz*) eines der Ehegatten.[211]

4.2.5 Zusammenfassung

Der Oberste algerische Gerichtshof hält über die Aufhebung der Texte von 1959 hinaus am Grundsatz der gerichtlichen Auflösung der Ehe fest. Andererseits wendet er inhaltlich von Anfang an nicht die Reformgesetze, sondern malikitisches Recht an. Das hat verschiedene Gründe. Anhand der Urteilsbegründungen wird zum einen deutlich, daß die obersten Richter bei der Eheauflösung

---

207 MQ 3/90, 51.728; MQ 2/90, 33.275; MQ 2/90, 36.784; MQ 1/90, 34.767.
208 MQ 3/89, 34.784; MQ 1/90, 34.267.
209 MQ 4/90, 51.614.
210 MQ 1/91, 53.017.
211 Artikel 52 Absatz 1 und Artikel 55 FGB.

das hierarchische Verhältnis zwischen Mann und Frau weitgehend aufrechterhalten wollen. Zum anderen ist aber auch ein Interesse an der Stabilisierung der Ehe erkennbar. Daher erklärt sich die Ambiguität in der Haltung der obersten Richter gegenüber der Verstoßung: Der Mann verliert nach herrschender Rechtsprechung zwar nicht sein Verfügungsrecht über den Bestand der Ehe, die Verstoßung wird aber erst durch Gerichtsurteil rechtswirksam. Das Verstoßungsverfahren an sich und die Notwendigkeit, die Verstoßung im Zusammenhang mit einem möglichen Schadensersatzanspruch der Frau zu begründen, bieten dabei gewisse Eingriffs- und Kontrollmöglichkeiten des Richters.

In der Frage der Eheauflösung auf Antrag der Frau können die Richter beide Anliegen verbinden. Die Stabilisierung der Ehe wird hier sozusagen auf Kosten der Frau durchgesetzt. Die Richter legen dabei selbst die malikitischen Gründe für den *taṭlīq* eher eng aus.[212] Im Zusammenhang mit dem *ḫul^{c}* verhindern sie außerdem in Übereinstimmung mit traditionellem Recht, daß eine Ehe auf diese Weise gegen den Willen des Mannes aufgelöst werden kann.

Auch das Familiengesetz von 1984 verbindet die Aufrechterhaltung ehemännlicher Vorrechte mit der Kontrolle und Reglementierung der Eheauflösung. Dabei faßt der Gesetzgeber die Gründe für den *taṭlīq* im Interesse der Stabilisierung der Ehe gegenüber dem traditionellen malikitischen Recht zum Teil enger aus. Andererseits wird der *ḫul^{c}* hier ausdrücklich als Möglichkeit genannt, die Ehe auf Antrag der Frau aufzulösen. Auch hat die Frau nach dem Gesetz die Möglichkeit, im Fall einer weiteren Eheschließung des Mannes die Eheauflösung zu beantragen. Diese Neuerung ist allerdings nicht in erster Linie dem Anliegen geschuldet, die Möglichkeiten der Eheauflösung auf Antrag der Frau zu erweitern. Sie muß vielmehr vor dem Hintergrund der negativen Beurteilung der Polygynie durch Angehörige der algerischen Regierung gesehen werden.[213]

---

212 Ähnliche Tendenzen in der Rechtsprechung sind auch in Ägypten und Marokko erkennbar (HILL *Mahkama*, 81 ff.; HÖLL *Stellung der Frau*, 192 f.).

213 Während der parlamentarischen Beratungen über das Gesetz hat ein Regierungsvertreter die Polygynie ausdrücklich als sozial schädlich bezeichnet, da sie die Stabilität der Ehe gefährde (vgl. dazu Kapitel 3.1).

5 DIE ORDNUNG DER FAMILIE

Die Formalisierung und Reglementierung der Ehe, die im vorangegangenen Kapitel dargestellt wurde, ist Ausdruck des Bedeutungsgewinns der Ehe nicht nur als Institution eigener Ordnung, sondern vor allem auch als Grundlage der Kernfamilie. Vor diesem Hintergrund soll im folgenden gefragt werden, ob die gewachsene Bedeutung von Ehe und Kernfamilie in der Rechtsprechung und in dem Familiengesetz von 1984 auch zu einer Modifizierung der Rechtsbeziehungen zwischen den Familienmitgliedern führt. Zunächst geht es dabei um das Verhältnis der Eheleute zueinander. In einem zweiten Teil wird untersucht, welche Ansprüche und welche Pflichten der Mutter bzw. dem Vater gegenüber dem Kind entstehen und wie sich Eltern- und Kinderrechte zueinander verhalten. Dabei geht es auch um die Frage, inwiefern die Person des Kindes bzw. sein Wohl oder sein Wille von der Rechtsprechung und vom Gesetz berücksichtigt werden. Zum Schluß sollen verschiedene Formen der Eigentumsübertragung innerhalb der Familie dargestellt werden. Hier ist zu prüfen, ob und mit welcher Begründung die algerische Rechtsprechung und das Familiengesetz von 1984 dem Bedeutungsverlust des erweiterten agnatischen Familienverbandes zugunsten der Kernfamilie Rechnung tragen.

5.1 DAS GESCHLECHTERVERHÄLTNIS – HÄUSLICHE GEMEINSCHAFT UND EHEMÄNNLICHE GEWALT

Nach traditionellem malikitischem Recht verleiht die Eheschließung dem Mann nahezu uneingeschränkte Autorität über seine Frau. Der Mann erwirbt durch die Eheschließung mit Zahlung des Brautgeldes (*mahr* oder *ṣadāq*) das Recht, über die Person der Frau zu verfügen und ihren Körper als einziger sexuell zu „nutzen". Die Frau schuldet ihrem Mann Gehorsam.[1] Sie ist dazu verpflichtet, mit ihm zu leben und für ihn verfügbar zu sein. Der Mann hat das Recht, die Bewegungsfreiheit der Frau einzuschränken und den Besuch, den sie empfängt, zu kontrollieren. Darüber hinaus hat er ihr gegenüber ein Züchtigungsrecht. Umgekehrt besteht die einzige Pflicht des Mannes in der Leistung von Unterhalt. Diese Pflicht gilt unabhängig von der materiellen Bedürftigkeit der Frau.[2] Sie beginnt mit dem Moment, in dem sie dem Mann zum Vollzug der Ehe zur Verfügung steht, und bleibt bis zur Beendigung der Ehe erhalten. Allerdings kann die Frau ihren Unterhaltsanspruch auch während der Ehe durch „Widerspenstigkeit" (*nušūz*) gegen den Mann verwirken.[3] Verletzt umgekehrt der Mann seine Unterhaltspflicht, so kann die Frau ihrerseits die Auflösung der Ehe beantragen.

Im Gegensatz zu ihrer persönlichen Abhängigkeit und Unterordnung bleibt die verheiratete Frau vermögensrechtlich von ihrem Mann grundsätzlich unabhängig.[4] Im malikitischen Recht ist es sogar gerade der Vollzug der Ehe, der die Frau von der bis dahin bestehenden vermögensrechtlichen Vormundschaft eines männlichen Verwandten befreit.[5] Es gibt nach islamischem Recht keine Vergemeinschaftung der Vermögen in der Ehe und der Mann hat keinerlei Verwaltungsbefugnis über das Vermögen der Frau. Die Frau muß nicht zum Familienhaushalt beitragen – nach malikitischem Recht kann sie nicht einmal anstelle des Mannes gegenüber ihren Kindern unterhaltspflichtig werden. Allerdings schränkt das malikitische Recht die vermögensrechtliche Unabhängig-

---

1 Zur Definition der ehelichen Gewalt (*ʿiṣma*) als eigentumsähnlichem Recht (*milk*) des Mannes vgl. SANTILLANA *Diritto musulmano*, 181.

2 Vgl. BOUSQUET *Précis*, 127 f.

3 LINANT DE BELLEFONDS *Traité de Droit Musulman*, II, 256 f.

4 LINANT DE BELLEFONDS a.a.O., 287. Vgl. auch BOUSQUET *Précis*, 123 ff.; vgl. auch SANTILLANA *Diritto musulmano*, 185 ff.

5 LINANT DE BELLEFONDS *Traité de Droit Musulman*, III, 216.

keit der verheirateten Frau insofern ein, als sie durch Schenkung nur über ein Drittel ihres gesamten Vermögens verfügen kann.[6]

5.1.1 Die Rechtsprechung bis 1984

Bis zur Verabschiedung des Familiengesetzes von 1984 greift der algerische Gesetzgeber nicht in den Bereich der ehelichen Rechte und Pflichten ein. Die Rechtsprechung ist hier also unmittelbar auf islamisches Recht verwiesen. In den Entscheidungen des Obersten algerischen Gerichtshofes ist dabei kein grundlegender Wandel in der Definition der ehelichen Rechte und Pflichten erkennbar. Die obersten Richter halten grundsätzlich daran fest, daß die Frau ihrem Mann Gehorsam schuldet und ihm zur Verfügung zu stehen hat. Eine rechtskräftige Eheschließung verpflichtet die Frau nach Meinung der obersten Richter dazu, mit ihrem Mann in der ehelichen Wohnung zusammenzuleben.[7] Nur wenn sie diese Pflicht erfüllt, hat sie ihrerseits einen einklagbaren Anspruch auf Unterhalt.[8] Verläßt die Frau jedoch die Wohnung des Mannes ohne dessen Erlaubnis und ohne gesetzlichen Grund, so befindet sie sich im Zustand des „Widerspenstigkeit" (*nušūz*) und verwirkt dadurch ihren Unterhaltsanspruch. In diesem Fall kann der Mann vor Gericht auf Rückkehr (*ruǧūᶜ*) der Frau klagen. Die zwangsweise Rückholung der Frau in die eheliche Wohnung unter Einsatz öffentlicher Gewalt wird von algerischen Behörden allerdings nicht mehr praktiziert. Demgegenüber war dies in der Kolonialzeit grundsätzlich noch möglich.[9] Eine Entscheidung des Berufungsgerichts Batna aus dem Jahr 1967 hat die Haltung der postkolonialen Rechtsprechung folgendermaßen begründet: „*Attendu que, depuis l'avènement du Prophète, la femme ne fait plus partie du patrimoine du mari d'où il résulte que ce dernier n'a pas le droit de la contraindre par la force à réintégrer le domicile conjugal.*"[10] Wird eine Frau jedoch wegen ihrer Weigerung, in die eheliche Wohnung zurückzukehren, verstoßen, hat sie keinen Anspruch auf Schadensersatz.[11]

---

6 Zur vermögensrechtlichen Situation der verheirateten Frau im malikitischen Recht vgl. LINANT DE BELLFONDS *Traité de Droit Musulman*, II, 197 ff.

7 MQ 2/89, 32.653.

8 RASJEP 1968, 14.3.67 (Cour); RASJEP 1968, 16.3.67 (Cour).

9 Die Staatsanwaltschaft (*parquet général*) hat den Einsatz öffentlicher Gewalt jedoch oft nur zögernd akzeptiert (vgl. BOUSQUET *Précis*, 130).

10 RASJEP 1968, 14.3.67 (Cour).

11 Über die Frage der Schuld bei Verstoßungen vgl. Kapitel 4.2.

5.1.1.1 Die eheliche Gemeinschaft

Die eheliche Gemeinschaft erscheint in der Rechtsprechung des Obersten Gerichtshofes vor allem als Ausdruck ehemännlicher Gewalt. Aus diesem Grund annulliert der Oberste Gerichtshof ein Urteil, das einen Mann dazu verpflichtet hat, in die Wohnung seiner Frau zurückzukehren, um dort das gemeinsame Leben mit ihr wiederaufzunehmen. Zur Begründung dieser Entscheidung führen die obersten Richter an: „*Wenn nach* šarᶜ *– und nach der Rechtsprechung des Obersten Gerichts-hofes – feststeht, daß das islamische Recht die Frau zum Aufenthalt im Haus ihres Mannes verpflichtet, so gilt ein Urteil, das von den Bestimmungen dieses Prinzips abweicht, als Verstoß gegen einen von der* šarīᶜa *festgelegten Grundsatz.*“[12] Dem wird hinzugefügt, daß als Ehewohung nicht die Wohnung der Frau, sondern die des Mannes zu betrachten ist. Der Schutz der ehelichen Gemeinschaft ist hier mit dem Schutz der Autorität des Mannes gleichbedeutend.

Aus der Gleichsetzung von ehelicher Gemeinschaft und ehelicher Gewalt des Mannes folgt auch, daß der Mann den Aufenthalt der Frau bestimmen kann. Nach Auffassung des Obersten Gerichtshofes hat die Frau nicht das Recht, über einen Wohnungs- oder Wohnortwechsel mitzuentscheiden. Der Oberste Gerichtshof akzeptiert nicht einmal die Wirksamkeit einer Klausel im Ehevertrag, durch die der Mann sich verpflichtet, mit seiner Frau an einem bestimmten Ort zu leben.[13] Die obersten Richter nehmen diese Entscheidung zum Anlaß dafür, unter Verweis auf malikitisches Recht die Gültigkeit von Ehevertragsklauseln ganz allgemein einzuschränken. So wird festgelegt, daß Verfügungen im Ehevertrag der Rechtsnatur der Ehe nicht widersprechen dürfen. Dies ist aber der Fall, „(...) *wenn die Frau den Mann durch eine Verfügung verpflichtet, keine weitere Ehe einzugehen oder sie nicht von einem bestimmten Ort oder aus einer bestimmten Stadt fortzubringen. Bedingungen dieser Art sind zu verachten, weil sie (für den Mann) Verbote enthalten. Sie sind jedoch nicht bindend und berühren die Ehe an sich nicht.*“[14] Ehevertragliche Vereinbarungen sind nach

12 MQ 2/89, 32.653.

13 MQ 2/91, 49.575.

14 MQ 2/91, 49.575. Die Richter verweisen hier ohne genauere Angaben auf den Kommentar zum *Muḫtaṣar* des ḪALĪL b. Isḥāq (gest. 1365) (GAL, S. II, 96) von Aḥmad Muḥammad b. Aḥmad AD-DARDĪR (gest. 1786) in der Kommentierung durch Muḥammad b. ᶜArafa AD-DASŪQĪ (gest. 1815) (GAL, S. II, 479 f.; vgl. auch SPIES/PRITSCH *Klassisches islamisches Recht*, 258 f.). Tatsächlich anerkennen die malikitischen Gelehrten keine Klauseln, die der Frau eine eigene Wohnung ausbedingen oder sie der Pflicht entheben, ihrem Mann zu folgen bzw. ihn auf Reisen zu begleiten. Auch die Verpflichtung des Mannes,

Auffassung des Obersten Gerichtshofes also nur dann gültig, wenn sie die Autorität des Mannes nicht in Frage stellen.

5.1.1.2 Die ehelichen Pflichten – Unterhalt gegen Gehorsam

Die Rechtsprechung des Obersten algerischen Gerichtshofes hält an dem islamrechtlichen Grundsatz der Gegenseitigkeit ehelicher Rechte und Pflichten fest.[15] Daher verwirkt die widerspenstige (*nāšiz*) Ehefrau ihren Anspruch auf Unterhalt. Nach herrschender Rechtsprechung gilt die Frau schon dann als widerspenstig, wenn sie die eheliche Wohnung ohne Erlaubnis des Mannes verläßt.[16] Unter Umständen erfüllt dabei auch die Erwerbstätigkeit der Frau den Tatbestand der Widerspenstigkeit. Durch die Erwerbstätigkeit würden, so die Urteilsbegründung eines algerischen Gerichts aus dem Jahr 1983, die Rechte des Mannes verletzt, da er während dieser Zeit nicht über seine Frau verfügen könne. Die Erwerbstätigkeit der Frau hänge daher grundsätzlich von einer Erlaubnis des Mannes ab. Eine solche Erlaubnis sei für den Mann jedoch nicht bindend, er könne sie jederzeit wieder zurücknehmen. Nur wenn die Frau bereits vor der Eheschließung erwerbstätig gewesen sei und sich vor Vollzug der Ehe im Ehevertrag ausdrücklich das Recht auf eine weitere Erwerbstätigkeit ausbedungen habe, könne der Mann ihr diese nicht mehr verbieten.[17] Der potentiell emanzipatorische Effekt der Erwerbstätigkeit wird nach dieser Rechtsprechung also weitgehend „neutralisiert".[18]

Die einzige eheliche Pflicht des Mannes besteht nach traditionellem Recht wie nach herrschender algerischer Rechtsprechung in der Leistung von Unterhalt. Nur wenn der Mann diese Pflicht verletzt, kann die Frau die Ehewohung verlassen, ohne sich der „Widerspenstigkeit" schuldig zu machen. In diesem Fall

---

keine weitere Frau zu heiraten ist nach malikitischer Auffassung nicht bindend (vgl. LINANT DE BELLEFONDS *Traité de Droit Musulman*, II, 92). Es ist nach traditionellem Recht allerdings möglich, solche Verpflichtungen nach der Eheschließung vertraglich festzulegen. Zu Theorie und Praxis des traditionellen Rechts in dieser Frage vgl. LAPANNE-JOINVILLE *Contrat de mariage* und TOLEDANO *Judicial practice*, inbes. 39 ff.

15 Zu diesem Grundsatz vgl. TAUSCHER *Islamisches Familienrecht*, 71 f.

16 Das traditionelle islamische Recht faßt unter den Begriff des *nušūz* auch den Fall, daß die Frau ihren ehelichen Pflichten nicht nachkommt (LINANT DE BELLEFONDS *Traité de Droit Musulman*, II, 266 f.). In den hier vorliegenden Dokumenten kommen jedoch ausschließlich Fälle vor, in denen Frauen die eheliche Wohung verlassen haben.

17 NQ 1/85, 25.4.83 (Maḥkama).

18 Zu den verschiedenen familialen Strategien der "Neutralisierung" von Auswirkungen des sozialen Wandels vgl. ABROUS *L'honneur*, 12. Vgl. auch Kapitel 1.2.

kann sie ihren auch weiterhin bestehenden Unterhaltsanspruch vor Gericht einklagen.[19]

Die einzige wichtige Neuerung gegenüber dem traditionellen islamischen Recht besteht darin, daß die Feststellung der Unterhaltsberechtigung der Frau nach der Rechtsprechung des Obersten algerischen Gerichtshofes formalisiert und damit privater Willkür entzogen worden ist: Der Mann muß die „Widerspenstigkeit" der Frau vor Gericht nachweisen, damit sie ihren Unterhaltsanspruch verliert. Er muß dabei zunächst auf Rückkehr seiner Frau in die Ehewohnung klagen. Dann muß er belegen können, daß sich die Frau der von ihm erwirkten gerichtlichen Anordnung zur Rückkehr widersetzt hat. Dafür fordern die obersten Richter die Vorlage eines amtlichen Protokolls (*maḥḍar tanfīḏ*), das die Weigerung der Frau dokumentiert. Solange ein solches Protokoll nicht vorliegt, gilt eine Frau nach Auffassung des Obersten Gerichtshofes „in den Grenzen des Gesetzes" (*fī ḥudūd al-qānūn*) nicht als „widerspenstig" (*nāšiz*).[20] Die obersten Richter annullieren daher verschiedene Urteile, die die „Widerspenstigkeit" der Frau allein aufgrund der Aussage des Mannes festgestellt haben.[21] Auch Zeugenaussagen über die Weigerung der Frau, einer gerichtlichen Anordnung zur Rückkehr in die Ehewohnung nachzukommen, genügen dem Obersten Gerichtshof nicht.[22] Die Formalisierung des Nachweises über den *nusuz* wird allerdings nicht dazu genutzt, im Interesse größerer persönlicher Freiheit der Frau auch den Inhalt der Widerspenstigkeit neu zu definieren.

Die Rechtsprechung des Obersten algerischen Gerichtshofes modifiziert die islamrechtliche Struktur der Ehe also kaum. Die eheliche Gewalt des Mannes bleibt weitgehend uneingeschränkt. Nur hinsichtlich des Nachweises der „Widerspenstigkeit" der Frau wird die Ausübung ehemännlicher Gewalt in gewisser Weise formalisiert und der Kontrolle durch ein Gericht unterstellt.

---

19 BdM 4/1966, 22.6.66; MQ 1/89, 38.331; MQ 2/90, 39.390; MQ 3/90, 45.111; für die entsprechenden Regelungen des traditionellen Rechts vgl. LINANT DE BELLEFONDS *Traité de Droit Musulman*, II, 259. Die Höhe des Unterhaltsanspruchs wird dabei unter Berücksichtigung der finanziellen Möglichkeiten des Ehemannes einerseits, der Lebensumstände der Frau andererseits festgesetzt (NQ 2/1982, 15.12.80 (CS)). Das entspricht den Regelungen des traditionellen malikitischen Rechts (vgl. LINANT DE BELLEFONDS *Traité de Droit Musulman*, II, 262; BOUSQUET *Précis*, 129.)

20 MQ 4/89, 33.762.

21 BdM 4/1966, 9.11.66 (CS).

22 MQ 4/89, 34.397.

5.1.2 Das Familiengesetz

Hinsichtlich der Struktur des Geschlechterverhältnisses in der Ehe bringt auch das Familiengesetz keine grundlegende Veränderung. Neu ist jedoch die oben zitierte programmatische Verankerung der Ehe als sozialer Institution. Die einleitenden Artikel des Gesetzes betonen die solidarische Gemeinschaft zwischen Mann und Frau und die Bedeutung ihrer emotionalen Bindung aneinander. Die Ehe wird zur Familiengründung erklärt.[23] Als gemeinsame Pflichten von Mann und Frau nennt das Gesetz die Aufrechterhaltung der ehelichen Verbindung und die Erfüllung der Aufgaben des Zusammenlebens, die Achtung der Familieninteressen sowie den Schutz und die Erziehung der Kinder und die Wahrung der verwandtschaftlichen Bande.[24] Dennoch modifiziert das Gesetz weder die hierarchische Ordnung der Geschlechter in der Ehe noch die strenge geschlechtsspezifische Rollen- und Arbeitsteilung.

Die männliche Autorität über die Ehefrau bleibt weitgehend unangetastet. Die Frau ist gegenüber dem Mann in seiner Eigenschaft als „Familienhaupt" (*raʾīs al-ʿāʾila*) zum Gehorsam verpflichtet. An dieser Stelle wird sogar der Begriff *ʿāʾila* verwendet, der im algerischen Kontext eher den traditionalen agnatischen Familienverband bezeichnet. Im Titel des Gesetzes steht im Unterschied dazu der Terminus *usra*, der eher zur Bezeichnung der Kernfamilie dient.[25] Das Familiengesetz verlangt von der Frau aber nicht nur Gehorsam gegenüber ihrem Mann. Sie muß auch den Eltern bzw. Verwandten des Mannes Respekt zollen. Außerdem wird das Stillen der Kinder zur gesetzlichen Pflicht der Frau erklärt.[26] Umgekehrt bestehen die Rechte der Frau lediglich darin, ihre nächsten Verwandten (*maḥārim*)[27] „im Rahmen des Üblichen" zu besuchen und bei sich zu empfangen sowie ihr Vermögen selbständig und frei zu verwalten.[28] Der Mann hat seinerseits nur die Pflicht, gemäß seinen finanziellen Möglichkeiten für den Unterhalt der Frau zu sorgen. Diese Pflicht entfällt, wenn die Frau sich der „Widerspenstigkeit" (*nušūz*) schuldig macht.[29] Der Begriff des *nušūz* wird vom Gesetz nicht definiert – er muß daher im Sinn des traditionel-

---

23 Artikel 2, 3 und 4 FGB.

24 Artikel 36 FGB.

25 Zur Konnotation des Familienbegriffs im algerischen Kontext vgl. BOUTEFNOUCHET *Famille algérienne*, 38 f.

26 Artikel 39 FGB.

27 Dieser Terminus bezeichnet im islamischen Recht Personen, die mit der Frau in einem die Ehe ausschließenden verwandtschaftlichen Verhältnis stehen und ihr daher als Ehegatte "verboten" sind.

28 Artikel 38 FGB.

29 Artikel 37 Absatz 1 FGB.

len Rechts ausgelegt werden.[30] Im Fall der Polygynie ist der Mann nach dem Gesetz außerdem zur Gleichbehandlung seiner Frauen verpflichtet.[31]

Das Recht des Mannes, über die Person der Frau und über ihren Körper zu verfügen, wird vom Gesetz an keiner Stelle eingeschränkt. Die ehemännliche Autorität bleibt nahezu unbegrenzt. Nicht einmal das Züchtigungsrecht des Mannes wird aufgehoben. Da der Gesetzestext hierzu schweigt, gelten nach Artikel 222 Familiengesetzbuch die Vorschriften der *šarīᶜa*.[32] Gleichzeitig wird die Möglichkeit, Rechte der Frau durch Klauseln im Ehevertrag festzuschreiben, auch vom Gesetz ausdrücklich eingeschränkt. Klauseln im Ehevertrag sind nur dann gültig, wenn sie der gesetzlichen Ordnung der Ehe nicht zuwiderlaufen.[33]

5.1.3 Zusammenfassung

Die überkommene Ordnung der Geschlechter in Ehe und Familie wird durch die Rechtsprechung und durch das Familiengesetz von 1984 nicht angetastet. Rechtsprechung und Familiengesetz bezwecken weder eine Umgestaltung noch eine weitergehende Formalisierung des personalen Verhältnisses zwischen Mann und Frau. Sie verankern keine neuen Rechte von Frauen und begrenzen die eheliche Autorität von Männern nicht. Rechtsprechung und Familiengesetz lehnen außerdem individuelle vertragliche Vereinbarungen zwischen den Eheleuten ab, wenn diese die Autorität des Mannes in Frage stellen bzw. der Frau neue Gründe an die Hand geben, eine Eheauflösung zu beantragen. Das Familiengesetz von 1984 verleiht zwar schließlich Ehe und Kernfamilie ein größeres Eigengewicht als das traditionelle Recht. Für das „Innenverhältnis" der Ehe hat allerdings auch das kaum Auswirkungen.34 Es ist daher zu bezweifeln, daß die programmatische Aufwertung der ehelichen Gemeinschaft und die Betonung der ehelichen Solidarität in der Rechtsprechung in Zukunft eine Rolle spielen werden.

---

30 In diesem Sinn legt auch ein Fachkommentar das Gesetz aus (F. SAᶜD *Qānūn al-usra*, 171 f.).

31 Artikel 37, Absatz 2 FGB.

32 So auch einer der Kommentare zu dem Gesetz (F. SAᶜD *Qānūn al-usra*, 200).

33 Artikel 35 FGB.

34 Vgl. auch Kapitel 6.1.

5.2 ELTERN- UND KINDERRECHTE

Aufgrund der agnatischen Organisation der Verwandtschaft in traditionalen Gesellschaften kommt der Abstammung vom Vater im islamischen Recht zentrale Bedeutung zu.[35] Nach traditionellem Recht ist die Frage der Legitimität, d.h. der Ehelichkeit der Zeugung ausschlaggebend für den rechtlichen Status des Kindes. Nur das in einer rechtmäßigen Ehe gezeugte Kind stammt juristisch gesehen von seinem Vater ab.[36] Obwohl nach malikitischem Recht auch ein außereheliches Kind als Kind der Mutter gilt, gibt es keine natürliche Vaterschaft.[37] Das „illegitime" Kind kann gegenüber seinem leiblichen Vater keinerlei Rechte geltend machen. Gleichzeitig ist nach traditionellem Recht die Adoption als Annahme an Kindes Statt ausdrücklich verboten.[38]

Der strenge Grundsatz der ausschließlich legitimen Abstammung vom Vater ist von den Gelehrten des traditionellen Rechts jedoch mit Hilfe anderer Regelungen abgemildert worden. So hängt die Anerkennung der Vaterschaft für ein Kind unbekannter Abstammung lediglich davon ab, daß mit ihr nicht ausdrücklich eine illegitime Beziehung zwischen den Eltern eingestanden wird.[39] Außerdem gingen malikitische Rechtsgelehrte von der Fiktion aus, daß ein Fötus bis zu fünf bzw. bis zu sieben Jahre im Mutterleib „schlafen" könne. Diese Vorstellung machte es möglich, auch längere Zeit nach Auflösung einer Ehe geborene Kinder noch als eheliche anzuerkennen.[40] Umgekehrt ist die Anfechtung der Vaterschaftsvermutung bei Bestehen einer Ehe nur im Rahmen eines Gerichtsverfahrens möglich. Der Mann muß spätestens nach der Geburt des fraglichen Kindes seine Frau vor Gericht der Unzucht beschuldigen und einen entsprechenden Eid schwören. Beschwört die Frau dagegen ihre Unschuld, wird die Ehe durch eine unwiderrufliche und definitive Verstoßung aufgelöst, und die eheliche Abstammung des Kindes wird aberkannt.[41]

---

35 Daher die Notwendigkeit einer strengen sozialen Kontrolle der Sexualität von Frauen. Zu Familie und Geschlechtermoral in der traditionellen algerischen Gesellschaft vgl. BOURDIEU *Sociologie de l'Algérie*, 11-18.

36 LINANT DE BELLEFONDS *Traité de Droit Musulman*, III, 24 f.

37 Vgl. BOUSQUET *Précis*, 152 ff.

38 LINANT DE BELLEFONDS *Traité de Droit Musulman*, III, 17 ff.

39 Zur Anerkennung der Vaterschaft vgl. LINANT DE BELLEFONDS a.a.O., 17 f.

40 LINANT DE BELLEFONDS a.a.O., 36; BOUSQUET *Précis*, 155 f.

41 Zur Vaterschaftsleugnung durch *liʿān* im traditionellen Recht vgl. LINANT DE BELLFONDS a.a.O., 45 f.; vgl. auch ABŪ DĀWUD *Sunan*, II , 363.

Steht die eheliche Abstammung eines Kindes fest, so existieren zwischen ihm und beiden Eltern Rechte und Pflichten. Neben gegenseitigen Erbansprüchen und Unterhaltspflichten zwischen Eltern und Kindern kennt das traditionelle islamische Recht besondere Rechte und Pflichten der Eltern gegenüber dem unmündigen Kind. Während die elterliche Gewalt als Vormundschaft über Person und Vermögen des Kindes (*walāya*)[42] grundsätzlich dem Vater zukommt, hat in der Regel die Mutter die Personensorge (*ḥaḍāna*)[43] für ihre Kinder.[44] Die *ḥaḍāna* besteht darin, das Kind aufzuziehen und es körperlich sowie seelisch zu umsorgen.[45] Nach Auffassung der Malikiten endet die Personensorge für Jungen mit Erreichen der Pubertät, die spätestens mit 18 Jahren angenommen wird, und für Mädchen bzw. Frauen mit dem Vollzug der Ehe.[46] Obwohl die *ḥaḍāna* theoretisch mit der Geburt eines Kindes beginnt, wird sie in der Regel erst im Zusammenhang mit der Eheauflösung Gegenstand von Rechtsstreitigkeiten.[47] Nach malikitischer Auffassung wird die Personensorge während der Ehe von beiden Eltern gemeinsam ausgeübt.[48] Nach der Auflösung der Ehe ist sie ein Recht der Mutter. Für den Unterhalt des Kindes und für seine Unterbringung während der Dauer der *ḥaḍāna* ist im Fall der Bedürftigkeit des Kindes der Vater bzw. der Vormund verantwortlich.[49] Er überwacht außerdem die Erziehung des Kindes und trägt für dessen Ausbildung Sorge.[50]

Die *walāya* oder Vormundschaft wird im Unterschied zur *ḥaḍāna* grundsätzlich vom Vater ausgeübt. Die *walāya* des Vaters über seine minderjährigen Kinder kommt nach Linant de Bellefonds dabei eher einer Verfügungsgewalt als einem Schutzverhältnis gleich.[51] Der Vater hat sehr weitgehende Kompetenzen in der Verwaltung des Vermögens seiner minderjährigen Kinder. Auch entscheidet nach malikitischem Recht der *walī* darüber, wann

---

42 Auch die Lesart *wilāya* ist möglich. Nach Wehr bedeutet *wilāya* jedoch Herrschergewalt, während *walāya* die Vormundschaft bezeichnet (WEHR *Arabisches Wörterbuch*). Auch in der einschlägigen Fachliteratur ist daher die Lesart *walāya* üblicher (vgl. auch LINANT DE BELLEFONDS *Traité de Droit Musulman*, III, 178).

43 Auch hier ist die Lesart *ḥiḍāna* möglich, ohne daß sich dadurch die Bedeutung des Begriffs ändert. Üblicher ist jedoch *ḥaḍāna* (vgl. auch LINANT DE BELLEFONDS a.a.O., 151).

44 Zur *ḥaḍāna* im traditionellen islamischen Recht vgl. LINANT DE BELLEFONDS a.a.O., 150-176; zur *walāya* vgl. a.a.O., 177-255.

45 LINANT DE BELLEFONDS a.a.O., 174.

46 LINANT DE BELLEFONDS a.a.O., 171.

47 Vgl. auch LINANT DE BELLEFONDS a.a.O., 152.

48 Linant de Bellefonds hält diese Regelung für unsinnig, da er die Bedeutung der *ḥaḍāna* gerade darin sieht, das kleine Kind der absoluten Autorität des Vaters zu entziehen (LINANT DE BELLEFONDS a.a.O., 157 f.).

49 LINANT DE BELLEFONDS a.a.O., 151,

50 KHALIL BEN ISHAQ *Abrégé* (Übers.: BOUSQUET), 139.

51 LINANT DE BELLEFONDS *Traité de Droit Musulman*, III, 178.

sein Mündel voll geschäftsfähig ist und aus der vermögensrechtlichen Vormundschaft entlassen wird. Für Mädchen bzw. Frauen endet die vermögensrechtliche Vormundschaft erst nach Vollzug der Ehe.[52] Die Vormundschaft über die Person des Minderjährigen wird vom malikitischen Recht nicht gesondert behandelt.[53] Nur das Recht des Vaters, seine Kinder in eine Ehe zu zwingen (*ǧabr*), ist detailliert geregelt. Dieses Recht endet wie die *ḥaḍāna* für Jungen mit Erreichen der Pubertät und für Mädchen bzw. Frauen mit dem Vollzug ihrer Ehe.[54]

5.2.1 Rechtsreformen vor 1984

Bis 1984 beschränken sich die gesetzlichen Regelungen im Bereich der Eltern- und Kindschaft im wesentlichen auf Fragen der Volljährigkeit und des Vormundschaftsrechts.[55] Bereits 1902 wird die Mündigkeit für die Bewohner der Großen Kabylei durch ein *décret* auf 18 Jahre festgelegt. Außerdem ist es nach demselben *décret* möglich, beim Tod des Vaters die Mutter als Vormund ihrer minderjährigen Kinder einzusetzen.[56] Ein Gesetz aus dem Jahr 1936 legt die Volljährigkeit dann innerhalb des malikitischen Personalstatuts auf 22 Jahre für Männer und verheiratete Frauen, und auf 25 Jahre für ledige Frauen fest.[57] Ein Gesetz aus dem Jahr 1957 erklärt schließlich Männer und Frauen im Alter von 21 Jahren für volljährig. Gleichzeitig wird die Mutter im Fall des Todes des Vaters zum gesetzlichen Vormund ihrer Kinder erklärt.[58]

Erst die *ordonnance* und das *décret* aus dem Jahr 1959 schaffen für das malikitische und das kabylische Personalstatut das Recht des Vaters auf Zwangsverheiratung praktisch ab.[59] Außerdem wird festgelegt, daß die Entscheidung über die Personensorge im Fall der Eheauflösung allein im Inter-

---

52 LINANT DE BELLEFONDS a.a.O., 209-216.

53 Zur väterlichen Gewalt im traditionellen Recht vgl. auch BOUSQUET *Précis*, 163 f.

54 Dieses Zwangsrecht steht allein dem Vater zu. Nur wenn er dies ausdrücklich vorgesehen hat, verfügt auch der durch ihn eingesetzte testamentarische Vormund darüber (LINANT DE BELLEFONDS *Traité de Droit Musulman*, III, 182).

55 Vgl. auch Kapitel 2.2.

56 Artikel 1 und 4 *Décret portant réglementation de la tutelle en Kabylie* vom 1. August 1902.

57 MAHIEDDIN *Rapports juridiques*, 190.

58 Artikel 1 Absatz 2 und Artikel 19 Absatz 1 *Loi portant réforme des tutelles et de l'absence en droit musulman* vom 11. Juli 1957. Vgl. auch BORRMANS *Statut personnel et famille*, 470-477.

59 BORRMANS *Statut personnel et famille*, 484. Vgl. auch Kapitel 4.1.

esse des Kindes zu treffen ist.[60] Im Unterschied zum traditionellen malikitischen Recht sind nach dem *décret* von 1959 nun beide Eltern nach Beendigung der Ehe gleichermaßen für den Unterhalt und für die Erziehung der Kinder zuständig: „*Quelle que soit la personne à laquelle les enfants sont confiés, les père et mère sont tenus de contribuer à leur entretien et à leur éducation en proportion de leurs facultés.*“[61] Das algerische Zivilgesetzbuch von 1975 legt schließlich die Volljährigkeit, die den selbständigen Abschluß von Rechtsgeschäften ermöglicht, auf 19 Jahre fest.[62] Im selben Jahr werden die aus der Kolonialzeit übernommenen Reformtexte formal außer Kraft gesetzt.

Durch die genannten Reformen wird im Verhältnis zum traditionellen Recht bzw. zum kabylischen Gewohnheitsrecht einerseits die väterliche Gewalt durch die Festsetzung eines Volljährigkeitsalters zumindest zeitlich begrenzt. Andererseits werden die Rechte der Mutter ausgebaut – sie wird nach dem Tod des Vaters zum gesetzlichen Vormund ihrer Kinder. Die Regelungen über die Personensorge schränken jedoch gegenüber dem traditionellen Recht den Anspruch der Mutter auf die *ḥaḍāna* ein und belasten sie gleichzeitig stärker, indem sie sie mit dem Vater zusammen für unterhaltspflichtig erklären. Neu ist in den Texten von 1959 auch die ausdrückliche Forderung, bei der Entscheidung über die Personensorge das Kindeswohl zu berücksichtigen. Es bleibt allerdings zu zeigen, inwieweit diese Regelungen zur *ḥaḍāna* von algerischen Gerichten auch vor 1975 überhaupt berücksichtigt werden. In allen nicht geregelten Fragen des Eltern- und Kindschaftsrechts sind die algerischen Richter bis 1984 ohnehin unmittelbar auf islamisches Recht verwiesen.

5.2.2 Die legitime Abstammung in der Rechtsprechung und im Familiengesetz

Konflikte um die legitime Abstammung von Kindern ergeben sich in der Regel im Zusammenhang mit der Beendigung einer Ehe. Ein Hauptproblem bildet dabei die Auflösung „informell“ geschlossener Ehen, da hier zunächst auch die eheliche Abstammung des Kindes geklärt werden muß. Die Motive für die Umgehung einer offiziellen Eheschließung können dabei ganz unterschiedliche sein. Zum einen ist es auf diese Weise möglich, die gesetzlichen

---

60 Artikel 7 *ordonnance* vom 4. Februar 1959 und Artikel 21 Satz 1 *décret* vom 17. September 1959.

61 Artikel 21 Absatz 2 Satz 2 *décret* vom 17. September 1959.

62 Artikel 40 Absatz 2 ZGB.

Ehevoraussetzungen und insbesondere das Ehemindestalter zu ignorieren.[63] Zum anderen können informelle Eheschließungen aber auch dazu genutzt werden, die Rechtsfolgen einer regulären Ehe bewußt zu umgehen. So können Frauen unter Umständen durch eine bloß informelle Eheschließung verhindern, daß ihnen die Personensorge für Kinder aus einer ersten Ehe entzogen wird.[64] Männer können auf diese Weise versuchen, sich ihren gesetzlichen Pflichten gegenüber Frau und Kind zu entziehen.[65]

Tatsächlich sind es in den hier dokumentierten Fällen ausschließlich Frauen, die im Zusammenhang mit der Beendigung einer Ehe um die Feststellung der ehelichen Abstammung ihrer Kinder vor Gericht kämpfen, während Männer die Ehe und/oder ihre Vaterschaft bestreiten. Dabei stellt die vollkommene Rechtlosigkeit nichtehelicher Kinder gegenüber dem Vater nicht nur in materieller Hinsicht eine große Benachteiligung dar. Die soziale Diskriminierung unverheirateter Mütter und ihrer Kinder ist in Algerien nach wie vor außerordentlich stark.[66]

5.2.2.1 Die Rechtsprechung bis 1984

Die allgemeine Vaterschaftsvermutung

Grundsätzlich gilt nach Auffassung des Obersten algerischen Gerichtshofes die allgemeine Vaterschaftsvermutung des traditionellen islamischen Rechts. Kann der gesetzliche Nachweis der Ehe erbracht werden oder ist die Ehe unbestritten, gilt das Kind als ehelich.[67] Gerichte berufen sich in dieser Frage ausdrücklich auf das islamrechtliche Prinzip, nach dem ein Kind dem Ehemann seiner Mutter zugerechnet wird (*al-walad li-l-firāš*).[68]

Stehen die Tatsachen (rechtmäßige Eheschließung, Vollzug der Ehe, Dauer der Schwangerschaft) der Vaterschaftsvermutung nicht entgegen, wird die legitime Abstammung auch gegen den Willen des Mannes bzw. des Vaters festgestellt. Er kann die Vaterschaftsvermutung nicht einfach durch die Behauptung anfechten, er habe die Ehe gar nicht vollzogen. Die Anwendung der Vaterschaftsvermutung setzt nach malikitischem Recht zwar vor-

63 Zur Umgehung des Ehemindestalters in Algerien vgl. BORRMANS *Statut personnel et famille*, 494 f.

64 Zur Personensorge vgl. unten.

65 LAZREG *Eloquence of Silence*, 186.

66 Zu den rechtlichen aber auch zu den sozialen und psychologischen Folgen dieser Situation vgl. AIT-ZAI *L'enfant illégitime*; BOUCEBCI *Psychiatrie tourmentée*, 67-81; SAADI *Le nom*; SALAH-BEY *Filiation naturelle*.

67 RASJEP 1968, 6.4.67 (Cour); vgl. auch BENMELHA *Droit algérien de la famille*, 185 ff.

68 NQ 1/85, 81.245 (Maḥkama); vgl. auch EBERT *Personalstatut*, 118; AL-BUḪĀRĪ *aṣ-Ṣaḥīḥ*, IV, 170.

aus, daß die Ehe vollzogen worden ist bzw. daß ihr Vollzug zumindest theoretisch möglich gewesen sein muß. Der Oberste Gerichtshof geht jedoch schon dann vom Vollzug einer rechtmäßig geschlossenen Ehe aus, wenn die äußeren Umstände dieser Annahme nicht eindeutig widersprechen.[69] Im Konfliktfall gilt wie nach traditionellem Recht der Eid der Frau. Mit dieser Begründung lehnen die obersten Richter die Klage eines Mannes ab, der behauptet, seine Frau sei in der Hochzeitsnacht bereits schwanger gewesen, und er habe sie daher gar nicht „berührt".[70]

Auch für die Behauptung, die Frau sei zum Zeitpunkt der Eheauflösung noch nicht schwanger gewesen, fordern die obersten Richter eindeutige Beweise. In einem Fall hat das Gericht der zweiten Instanz die Feststellung der Vaterschaft aufgrund der Tatsache abgelehnt, daß die Frau zum Zeitpunkt der Eheauflösung ihre Regel gehabt hat. Der Oberste Gerichtshof annulliert dieses Urteil. Nach seiner Auffassung ist die Menstruation kein gesetzlicher bzw. legitimer Beweis (*dalīl šarʿī*) dafür, daß keine Schwangerschaft vorliegt.[71] Die Vaterschaftsvermutung kann auch nicht einfach mit dem Argument bestritten werden, die Frau habe während des Verstoßungsverfahrens nicht angegeben, schwanger zu sein.[72] Die obersten Richter werten nicht einmal die außergerichtliche Aussage der Frau selbst, nach der ihr Kind unehelich ist, als gesetzlichen Beweis. In einem Fall klagt der inzwischen volljährige Sohn nach dem Tod seiner Mutter und mehr als 30 Jahre nach Auflösung der Ehe zwischen seinen Eltern gegen den Vater auf Feststellung seiner legitimen Abstammung. Der Vater bestreitet die Abstammung und stützt sich dabei auf die Tatsache, daß die Mutter im Zusammenhang mit der Eheauflösung im Jahr 1953 selbst behauptet hat, das Kind stamme nicht von ihrem Ehemann. Der Oberste Gerichtshof wertet diese Bemerkung der Verstoßenen jedoch nicht als Geständnis, da sie nicht vor Gericht, sondern lediglich während der seinerzeit üblichen Aufsetzung einer Verstoßungsurkunde geäußert worden ist. Außerdem habe die Verstorbene damals offensichtlich im Zorn gehandelt.[73]

Mit der gleichen Konsequenz, mit der der Oberste Gerichtshof an der islamrechtlichen Vaterschaftsvermutung festhält, weigert er sich, „illegitime" Kinder als ehelich anzuerkennen. Kann die Ehe nicht nachgewiesen werden oder ist sie bereits vor der Zeugung des Kindes rechtskräftig aufgelöst wor-

---

69 MQ 4/89, 33.175; MQ 2/90, 35.307. Auch das traditionelle malikitische Recht ist in der Frage des möglichen Vollzugs der Ehe nicht sehr streng (vgl. LINANT DE BELLEFONDS *Traité de Droit Musulman*, II, 253).

70 MQ 1/90, 34.262.

71 MQ 1/89, 35.992. Vgl. auch KHALÎL BEN ISHÂQ *Abrégé* (Übers.: BOUSQUET), 116.

72 NQ 1/85, 81.245 (Maḥkama).

73 MQ 2/91, 72.353.

den, lehnen algerische Gerichte regelmäßig die Feststellung der Abstammung ab. In der Begründung eines solchen Urteils durch ein Berufungsgericht heißt es, daß das „islamische Gesetz" (*loi musulmane*) keine natürliche Vaterschaft kenne.[74] Nach Auffassung des Obersten Gerichtshofes kann nur ein eheliches Kind (*min firāš ṣaḥīḥ nāšiʾ min ʿaqd ṣaḥīḥ šarʿan*) Rechte gegenüber seinem Vater geltend machen.[75] Die folgende Entscheidung des Berufungsgerichts Algier aus dem Jahr 1968 stellt hier eine Ausnahme dar: Die Tatsache, daß der Mann über einen gewissen Zeitraum Unterhalt für die Frau gezahlt hat, mache es möglich, so das Gericht, auch eine illegitime Verbindung als Ehe anzuerkennen. Außerdem, so das Gericht weiter, sei der Mann auch für den Lebensunterhalt des Kindes aus dieser Verbindung aufgekommen und habe dessen Geburt unter seinem Namen beim *état civil* registrieren lassen. Daher müsse auch die eheliche Abstammung der Tochter festgestellt werden.[76]

Der Oberste Gerichtshof vertritt demgegenüber die Auffassung, daß nicht einmal ein vor der Ehe gezeugtes Kind im nachhinein für ehelich erklärt werden kann. Dazu heißt es in einer Urteilsbegründung aus dem Jahr 1984: „(...) *Was aus verbotenem Saft* (māʾ ḥarām) *entstanden ist, bleibt so (verboten) und die (spätere) Eheschließung kann ihm nicht den Charakter der Legitimität verleihen.*"[77] Auch wenn das voreheliche Zusammenleben der Eltern unbestritten ist, kann die legitime Abstammung des Kindes nicht anerkannt werden. Der Oberste Gerichtshof bestätigt ein Urteil, das zwar im nachhinein ein bloßes Eheversprechen zur regulären Eheschließung erklärt, ein vor diesem Eheversprechen gezeugtes Kind aber nicht als ehelich anerkannt hat.[78] Ein vor der Ehe gezeugtes Kind ist und bleibt, so die Richter des Obersten Gerichtshofes, ein Kind der Unzucht (*ibn az-zinā*).[79]

Die Rechtsprechung hält also am islamrechtlichen Grundsatz der ausschließlich legitimen Abstammung vom Vater fest. Gleichzeitig begrenzt nicht nur die Formalisierung des Eherechts, sondern auch die Struktur der hier dokumentierten Konflikte die Spielräume des traditionellen Rechts bei der Anwendung der Vaterschaftsvermutung: Gerade weil das traditionelle Recht die Abstammung aus einer von den Betroffenen irrtümlicherweise angenommenen, „scheinbaren" Ehe (*šubha*) als ehelich betrachtet, erklären Männer ihre Beziehung oft ausdrücklich als illegitim, um die Anwendung dieser

---

74 RASJEP 1968, 15.12.66 (Cour).
75 MQ 3/90, 47.915.
76 RASJEP 1968, 22.1.68 (Tribunal).
77 MQ 1/90, 34.046.
78 MQ 1/90, 34.046.
79 MQ 1/90, 35.087.

Vorschrift zu verhindern.[80] An diesem Verhalten wird deutlich, daß traditionale Formen sozialer Kontrolle hier offensichtlich nicht mehr greifen.

Die gesetzliche Schwangerschaftsdauer

Neben der Formalisierung des Eherechts und der Struktur der Konflikte um die legitime Abstammung von Kindern schränken auch die strenge Überprüfung der gesetzlichen Schwangerschaftsdauer und insbesondere die Festlegung einer Höchstdauer der Schwangerschaft die Flexibilität des traditionellen malikitischen Rechts ein.

In Übereinstimmung mit dem traditionellen Recht legt die algerische Rechtsprechung unter Berufung auf den Koran zunächst eine Mindestdauer der Schwangerschaft von sechs Monaten fest. In der Entscheidung eines Gerichts der ersten Instanz aus dem Jahr 1983 heißt es zu dieser Frage: „*Die Mindestdauer der Schwangerschaft beträgt sechs Monate nach den Worten des Hocherhabenen >Die Schwangerschaft mit ihm und seine Entwöhnung sind 30 Monate ...<, Vers 15 Sure Die Dünen, und >Und die Mütter sollen ihre Kinder zwei volle Jahre stillen. (Das gilt) für die, die das Stillen ganz zu Ende führen wollen<, Vers 233 Sure Die Kuh. Nach Abzug der auf zwei Jahre bemessenen Stillzeit bleibt eine Schwangerschaftsdauer von sechs Monaten.*“[81] Mit diesem Urteil wird die Abstammung des Kindes einer bereits verstoßenen Frau gegen den Willen des Mannes festgestellt, da die Geburt sechseinhalb Monate nach Vollzug der Ehe eingetreten ist. In einem anderen Fall wird die Feststellung der Vaterschaft jedoch abgelehnt, da das Kind nur 64 Tage nach Eheschließung geboren worden ist.[82] Im Unterschied zu Gerichten der ersten und zweiten Instanz hält der Oberste Gerichtshof in jedem Fall strikt an der Mindestdauer der Schwangerschaft von sechs Monaten fest. Daher wird ein Berufungsurteil aufgehoben, das die Abstammung eines Kindes nach einer Schwangerschaft von „ungefähr sechs Monaten“ festgestellt hat. Eine genaue Berechnung durch den Obersten Gerichtshof zeigt, daß die Schwangerschaft ab Vollzug der Ehe nur fünf Monate und sieben Tage gedauert haben kann. Die Feststellung der Abstammung ist daher nach Auffassung der obersten Richter nicht möglich.[83]

In Abweichung vom traditionellen Recht und insbesondere von malikitischen Lehrmeinungen setzt die algerische Rechtsprechung außerdem eine Höchstdauer der Schwangerschaft von zwölf Monaten fest. Dabei beziehen

---

80 RASJEP 1968, 6.4.67 (Cour); AdJ 1968, 27.11.69 (CS); MQ 1/90, 34.262. Zum Problem der "scheinbaren" Ehe vgl. auch FORSTNER *Ehe- und Kindschaftsrecht*, 239, 243.

81 NQ 1/85, 81.245. Die Auszüge aus den Koranversen 46:15 und 2:233 sind in der Übersetzung von Rudi Paret wiedergegeben worden.

82 MQ 1/90, 35.087.

83 MQ 2/92, 57.756.

sich die Richter nicht allein auf den allgemeinen Wissensstand der Medizin. In einer Urteilsbegründung wird außerdem festgestellt, dies sei die „überwiegende Meinung unter den *fuqahā'*" (*al-qaul ar-rāǧiḥ ᶜind al-fuqahā'*).[84] In dem zitierten Fall wird die Klage einer schon verstoßenen Frau auf Anerkennung der Abstammung ihres Kindes von ihrem früheren Mann zurückgewiesen, da die Geburt erst dreizehn Monate nach Auflösung der Ehe eingetreten ist. Die Fiktion des traditionellen malikitischen Rechts, nach der eine Schwangerschaft bis zu fünf oder sogar bis zu sieben Jahre dauern kann, wird nicht aufrechterhalten. Trotzdem zeigt der zitierte Fall, daß die im Maghreb traditionellerweise verbreitete Vorstellung des „eingeschlafenen" Fötus nicht vollkommen bedeutungslos geworden ist.[85]

Die Anfechtung der Vaterschaftsvermutung

Der Oberste algerische Gerichtshof hält grundsätzlich an der islamrechtlichen Möglichkeit der Anfechtung der Vaterschaftsvermutung durch *liᶜān* fest.[86] Es wird allerdings verlangt, daß die Anfechtung der Vaterschaftsvermutung innerhalb der „islamrechtlichen Frist" (*muhla muḥaddada šarᶜan*) unternommen wird. Andernfalls verliert der Mann nach Auffassung der obersten Richter seinen Anspruch darauf.[87] Der Oberste Gerichtshof legt jedoch keine verbindliche Frist für die Einreichung einer Klage auf *liᶜān* fest.[88] Tatsächlich bleibt die Rechtsprechung in dieser Frage uneinheitlich. In dem Urteil eines Berufungsgerichts aus dem Jahr 1967 heißt es, daß die Klage zur Leugnung der Vaterschaft spätestens sieben Tage nach der Geburt des Kindes eingereicht werden muß.[89] Der Oberste Gerichtshof hingegen stellt in einem Urteil aus dem Jahre 1985 unter Berufung auf „die islamrechtlichen Prinzipien" (*al-mabādi' aš-šarᶜīya*) fest, der *liᶜān* werde nicht akzeptiert, wenn er auch nur einen Tag nach Kenntnisnahme der Unzucht, der Schwangerschaft oder der Niederkunft der Frau unternommen worden ist.[90] Mit dieser Entscheidung wird ein Urteil auf Aberkennung der Vaterschaft annulliert, da der Mann die entsprechende Klage erst zwölf Tage nach der Geburt des Kindes eingereicht hat. In einem anderen Fall entscheidet der

---

84 NQ 2/85, 80.222.

85 Für eine ausführlichere Diskussion dieses Falls vgl. Kapitel 6.2. Zur Verbreitung und zur rechtlichen Relevanz dieser Vorstellung im Nachbarland Marokko vgl. MIR-HOSSEINI *Marriage on Trial*, 143 ff.

86 Zur Leugnung der Vaterschaft durch *liᶜān* im traditionellen islamischen Recht vgl. oben.

87 MQ 1/90, 35.326.

88 Auch das traditionelle malikitische Recht legt eine solche Frist nicht fest (vgl. LINANT DE BELLEFONDS *Traité de Droit Musulman*, III, 45 und KHALIL BEN ISHAQ *Abrégé* (Übers.: BOUSQUET), 111 f.).

89 RASJEP 1968, 6.4.67 (Cour).

90 MQ 1/89, 35.934.

Oberste Gerichtshof jedoch in Abweichung von diesem Grundsatz, daß die Verzögerung der Klage auf *li^cān* unter Umständen gerechtfertig sein kann. Der Oberste Gerichtshof hebt ein Berufungsurteil auf, das den *liᶜān* mit der Begründung abgelehnt hat, der Mann habe die Klage erst zwei Wochen nach Kenntnisnahme der Schwangerschaft seiner (inzwischen verstorbenen) Frau eingereicht. Im Unterschied zu dem Berufungsgericht betrachtet der Oberste Gerichtshof die Erklärung des Mannes, er habe am Tag, an dem er von der Schwangerschaft erfahren habe, eine wichtige Dienstreise antreten müssen, als ausreichende Begründung für die Verzögerung der Klage. Dem Mann wären, so die obersten Richter, aus der Verschiebung seiner Reise erhebliche berufliche Nachteile entstanden. Die Frau habe diese Situation bewußt ausgenutzt und ihren Mann absichtlich am Tag seiner Abreise über ihre Schwangerschaft informiert. Darüber hinaus heißt es in der Entscheidung des Obersten Gerichtshofes, nach der *šarīᶜa* sei eine Verzögerung der Vaterschaftsleugnung nicht grundsätzlich unmöglich. „*(...) Die Verzögerung ist kein definitives Hindernis für den* liᶜān. *Die Vorschriften der* šarīᶜa *sind nicht streng und dies (die Verzögerung als definitives Hindernis) ist in ihnen nicht festgelegt.*“[91] Eine unbegründete Verzögerung des *liᶜān* rufe jedoch den Zorn Gottes hervor.[92]

Die Auswertung der Urteile zum *liᶜān* zeigt zum einen, daß die Anfechtung der Vaterschaftsvermutung fest in der algerischen Gerichtspraxis verankert ist. Er ist keinesfalls, wie manche Autoren vermutet haben, obsolet geworden.[93] Vor algerischen Gerichten berufen sich Männer sogar in solchen Fällen auf den *liᶜān*, in denen die islamrechtliche Vaterschaftsvermutung ohnehin nicht anwendbar ist.[94] Zum anderen wird anhand der Rechtsprechung deutlich, daß algerische Gerichte zwar die Notwendigkeit sehen, die Anwendung des *liᶜān* zu reglementieren. Dennoch schrecken die obersten Richter offensichtlich davor zurück, eine allgemein verbindliche Frist für die Einreichung einer entsprechenden Klage festzusetzen.

---

91 MQ 3/91, 76.343.

92 Tatsächlich zieht derjenige, der seine Frau fälschlicherweise der Unzucht bezichtigt, nach Koran 24:4-9 und nach der Formel, mit der der *liᶜān* ausgesprochen wird, den Zorn Gottes auf sich (vgl. auch SAᶜD *az-Zawāǧ*, 353 f.).

93 Eine solche Meinung hat etwa Linant de Bellefonds vertreten: "*En fait, il ne viendrait à l'esprit de personne de se prévaloir des régles du fiqh sur le liᶜān, car ce serait secouer le poids millénaire des traditions et des usages et surtout s'affranchir de cette conviction, si bien ancrée dans les populations musulmanes, qu'on ne rejette pas un enfant quand on a la plus petite chance, ou même l'illusion d'en être le pére.*" (LINANT DE BELLEFONDS *Traité de Droit Musulman*, III, 36).

94 MQ 1/90, 35.087.

5.2.2.2 Das Familiengesetz

Das Familiengesetz von 1984 erklärt den Schutz der Abstammung (*muḥāfaẓa ʿalā l-ansāb*) ausdrücklich zu einem Ziel der Ehe. Dabei wird in der Terminologie des traditionellen Rechts mit *nasab* (pl. *ansāb*) lediglich die Abstammung vom Vater bezeichnet. In der französischen Version ist im Unterschied dazu eher allgemein vom Schutz der Familienbande (*liens de famille*) die Rede.[95] Diese Formulierungsunterschiede müssen jedoch keinen Widerspruch darstellen: Angesichts der agnatischen Organisation der Verwandtschaft bildet die Abstammung vom Vater die Grundlage familialer Zugehörigkeit.[96]

Auch das Gesetz hält an der allgemeinen Vaterschaftsvermutung bei Bestehen einer Ehe fest.[97] Die gesetzliche Dauer der Schwangerschaft beträgt nach wie vor mindestens sechs Monate. Die gesetzliche Höchstdauer der Schwangerschaft wird allerdings auf zehn Monate herabgesetzt.[98] Für die Anwendung der allgemeinen Vaterschaftsvermutung nennt das Gesetz ausserdem noch zwei weitere Voraussetzungen: Zum einen müssen die äußeren Umstände die Annahme zulassen, daß die Ehe auch tatsächlich vollzogen worden ist. Zum anderen darf die Vaterschaft nicht mit „vorgeschriebenen Mitteln" (*ṭuruq mašrūʿa*) geleugnet worden sein.[99] Da der Gesetzestext selbst diese Mittel nicht festlegt, gilt hier weiterhin islamisches Recht.[100] Die Unsicherheit bezüglich der für den *liʿān* einzuhaltenden Fristen wird folglich auch vom Gesetzgeber nicht beendet.

Neben der rechtmäßigen Ehe können nach dem Gesetz auch Anerkenntnis (*iqrār*), Beweis (*bayyina*), eine irrtümlicherweise von den Betroffenen angenommene, „scheinbare" Ehe (*nikāḥ šubha*) oder eine wegen Fehlerhaftigkeit nach dem Vollzug annullierte Ehe die legitime Abstammung des Kindes begründen.[101] Das Anerkenntnis der Kind-, der Mutter- oder der Vaterschaft hat nach dem Gesetz zur Voraussetzung, daß Vernunft und Sitte die Annahme der legitimen Abstammung auch zulassen.[102] Es ist dabei unwahrscheinlich, daß diesen Regelungen in Konfliktfällen praktische Bedeutung

---

95 Artikel 4 FGB.

96 Zur Bedeutung der Abstammung vom Vater im algerischen Recht und in der gesellschaftlichen Praxis vgl. SAADI *Le nom*.

97 Artikel 40 und 41 FGB.

98 Artikel 42 und 43 FGB.

99 Artikel 41 FGB; vgl. auch SAʿD *az-Zawāǧ*, 209 ff. Auch das traditionelle malikitische Recht fordert, daß die äußeren Umstände den Vollzug der Ehe annehmen lassen (vgl. LINANT DE BELLEFONDS *Traité de Droit Musulman* III, 31 f.).

100 Vgl. auch SAʿD *az-Zawāǧ*, 210.

101 Artikel 40 FGB.

102 Artikel 44 FGB.

zukommen wird. Es liegt kein Urteil über ein Anerkenntnis der Vaterschaft vor. Das Anerkenntnis der Kindschaft setzt außerdem die Zustimmung beider Eltern voraus. Das Anerkenntnis der Mutterschaft ist bei einer verheirateten Frau vom Einverständnis des Ehemannes abhängig.[103] In dem mir vorliegenden Material ist nur ein Fall eines Mutterschaftsanerkenntnisses dokumentiert. Aufgrund der Vorschriften des Familiengesetzbuches entscheidet der Oberste Gerichtshof hier, daß sich aus der Mutterschaft der inzwischen verwitweten Frau auch die Vaterschaft ihres verstorbenen Mannes ergebe, da das Anerkenntnis der Mutterschaft bereits zu dessen Lebzeiten und mit dessen stillschweigendem Einverständnis gemacht worden sei.

Die Feststellung der Abstammung durch Beweis (*bayyina*) wird von dem Familiengesetz nicht näher erläutert. Einer der Kommentatoren zu dem Gesetz geht ganz allgemein davon aus, daß hier sowohl gesetzliche als auch islamrechtliche Beweismittel gemeint sind.[104] Nach traditionellem Recht können im Fall des Todes, der Abwesenheit oder des Verschollenseins des Vaters Zeugenaussagen die Abstammung eines Kindes nachweisen.[105] Über die mögliche praktische Bedeutung dieser Vorschrift kann anhand des hier vorliegenden Materials allerdings nichts ausgesagt werden. Auch zu Fragen der Abstammung aus einer annullierten oder aus einer irrtümlicherweise angenommenen, „scheinbaren" Ehe liegen hier keine Urteile vor.

Die Adoption ist laut Familiengesetzbuch nach „Gesetz und *šarīᶜa*" verboten (*yumnaᶜ at-tabannī šarᶜan wa qānūnan*).[106] Das Gesetz regelt statt dessen unter dem Titel der *kafāla* die gesetzliche Aufnahme (*receuil légal*) eines Kindes, aus der sich jedoch rechtlich keine Verwandschaft ergibt.[107]

5.2.2.3 Zusammenfassung

Die algerische Rechtsprechung hält an dem islamrechtlichen Grundsatz der legitimen Abstammung des Kindes vom Vater fest. Stehen die äußeren Umstände dem nicht entgegen, besteht der Oberste Gerichtshof dabei konsequent auf der Anwendung der allgemeinen Vaterschaftsvermutung des traditionellen islamischen Rechts. Diese muß in vielen der hier dokumentierten Fälle allerdings erst vor Gericht gegen den Vater durchgesetzt werden. Die Flexibilität des traditionellen malikitischen Rechts geht dabei in der Rechtspraxis verloren. Das hängt zum einen mit der Formalisierung des Eherechts, mit der strengen Kontrolle der gesetzlichen Schwangerschaftsdauer und

103 Vgl. auch LINANT DE BELLEFONDS *Traité de Droit Musulman*, III, 50-70.
104 SAᶜD *az-Zawāǧ*, 217 f.
105 FORSTNER *Ehe- und Kindschafstrecht*, 242 f.
106 Artikel 46 FGB.
107 Artikel 116 bis 125 FGB. Vgl. auch FORSTNER *Ehe- und Kindschaftsrecht*, 234 f.

insbesondere mit der Festlegung einer gesetzlichen Höchstdauer der Schwangerschaft zusammen. Zum anderen verhindern aber auch die Konfliktkonstellationen, in denen in der Regel Männer die Ehe bzw. ihre Vaterschaft bestreiten, daß Spielräume des traditionellen Rechts zugunsten von Frauen und Kindern genutzt werden können. Darüber hinaus trägt die Praxis algerischer Behörden dazu bei, die nachträgliche Legalisierung der Abstammung zu erschweren. So wird die wenig formalisierte islamrechtliche Möglichkeit des Vaterschaftsanerkenntnisses für ein Kind unbekannter Abstammung äußerst restriktiv gehandhabt. In Abweichung von Bestimmungen des traditionellen Rechts verlangen algerische Behörden häufig sogar eine Eheurkunde, um ein Kind auf diese Weise nachträglich für legitim zu erklären.[108] Unter diesen Bedingungen kann die Rigidität des islamrechtlichen Grundsatzes der legitimen Abstammung vom Vater kaum mehr durch juristische oder durch soziale Faktoren abgemildert werden.

5.2.3 Die Personensorge (ḥaḍāna) – Elternrechte und Kindeswohl in der Rechtsprechung und im Familiengesetz

Die islamrechtliche Aufteilung des Sorgerechts nach Beendigung der Ehe in die Personensorge (*ḥaḍāna*), die grundsätzlich der Mutter zukommt, und in die Vormundschaft (*walāya*), die in der Regel der Vater ausübt, scheint in der algerischen Rechtspraxis zu erheblichen Problemen zu führen. Eine klare Abgrenzung der Ansprüche aus der Personensorge gegenüber denen aus der väterlichen Gewalt ist in Konfliktfällen oft schwierig. Meist streiten sich daher die Eltern oder auch andere zur Personensorge Berechtigte vor Gericht um ihre respektiven Ansprüche gegenüber dem Kind. Es ist keine Seltenheit, daß sich ein gerichtlicher Streit um die *ḥaḍāna* über mehrere Jahre hinzieht. Dabei kommt es vor, daß ein Kind von den verschiedenen Instanzen erst der einen, dann der anderen und zum Schluß wieder der ersten oder aber einer dritten Seite zugesprochen wird.[109] Es gibt allerdings auch Fälle, in denen sich die zur *ḥaḍāna* berufene Person weigert, diese Aufgabe zu übernehmen. In dem hier vorliegenden Material sind dagegen keine Fälle erwähnt, in denen die väterliche Gewalt als solche zum Gegenstand eines Rechtsstreits wird. Hier dokumentierte Konflikte im Zusammenhang mit der *walāya* kreisen ausschließlich um Fragen der Vermögensver-

---

108 Vgl. FORSTNER *Ehe- und Kindschaftsrecht*, 241; SALAH-BEY *Filiation naturelle*, 89. Im Gegensatz dazu fordert das traditionelle islamische Recht in einem solchen Fall nur, daß sich aus der Vaterschaftsanerkennung nicht ausdrücklich die illegitime Herkunft des Kindes ergibt (LINANT DE BELLEFONDS *Traité de Droit Musulman*, III, 189).

109 Vgl. auch HERNANE *La Hadhâna*, 171.

waltung. Im folgenden sollen daher am Beispiel der Konflikte um die *ḥaḍāna* das Verhältnis zwischen den Rechten und Pflichten der Mutter und des Vaters gegenüber dem Kind einerseits, die Bedeutung des Kindeswohls in der Rechtsprechung andererseits näher untersucht werden.

5.2.3.1 Die Rechtsprechung bis 1984

Der Anspruch auf die ḥaḍāna

Bei der Entscheidung über die Personensorge berücksichtigt das traditionelle malikitische Recht nach der Mutter zunächst die weiblichen Vorfahren mütterlicherseits sowie die Tanten ersten und zweiten Grades der mütterlichen Linie. Nur wenn keine dieser Personen in der Lage und bereit ist, die *ḥaḍāna* auszuüben, haben die weiblichen Vorfahren väterlicherseits und erst nach ihnen der Vater selbst Anspruch auf die Personensorge – vorausgesetzt, ihm steht bei der Wahrnehmung dieser Aufgabe eine Frau zur Seite.[110] Im Unterschied dazu hat die *ordonnance* von 1959 allein das Kindeswohl (*l'intérêt de l'enfant*) zur Grundlage der Entscheidung über die Zuteilung der Personensorge erklärt.[111] Außerdem sind Vater und Mutter nach dem *décret* aus demselben Jahr gleichermaßen für den Unterhalt sowie für die Erziehung des Kindes zuständig.[112]

Zwar entscheiden algerische Gerichte in Übereinstimmung mit der *ordonnance* und dem *décret* im Rahmen des Eheauflösungsverfahrens von Amts wegen tatsächlich auch über die Personensorge. Dennoch wenden sie schon vor der formalen Aufhebung der Reformgesetze von 1959 inhaltlich islamisches Recht an.[113] Nach Auffassung der obersten Richter kommt die *ḥaḍāna* daher „von Gesetz wegen" der Mutter zu. Entsprechende Gerichtsurteile müssen keine weitere Begründung enthalten.[114] Auch die Bevorzugung der mütterlichen Linie gegenüber der väterlichen und gegenüber dem Vater selbst wird aufrechterhalten.[115] Unter Berufung auf islamisches Recht (*chrâa*) entscheidet der Oberste Gerichtshof, daß die Großmutter mütterlicherseits hinsichtlich der *ḥaḍāna* prinzipiell gegenüber dem Vater Vorrang hat.[116] Die Präferenz für die mütterliche Linie begründet der Oberste Ge-

---

110 BOUSQUET *Précis*, 168; HERNANE *La Hadhâna*, 66 f.; LINANT DE BELLEFONDS *Traité de Droit Musulman*, III, 169.

111 Artikel 7 Absatz 1 der *ordonnance* vom 4. Februar 1959.

112 Artikel 21 Absatz 1 Satz 2 des *décret* vom 17. September 1959.

113 NQ 1/1970, 8.10.69 (Maǧlis al-Qaḍāʾ).

114 AdJ 1968, 27.3.68 (CS).

115 In den hier dokumentierten Fällen treten allerdings außer den Eltern nur noch die Großmütter mütterlicher- und väterlicherseits vor Gericht auf, um die Personensorge für das Enkelkind einzufordern (vgl. etwa BdM 1968/1, 29.11.67 (CS)).

116 AdJ 1969, 25.9.68 (CS).

richtshof nicht nur mit islamischem Recht allgemein, sondern auch mit der größeren emotionalen Nähe zwischen den Verwandten über die Mutter und dem Kind. In einem Urteil aus dem Jahr 1964 argumentieren die obersten Richter wie folgt: „*Attendu qu'en droit musulman, la hadâna, dont l'exercice est un droit en même temps qu'un devoir, est régie par des règles conçues essentiellement dans l'intérêt de l'enfant. Que c'est en fonction de cet intérêt de l'enfant que la ligne maternelle, dont les sentiments de dévouement et d'affection sont naturellement plus forts, est préférée à la branche paternelle.*“[117] Die obersten Richter gehen außerdem in Übereinstimmung mit dem traditionellen Recht davon aus, daß der Vater die *ḥaḍāna* nicht selbst, sondern durch eine andere weibliche Person wahrnimmt. „*Der Vater ist nicht direkt mit der* ḥaḍāna *betraut, sondern nimmt diese durch eine andere, weibliche Person wahr.*“[118]

In der Frage der Dauer der *ḥaḍāna* wendet der Oberste Gerichtshof ebenfalls malikitisches Recht an. Die *ḥaḍāna* endet danach für Jungen mit der Pubertät und für Mädchen bzw. Frauen mit dem Vollzug der Ehe.[119] Diese Auffassung muß aber erst gegen andere Tendenzen in der algerischen Richterschaft durchgesetzt werden. Insbesondere das Berufungsgericht Tizi Ouzou folgt noch in den sechziger Jahren häufig kabylischem Gewohnheitsrecht, wonach die *ḥaḍāna* schon wesentlich früher endet.[120] Der Oberste Gerichtshof annulliert solche Urteile: „*En matière d'état des personnes, la coutume ne saurait faire échec à la loi. Encourt cassation le jugement confiant, selon la coutume, la garde des garçons de plus de sept ans au père, alors que le chrâa confère ce droit d'abord à la mère, ceci jusqu'à l'âge de la puberté pour les garçons, et jusqu'à ce qu'elles aient contracté mariage, pour les filles.*“[121] Allerdings legt der Oberste Gerichtshof nicht fest, wann die Pubertät, mit der die Personensorge für Jungen endet, als eingetreten gelten soll.[122]

---

117 AdJ 1965, 30.12.64 (CS).

118 MQ 4/90, 51.894.

119 Im Unterschied dazu hat sich der tunesische Gesetzgeber der hanafitischen Auffassung angeschlossen und erklärt die *ḥaḍāna* bei Jungen mit Vollendung des siebten, bei Mädchen mit Vollendung des neunten Lebensjahres für beendet (LINANT DE BELLEFONDS *Traité de Droit Musulman*, III, 172).

120 AdJ 1968, 12.6.68 (CS); BdM 1966/3, 26.1.66 (CS); BdM 1968/3, 12.5.68 (CS).

121 AdJ 1966 (I)-1967, 26.4.67 (CS). Entgegen dieser Argumentation des Obersten Gerichtshofes entspricht die Altersgrenze von sieben Jahren auch der Meinung hanafitischer Juristen (LINANT DE BELLEFONDS *Traité de Droit Musulman*, III, 177 ff.).

122 Vgl. auch MQ 1/89, 35.912. Nach traditionellem malikitischem Recht gilt die Pubertät spätestens mit Vollendung des 18. Lebensjahres als erreicht (LINANT DE BELLEFONDS *Traité de Droit Musulman*, III, 191).

Der Oberste algerische Gerichtshof entzieht der Mutter bzw. der Großmutter mütterlicherseits nur dann die *ḥaḍāna*, wenn dafür ein islamrechtlicher Grund vorliegt. „*Attendu que les causes susceptibles de provoquer la déchéance de la personne investie de la hadâna sont déterminées par le chrâa (...)*".[123] Väter, die vor Gericht die Personensorge für ihr Kind einfordern, müssen daher zunächst beweisen, daß die Mutter oder die Großmutter zur Wahrnehmung der *ḥaḍāna* nicht in der Lage sind. Die bloße Behauptung eines Klägers, die Gerichtsentscheidung, in der der Sohn der Mutter zugesprochen worden ist, habe das Interesse des Kindes nicht berücksichtigt, lassen die obersten Richter nicht gelten. Sie halten dem entgegen, daß gerade die Bevorzugung der Mutter in Fragen der Personensorge im Interesse des Kindes liege. Die Klage des Mannes wird mit der folgenden Begründung abgelehnt: „*(...) il n'est pas établi (...) que la gardienne (...) a cessé de répondre au voeu du chrâa qui lui donne la préférence sur le père au regard des enfants en bas âge (...).*"[124]

Gründe für den Entzug der ḥaḍāna

Das islamische Recht fordert von der Person, die die *ḥaḍāna* ausübt, daß sie frei,[125] mündig, im Vollbesitz ihrer geistigen und körperlichen Kräfte, vertrauenswürdig (*amīna*) und von unbescholtenem Lebenswandel ist.[126] Die *ḥāḍina* darf außerdem nur mit einem Mann verheiratet sein, der mit dem Kind in einem engen verwandtschaftlichen Verhältnis steht.[127] Der Oberste algerische Gerichtshof folgt bei Entscheidungen über die Personensorge im wesentlichen diesen Grundsätzen.[128] Erfüllt die zur *ḥaḍāna* berufene Person eine der genannten Bedingungen nicht oder nicht mehr, wird ihr die Personensorge entzogen. Der Oberste Gerichtshof fordert zunächst unter Berufung auf islamisches Recht (*chrâa*) die körperliche und geistige Gesundheit der mit der *ḥaḍāna* betrauten Person.[129] Das hohe Alter der Großmutter mütterlicherseits kann nach Auffassung der obersten Richter zum Verlust ihres Anspruchs auf die Personensorge für das Enkelkind zugunsten der

---

123 RASJEP 1968, 8.12.65 (CS).

124 AdJ 1968, 13.11.68 (CS).

125 Gemeint ist damit im traditionellen Recht, daß sie keine Sklavin sein darf.

126 LINANT DE BELLEFONDS *Traité de Droit Musulman*, III, 163 ff. Die Forderung nach einem unbescholtenen Lebenswandel der Frau findet sich ausdrücklich erst in der frühen Kodifizierung des hanafitischen Rechts durch Qadrī Pasha aus der zweiten Hälfte des 19. Jahrhunderts (vgl. a.a.O., 163).

127 Gemeint sind hier Personen, die mit dem Kind in einem die Ehe ausschließenden verwandtschaftlichen Verhältnis stehen (*maḥārim*). Das malikitische Recht sieht in einer solchen Ehe der *ḥāḍina* allerdings keinen absolut zwingenden Grund für den Entzug der Personenpflege (LINANT DE BELLEFONDS *Traité de Droit Musulman*, III, 167).

128 Vgl. auch HERNANE *La Hadhâna*, 175 ff.

129 RASJEP 1968, 22.12.65 (CS).

Großmutter väterlicherseits führen. Eine körperliche Krankheit stellt hingegen nach höchstrichterlicher Rechtsprechung nicht unbedingt einen Grund für den Verlust des Anspruchs auf die *ḥaḍāna* dar. In einer Entscheidung des Obersten Gerichtshofes von 1966 heißt es in dieser Frage: „*(...) mais attendu que la maladie n'est cause de déchéance de la ḥaḍāna que si elle revêt un caractère de gravité tel que la gardienne se trouve dans l'impossibilité de s'occuper sérieusement de l'enfant qui lui est confié (...)*".[130] Die obersten Richter legen aber keine Kriterien für die Entscheidung darüber fest, wann einer Person die *ḥaḍāna* wegen Krankheit zu entziehen ist. Lediglich starke Behinderungen wie Blindheit und Taubheit werden ausdrücklich als zwingende Gründe für den Entzug der *ḥaḍāna* genannt. Unter Verweis auf die malikitischen Rechtsgelehrten Ḫalīl b. Isḥāq (gest. 1365)[131] und Ibn ᶜAṣim (gest. 1427)[132] annulliert der Oberste Gerichtshof ein Urteil, das der blinden Mutter die *ḥaḍāna* für ihr Kind zugesprochen hat.[133]

Der Oberste Gerichtshof erwartet von der *ḥāḍina* außer ihrer körperlichen Gesundheit einen den herrschenden Moralvorstellungen entsprechenden Lebenswandel. Wird der Mutter die Personensorge für ihre Kinder wegen unmoralischen Verhaltens entzogen, so verliert auch die Großmutter mütterlicherseits ihren Anspruch darauf: „*Nach* šarᶜ *steht fest, daß der Verfall des Anspruchs der Mutter auf die Personensorge auch den Anspruch ihrer Mutter verfallen läßt, da (dadurch) das Vertrauen in beide gemeinsam verlorengeht.*"[134] Eine solche moralische Verfehlung, die den Entzug der *ḥaḍāna* zur Folge hat, muß jedoch nach Auffassung der obersten Richter eindeutig nachgewiesen sein. Die bloße Behauptung der Gegenseite, die Frau habe sich des Ungehorsams (*insubordination*)[135] oder eines schlechten Lebenswandels (*inconduite notoire*)[136] schuldig gemacht, genügt nicht. Der Oberste Gerichtshof annulliert regelmäßig Entscheidungen, die der Frau die *ḥaḍāna* entzogen haben, ohne daß ihr angebliches Fehlverhalten bewiesen werden konnte. Auch der Vorwurf, die Frau vernachlässige die Kinder, muß nach Auffassung der obersten Richter eindeutig belegt sein, um den Entzug der *ḥaḍāna* zu rechtfertigen.[137]

Gelegentlich versuchen Männer im Streit um die *ḥaḍāna*, ihre Frau der Unzucht zu beschuldigen, um sie so in den Augen der Richter zu diskreditieren. Der Oberste Gerichtshof fordert aber auch hierfür unzweifelhafte Be-

---

130 BdM 4/1966, (ohne Tag) Mai 1966 (CS).
131 GAL, S. II, 96.
132 GAL, S. II, 377.
133 MQ 4/89, 33.921.
134 MQ 1/89, 31.997.
135 AdJ 1969, 9.10.68 (CS).
136 BdM 1966, 26.1.66 (CS).
137 MQ 3/91, 50.270.

weise. In einer Entscheidung aus dem Jahr 1979 wird festgelegt, daß der Ehebruch mit gesetzlichen Mitteln oder mit Mitteln der *šarīʿa* nachgewiesen sein muß. „*Nach* fiqh *und Rechtsprechung steht fest, daß die Unzucht* (zinā) *nur durch ein Geständnis, durch ein rechtskräftiges Urteil eines Strafgerichts oder durch vier Augenzeugen nachzuweisen ist, die den Akt der Unzucht gleichzeitig beobachtet haben.*"[138] Mit dieser Feststellung annulliert der Oberste Gerichtshof ein Urteil, das der Frau die *ḥaḍāna* wegen des unbewiesenen Vorwurfs, sie habe Ehebruch begangen, entzogen hat. Das Gericht habe sich, so die obersten Richter, bei der Feststellung des Ehebruchs unzulässigerweise auf nur zwei Zeugenaussagen, darunter die einer Frau, gestützt. Problematischer ist die Haltung des Oberste Gerichtshofes, wenn die Frau Opfer sexueller Nötigung geworden ist. In einem Urteil aus dem Jahr 1968 entscheidet der Oberste Gerichtshof, daß die Frau ihren Anspruch auf die *ḥaḍāna* verliert, wenn sie bekennt, Unzucht begangen zu haben. „*Lorsque la mère a, sans autre explication ou justification, reconnu avoir commis l'acte d'adultère, les juges de fond ont pu souverainement estimer qu'elle n'était plus digne d'assurer la garde des enfants.*"[139] Die Richter setzten sich damit über den Einwand der Frau hinweg, sie sei von ihrem Schwager sexuell genötigt worden.

Hinsichtlich der (Wieder-)Heirat der mit der Personensorge betrauten weiblichen Person folgt der Oberste algerische Gerichtshof ebenfalls traditionellem islamischem Recht.[140] Steht der neue Partner nicht in einem die Ehe ausschließenden verwandtschaftlichen Verhältnis zu dem Kind, muß der Frau die *ḥaḍāna* entzogen werden. Das gilt nicht nur für die Mutter des Kindes, sondern auch für andere weibliche Verwandte.[141] Daher annulliert der Oberste Gerichtshof ein Berufungsurteil, das der Großmutter mütterlicherseits die Personensorge zugesprochen hat, obwohl sie mit einem dem Enkelkind nicht eng verwandten Mann (*aǧnabī*) verheiratet ist. Die Richter des Obersten Gerichtshofes kritisieren in ihrem Urteil die Entscheidung des Berufungsgerichts, da es den Anspruch der Großmutter auf die *ḥaḍāna* zu hoch bewertet habe. „*Das Berufungsgericht hat ihr (der Großmutter mütterlicherseits) die* ḥaḍāna *zugesprochen, indem es das Vorrecht (der Großmutter gegenüber dem Vater) als unumstößliches Pinzip zugrundegelegt hat, gegen das nicht entschieden werden kann. Der Anspruch einer weiblichen*

---

138 NQ 1/1980, 24.12.79 (CS).

139 AdJ 1968, 15.5.68 (CS).

140 Im Vergleich zu den anderen sunnitischen Schulen ist das traditionelle malikitische Recht in diesem Fall weniger rigide. Der Frau wird die Personenpflege nur dann entzogen, wenn eine andere Person, die selbst berechtigt und fähig ist, die *ḥaḍāna* auszuüben, binnen eines Jahres nach der Eheschließung in dieser Sache Klage erhebt (LINANT DE BELLEFONDS *Traité de Droit Musulman*, III, 167 f.).

141 MQ 1/89, 40.438.

Person auf die ḥaḍāna *ist jedoch an die Bedingung geknüpft, daß sie keinen Ehemann hat, der mit ihr bereits ehelich verkehrt hat* (daḫal bihā).“[142] Zur Begründung zitieren die Richter wiederum den malikitischen Gelehrten Ḫalīl b. Isḥāq. Der islamrechtlichen Begründung wird aber noch ein weiteres Argument hinzugefügt: Die verheiratete Großmutter könne sich nicht ausreichend um das Kind kümmern. *„Hat sie einen Ehemann, so verliert sie die* ḥaḍāna, *da die Sorge für den Mann sie von (ihren Pflichten gegenüber) dem Kind ablenkt.*“[143] In einem anderen Fall entscheidet der Oberste Gerichtshof unter Berufung auf islamisches Recht, daß der Großmutter mütterlicherseits die *ḥaḍāna* auch dann zu entziehen ist, wenn sie mit ihrer inzwischen wiederverheirateten Tochter zusammenlebt.[144]

Die höchstrichterliche Rechtsprechung berücksichtigt bei der Entscheidung über die *ḥaḍāna* in keiner Weise die schwierige materielle Situation von Frauen nach einer Eheauflösung. So wertet der Oberste Gerichtshof die Erwerbstätigkeit der Frau als Grund dafür, ihr die *ḥaḍāna* zumindest vorübergehend zu entziehen. Der Oberste Gerichtshof begründet diese Haltung wie folgt: *„L'arrêt attaqué constatant que la fonction exercée par la mère la tient éloignée de ses enfants pendant une grande partie de la journée, la Cour a pu, sans violer le chrâa, déclarer la mère, non déchue de son droit de garde, mais simplement inapte à s'occuper de ses enfants et confier ceux-ci à leur père qui justifie de la présence à son foyer d'une personne, en l'occurence sa mère, susceptible de leur prodiguer tous les soins désirables (...)*“.[145]

Der Pflichtcharakter der ḥaḍāna *gegenüber der Mutter*

Nach malikitischem Recht ist die Personensorge in erster Linie ein Recht der Mutter. Sie kann auf dieses Recht verzichten oder es in Absprache mit dem Vater bei der Eheauflösung abtreten. Die Mutter kann nur dann zur Ausübung der *ḥaḍāna* gezwungen werden, wenn nachweislich keine andere Person an ihrer Stelle dazu in der Lage ist.[146] Der Verzicht auf die *ḥaḍāna* ist jedoch nach malikitischer Auffassung grundsätzlich unwiderruflich – es sei denn, die betreffende Person hat den Grund für ihren Verzicht nicht selbst zu vertreten.[147]

---

142 MQ 1/89, 40.438.

143 MQ 1/89, 40.438.

144 Vorausgesetzt, der Mann der Tochter ist mit dem Kind nicht eng verwandt, d.h. ein "Fremder" (*ağnabī*) (MQ 2/91, 50.011.).

145 AdJ 1969, 29.5.69 (CS).

146 LINANT DE BELLEFONDS *Traité de Droit Musulman*, III, 152, 174.

147 Vgl. KHALIL BEN ISH'AQ *Abrégé* (Übers.: BOUSQUET), 141.

Im Unterschied zum malikitischen Recht geht der Oberste algerische Gerichtshof prinzipiell davon aus, daß die *ḥaḍāna* nicht nur ein Recht, sondern vor allem eine Pflicht der Mutter darstellt.[148] Daher kann die Mutter nicht ohne weiteres von der Ausübung der Personensorge zurücktreten.[149] In diesem Zusammenhang spielt der Begriff des Kindeswohls, auf den sich schon die koloniale Rechtsprechung bezogen hatte und der mit der *ordonnance* und dem *décret* von 1959 zum ausschlaggebenden Kriterium für die Entscheidung über die Personensorge erklärt worden ist, eine wichtige Rolle.[150] Allerdings wird das Kindeswohl (*intérêt de l'enfant/maṣlaḥat al-maḥḍūn*) vom Obersten algerischen Gerichtshof nicht näher definiert. So heißt es in verschiedenen Urteilsbegründungen lediglich, daß das islamische Recht in Fragen der *ḥaḍāna* „im Interesse des Kindes" die Mutter bzw. die weiblichen Verwandten der mütterlichen Linie bevorzugt.[151] Der Wille des Kindes wird in der Rechtsprechung demgegenüber nicht berücksichtigt. In einem Fall erklärt der Oberste Gerichtshof ausdrücklich, daß der Wunsch der Kinder, mit einer bestimmten Person zu leben, bei der Entscheidung über die *ḥaḍāna* keine Rolle spiele. Die obersten Richter begründen ihre Haltung damit, daß die Kinder noch minderjährig und daher weder nach *šarīᶜa* noch nach Zivilrecht entscheidungsfähig seien (*fāqid at-tamyīz*).[152] In einem anderen Urteil des Obersten Gerichtshofes heißt es ausdrücklich, nicht der Wunsch der Kinder (*raġba*), sondern ihr Wohl (*maṣlaḥa*) sei für die Entscheidung über die Personensorge ausschlaggebend.[153] Das Kindeswohl fällt jedoch in seiner Interpretation durch die Rechtsprechung grundsätzlich mit der Anwendung islamrechtlicher Regeln zusammen. Darüber hinaus dient der Verweis auf das Kindeswohl dazu, den Pflichtcharakter der *ḥaḍāna* gegenüber der Mutter zu unterstreichen.

Die stärkere Betonung des Pflichtcharakters der Personensorge führt außerdem dazu, daß ein Verzicht auf die *ḥaḍāna* nicht mehr rückgängig gemacht werden kann. Die obersten Richter werten den Verzicht in jedem Fall als definitiv. Nach ihrer Auffassung verwirkt die Mutter ihren Anspruch auf die *ḥaḍāna* schon dadurch, daß sie die Kinder nicht unmittelbar nach der

---

148 AdJ 1966 (I)-1967, 12.7.67 (CS); BdM 1966/4, (ohne Tag) Mai 1966 (CS); vgl. auch BENMELHA *Droit algérien de la famille*, 188 ff.

149 MQ 4/90, 51.894; MQ 4/91, 59.013.

150 Zur kolonialen Rechtsprechung vgl. BOUSQUET *Précis*, 167 und CHARNAY *Vie musulmane*, 304.

151 Vgl. auch AdJ 1965, 30.12.64 (CS); AdJ 1968, 13.11.68 (CS).

152 MQ 1/89, 32.594. Nach dem algerischen Zivilgesetzbuch gelten Minderjährige ab dem 16. Lebensjahr als entscheidungs- und damit als beschränkt geschäftsfähig (Artikel 42 f. ZGB).

153 NQ 1982 (Sondernr.), 11.1.82 (CS).

Eheauflösung zu sich nimmt.[154] Ein Berufungsurteil, das der Frau die Personensorge zugesprochen hat, obwohl sie die Kinder nach der Verstoßung noch vier Monate bei dem Vater gelassen hatte, wird von den obersten Richtern annulliert.[155]

Grundsätzlich verfällt der Anspruch auf die *ḥaḍāna* nach Auffassung des Obersten Gerichtshofes spätestens dann, wenn er nicht binnen eines Jahres geltend gemacht worden ist. Die obersten Richter annullieren wiederholt Urteile, die der Mutter oder der Großmutter mütterlicherseits die Personensorge noch nach Ablauf dieser Frist zugesprochen haben.[156] In einem Fall bestätigt der Oberste Gerichtshof ein Urteil, das der Mutter die Personensorge für ihre Kinder verweigert hat, da diese nach dem Tod des Vaters zunächst einige Jahre bei der Großmutter väterlicherseits gelebt hatten. Nachforschungen hätten ergeben, so die Begründung der obersten Richter, daß die Frau sich nicht für ihre Kinder interessiert habe.[157]

Ḥaḍāna *und väterliche Gewalt*

Die meisten Konflikte im Zusammenhang mit der *ḥaḍāna* kreisen um Fragen des Verhältnisses zwischen Personensorge und väterlicher Gewalt. Während das *décret* von 1959 festgelegt hat, daß die Eltern nach der Eheauflösung gemeinsam sowohl für den Unterhalt als auch für die Erziehung der Kinder verantwortlich sind, orientiert sich der Oberste algerische Gerichtshof in dieser Frage schon vor 1975 ausschließlich am traditionellen islamischen Recht.[158]

In der Definition durch die algerische Rechtsprechung besteht die *ḥaḍāna* lediglich in der Aufgabe, das Kind aufzuziehen, seine Bedürfnisse zu befriedigen und es mit Aufmerksamkeit zu umgeben.[159] Neben der emotionalen Zuwendung schließt die *ḥaḍāna* auch den Schutz des Kindes ein.[160] Gleichzeitig steht das minderjährige Kind unter der Gewalt seines Vaters, der das Recht hat, es regelmäßig zu sehen und seine Erziehung zu überwachen. Der Oberste Gerichtshof hat zur Ausübung der väterlichen Gewalt ein Umgangsrecht eingeführt, das dem Vater des Kindes mindestens einmal pro Woche gewährt werden muß. Zur Rechtfertigung führt ein Urteil folgendes Argument an: „*Attendu qu'après dissolution du mariage et attribution à la mère du droit de garde, l'enfant n'échappe pas sans une mesure légale ou de*

---

154 AdJ 1968, 25.12.68 (CS).

155 AdJ 1966 (I)-1967, 12.7.647 (CS).

156 AdJ 1966 (I)-1967, 12.7.67 (CS); NQ 1/1980, 5.2.79 (CS); MQ 3/89, 33.636; MQ 3/90, 32.829.

157 AdJ 1968, 25.12.68 (CS).

158 Vgl. auch ISSAD *Le rôle du juge*, 1071.

159 RASJEP 1968, 16.3.67 (Cour).

160 AdJ 1968, 25.12.68 (CS); AdJ 1969, 29.5.69 (CS).

justice, à la puissance de son père; que l'exercice du droit de >hadâna< devant être combiné avec celui du droit d'éducation, toutes mesures utiles peuvent être (...) administrées par le juge (...)."[161] Hindert die Frau den Mann an der Ausübung seines Umgangsrechts, so kann sie deshalb strafrechtlich belangt werden.[162] Die *ḥaḍāna* kann ihr in einem solchen Fall jedoch erst nach einer rechtskräftigen Verurteilung entzogen werden. Das Berufungsgericht Algier bestätigt ein entsprechendes Urteil mit folgender Begründung: „*Se voit retirer la garde de l'enfant la mère qui, investie du droit de garde, empêche sans motifs graves le père d'exercer son droit de visite et par là même sa puissance paternelle.*"[163]

Die Ausübung der väterlichen Gewalt kann nach Auffassung des Obersten Gerichtshofes auch durch die räumliche Entfernung des Kindes vom Vater beeinträchtigt werden. Das traditionelle malikitische Recht begrenzt die zulässige Entfernung des Kindes vom Wohnort des Vaters auf sechs *barīd* (ca. 120 Kilometer).[164] Die höchstrichterliche algerische Rechtsprechung greift ungeachtet der Existenz moderner Verkehrs- und Kommunikationsmittel auf diese Vorschrift zurück. In einem Urteil aus dem Jahr 1982 legt der Oberste Gerichtshof unter Berufung auf Ḫalīl b. Isḥāq ausdrücklich fest, daß die Entfernung von sechs *barīd* unabhängig von verkehrs- und kommunikationstechnischen Bedingungen gilt: „*Das islamische Recht nach malikitischer Schule fordert, daß die Entfernung (des Kindes vom Vater) weniger als sechs* barīd *beträgt. Das haben die Herren Gelehrten vor langer Zeit festgelegt, und das ist unter allen Umständen und für alle Zeiten gültig. Ungeachtet der Schnelligkeit von Verkehrsmitteln ist die weite Entfernung ein Grund dafür, der Mutter das Kind zu entziehen.*"[165] Die Überschreitung der gesetzlichen Entfernung stellt nach Auffassung des Obersten Gerichtshofes einen zwingenden Grund für den Entzug der *ḥaḍāna* dar.[166] Liegt die Entfernung jedoch unter der islamrechtlichen Höchstgrenze, kann der dazu berufenen Person die *ḥaḍāna* nicht entzogen werden. Der Oberste Gerichtshof annulliert ein Urteil, das der Großmutter mütterlicherseits die Personensorge trotzdem zugunsten des Vaters entzogen hat. In der Begründung der obersten Richter heißt es: „*(...) qu'enfin le prétendu éloignement du domicile du père n'atteint pas la distance de six >barids< prévue par la loi, la facilité actuelle des moyens de transport écartant toute difficulté quant à*

---

161 RASJEP 1968, 16.3.67 (Cour).
162 AdJ 1969, 14.5.69 (CS).
163 BdM 1969/1, 5.11.68 (Cour).
164 LINANT DE BELLEFONDS *Traité de Droit Musulman*, III, 175.
165 NQ 1982 (Sondernr.), 25.1.82 (CS).
166 AdJ 1969, 9.10.68 (CS).

l'exercice du droit de visite du père (...)."[167] Die modernen Transportmittel werden hier nur erwähnt, um die Angemessenheit der islamrechtlichen Norm zu unterstreichen.[168]

Konflikte um Personensorge und väterliche Gewalt ergeben sich häufig auch dann, wenn Mutter, Vater oder auch beide Eltern im Ausland, d.h. in der Regel in Frankreich leben. Die Rechtsprechung des Kassationsgerichts ist hier uneinheitlich. Halten sich nur Mutter oder Vater im nichtmuslimischen Ausland auf, so hat zwar nach Auffassung der obersten Richter grundsätzlich der in Algerien lebende Elternteil Anspruch auf die Personensorge.[169] Mit dieser Begründung lehnt der Oberste Gerichtshof die Vollstreckung eines französischen Urteils ab, das der in Frankreich lebenden Mutter die Personensorge für die beiden Töchter zugesprochen hat, obwohl sich der Vater in Algerien aufhält. Das Leben in Frankreich, so die Argumentation des Obersten Gerichtshofes, entfremde die beiden Mädchen von ihrer Religion und ihren Traditionen. Außerdem könne der Vater sein Recht auf Überwachung (*raqāba*) der Erziehung seiner Töchter angesichts der großen Entfernung nicht wirksam wahrnehmen. Beides verstoße gegen den *ordre publique* (*niẓām ᶜāmm*).[170] Dennoch wird in einem anderen Fall der in Algerien lebenden Mutter die Personensorge zugunsten des in Frankreich lebenden Vaters entzogen. Die Richter argumentieren hier, daß der Vater aufgrund der großen Entfernung zwischen ihm und den Kindern ein Recht darauf habe, die Kinder bei einer Person seines Vertrauens in Algerien zu lassen.[171] Leben beide Eltern im Ausland, so sollen nach einer Entscheidung des Obersten Gerichtshofes in Fragen der *ḥaḍāna* die „üblichen Grundsätze des islamischen Rechts" angewendet werden.[172]

Bei binationalen bzw. interreligiösen Ehen ergeben sich im Zusammenhang mit der Personensorge noch weitere Schwierigkeiten. Zwar macht das malikitische Recht die islamische Religionszugehörigkeit nicht zur notwendigen Voraussetzung für die Ausübung der *ḥaḍāna*. Die Kinder müssen jedoch in der Religion des Vaters erzogen werden.[173] Nach Auffassung des Obersten algerischen Gerichtshofes muß der nichtmuslimischen Mutter daher die *ḥaḍāna* entzogen werden, wenn sie die Kinder von der Religion des Vaters abzubringen versucht. Der Oberste Gerichtshof annulliert daher ein Urteil,

167 AdJ 1969, 25.9.68 (CS).
168 Ebenso BdM 1966/3, 8.6.66 (CS).
169 MQ 4/90, 52.207.
170 MQ 4/90, 52.207; vgl. auch MQ 4/91, 59.013.
171 NQ 1982 (Sondernr.), 11.1.82 (CS); vgl. auch BdM 1/69, 5.11.68 (CS).
172 MQ 3/91, 56.597.
173 Das entspricht dem traditionellen malikitischen Recht (LINANT DE BELLEFONDS *Traité de Droit Musulman*, III, 164 ff.).

das einer nichtmuslimischen Mutter die Personensorge zugesprochen hat, obwohl sie die Kinder nachweislich im Glauben zu beeinflussen versucht habe. Die Richter des Obersten Gerichtshofes stützen sich bei ihrer Beurteilung auf in den Prozeßakten dokumentierte Zeugenaussagen und auf Unterlagen der katholischen Kirche in Algerien.[174]

Ḥaḍāna *und Unterhaltspflicht des Vaters*

Nach traditionellem malikitischen Recht ist im Fall der Bedürftigkeit des Kindes auch während der Dauer der *ḥaḍāna* allein der Vater für dessen Unterhalt und Unterbringung verantwortlich. Die Mittellosigkeit einer weiblichen Person disqualifiziert sie daher nach Auffassung des Obersten Gerichtshofes nicht für die Ausübung der *ḥaḍāna*: „*Les principes du chrâa en matière de dévolution de la hadâna ne font pas obstacle à ce que l'enfant soit confié à une personne dépourvue de ressources personnelles, l'entretien de l'enfant étant de droit à la charge du père.*“[175] Mit dieser Begründung heben die obersten Richter ein Urteil auf, das der Großmutter mütterlicherseits unter Verweis auf ihre beschränkten finanziellen Mittel die *ḥaḍāna* zugunsten der Großmutter väterlicherseits verweigert hat.[176]

Von entscheidender Bedeutung ist angesichts der Wohnungsknappheit jedoch vor allem die Frage, in welcher Form der Vater für die Unterbringung seiner Kinder und der zur *ḥaḍāna* berufenen Person Sorge tragen muß. Nach Auffassung des Obersten Gerichtshofes kann er nicht dazu verpflichtet werden, Frau und Kindern die Ehewohnung zu überlassen. Der Oberste Gerichtshof hebt ein Berufungsurteil auf, das einer Frau nach Beendigung der Ehe die *ḥaḍāna* für die sechs Kinder zugesprochen und ihr zugleich die Ehewohnung zugewiesen hat. Zur Begründung führen die obersten Richter an, daß der Vater nach Meinung islamischer Rechtsgelehrter nur zur Zahlung des Mietzinses, nicht aber zum Überlassen einer Wohnung verpflichtet sei. Nach *fiqh* und Rechtsprechung könne der Frau die Ehewohnung nicht gegen den Willen des Mannes zugewiesen werden.[177] Mit dem 1975 verabschiedeten Zivilgesetzbuch ändert sich die Rechtslage in dieser Frage jedoch zugunsten von Frauen und Kindern. Das Zivilgesetzbuch sieht vor, daß in Eheauflösungssachen die gemeinsame Mietwohnung demjenigen

---

174 NQ 2/1981, 16.4.79 (CS).

175 Die Richter erwähnen hier allerdings ausdrücklich, daß die Großmutter eine alte Widerstandskämpferin (*muǧāhida*) ist. Damit wird ihre moralische Befähigung zur Ausübung der *ḥaḍāna* noch einmal unterstrichen (BdM 1968, 15.5.68 (CS)).

176 Gemessen an den Lebenshaltungskosten sind die Beträge, die als Unterhaltszahlungen an Kinder festgesetzt werden, allerdings eher gering. Sie liegen in der Regel zwischen 100 und 250 Dinar monatlich. Tatsächlich wird im Jahr 1988 zur Deckung des Pro Kopf-Verbrauchs an Lebensmitteln jährlich im Durchschnitt ein Betrag von 4.661,03 Dinar benötigt (*Annuaire Statistique*, 343).

177 NQ 1/1981, 2.12.80 (CS).

Partner zugewiesen werden kann, der die Personensorge für die Kinder ausübt.[178] Der Oberste Gerichtshof hat diese Vorschrift dahingehend ausgelegt, daß der Frau die Mietwohung dann zugewiesen werden muß, wenn sie für mindestens drei Kinder verantwortlich ist. Andernfalls bleibt die Entscheidung über die Zuweisung der Ehewohnung in das richterliche Ermessen gestellt.[179]

5.2.3.2 Das Familiengesetz

Hinsichtlich der Eltern- und Kinderrechte bringt auch das Familiengesetz gegenüber der bisherigen Rechtsprechung kaum Neuerungen. Nach dem Gesetz gehört die Personensorge als Recht und Pflicht der Mutter zu den Folgen der Eheauflösung.[180] Während der Ehe sind die Pflege der Kinder und deren Erziehung die gemeinsamen Pflichten beider Eltern.[181] Angesichts der oben dargestellten hierarchischen Ordnung zwischen Mann und Frau wird die väterliche Gewalt hierdurch allerdings kaum begrenzt. Die *ḥaḍāna* besteht nach dem Gesetz von 1984 lediglich in der Pflege des Kindes, in der Gewährleistung seines Schulbesuchs, in seiner Erziehung in der Religion des Vaters und allgemein in der Sorge für seine körperliche und moralische Gesundheit. Ohne einzelne Bedingungen zu nennen, fordert das Gesetz, daß die zur *ḥaḍāna* berufene Person zur Erfüllung dieser Aufgaben in der Lage sein muß.[182] Andernfalls verliert sie ihren Anspruch.[183] Die Personensorge muß binnen eines Jahres nach Beendigung der Ehe beantragt werden.[184] Nur die Vorschrift, daß der Richter unter Umständen der Person, die die *ḥaḍāna* ausübt, einen Umzug ins Ausland gestatten kann, stellt eine eindeutige Verbesserung gegenüber der bisherigen Rechtslage dar.[185]

Wie bisher verliert die Frau die *ḥaḍāna* nach dem Gesetz dann, wenn sie einen Mann heiratet, der mit dem Kind nicht eng verwandt ist.[186] Leben die zur *ḥaḍāna* berufene Großmutter oder Tante mit der wiederverheirateten Mutter des Kindes zusammen, wird ihnen die Personensorge ebenfalls entzo-

---

178 Artikel 467, Absatz 2 ZGB.

179 Vgl. auch BENMELHA *Droit algérien de la famille*, 196 und ASLAOUI *Effets du code*, 23.

180 Artikel 62 ff. Familiengesetz.

181 Artikel 36 Punkt 2 FGB.

182 Artikel 62 FGB.

183 Artikel 67 FGB.

184 Artikel 68 FGB.

185 Artikel 69 FBG.

186 Das Gesetz spricht hier von einem die Ehe ausschließenden verwandtschaftlichen Verhältnis (Artikel 66 FGB).

gen.[187] Die *ḥaḍāna* endet außerdem durch Verzicht (*renonciation/tanāzul*), wenn dadurch das Kindeswohl nicht beeinträchtigt wird.[188] Unter Berufung auf diesen Artikel unterstreicht die höchstrichterliche Rechtsprechung den Pflichtcharakter der Personensorge gegenüber der Frau noch stärker als bisher. Der Oberste Gerichtshof annulliert ein Urteil, das dem Mann gegen dessen Willen die Personensorge für die kranke Tochter zugeteilt hat. Der Mann begründet seine Kassationsklage damit, daß er das Kind nicht in dem erforderlichen Maß umsorgen könne. Auch liege ein ärztliches Gutachten über den Gesundheitszustand des Mädchens vor, nach dem es der intensiven Pflege durch die Mutter bedürfe. Die obersten Richter annullieren schließlich das Urteil und verpflichten die Mutter im Namen des Kindeswohls (*maṣlaḥa*) gegen ihren Willen, die Personensorge für die Tochter zu übernehmen.[189] Aber auch in weniger dramatischen Fällen gestatten es die obersten Richter der Frau nicht, auf die *ḥaḍāna* zu verzichten. Zur Begründung führen sie in einem Fall an, die zweite Frau des Mannes könne die Kinder aus der ersten Ehe niemals so liebevoll annehmen wie die leibliche Mutter. „*Die Richter des Berufungsgericht, die der Frau auf ihren eigenen Wunsch hin die* ḥaḍāna *entzogen und den Mann zur Aufnahme der Kinder verpflichtet haben, der nicht selbst mit der* ḥaḍāna *betraut ist, sondern diese über eine andere, weibliche Person (seine zweite Frau) wahrnimmt, die den Kindern nicht mehr zugetan sein kann als die leibliche Mutter, haben mit ihrem Urteil die Vorschriften zur* ḥaḍāna *verletzt.*“[190]

Gleichzeitig wird in dem Familiengesetz von 1984 die Position des Vaters bei der Zuteilung der Personensorge gegenüber der bisherigen Rechtslage gestärkt. Nach der Mutter haben zwar auch weiterhin zunächst die Großmutter und die Tante mütterlicherseits Anspruch auf die *ḥaḍāna*. Danach folgt jedoch noch vor der Großmutter väterlicherseits der Vater selbst. Der anderen Seite ist nach dem Gesetz ein Besuchsrecht einzuräumen.[191] Diese Regelung stellt insofern eine positive Veränderung der Rechtslage dar, als das Umgangsrecht nach dem Gesetz nicht mehr ausschließlich ein Vorrecht des Mannes zur Ausübung der väterlichen Gewalt ist. Genauso kann nun auch der Mutter ein Besuchsrecht eingeräumt werden, wenn ihr die *ḥaḍāna* entzogen worden ist oder wenn sie darauf verzichtet hat. Tatsächlich schützt der Oberste Gerichtshof das Besuchsrecht der Mutter gegen ungerechtfertigte Beschränkungen. Die obersten Richter heben ein Urteil auf, das die Gewährung des Besuchsrechts für die Mutter an die Bedingung geknüpft hat, daß sie die Kinder nur im Haus des Vaters sieht. Zur Begründung dieser

---

187 Artikel 70 FGB.
188 Artikel 66 FGB.
189 MQ 1/92, 54.353.
190 MQ 4/90, 51.894.
191 Artikel 64 FGB.

Entscheidung führt der Oberste Gerichtshof an, daß nach Gesetz und *šarīᶜa* ein Recht nicht willkürlich, sondern nur auf der Grundlage eines Gesetzes beschnitten werden könne.[192] Das Besuchsrecht ist der dazu berechtigten Seite nach Auffassung des Obersten Gerichtshofes auch weiterhin mindestens einmal pro Woche zu gewähren.[193]

Nach dem Gesetz endet die Personensorge für Jungen mit Vollendung des zehnten Lebensjahres, für Mädchen mit dem Erreichen des Ehefähigkeitsalters, d.h. mit 18 Jahren. Unter Berücksichtigung des Kindeswohls (*maṣlaḥat al-maḥḍūn*) kann der Richter jedoch die Personensorge für den Jungen bis zur Vollendung des 16. Lebensjahres verlängern.[194] Gegenüber dem traditionellen malikitischen Recht wird die *ḥaḍāna* für Jungen und Mädchen also verkürzt.[195] Auch für Mädchen endet die Personensorge nun unabhängig von ihrer Verheiratung.

Der Vater ist nach dem Gesetz der Vormund (*walī*) seiner minderjährigen Kinder. Mit dem Tod des Vaters geht die Vormundschaft jedoch wie schon nach dem Gesetz von 1957 auf die Mutter über.[196] Der Inhalt der väterlichen Gewalt wird durch das Familiengesetz nicht näher bestimmt. Für ihre Ausübung werden keine besonderen Bedingungen genannt. Der Entzug der väterlichen Gewalt ist vom Gesetz nicht vorgesehen. Nur bezüglich der Vermögensverwaltung für den Minderjährigen hat das Gesetz die Kompetenzen des Vaters gegenüber dem traditionellen malikitischen Recht beschränkt. Für die Belastung, die Vermietung oder die Veräußerung von Immobilien oder auch von anderen Vermögenswerten des Minderjährigen muß der Vormund eine richterliche Genehmigung einholen. Die vermögensrechtliche Vormundschaft kann einer Person nach dem Gesetz außerdem unter bestimmten Umständen entzogen werden.[197]

Die einzige gesetzliche Pflicht des Vaters besteht darin, im Fall der Bedürftigkeit des Kindes für dessen Unterhalt und Unterbringung aufzukommen.[198] In Abweichung vom malikitischen Recht kann nach dem Gesetz allerdings auch die Mutter im Fall der Unfähigkeit des Vaters gegenüber dem

---

192 MQ 1/92, 79.891.

193 MQ 4/91, 59.784.

194 Artikel 65 FGB.

195 Nach malikitischem Recht endet die *ḥaḍāna* für Jungen spätestens mit 18 Jahren, für Mädchen bzw. Frauen mit dem Vollzug der Ehe (vgl. oben).

196 Artikel 87 FGB.

197 Artikel 88 bis 91 Familiengesetzbuch. Im traditionellen Recht sind der Verfügungsgewalt des Vaters über das Vermögen seiner minderjährigen Kinder kaum Grenzen gesetzt. Ihm sind grundsätzlich lediglich unentgeltliche Zuwendungen aus dem Vermögen seiner Kinder verboten (LINANT DE BELLEFONDS *Traité de Droit Musulman*, III, 222 ff.).

198 Artikel 72 FGB.

Kind unterhaltspflichtig werden.[199] Das Gesetz sieht ausdrücklich vor, daß der Vater seiner Pflicht zur Unterbringung des Kindes während der Dauer der *ḥaḍāna* dadurch nachkommen kann, daß er die anfallenden Mietkosten übernimmt.[200] Außerdem schränkt das Familiengesetz wie bereits oben ausgeführt die Möglichkeit stark ein, die Ehewohnung nach einer Eheauflösung der Frau und dem Kind zuzuweisen.[201] Ungeachtet der Probleme, die sich daraus für Frauen und Kinder ergeben, scheint der Oberste Gerichtshof diese Vorschriften bisher konsequent anzuwenden.[202]

5.2.3.3 Zusammenfassung

Die Reformtexte von 1959 werden von algerischen Gerichten nach der Unabhängigkeit nur insofern angewendet, als sie auch weiterhin mit der Eheauflösung von Amts wegen über die Personensorge entscheiden. An diesem Grundsatz hält die Rechtsprechung auch nach der formalen Aufhebung der kolonialen Gesetzgebung 1975 fest. Die Zuteilung der *ḥaḍāna* und ihre Organisation werden damit der Kontrolle durch den Richter unterstellt. Die mit den Texten von 1959 eingeführte Gleichstellung der Eltern hinsichtlich ihrer Rechte und Pflichten gegenüber dem Kind wird jedoch nicht umgesetzt. Die algerische Rechtsprechung folgt stattdessen weiterhin der islamrechtlichen Unterscheidung zwischen Personensorge und Vormundschaft. Dabei verteidigen die obersten Richter zwar einerseits die Priorität der Mutter und der weiblichen Verwandten mütterlicherseits bei der Zuteilung der *ḥaḍāna*. Die väterliche Gewalt setzt der Ausübung der *ḥaḍāna* andererseits aber enge Grenzen. Auch bleibt die materielle Situation der Mutter während der Dauer der *ḥaḍāna* prekär, wie sich im Zusammenhang mit der Regelung der Wohnungsfrage zeigt. Die wichtigste Veränderung gegenüber dem traditionellen malikitischen Recht besteht in der stärkeren Betonung des Pflichtcharakters der *ḥaḍāna* gegenüber der Mutter. Nur in diesem Zusammenhang argumentieren die obersten Richter mit dem Begriff des Kindeswohls. Der Wille des Kindes wird demgegenüber bei Entscheidungen über die Personensorge nicht berücksichtigt.

Auch das Familiengesetz von 1984 erweitert die Rechte der Mutter gegenüber denen des Vaters nicht. Gleichzeitig werden der Mutter mehr Pflichten auferlegt. So wird nicht nur der Pflichtcharakter der *ḥaḍāna* unterstrichen. Die Mutter kann nach dem Gesetz außerdem unter Umständen gegenüber

---

199 Artikel 76 FGB.

200 Artikel 72 FGB.

201 Artikel 52 Absatz 2 und 3 FGB. Für eine restriktive Auslegung dieses Artikels in der kommentierenden Literatur vgl. SA'D *az-Zawāǧ*, 32 f.

202 MQ 4/91, 59.784.

den Kindern unterhaltspflichtig werden. Der Gesetzgeber verfolgt hier offensichtlich das Ziel, die Rechte des Kindes im Rahmen der Kernfamilie zu sichern. Daher wird die Mutter im Fall des Todes des Vaters zum gesetzlichen Vormund ihrer Kinder erklärt. Aber auch die Position des Vaters wird gegenüber dem traditionellen malikitischen Recht insofern gestärkt, als er nun nach der Mutter und der Großmutter mütterlicherseits Anspruch auf die Personensorge hat. Er kann allerdings nach Auffassung des Obersten Gerichthofes im Unterschied zur Mutter in keinem Fall gegen seinen Willen zur Ausübung der *ḥaḍāna* verpflichtet werden.

5.3 DAS VERMÖGEN DER FAMILIE - ERBRECHT, TESTAMENT, SCHENKUNG UND FROMME STIFTUNGEN

Das Erbrecht hat ganz allgemein die Funktion, den Übergang des Vermögens auf nachfolgende Generationen zu regeln.[203] Es dient so der Reproduktion sozio-ökonomischer Hierarchien und sichert gleichzeitig den Fortbestand einer bestimmten Form der Familie. Die Bedeutung erbrechtlicher Bestimmungen kann sich jedoch mit dem Wandel der gesellschaftlichen Verhältnisse grundlegend verändern. Auch ist die konkrete Organisation des Vermögensübergangs zwischen den Generationen, wie sie sich in der gesellschaftlichen Praxis vollzieht, nicht auf die Logik erbrechtlicher Normen reduzierbar.[204] In muslimischen Gesellschaften spielen etwa neben der Erbteilung und dem Testament auch zu Lebzeiten vollzogene Schenkungen oder die Errichtung frommer Stiftungen eine wichtige Rolle für die Übermittlung von Vermögen unter Verwandten.[205] Aus diesem Grund gelten nicht nur private fromme Stiftungen, sondern auch Schenkungen in arabischen Ländern häufig als Bestandteil des Personalstatuts.[206] Linant de Bellefonds hat die Schenkung in diesem Sinn als Familienangelegenheit (*affaire de famille*) bezeichnet.[207]

Das hier vorliegende Material erlaubt keine verallgemeinernden Aussagen über die Bedeutung und die soziale Praxis des islamischen Erbrechts in Algerien.[208] Es läßt sich lediglich zeigen, ob und wie höchstrichterliche Rechtsprechung und Gesetzgebung hier verändernd in das traditionelle Recht eingreifen. Dabei geht es im fogenden vor allem um die Frage, inwiefern die Rechtsentwicklung den Interessen der Kernfamilie Rechung trägt und darüber hinaus geeignet ist, den individuellen Willen des Erblassers zu berücksichtigen.

---

203 Vgl. SCHRÖDER *Bürgerliches Erbrecht.*

204 Für den islamischen Kontext hat insbesondere Martha Mundy auf die Notwendigkeit hingewiesen, die Entstehung sowie die Anwendung des islamischen Erbrechts im Rahmen der jeweiligen historischen Verhältnisse zu analysieren (MUNDY *Family, Inheritance and Islam*). Für eine Kritik der ausschließlich auf die Erbteilung konzentrierten Sicht auf das islamische Erbrecht vgl. auch POWERS *Family Endowments*, 571.

205 Vgl. auch BORRMANS *Statut personnel et famille*, 32 ff.

206 Vgl. auch BOUSQUET *Précis*, 257 ff., 307-327.

207 LINANT DE BELLEFONDS *Traité de Droit Musulman*, III, 314.

208 Zum Einfluß sozialer Beziehungen auf die Erbrechtspraxis vgl. auch MOORS *Gender and inheritance.*

5.3.1 Rechtsprechung bis 1984

5.3.1.1 Erbrecht

Das islamische Erbrecht setzt sich aus den koranischen Vorschriften einerseits, der vorislamischen, rein agnatischen Erbfolgeordnung andererseits zusammen. Dabei hat der Koran gegenüber der früheren Praxis die nahen weiblichen Verwandten, die Halbbrüder mütterlicherseits sowie den überlebenden Ehegatten zu gesetzlichen Erben gemacht. Außerdem sichert er dem Vater des Erblassers auch dann einen Erbanspruch, wenn direkte männliche Nachkommen existieren.[209] Insgesamt zeichnet sich das islamische Erbrecht durch ein kompliziertes System der Erbteilung und der Konkurrenz bzw. Priorität von Erbansprüchen aus.[210] Die agnatische Erbfolgeordnung hat dabei grundsätzlich die Funktion, den Zusammenhalt des erweiterten patriarchalischen Familienverbandes zu sichern.[211] Da nach islamischem Recht neben den Agnaten auch bestimmte nahe weibliche Verwandte und der Ehegatte erbberechtigt sind, hat Bousquet das islamische Erbrecht als *„système successoral agnatique mitigé"* charakterisiert.[212]

Die koranischen Erben (*ahl al-farāʾiḍ*) haben als erste Anspruch auf einen jeweils genau festgelegten Anteil an dem hinterlassenen Vermögen. Zu dieser Gruppe zählen nach Auffassung der Rechtsgelehrten der Ehemann bzw. die Ehefrau, die Tochter, die Tochter des Sohnes, der Vater, der Großvater väterlicherseits, die Mutter, die Großmütter väterlicher- und mütterlicherseits, die Schwester, die Halbschwester väterlicherseits sowie der Halbbruder und die Halbschwester mütterlicherseits.[213] Dabei sind nur der Ehemann bzw. die Ehefrau, die Eltern und Töchter als „primäre" Erben in jedem Fall erbberechtigt.[214] Überschreitet das hinterlassene Vermögen die Summe der Ansprüche der koranischen Erben, so folgen als „Resterben" die agnatischen Verwandten (*ʿaṣaba*). Diese sind in Klassen und Grade so-

---

209 Vgl. auch SPIES/PRITSCH *Klassisches islamisches Recht*, 231.

210 Vgl. COULSON *Succession*, 29-39. Die Struktur der Erbteilung fördert tendenziell die Zerstückelung des vererbten Vermögens, weshalb in der Praxis die islamrechtliche Erbfolge häufig umgangen oder modifiziert wird (LAYISH *Family waqf*, 27).

211 Vgl. auch JOHANSEN *Sacred and religious elements*, 293 f.

212 BOUSQUET *Précis*, 267. Vgl. auch COULSON *Succession*, 33. Für eine Kritik an dieser Interpretation vgl. MUNDY *Family, Inheritance and Islam.*

213 Nicht alle von ihnen erben jedoch in jedem Fall als koranische, sondern u.U. auch als agnatische Erben (BOUSQUET *Précis*, 279 ff.). Zu den koranischen Erben vgl. auch COULSON *Succession*, 35 und BORRMANS *Statut personnel et famille*, 33.

214 Die anderen koranischen Erben können durch die Primärerben selbst oder durch enge agnatische Verwandte vom Erbe ausgeschlossen werden (COULSON *Succession*, 36-39).

wie nach Enge der Blutsverwandtschaft eingeteilt und schließen sich untereinander vom Erbe aus.[215] Das sunnitische Recht kennt kein Eintrittsrecht der Nachkommen in den Erbanspruch eines vorverstorbenen Erben.[216] Auch koranische Erben können unter Umständen als Agnaten auftreten. Das gilt zunächst für die agnatischen Verwandten selbst unter ihnen, d.h. für den Vater und den Großvater väterlicherseits.[217] Über männliche Miterben, d.h. über leibliche Brüder, die als Agnaten erben, können aber auch die Frauen unter den koranischen Erben zur Gruppe der agnatischen Erben gerechnet werden.[218] Sie haben dann jeweils Anspruch auf die Hälfte dessen, was einem männlichen Miterben ihres Ranges zusteht.[219] Nur die leibliche Schwester und die Schwester väterlicherseits können auch ohne männliche Miterben unter Umständen als agnatische Erben auftreten.[220] Existieren keine agnatischen Verwandten, so geht das restliche Vermögen nach malikitischer Auffassung an den Fiskus (*bait al-māl*).[221] Nach hanafitischer Auffassung werden in einem solchen Fall die Anteile der koranischen Erben proportional erhöht, wobei der überlebende Ehegatte nicht mehr berücksichtigt wird.[222] Gibt es auch keine koranischen Erben, sind bei den Hanafiten die uterinen Verwandten, d.h. die über die Frauen verwandten Personen (*ḏawū l-arḥām*) erbberechtigt.[223]

Der Oberste algerische Gerichtshof hat grundsätzlich bestätigt, daß in Fragen des Erbrechts „islamisches Gesetz" (*loi musulmane*) gilt.[224] Das hat insbesondere für die Kabylei Bedeutung, da dort bis zur Unabhängigkeit auch in Erbsachen kabylisches Gewohnheitsrecht angewendet wurde. Aufgrund der neuen Rechtslage können jetzt gegen den gewohnheitsrechtlichen Ausschluß der Frauen vom Erbe die Erbansprüche naher weiblicher Verwandter durchgesetzt werden. Der Oberste Gerichtshof annulliert zum Beispiel

---

215 Bei den Malikiten erben zunächst die Deszendenten, dann der Vater, dann die Aszendenten und die Brüder über den Vater, dann die Deszendenten der Brüder über den Vater, nach ihnen die Deszendenten des Großvaters und schließlich die Deszendenten des Urgroßvaters (vgl. BOUSQUET *Précis*, 290 f.; BORRMANS *Statut personnel et famille*, 34).

216 COULSON *Succession*, 34.

217 Unter Umständen können sie sogar gleichzeitig als koranische und als agnatische Erben auftreten (COULSON *Succession*, 43, 53 f.).

218 Nur die Ehefrau, die Großmutter und die Schwester mütterlicherseits können in keinem Fall zu agnatischen Erben werden (COULSON *Succession*, 41 f.).

219 BORRMANS *Statut personnel*, 34.

220 COULSON *Succession*, 71 ff.

221 BORRMANS *Statut personnel et famille*, 34.

222 COULSON *Succession*, 49 f.

223 Vgl. COULSON *Succession*, 30 f. und SPIES/PRITSCH *Klassisches islamisches Recht*, 233.

224 RASJEP 1968, 21.6.67 (CS); vgl. auch NQ (Sondernr.) 1982, 11.1.82 (CS).

ein Urteil des Berufungsgerichts Tizi Ouzou, das nach dem Tod eines Mannes entsprechend dem kabylischen Gewohnheitsrecht der Witwe und der Tochter jeweils bloß einen Anspruch auf Nutznießung, aber kein Eigentum an den hinterlassenen Liegenschaften zugebilligt hat.[225]

Die Anwendung islamischen Rechts geht andererseits zu Lasten des französischen Zivilrechts, das bis zur Verabschiedung eines neuen Zivilgesetzbuches im Jahr 1975 zumindest formal noch weiter gilt.[226] Im Zusammenhang mit der Zurückforderung eines an einen Dritten veräußerten Anteils an einem gemeinschaftlich geerbten Grundstück verteidigt der Oberste Gerichtshof die Anwendung des islamrechtlichen Vorkaufsrechts (*šufʿa*) der Miterben. Das Berufungsgericht hatte im Unterschied dazu unter Rückgriff auf die koloniale Gesetzgebung und auf französisches Zivilrecht keine Grundlage für ein solches gesetzliches Vorkaufsrecht gesehen. Der Oberste Gerichtshof annulliert das Urteil mit folgender Begründung: „*La limitation de la chefâa du droit musulman au seul cas du retrait successoral de l'article 841 du code civil ayant été inspirée par la volonté de rendre moins sujet à incertitude les achats de droits indivis par les acquéreurs européens, afin de mieux assurer leur implantation dans un pays agricole. Cette disposition ne saurait être considérée comme reconduite par la loi du 31 décembre 1962.*“[227] Mit dem Gesetz vom 31. Dezember 1962, auf das sich der Oberste Gerichtshof hier bezieht, sind die kolonialen Gesetze nur in den Teilen übernommen worden, in denen sie nicht „kolonialistisch inspiriert“ sind.

Schließlich führt die Anwendung des islamischen Erbrechts zur Aufrechterhaltung der Diskriminierung von Nichtmuslimen. Davon sind in der Praxis meist Frauen in binationalen bzw. interreligiösen Ehen betroffen. Nach Auffassung des Obersten algerischen Gerichtshofes sind gesetzliche Erbschaftsansprüche von der Religionszugehörigkeit des Erben abhängig. Die obersten Richter machen sogar das „Festhalten“ am Islam (*at-tamassuk bi-l-islām*) zur Voraussetzung für die Wirksamkeit eines gesetzlichen Erbanspruchs.[228] Die Religionszugehörigkeit einer Person kann hier also wie im traditionellen islamischen Recht über ihren Ausschluß von der gesetzlichen Erbfolge entscheiden.

---

225 RASJEP 1968, 21.6.67 (CS). Selbst dieses Nutznießungsrecht von Frauen war erst durch ein koloniales Reformgesetz aus dem Jahr 1931 eingeführt worden (CHARNAY *vie musulmane*, 98).

226 Vgl. auch BADR *Relance du droit islamique*.

227 AdJ 1966 (I)-1967, 16.11.66 (CS). Ein koloniales Gesetz aus dem Jahre 1873 hatte die Anwendbarkeit der *šufʿa* auf den Fall des Artikel 841 des französischen ZGB eingeschränkt. Dieser 1973 aufgehobene Artikel sieht ein gesetzliches Vorkaufsrecht der Miterben nur im Fall der Veräußerung eines nicht weiter spezifizierten Erbschaftsanspruchs vor.

228 Die Staatsangehörigkeit des Erben hingegen ist unerheblich MQ 3/89, 33.509.

5.3.1.2 Testament

Um die Interessen der gesetzlichen Erben zu schützen, hat das islamische Recht die Testierfreiheit erheblich eingeschränkt.[229] Der Erblasser kann durch Testament nur über höchstens ein Drittel seines gesamten Vermögens frei verfügen.[230] Hinsichtlich des darüber hinausgehenden Anteils ist das Testament nur dann wirksam, wenn ihm die gesetzlichen Erben zustimmen. Testamentarische Verfügungen zugunsten eines gesetzlichen Erben sind grundsätzlich unwirksam. Bei Zustimmung der übrigen Intestaterben können sie jedoch als Schenkungen betrachtet werden.[231]

Der Oberste algerische Gerichtshof folgt in Fragen des Testaments grundsätzlich islamischem Recht. Er besteht selbst dann auf dessen Anwendung, wenn das Testament aus der Zeit vor der algerischen Unabhängigkeit stammt und ausdrücklich nach französischem Recht aufgesetzt worden ist.[232] Die obersten Richter bestätigen ein Urteil, nach dem die von der Verstorbenen durch Testament als Alleinerbin eingesetzte Person bloß Anspruch auf ein Drittel des hinterlassenen Vermögens hat. In der Begründung der Entscheidung durch den Obersten Gerichtshof heißt es, daß die kolonialrechtliche Möglichkeit, ein bestimmtes Rechtsgeschäft nach französischem Recht abzuschließen, auf Verträge zwischen mehreren Parteien (*actes multilatéraux*) begrenzt sei.[233] Von daher könne diese Regelung nicht einfach auf einseitige Rechtsgeschäfte (*actes unilatéraux*) übertragen werden. Der Oberste Gerichtshof besteht daher auf der Anwendung der *šarīᶜa*, nach der das Testament auf ein Drittel des Gesamtvermögens der Erblasserin reduziert werden müsse.[234] In einem Urteil aus dem Jahr 1990 führt der Oberste Gerichtshof für eine ähnliche Entscheidung noch einen weiteren Grund an. Er annulliert ein Urteil, das die Wirksamkeit eines nach französischem Recht aufgesetzten Testaments festgestellt hat. Es handelt sich dabei um ein Testament, durch das der inzwischen Verstorbene im Jahre 1952 seine Ehefrau als Alleinerbin seines Vermögens eingesetzt hatte. Als Begründung für die Ungültigkeit dieses Testaments führen die obersten Richter an, daß

---

229 Vgl. auch COULSON *Succession*, 235-243. Für einen Ansatz zur Reinterpretation der Entstehung und Entwicklung des islamischen Erbrechts vgl. MUNDY *Family, Inheritance and Islam*, 24 f.

230 Vgl. auch SPIES/PRITSCH *Klassisches islamisches Recht*, 231.

231 BORRMANS *Statut personnel et famille*, 35.

232 Tatsächlich gab es während der Kolonialzeit in Erbsachen oder zur Aufsetzung von Testamenten ein Optionsrecht für Muslime auf französisches Recht (BOUSQUET *Précis*, 270).

233 Zum Optionsrecht algerischer Muslime im Bereich privatrechtlicher Transaktionen während der Kolonialzeit vgl. BORRMANS *Statut personnel et famille*, 428-431.

234 AdJ 1968, 20.3.68 (CS).

der Testator Muslim gewesen sei und daher für ihn auch im Jahr 1952 islamisches Recht gegolten habe.[235]

Die Freiheit des Testators wird in der höchstrichterlichen Rechtsprechung also in keiner Weise gegenüber dem traditionellen islamischen Recht erweitert. Nach wie vor werden so die Interessen der islamrechtlichen Erben geschützt. Als Folge dieser Situation spielen auch weiterhin Schenkungen und private fromme Stiftungen im Zusammenhang mit Erbschaftsfragen eine große Rolle.

5.3.1.3 Schenkung

Im Unterschied zum Testator ist der Schenker nach traditionellem islamischem Recht in der Verfügung über sein Vermögen vollkommen frei. Es ist deshalb naheliegend, daß zur Umgehung der Erbfolge und der eingeschränkten Testierfreiheit häufig auf Schenkungen zurückgegriffen wird.[236] Der Oberste algerische Gerichtshof wendet dabei ausdrücklich malikitisches Recht an.[237] Das ist insofern von Bedeutung, als die Schenkung nur bei den Malikiten wie ein konsensualer Vertrag behandelt und als für den Schenker verpflichtend betrachtet wird. In einem der hier dokumentierten Fälle hatte ein Mann seiner Frau noch zu Lebzeiten ein Stück Land geschenkt, war dann jedoch vor der entsprechenden Umschreibung im Grundbuch gestorben. Der Oberste Gerichtshof bestätigt in dieser Sache ein Berufungsurteil, das die durch Zeugenaussagen nachgewiesene Schenkung für wirksam erklärt hat. Zur Begründung seiner Entscheidung zitiert der Oberste Gerichtshof den Grundsatz des malikitischen Rechts, nach dem schon das Angebot zur Schenkung verpflichtet.[238] Die Kassationsklage eines Bruders des Verstorbenen gegen das Urteil wird abgelehnt. Der Verstorbene habe ihn, so die obersten Richter, durch die Schenkung definitiv vom Erbe an dem Stück Land ausgeschlossen (*ḥarramahu min al-irṯ*).[239]

Das traditionelle Recht und insbesondere seine malikitische Lehre weisen dennoch einige Besonderheiten auf, die die Schenkung tatsächlich als Famili-

---

235 MQ 2/91, 63.219.

236 Zur Konzeption der Schenkung im malikitischen Recht vgl. LINANT DE BELLFONDS *Traité de Droit Musulman*, III, 322.

237 Vgl. etwa NQ 1982 (Sondernr.), 11.1.82 (CS). Im Unterschied zu seinem ägyptischen Vorbild regelt das algerische Zivilgesetzbuch von 1975 Schenkungen nicht (vgl. auch ḤASANAIN *al-Hiba*).

238 Zu diesem Grundsatz vgl. auch LINANT DE BELLFONDS *Traité de Droit Musulman*, III, 324 f.

239 MQ 4/91, 58.700.

enangelegenheit erscheinen lassen können. Eine erste Besonderheit betrifft die Schenkung zwischen Eheleuten. Nach malikitischem Recht ist zwar der Schenker zum Vollzug der Schenkung verpflichtet. Die Eigentumsübertragung findet jedoch nicht durch den Vertrag selbst, sondern erst durch die tatsächliche Übergabe der Sache (*qabḍ/ḥiyāza*) statt.[240] Im Fall der Schenkung eines gemeinsam bewohnten Hauses durch den Ehemann an seine Frau verlangt das malikitische Recht so als Bedingung für die Möglichkeit der tatsächlichen Inbesitznahme des Hauses durch die Frau, daß der Mann mit ihr aus dem Haus auszieht.[241] Der Oberste algerische Gerichtshof fordert dementsprechend im Zusammenhang mit der Entscheidung über eine strittige Schenkung den Auszug der Eheleute aus dem Haus als Nachweis des Vollzugs der Schenkung.[242] Eine noch wichtigere Besonderheit der Schenkung im malikitischen Recht besteht darin, daß Eltern eine Schenkung zugunsten ihrer Kinder grundsätzlich jederzeit widerrufen können.[243] Auch daran halten die Richter des Obersten algerischen Gerichtshofes fest.[244]

Der verpflichtende Charakter der Schenkung wird also unter Familienangehörigen zumindes stark abgeschwächt. Außerdem schützt das traditionelle Recht auch im Zusammenhang mit der Schenkung die Interessen der gesetzlichen Erben. So kann nach malikitischer Auffassung die verheiratete Frau höchstens über ein Drittel ihres Vermögens durch Schenkung verfügen.[245] Darüber hinaus behandelt das traditionelle Recht Schenkungen während der letzten Krankheit (*maraḍ al-maut*) prinzipiell wie testamentarische Verfügungen und schränkt damit die Freiheit des Schenkers ebenfalls ein.[246] Der Oberste algerische Gerichtshof wendet auch diese Regel an. In einem Fall hatte ein inzwischen verstorbener Mann seinem Sohn kurz vor dem Tod ein Haus geschenkt. Die Schwestern des Begünstigten haben nach dem Tod des Vaters die Wirksamkeit der Schenkung mit dem Argument angefochten, der Verstorbene habe während der letzten Krankheit gehandelt. Der Oberste Gerichtshof gibt den Klägerinnen insofern Recht, als zu überprüfen gewesen wäre, ob der Schenker nicht während der letzten Krankheit gehandelt hat.[247]

---

240 Vgl. auch LINANT DE BELLEFONDS *Traité de Droit Musulman*, III, 323.

241 LINANT DE BELLFONDS a.a.O., 373.

242 NQ 1982 (Sondernr.) 11.1.82 (CS).

243 LINANT DE BELLFONDS *Traité de Droit Musulman*, III, 403.

244 NQ 1982 (Sondernr.) 11.1.82 (CS).

245 Vgl. LINANT DE BELLEFONDS *Traité de Droit Musulman*, III, 197 ff.

246 Zur Todeskrankheit im traditionellen islamischen Recht vgl. COULSON *Succession*, 259-279, insbes. 267. Das algerische Zivilgesetzbuch trägt dem Rechnung, indem es sämtliche unentgeltlichen Geschäfte (*tabarruʿāt*) eines Todkranken als testamentarische Verfügungen betrachtet (Artikel 776 ZGB).

247 MQ 3/89, 31.833.

5.3.1.4 Private fromme Stiftungen

Private fromme Stiftungen (*waqf ahlī/ḥubus ahlī*)[248] sind ebenso wie Schenkungen Mittel, um jenseits der Möglichkeit testamentarischer Verfügungen die Anwendung der islamrechtlichen Erbfolge modifizieren oder umgehen zu können. Durch die Umwandlung von Immobilien bzw. unter Umständen auch von beweglichen Sachen in eine solche Stiftung wird das Eigentumsrecht daran für unveräußerlich erklärt, während der von der gestifteten Sache abgeworfene Nutzen zunächst vom Stifter zu benennenden Personen zugute kommen kann.[249] Da es das malikitische Recht jedoch nicht zuläßt, daß der Stifter sich selbst bis zu seinem Tod als ersten Begünstigten und als Verwalter seiner Stiftung einsetzt, werden die meisten privaten frommen Stiftungen auch im überwiegend malikitischen Algerien nach hanafitischem Recht errichtet.[250] Das hanafitische Recht erweitert die Freiheit des Stifters auch insofern, als er bei einer Stiftung zugunsten der eigenen Nachkommen seine Töchter ausschließen kann.[251]

Der Oberste algerische Gerichtshof hält die Errichtung von Stiftungen nach hanafitischem Recht für rechtmäßig.[252] In einem Urteil dazu heißt es, die Wahl des hanafitischen Rechts bei der Errichtung einer frommen Stiftung entspreche anerkanntem Brauchtum (*usage consacré*).[253] Die obersten Richter bestätigen daher die Gültigkeit einer Urkunde, mit der ein Vater seine gesamten Immobilien in einen *ḥubus* zu seinen eigenen Gunsten und, nach seinem Tod, ausschließlich zugunsten seiner männlichen agnatischen Nachkommen umgewandelt hatte. Den Einwand der Klägerinnen, der Ausschluß weiblicher Nachkommen verstoße gegen das Gesetz, lehnt der Oberste Gerichtshof mit folgender Begründung ab: „*Mais attendu qu'en dérogation aux règles impérieuses régissant les successions, la dévolution habousale*

---

248 Die Begriffe *waqf/wuqūf* und *ḥubus/aḥbās* haben die gleiche Bedeutung. Ihre Verwendung ist jedoch regional verschieden (vgl. Artikel *waḳf* (EI^1)).

249 Neben den privaten gibt es bekanntlich auch öffentliche Stiftungen, die unmittelbar einem frommen Zweck zugute kommen (*waqf ḫairī/ḥubus ḫairī*). Die öffentlichen Stiftungen waren in Algerien bereits zu Beginn der Kolonialzeit der Kontrolle durch die staatliche Administration unterstellt worden. Die Unveräußerlichkeit der privaten Stiftungen war zugunsten gutgläubiger Käufer eingeschränkt worden (BOUSQUET *Précis*, 324 ff.). Für die Bedeutung der privaten frommen Stiftungen im kolonialen Algerien vgl. POWERS *Family Endowments* und CHARNAY *La vie musulmane*, 91 ff.

250 Für einen Vergleich des malikitischen mit dem hanafitischen *waqf* vgl. LAYISH *Family waqf*.

251 Vgl. auch BOUSQUET *Précis*, 316 und CHARNAY *Vie musulmane*, 95.

252 AdJ 1968, 6.11.68 (CS).

253 AdJ 1969, 26.3.69 (CS). Das war bereits die Haltung der kolonialen Rechtsprechung (vgl. BOUSQUET *Précis*, 317 f. und CHARNAY *Vie musulmane*, 95-109).

relève, en principe, de la volonté du constituant (...)."[254] In derselben Urteilsbegründung nennt der Oberste Gerichtshof allerdings eine mögliche Ausnahme von dieser Regel: Im Fall der Bedürftigkeit haben weibliche Nachfahren einen Versorgungsanspruch gegenüber den durch die Stiftung Begünstigten. Ihnen fällt am Nutzen der gestifteten Sache jedoch kein Eigentum zu und sie können ihren Anspruch nicht weitervererben.[255]

Die Anerkennung der Wahl einer anderen als der malikitischen Rechtsschule für die Errichtung privater frommer Stiftungen begründet der Oberste Gerichtshof ausdrücklich damit, daß dem freien Willen des Stifters bzw. der Stifterin Rechnung getragen werden müsse. In einem Urteil aus dem Jahr 1986 erklären die obersten Richter dazu: „*Die Stifterin hat den* ḥubus *unter Befolgung der Schule des Abū Ḥanīfa errichtet* (...). *Selbst wenn sie (eigentlich) der malikitischen Schule anhängt, muß in einer Zeit wie dieser der Wille des Stifters respektiert werden.*"[256]

Darüber hinaus legt der Oberste Gerichtshof fest, daß der Stifter eines *ḥubus* nicht nur über den Anspruch auf den von der gestifteten Sache abgeworfenen Nutzen frei verfügen kann. Er hat gleichzeitig die Möglichkeit, über die Modalitäten der Weitergabe dieses Anspruchs zu entscheiden.[257] Dabei kann er auch ein Eintrittsrecht der Nachkommen in den Anspruch eines vorverstorbenen Begünstigten vorsehen. Der Oberste Gerichtshof annulliert daher ein Berufungsurteil, das ein solches Eintrittsrecht unter Verweis auf das islamische Erbrecht für unwirksam erklärt hat. Er hält dem entgegen, daß die Stifterin diese Möglichkeit ausdrücklich eingerichtet habe. „*En effet, si la représentation n'existe pas en matière de succession, il en est autrement lorsqu'il s'agit de habous, le constituant ayant toute liberté de désigner et d'avantager qui bon lui semble.*"[258]

In den hier vorliegenden Urteilen des Obersten algerischen Gerichtshofes läßt sich kein Einfluß der kolonialen Lehre des *droit musulman algérien* erkennen, die die privaten Stiftungen unter Verweis auf ihren bloß in formaler Hinsicht frommen Charakter zu diskreditieren versucht hat.[259] Nach Auffassung der obersten algerischen Richter sind private Stiftungen legitim und voll rechtsgültig, sofern sie einen letzten wohltätigen Zweck erwähnen.

---

254 AdJ 1968, 6.11.68 (CS); AdJ 1969, 26.3.69 (CS).

255 Die gleiche Haltung vertrat schon die koloniale Rechtsprechung (BOUSQUET *Précis*, 318). Vgl. auch LAYISH *Family waqf*, 10. Zum Verhältnis zwischen Erbrecht und familialen Versorgungspflichten vgl. auch MOORS *Gender and Inheritance.*

256 MQ 1/89, 40.589.

257 AdJ 1969, 23.10.63 (CS).

258 AdJ 1969, 23.10.68 (CS).

259 Zur Haltung der kolonialen Schule des islamischen Rechts in Fragen privater Stiftungen vgl. POWERS *Family Endowments*, 554.

Mit diesem Argument bestätigt der Oberste Gerichtshof die Gültigkeit einer Stiftung, die zuletzt den heiligen Stätten in Mekka und Medina zugute kommen soll. Die Söhne des verstorbenen Stifters hatten dagegen den religiösen Charakter der Stiftung angezweifelt.[260]

5.3.2 Das Familiengesetz

Das Erbrecht stellt den mit Abstand am detailliertesten geregelten Bereich des neuen Familiengesetzes dar. Daran läßt sich die Bedeutung ablesen, die diesem Bereich in den Augen des Gesetzgebers zukommt. Obwohl die erbrechtlichen Bestimmungen des Familiengesetzes im wesentlichen traditionelles islamisches Recht kodifizieren, umfaßt der entsprechende Abschnitt mit 57 Artikeln mehr als ein Viertel der insgesamt 224 Artikel des Gesetzes.

Grundsätzlich hält das Gesetz an der Struktur der islamrechtlichen Erbfolgeordnung fest. Das Gesetz enthält jedoch einzelne Neuerungen. Übersteigt die Erbmasse die Summe der Ansprüche der koranischen Erben und gibt es keine erbberechtigten Agnaten, so werden die Anteile der koranischen Erben proportional erhöht (*radd*). Der überlebende Ehegatte wird von dieser Regelung ausgenommen.[261] Gibt es weder koranische Erben noch erbberechtigte Agnaten, so erben die Verwandten über die Frauen (*ḏawū l-arḥām*).[262] Während nach malikitischem Recht das (überschüssige) Erbe in den genannten Fällen dem Fiskus zufallen würde, hat der Gesetzgeber unter Rückgriff auf die hanafitische Schule hier die Position der erbberechtigten Verwandten gestärkt.[263] In Abweichung von allen vier sunnitischen Rechtsschulen sieht das Familiengesetz außerdem ein Eintrittsrecht der Enkel in den Erbanspruch eines vorverstorbenen Sohnes vor.[264] Die Absicht ist hier ganz offensichtlich, die Nachkommen über den Sohn gegenüber den Aszendenten und den Verwandten der Seitenlinie zu bevorzugen.[265]

Die Frage der Religionszugehörigkeit wird von dem Gesetz nicht ausdrücklich geregelt. Nach traditionellem Recht besteht jedoch kein Erbanspruch zwischen Angehörigen verschiedener Religionen. In Anbetracht der bisherigen Rechtsprechung ist davon auszugehen, daß die gleiche Religionszugehörigkeit auch weiterhin als Voraussetzung für die Wirksamkeit eines

---

260 AdJ 1969, 26.3.69 (CS).

261 Artikel 167, Absatz 1 FGB.

262 Artikel 167, Absatz 2 FGB.

263 Zu den verschiedenen Auffassungen und zu neueren Erbrechtsreformen in islamischen Staaten vgl. COULSON *Succession*, 138-163.

264 Artikel 169 FGB.

265 Zum Problem der Repräsentation von Erbrechtsansprüchen im islamischen Recht vgl. COULSON *Succession*, 150 ff.

Erbanspruchs gilt.[266] Diese Vermutung läßt sich auch dadurch untermauern, daß das Gesetz ausdrücklich die Apostasie als Grund für den Verlust eines gesetzlichen Erbanspruches nennt.[267]

Testament, Schenkung und die Errichtung privater frommer Stiftungen sind im Anschluß an das Erbrecht im vierten Buch des Familiengesetzes als unentgeltliche Zuwendungen (*tabarruᶜāt*) bzw. als testamentarische Verfügungen (*dispositions testamentaires*) zusammengefaßt. Damit folgt das Gesetz sowohl der gesellschaftlichen Praxis als auch der bisherigen Rechtsprechung, nach denen alle drei Rechtsgeschäfte in unmittelbarem Zusammenhang mit der Übermittlung von Vermögen innerhalb der Familie stehen und daher als Teil des Personalstatuts behandelt werden.

Die Testierfreiheit bleibt in Übereinstimmung mit dem traditionellen islamischen Recht auch nach dem Gesetz eingeschränkt.[268] Der Testator darf höchstens über ein Drittel seines Gesamtvermögens verfügen. Für darüber hinaus getroffene Verfügungen bedarf das Testament der Zustimmung der gesetzlichen Erben.[269] Letztwillige Verfügungen zugunsten eines gesetzlichen Erben sind nur dann gültig, wenn die Zustimmung aller anderen Intestaterben vorliegt.[270] Das Familiengesetz legt ausdrücklich fest, daß ein Testament auch zugunsten einer Person, die einer anderen Religion angehört als der Testator, zulässig ist.[271] Es liegt nahe, daß hier an ein Testament zugunsten der vom gesetzlichen Erbe ausgeschlossenen nichtmuslimischen Ehefrau gedacht ist. Neu ist, daß das Testament nach dem Gesetz grundsätzlich vor einem Notar errichtet werden muß.[272]

Die Schenkung bleibt in dem Gesetz ein rein konsensuales Rechtsgeschäft. Wie das malikitische Recht betrachtet das Familiengesetz erst die Inbesitznahme der Sache als Vollzug der Schenkung.[273] Ist der Schenker der Vormund oder Ehegatte der beschenkten Person, so gilt jedoch nach Gesetz die notarielle Beglaubigung als Inbesitznahme.[274] Diese Bestimmung bedeutet gegenüber der früheren Rechtslage eine stärkere Formalisierung von Schenkungen an minderjährige Kinder und an die Ehefrau. Allerdings behalten die Eltern auch nach dem Familiengesetz das Recht, Schenkungen an ihre

266 MQ 3/89, 33.509.
267 Artikel 138 FGB.
268 Vgl. dazu AL-ᶜARABĪ *al-Waṣīya*.
269 Artikel 185 FGB.
270 Artikel 189 FGB.
271 Artikel 200 FGB.
272 Artikel 191 FGB.
273 Artikel 206 FGB.
274 Artikel 208 FGB. Zur Schenkung im algerischen Familiengesetz vgl. ḤASANAIN *al-Hiba*.

Kinder jederzeit zurückzunehmen.[275] Die Schenkung während der letzten Krankheit gilt als testamentarische Verfügung, wodurch weiterhin die Freiheit des Schenkers zugunsten der gesetzlichen Erben eingeschränkt wird.[276]

Zusammen mit dem Testament und der Schenkung regelt das Familiengesetz auch die Errichtung privater frommer Stiftungen (*waqf*). Im Unterschied zum traditionellen Recht muß eine Stiftung nach dem Gesetz grundsätzlich notariell beurkundet sein.[277] Das Gesetz definiert die Stiftung als „Einfrieren" (*ḥabs*/*gel*) eines Eigentumsrechts zugunsten einer frei zu bestimmenden Person.[278] Dem Stifter wird ausdrücklich das Recht eingeräumt, zunächst sich selbst die Nutznießung vorzubehalten, wenn der Nutzen der gestifteten Sache schließlich einem wohltätigen Zweck zukommt.[279] Das Gesetz läßt damit nach wie vor den schon bisher praktizierten und von der Rechtsprechung anerkannten Rückgriff auf hanafitisches Recht zu. Der Stifter kann außerdem in der Stifungsurkunde weitere Regelungen treffen, sofern diese nicht im Widerspruch zur Rechtsnatur des *waqf* stehen.[280] Die Aufrechterhaltung der Freiheit des Stifters bei der Bestimmung der zu begünstigenden Personen und bei der Regelung der Weitergabe ihrer jeweiligen Ansprüche macht deutlich, daß der Gesetzgeber wie schon die bisherige Rechtsprechung den Willen des Stifters schützen will. Allerdings gilt in Übereinstimmung mit traditionellem Recht auch für während der letzten Krankheit errichtete Stiftungen, daß sie wie testamentarische Verfügungen zu behandeln sind.[281]

5.3.3 Zusammenfassung

Der Oberste Gerichtshof hält grundsätzlich an der islamrechtlichen Erbfolge fest. Das Vermögen wird nach wie vor innerhalb der erweiterten agnatischen Familie weitergegeben. Auch das Familiengesetz von 1984 modifiziert das Erbrecht nicht wesentlich. Lediglich im Zusammenhang mit dem Eintrittsrecht der Enkel in den Erbanspruch eines vorverstorbenen Sohnes (*tanzīl*) bricht das Gesetz mit traditionellem Recht. Auch zeichnet sich weder

---

275 Artikel 211 FGB.

276 Artikel 204 FGB.

277 Artikel 217 FGB.

278 Artikel 213 FGB.

279 Artikel 214 FGB.

280 Während der französische Text hier von der *vocation légale* der Stiftung spricht, ist in der arabischen Version von den *muqtaḍayāt al-waqf šarʿan* die Rede (Artikel 218 FGB).

281 Artikel 215 FGB.

in der Rechtsprechung noch in dem Familiengesetz eine Tendenz zur Erweiterung der Testierfreiheit ab.[282]

Ebenso behalten Schenkungen ihren islamrechtlichen Charakter als „Familienangelegenheiten". Nur bezüglich privater frommer Stiftungen erkennen sowohl der Oberste Gerichtshof als auch der Gesetzgeber ausdrücklich die freie Verfügungsgewalt des Stifters an. Hier besteht zumindest theoretisch die Möglichkeit, daß eine oft als anachronistisch abgetane Institution des islamischen Rechts eine neue, von der Logik der traditionalen Ordnung der Familie abweichende Dynamik entwickelt.[283] In den untersuchten Fällen werden in der Regel der Sohn und die männlichen Nachkommen, machmal aber auch bestimmte weibliche Verwandte durch private fromme Stiftungen begünstigt.[284] Es lassen sich anhand des vorliegenden Materials allerdings keine allgemeineren Aussagen über die praktische Funktion solcher Stiftungen und über Strategien der Stifter machen.

Grundstätzlich ist festzuhalten, daß weder Rechtsprechung noch Gesetzgebung das Erbrecht zugunsten der Kernfamilie modifizieren. Diese Rigidität muß aber auch vor dem Hintergrund der Tatsache gesehen werden, daß das Erbrecht in der Folge von Urbanisierung, Industrialisierung und wachsender sozialer Mobilität ohnehin tendenziell für weite Teile der algerischen Bevölkerung an Bedeutung verliert. Gleichzeitig scheint in wohlhabenden Schichten der algerischen Gesellschaft tatsächlich nach wie vor eine Tendenz zur Aufrechterhaltung der Abstammungsfamilie zu bestehen, der das traditionelle islamische Erbrecht durchaus entgegenkommt.[285]

---

282 Im Unterschied dazu haben andere arabische Länder die Testierfreiheit durch entsprechende Reformen gegenüber dem traditionellen Recht erweitert (Vgl. COULSON *Succession*, 255-258).

283 Für die Beurteilung der Stiftungen im algerischen Familiengesetz von 1984 als „Anachronismus" vgl. VANDEVELDE *Code de la famille*, 59. Im Unterschied dazu hat Fluehr-Lobban für den Sudan gezeigt, daß private fromme Stiftungen auch ein Mittel zur Durchsetzung von Strukturen der Kernfamilie sein können (FLUEHR-LOBBAN *Islamic Law and Society*, 234 ff.).

284 Zu ähnlichen Ergebnissen kommt Charnay in seiner Untersuchung der kolonialen Rechtsprechung in der ersten Hälfte des 20. Jahrhunderts (CHARNAY *Vie musulmane*, 95-109).

285 Zur Bedeutung der Abstammungsfamilie in wohlhabenden algerischen Schichten vgl. auch ADEL *Lien conjugal*, 8 f.

6 FAMILIE, RECHT UND MORAL

In diesem Kapitel stehen die außer- bzw. vorrechtlichen Normen und Ordnungsvorstellungen im Vordergrund, die der Rechtspraxis zugrundeliegen. Um dabei einen zu engen, rein positivistischen Rechtsbegriff zu vermeiden, soll auf das von Jean-Paul Charnay entwickelte Konzept der „normativen Struktur" zurückgegriffen werden. Unter der normativen Struktur versteht Charnay die tatsächlich eingehaltenen und durchgesetzten Regeln des sozialen Lebens.[1] Recht wird nach diesem Verständnis nicht als Summe abstrakter Prinzipien und Normen, sondern im Hinblick auf deren Interpretation und Anwendung, d.h. im Hinblick auf seine Praxis betrachtet.[2] Die Rechtspraxis wird aber immer auch von nicht im engeren Sinn rechtlichen Normen beeinflußt, die sich aus dem jeweils zu regelnden „sozialen Feld" bzw. aus der „sozialen Grundstruktur", d.h. hier der Familie, und deren Verhältnis zu anderen sozialen Feldern bzw. Grundstrukturen ergeben.[3]

Vor diesem Hintergrund wird nun in einem ersten Schritt nach den Leitbildern von Ehe und Familie gefragt, die in Rechtsprechung und Gesetzgebung zum Ausdruck kommen. In einem zweiten Schritt werden dann auch die vor Gericht verhandelten Konflikte selbst sowie die Interessen und Strategien der an ihnen beteiligten Frauen und Männer in die Analyse einbezogen.

---

1 CHARNAY *Méthode de sociologie juridique*, 517.
2 CHARNAY a.a.O., 518-521.
3 Vgl. MOORE *Semi-autonomous field* und SANTOS *Production of law*.

6.1 LEITBILDER DER FAMILIE

Bis zur Verabschiedung des Familiengesetzes 1984 kann sich die Rechtsprechung in Familien-, Ehe-, und Erbsachen nicht auf ein vom Gesetz vorgegebenes Leitbild der Familie beziehen. Die Verfassung einerseits, das islamische Recht andererseits enthalten lediglich einzelne Elemente eines Familienmodells, die der Gesetzgeber im- oder explizit für verbindlich erklärt hat.

In der Verfassung von 1976 werden Ehe und Familie als Basiszelle der Gesellschaft unter den besonderen Schutz von Staat und Gesellschaft gestellt.[4] Das Gesetz hat laut Verfassung die Aufgabe, die gegenseitigen Pflichten von Eltern und Kindern zu sanktionieren.[5] Die familialen Pflichten des einzelnen werden somit in der Verfassung verankert. Im Vordergrund steht dabei das staatliche Interesse an der Sicherung familialer Sozialisations- und Versorgungsfunktionen. Als Basiszelle der Gesellschaft gewinnt die Familie außerdem gegenüber ihren Mitgliedern geradezu Subjektcharakter. In diesem Sinn hat Benmelha, Rechtswissenschaftler an der Universität Algier, das algerische Familienrecht als eigenen Rechtsbereich charakterisiert, der zwischen dem Privatrecht und dem öffentlichen Recht angeordnet ist.[6] Die Verfassung von 1989 schützt die Familie schließlich sogar ausdrücklich gegen individuelle Freiheitsrechte ihrer Mitglieder.[7]

Im Unterschied zur algerischen Verfassung faßt das traditionelle islamische Recht die Ehe individualrechtlich als gegenseitigen Vertrag. Allerdings kommt dem Vertragscharakter der Eheschließung für die Ehe selbst nur geringe Bedeutung zu. Zwar geht das islamische Recht etwa vom vertragsrechtlichen Grundsatz der Gegenseitigkeit ehelicher Rechte und Pflichten aus.[8] Wie Johansen gezeigt hat, sind Ehe und Familie nach traditionellem Recht jedoch dadurch von anderen Vertragsbeziehungen unterschieden, daß sie grundsätzlich nicht egalitär organisiert sind. Im Interesse der Aufrechterhaltung männlicher Vorrechte und der Ordnungsfunktion der Religion sind Ehe und Familie nach traditionellem Recht streng hierarchisch strukturiert. Das islamische Erbrecht sichert darüber hinaus den Zusammenhalt des patriarchalischen Familienverbandes.[9] Ehe-, Familien- und

---

4 Artikel 65 Verfassung von 1976.

5 Artikel 79 Verfassung von 1976.

6 BENMELHA *Famille algérienne*, 37-39.

7 Vgl. dazu Kap. 2.2.

8 Vgl. TAUSCHER *Islamisches Familienrecht*, 72.

9 In dieser Hinsicht weicht die Ehe von dem tendenziell egalitären vertragsrechtlichen Prinzip des gerechten Tauschs zwischen Eigentümern ab (JOHANSEN *Sacred and Religious Elements*, 292 f.). Vgl. auch ders. *Human body*.

Erbrecht haben hier in erster Linie die Funktion, überkommene Verhältnisse aufrechtzuerhalten.[10]

Erst das Familiengesetz von 1984 formuliert schließlich ein geschlossenes Leitbild von Ehe und Familie. Aber auch dieser Text bleibt inkohärent. Die Elemente der Eheschließung sowie die konkreten ehelichen Rechte und Pflichten, die ganz überwiegend traditionellem Recht entnommen sind, sind nicht immer in Einklang mit der einleitend formulierten Programmatik des Gesetzes zu bringen, die gerade den institutionellen Charakter der Ehe und die Gemeinschaft der Eheleute betont.

In der Rechtsprechung des Obersten algerischen Gerichtshofes scheinen Elemente der verfassungs- und der islamrechtlichen Sicht der Familie miteinander verbunden zu sein. Die Richter beziehen sich dabei allerdings nicht ausdrücklich auf islamisches Recht bzw. auf die Verfassung. Auch nach Inkrafttreten des Familiengesetzes von 1984 finden sich in den Urteilen des Obersten Gerichtshofes keine direkten Hinweise auf vom Gesetz formulierte Leitbilder und Ordnungsvorstellungen. Die Rechtsprechung ist offensichtlich stärker durch das Vorverständnis der Richter von der „Natur" der Ehe bzw. der Familie als jenseits des Rechts existierender Lebensverhältnisse geprägt.[11]

6.1.1 Verrechtlichung und familiale Autorität – die Rechtsprechung bis 1984

In der Rechtsprechung des Obersten algerischen Gerichtshofes besteht insgesamt eine gewisse Spannung zwischen dem Anliegen, Ehe und Familie stärker zu reglementieren, und der Tendenz, familiale Autoritätsverhältnisse so weit wie möglich unangetastet zu lassen.

6.1.1.1 Die Verrechtlichung von Ehe und Familie

Die Richter des Obersten Gerichtshofes beziehen sich nur selten ausdrücklich auf den institutionellen Charakter von Ehe und Familie, wie ihn die algerische Verfassung formuliert. Dennoch setzen die Richter insbesondere im Zusammenhang mit der Eheauflösung auf Antrag der Frau zumindest im-

---

10 Zur Ethik der Ehe im klassischen islamischen Recht vgl. AL-ĠAZĀLĪ *Iḥyāʾ ʿulūm ad-dīn*, 78 ff. und MUSALLAM *Sex and Society*, 11 ff.

11 Zur rechtstheoretischen Diskussion über das Verhältnis von Rechtsnorm und „Natur der Sache" vgl. LARENZ *Methodenlehre*, 123 ff.

plizit die Notwendigkeit voraus, den Bestand der Ehe zu schützen.[12] Die folgende Urteilsbegründung stellt die Auflösung der Ehe daher als zu reglementierende Ausnahme dar: *„Die nach islamischem Recht geschlossene, rechtswirksame Ehe ist für beide Eheleute von Nutzen und kann daher nicht wegen eines Grundes aufgelöst werden, den der* šarᶜ *nicht kennt und der im* fiqh *nicht festgeschrieben ist. Die Frau kann auch vor Vollzug der Ehe nur dann von ihrem Mann geschieden werden, wenn sie einen islamrechtlichen Grund besitzt. Eine bereits bestehende Ehe des Mannes oder die Behauptung, der Mann sei älter als die Frau, zählen nicht zu diesen (islamrechtlichen) Gründen.*“[13] Die Ablehnung der Scheidungsklage wird vom Obersten Gerichtshof zwar unter Verweis auf islamisches Recht begründet.[14] Die Richter betonen jedoch zunächst auch ganz allgemein, daß eine Ehe für beide Partner nützlich sei und daher nur unter ganz bestimmten Bedingungen aufgelöst werden könne. Es ist bereits gezeigt worden, daß der Oberste Gerichtshof aus dieser Haltung heraus die Anwendung des *taṭlīq* auf Antrag der Frau tendenziell einzuschränken versucht. Dabei wird das islamrechtliche Prinzip der Gegenseitigkeit von Rechten und Pflichten in der Ehe im Interesse der Stabilisierung der Ehe – und zugleich zugunsten des Mannes – modifiziert.[15] Damit widersprechen die obersten Richter allerdings einer Tendenz unter Richtern erst- und zweitinstanzlicher Gerichte, die gerade im Zusammenhang mit der Eheauflösung auf Antrag der Frau den selektiven Rückgriff auf traditionelles Recht dazu nutzen, durch Umgehung oder Manipulation einzelner islamrechtlicher Vorschriften individuelle Handlungsspielräume für die Betroffenen zu schaffen.[16]

Auch die Betonung des Pflichtcharakters der Personensorge (*ḥaḍāna*) gegen die Mutter kann als Ausdruck einer stärker institutionellen Sicht auf die Familie gewertet werden. Es bleibt dabei unklar, ob die Richter in der *ḥaḍāna* tatsächlich eine Pflicht der Mutter gegenüber dem Kind oder vielmehr eine Pflicht der Frau gegenüber dem Mann sehen. An keiner Stelle wird die *ḥaḍāna* ausdrücklich als Anspruch des Kindes definiert. Außerdem ist der Wille des Kindes nach Auffassung des Obersten Gerichtshofes für die Entscheidung über die Personensorge vollkommen unerheblich. In den hier

---

12 BdM 3/1966.

13 MQ 2/89, 42.681.

14 Zur Verwendung der islamrechtlichen Terminologie in der Rechtsprechung vgl. Kapitel 7.1.

15 Dabei gehen die obersten Richter so weit, auch islamrechtliche Ansprüche der Frau einzuschränken: In Abweichung vom malikitischen Recht gestehen sie der Frau nicht uneingeschränkt das Recht zu, im Fall der Verletzung der Unterhaltspflicht durch den Mann die richterliche Verstoßung zu beantragen (vgl. dazu Kapitel 4.2).

16 Vgl. Kapitel 4.2.

dokumentierten Fällen wird die Mutter stets auf Antrag des Vaters zur Ausübung der *ḥaḍāna* verpflichtet.[17]

Männliche Vorrechte werden demgegenüber lediglich hinsichtlich der Verstoßung beschränkt bzw. reglementiert. Das kommt zum einen im notwendig gerichtlichen Charakter der Eheauflösung zum Ausdruck. Außerdem kann der Frau im Fall der willkürlichen Verstoßung Anspruch auf Schadensersatz zugesprochen werden.[18] Der Schadensersatz bietet dabei nicht nur einen gewissen materiellen Ausgleich für die Frau. Er kann auch die Funktion haben, den Mann von einer leichtfertigen Verstoßung abzuhalten. Außerdem hat die Prüfung des Schadensersatzanspruchs der Frau im Rahmen des Verstoßungsverfahrens an sich schon zur Folge, daß der Mann gezwungen wird, eine Verstoßung vor Gericht zu begründen. Dem Richter kommt hier die Befugnis zu, zumindest indirekt über die Beweggründe des Mannes zu befinden.

Die institutionelle Sicht auf Ehe und Familie führt nicht dazu, daß personale Rechte von Frauen und Kindern erweitert werden. Kinderrechte lösen sich in der Rechtsprechung des Obersten Gerichthofes ganz überwiegend in Elternrechte bzw. in väterliche Gewalt auf.[19] Personale Rechte der Frau werden durch die eheliche Autorität des Mannes stark begrenzt. Das zeigt sich insbesondere im Zusammenhang mit der Frage der Erwerbstätigkeit.[20] Die obersten Richter wenden sich außerdem konsequent gegen die Möglichkeit, personale Rechte von Frauen auf individueller Ebene vertraglich zu vereinbaren. Sie erkennen nur solche ehevertraglichen Vereinbarungen an, die der „Natur" der Ehe, d.h. der ehemännlichen Autorität nicht entgegenstehen.[21] Der Vertragscharakter der Eheschließung geht hier in seiner Bedeutung für die Gestaltung der Ehewirkungen ganz verloren.

Lediglich im Zusammenhang mit dem Akt der Eheschließung bringt der Bedeutungsgewinn der Ehe eine gewisse Stärkung der Position der Frau mit sich. So fordern die obersten Richter für die nachträgliche Feststellung einer Ehe in jedem Fall den Nachweis einer gültigen Willenserklärung der Frau. Diese Neuerung gegenüber dem malikitischen Recht mag zunächst dem Einfluß der kolonialen Reformgesetzgebung geschuldet gewesen sein. Er bringt aber gleichzeitig auch das gewandelte Verständnis der Ehe als einer dauer-

---

17 Vgl. Kapitel 5.2. Ganz allgemein wirkt sich die Aufteilung des Sorgerechts in mütterliche Personensorge einerseits, väterliche Gewalt und Vormundschaft andererseits häufig zu Lasten des Kindes aus (Interview der Verfasserin mit einer früheren hohen algerischen Richterin, Algier im Februar 1993).

18 Vgl. Kapitel 4.2.

19 Vgl. Kapitel 5.2.

20 Vgl. Kapitel 5.1.

21 Vgl. Kapitel 5.1.

haften und gesellschaftlich nützlichen Verbindung zwischen Mann und Frau zum Ausdruck.

6.1.1.2 Die Aufrechterhaltung familialer Autoritätsverhältnisse

Ungeachtet der genannten Reglementierungen bleibt die Ehe in der Rechtsprechung des Obersten algerischen Gerichtshofes immer auch Familienangelegenheit. So gewinnt gegenüber den Reformen von 1959 die Ehevormundschaft für Frauen wieder an Bedeutung. Der Oberste Gerichtshof reaktiviert damit nicht nur in symbolischer Weise die Autorität des männlichen Familienoberhauptes. Er schreibt so tatsächlich eine Situation fest, in der Frauen nicht nur vor, sondern auch nach ihrer Ehe von der eigenen Familie abhängig sind.[22]

Die noch unverheiratete, jungfräuliche (*bikr*) Tochter untersteht nach Auffassung des Obersten Gerichtshofes bis zum Vollzug der Ehe ohnehin selbstverständlich der Autorität ihres Vaters. Als Ehevormund ist der Vater auch für den Vollzug der durch ihn geschlossenen Ehe zumindest mitverantwortlich.[23] Der Oberste Gerichtshof nimmt in diesem Zusammenhang auch darauf Rücksicht, daß die Unschuld bzw. die Keuschheit der Frau für deren Familie eine wichtige Rolle spielt.[24] So wenden sich die Richter zunächst im Namen des islamischen Rechts gegen die Verwendung sogenannter Jungfräulichkeitsgutachten vor Gericht, indem sie ihnen jede rechtliche Relevanz absprechen. In Fragen, die das Geschlechtsorgan der Frau betreffen, gilt, so der Oberste Gerichtshof, allein das Wort der Frau selbst. Die Richter begründen ihre Ablehnung solcher Gutachten aber auch mit dem Argument, daß hier nicht nur die Ehre der Frau, sondern die Ehre ihrer ganzen Familie auf dem Spiel stehe. „*Die >Vorführung<* (ʿarḍ) *der Frau vor dem Arzt im Fall eines Konfikts zwischen ihr und ihrem Mann über die Frage ihrer Jungfräulichkeit - obwohl eine (anderslautende) Vorschrift des islamischen Rechts für diesen Fall vorliegt - ist eine schändliche Tat, die der Frau und ihrer Familie* (ʿāʾila) *Schaden zufügt. Die Entblößung der Frau ist keinem Mann gestattet, auch wenn er Arzt ist. Ihm (dem Arzt) kann die Enblößung der Frau nur dann erlaubt werden, wenn ein dringender Notfall vorliegt, wenn es keine Alternative gibt und wenn die Frau dem zugestimmt hat. Nach den Worten der* fuqahāʾ *ist (allein) die Frau mit ihrem Geschlechtsor-*

---

22 Zur schwierigen sozialen Lage algerischer Frauen ohne familiale Einbindung vgl. JANSEN *Women without Men*, 8 f., 244-249.

23 MQ 2.92, 51.612.

24 Zur Kontrolle der Sexualität von Frauen als Verteidigung der Familienehre vgl. auch BOUCEBCI *Psychiatrie tourmentée*, 49-58; BOURDIEU *Sociologie de l'Algérie*, 11-18; GADANT *Le corps dominé* und ZERDOUMI *Enfants d'hier*, 188-192.

gan betraut. Die freie Frau wird nicht entblößt und alles, was sie über ihr Geschlechtsorgan sagt, wird ihr nach šarᶜ *geglaubt, wenn sie (darauf) einen Eid geleistet hat.*"[25] Es geht hier also nicht nur um die Integrität der Frau als ihr persönliches Recht, sondern um den *code de l'honneur*, der die Integration von Frauen im Austausch für Erhhaftigkeit (und Unterordnung) sicherstellen soll.[26] Dabei ist aufschlußreich, daß die Richter von der Familie der Frau als *ᶜāʾila* sprechen.[27]

Die Rechtsprechung des Obersten Gerichtshofes setzt außerdem zumindest implizit voraus, daß Frauen auch nach Beendigung ihrer Ehe in die eigene Familie zurückkehren. Tatsächlich geht aus den vorliegenden Dokumenten hervor, daß Frauen nach der Auflösung ihrer Ehe häufig bei ihrem Vater oder bei einem Bruder leben.[28] Zum Teil treten Frauen auch zusammen mit dem Vater vor Gericht auf. Der Oberste Gerichtshof hält es dabei sogar für rechtmäßig, daß der Vater auch ohne formale Beauftragung für seine Tochter Klage erhebt bzw. in ihrem Namen Rechtsmittel gegen ein Urteil einlegt.[29] Diese Situation muß auch als Hintergrund dafür betrachtet werden, daß die obersten Richter in der Frage der Zuweisung der Wohnung nach der Eheauflösung eher zuungunsten von Frauen entscheiden.[30] Ebenso versucht die Rechtsprechung an keiner Stelle, die finanzielle Situation von Frauen nach der Eheauflösung zu verbessern. Eine Bezahlung der Frau für die Ausübung der Personensorge nach Beendigung der Ehe lehnen die obersten Richter unter Verweis auf malikitisches Recht ausdrücklich ab.[31]

---

25 MQ 1/91, 55.116.

26 Vgl. KANDIYOTY *Bargaining*, 283. Zum Ehrenkodex der traditionellen algerischen Gesellschaft vgl. BOUTEFNOUCHET *Famille algérienne*, 49, 72; BOURDIEU *Entwurf einer Theorie*, 11-65.

27 Zu der Verwendung der Begriffe *ᶜāʾila* und *usra* im algerischen Kontext vgl. Kapitel 5.1.

28 Vgl. RASJEP 68, 28.12.67 (Cour); MQ 2/90, 36.414; MQ 3/91, 50.270; MQ 2/92, 51.612.

29 MQ 3/91, 50.270.

30 Bis zum Inkrafttreten des Zivilgesetzbuches von 1975 mußte der Mann lediglich Miete für Frau und Kind zahlen. Das Zivilgesetzbuch, das die Möglichkeit vorsieht, der mit der *ḥaḍāna* betrauten Person die Ehewohung zuzuweisen, bezieht sich nur auf Mietwohnungen. Der Oberste Gerichtshof hat diese Bestimmung außerdem dahingehend ausgelegt, daß der Frau die eheliche Mietwohnung nur dann zuzuweisen ist, wenn sie die Personensorge für mindestens drei Kinder ausübt (vgl. auch ASLAOUI *Effets du code*, 23).

31 MQ 1/89, 35.912. Das entspricht tatsächlich der Meinung malikitischer Gelehrter (vgl. LINANT DE BELLEFONDS *Traité de Droit Musulman*, III, 154 f.). Dennoch haben im Unterschied hierzu sowohl der marokkanische als auch der tunesische Gesetzgeber unter Rückgriff auf hanafitisches Recht bzw. mit einer neuen Begründung die

Im Zusammenhang mit der Aufteilung der Gegenstände des ehelichen Haushalts legt die Rechtsprechung des Obersten Gerichtshofes außerdem das islamrechtliche Konzept der Gütertrennung zugrunde. Grundsätzlich gelten dabei sowohl die Wohnung als auch sämtliche Haushaltsgegenstände als Eigentum des Mannes - es sei denn, die Frau kann das Gegenteil beweisen. Liegen keine Beweise vor, hat die Frau lediglich Anspruch auf die „üblicherweise" von Frauen genutzten Gegenstände. Die Entscheidung darüber, was diese üblicherweise von Frauen genutzten Haushaltsgegenstände jeweils sind, läßt den Richtern großen Freiraum. Nach Einschätzung algerischer Anwältinnen und Anwälte entspricht die absolute Gütertrennung in der Ehe ohnehin kaum mehr der gesellschaftlichen Realität, in der Frauen immer häufiger zum Kauf oder zur Miete der Ehewohnung und zur Ausstattung des ehehlichen Haushalts beitragen. Daß die Rechtsprechung dennoch am Grundsatz der strikten Gütertrennung festhält, wirkt sich in der Praxis einseitig zuungunsten von Frauen aus.[32] Die Frau bleibt damit nach der höchstrichterlichen Rechtsprechung unabhängig von ihrem Alter und ihrem Status materiell und persönlich von ihrer Familie abhängig.

6.1.2 Das Familiengesetz und die Festigung der Kernfamilie

Das Familiengesetz von 1984 bringt zwar nur in wenigen Punkten inhaltliche Veränderungen gegenüber der bisherigen höchstrichterlichen Rechtsprechung. Der Gesetzgeber formuliert in dem Gesetz jedoch erstmals ein programmatisches Leitbild von Ehe und Familie, das sich kaum mehr auf traditionelles islamisches Recht berufen kann.[33] In seinen einleitenden Artikeln unterstreicht das Familiengesetz sowohl den institutionellen Charakter von Ehe und Familie als auch ihren subjektiven, emotionalen Gehalt. Das Gesetz hebt so zugleich die gesellschaftliche und die individuelle Bedeutung der Ehe und der Kernfamilie hervor. Die Ehe wird als solidarische Gemeinschaft und als innerliche Verbindung zwischen Mann und Frau beschrieben. Sie soll nach dem Gesetz auf gegenseitiger Unterstützung der Eheleute und auf Zuneigung beruhen. *„Das Familienleben beruht auf dem engen Zusammenhalt (der Familienmitglieder), auf (ihrer) Solidarität, auf Einvernehmlichkeit im Zusammenleben, auf guter Erziehung der Kinder, auf sittlicher Gesinnung und auf der Abwendung* (nabḏ) *gesellschaftlichen*

Möglichkeit geschaffen, der Mutter nach der Eheauflösung für die Dauer der *ḥaḍāna* eine finanzielle Unterstützung zuzusprechen (vgl. ebenda, 155).

32 Zu diesem Problem vgl. DANOUNI *Régime des biens*.

33 Zum historischen Hintergrund der Verabschiedung des Familiengesetzes vgl. Kapitel 1.1 und 2.2.

Übels.“[34] Die Familie wird hier als eine Institution beschrieben, die der Sozialisation ihrer Mitglieder und damit der gesellschaftlichen Integration insgesamt dient. Der Gesetzgeber verbindet diese Definition der Familie mit der islamrechtlichen Konzeption der Ehe als Vertrag, indem er die Familiengründung zu einem Ziel der Eheschließung erklärt. „*Die Ehe ist ein in legitimer* (šarᶜī) *Form geschlossener Vertrag zwischen einem Mann und einer Frau, zu dessen Zielen die Gründung einer Familie gehört* (...).“[35] Der Ehezweck des traditionellen islamischen Rechts, die Stiftung legitimer sexueller Beziehungen, wird dadurch zwar nicht aufgehoben, er wird jedoch ganz wesentlich ergänzt und damit zumindest implizit herabgestuft. Der institutionelle Charakter der Ehe nach dem Gesetz kommt auch im Zusammenhang mit den gemeinsamen Pflichten der Eheleute zum Ausdruck: „*Die Eheleute sind (zu folgendem) verpflichtet: 1) zur Aufrechterhaltung des ehelichen Bandes und zur (Erfüllung) der Pflichten des Zusammenlebens; 2) zur Zusammenarbeit im Interesse der Familie sowie zum Schutz und zur guten Erziehung der Kinder; 3) zur Bewahrung der verwandtschaftlichen Bindungen und zum guten Umgang mit Eltern und Verwandten im Rahmen des Üblichen.*“[36] Ehe und Familie haben also nach Auffassung des algerischen Gesetzgebers gegenüber ihren Mitgliedern einen verpflichtenden Charakter. Daraus ergeben sich allerdings lediglich für Frauen bzw. als Mütter gegenüber dem traditionellen Recht neue Pflichten.[37]

Insgesamt entsteht der Eindruck, daß der Gesetzgeber dort, wo er traditionelles islamisches Recht reformiert, tatsächlich vor allem um den Schutz der Sozialisations- und Versorgungsfunktionen der Kernfamilie bemüht ist. Dieses Anliegen schlägt sich insbesondere in den Vorschriften über die Personenpflege, über die Vormundschaft und über das Eintreten der Kinder in das Erbrecht des vorverstorbenen Vaters nieder.[38]

Gleichzeitig trägt das Familiengesetz von 1984 in Übereinstimmung mit dem traditionellen Recht in einzelnen Punkten auch weiterhin den Strukturen der erweiterten patriarchalen Familie Rechnung. Das gilt nicht nur für den Bereich des Erbrechts, der überwiegend traditionellem Recht folgt.[39] Das Gesetz macht es außerdem zur Pflicht der Frau, die Eltern und die Verwandten des Mannes zu achten. Auch die Eingebundenheit der Frau in ihre Herkunftsfamilie wird vom Gesetzgeber weiterhin vorausgesetzt. Mit den Regelungen zur Ehevormundschaft schränkt das Familiengesetz nicht

---

34 Artikel 3 FGB.
35 Artikel 4 FGB.
36 Artikel 36 FGB.
37 Vgl. dazu ausführlich Kapitel 5.
38 Vgl. dazu Kapitel 5.2 und 5.3.
39 Vgl. auch Kapitel 5.3.

nur die juristische Handlungsfähigkeit der Frau definitiv ein. Der Ehevormund liefert zugleich den Vorwand dafür, die materiellen Rechte der Frau nach der Eheauflösung gegenüber der früheren Rechtslage noch weiter einzuschränken. Das Gesetz macht es zu einer Voraussetzung für die Zuweisung der Ehewohnung an die Frau, daß deren *walī* es ablehnt, sie und ihre Kinder bei sich aufzunehmen.[40]

Auch hinsichtlich der Aufteilung der Haushaltsgegenstände nach Beendigung der Ehe bringt das Gesetz nur eine geringfügige Neuerung mit sich. So sollen im Unterschied zur bisherigen Rechtslage in Konfliktfällen nun die gemeinsam genutzten Gegenstände unter den Eheleuten aufgeteilt werden.[41] In der Rechtsprechung scheint diese Regelung jedoch bisher ignoriert worden zu sein. So heißt es in einem Urteil von 1989, in dem bereits das Familiengesetz zur Anwendung kommt: „*Nach Rechtsprechung und* šarᶜ *steht fest, daß die zum gemeinsamen Gebrauch bestimmten Haushaltsgegenstände solange als Eigentum des Mannes gelten, bis die Frau beweist, daß es sich dabei um ihr Eigentum handelt, das sie oder der Mann vom* ṣadāq *angeschafft haben. Ist dies nicht möglich, hat der Mann mehr Anspruch, wenn er (darauf) einen Eid leistet.*“[42]

6.1.3 Ehe und Familie in juristischen Fachkommentaren

Die hier vorliegenden juristischen Fachkommentare zum Familiengesetz, legen ihren Ausführungen weder allein Gesetz und Verfassung noch traditionelles islamisches Recht zugrunde.[43] Die Kommentare sind vielmehr darum bemüht, zunächst ein allgemeingültiges, dem Recht insgesamt vor- bzw. übergeordnetes Leitbild der Ehe und Familie zu entwerfen.

---

40 Artikel 52, Absatz 2 FGB.

41 Artikel 73 FGB.

42 MQ 3/91, 52.212.

43 Die drei hier vorliegenden Kommentare sind von arabischsprachigen Juristen verfaßt worden. Zwei der Verfasser sind Rechtswissenschaftler an algerischen Universitäten, der dritte ist Vorsitzender eines Berufungsgerichts. (Zur Heterogenität der algerischen Rechtskultur und zur Rolle des Sprachkonflikts vgl. Kapitel 3.2) Bis zum Abschluß der Materialsammlung zu der vorliegenden Arbeit im Herbst 1993 sind keine weiteren Kommentare zum Familiengesetz erschienen. Zwar liegt in französischer Sprache die bereits erwähnte zweibändige Darstellung des algerischen Ehe- und des familialen Vermögensrechts vor (BENMELHA *Droit algérien de la famille*; ders. *Le droit patrimonial*). Der Autor behandelt das neue Familiengesetz von 1984 hier aber nur am Rande.

6.1.3.1 Die Begründung von Ehe und Familie

Ungeachtet aller Differenzen verbindet die Autoren der juristischen Fachkommentare das Anliegen, einen Begriff der Familie jenseits des Juristischen zu entwickeln. Das islamische Recht bildet dabei zwar in Gestalt von Koran und *sunna* einen wichtigen Referenzrahmen. Dennoch leiten die Verfasser der Kommentare ihr Modell der Familie nicht systematisch aus religiösen oder islamrechtlichen Quellen ab. Die Familie wird zunächst eher utilitaristisch als Ort der individuellen Reproduktion und der Sozialisation ihrer Mitglieder definiert. Sie stellt nach Auffassung der Autoren die wichtigste Grundlage sozialer Entwicklung und menschlicher Zivilisation überhaupt dar.[44] Eine solidarische Gesellschaft und ein gefestigtes Staatswesen setzen, so einer der Kommentare, eine stabile und funktionsfähige Familie voraus.[45] Auch die prinzipielle Ungleichheit zwischen den Geschlechtern als strukturierendes Merkmal der inneren Ordnung der Familie wird von den Autoren nicht mit islamischem Recht im engeren Sinne, sondern mit recht allgemeinen, religiös-naturrechtlichen Argumenten gerechtfertigt. Auch hier kommen sie ohne Bezug auf den Islam aus. Das Geschlechterverhältnis wird als Ausdruck der gottgewollten, natürlichen Unterschiede zwischen Mann und Frau gedeutet. Keine Form menschlicher Gemeinschaft könne sich über die Grundtatsache der Geschlechterdifferenz hinwegsetzen. Das Geschlechterverhältnis wird so zu einem Teil der göttlichen Ordnung erklärt[46] – das Eheleben sei Mann und Frau den Naturgesetzen (*al-qawānīn aṭ-ṭabīʿīya*) auferlegt.[47] Die soziale Rolle der Frau als Ehefrau und Mutter erscheint in den Kommentaren als Ausdruck ihrer gottgewollten Bestimmung.[48] Umgekehrt wird die Überordnung des Mannes sowohl mit der göttlichen Natur als auch mit seiner Rolle als Oberhaupt und Versorger der Familie begründet.[49]

Erst im Zusammenhang mit der Spezifität der algerischen Familie scheinen die Autoren dem Islam Bedeutung beizumessen. So zeichnet sich die algerische Familie nach ihrer Auffassung durch ihre Verbundenheit mit religiös-ethischen Werten des islamischen Rechts aus. Aber auch hierin muß kein Selbstzweck liegen. Die Autoren vereinnahmen die Familie vielmehr als Hort algerischer Authentizität in der Zeit des Kolonialismus ebenso wie

---

44 Einer der Kommentare zitiert zur Untermauerung dieser These den englischen Philosophen und Juristen Bentham (MUḤADDA *Aḥwāl šaḫṣīya*, 50).

45 MUḤADDA *Aḥwāl šaḫṣīya*, 49; SAʿD *az-Zawāǧ*, 12.

46 F. SAʿD *Qānūn al-usra*, 14.

47 SAʿD *az-Zawāǧ*, 352.

48 Der Ort der Frau sei von Natur aus das Haus (SAʿD *az-Zawāǧ*, 202). Die Unterordnung der Frau unter den Mann entspreche der natürlichen Veranlagung beider Geschlechter (F. SAʿD *Qānūn al-usra*, 199 f.).

49 SAʿD *az-Zawāǧ*, 197 f.; F. SAʿD *Qānūn al-usra*, 199 f.

als Baustein der neuen, nachkolonialen Ordnung.[50] Der Islam wird hier also mit einem politischen oder ideologischen Auftrag der Familie verbunden.

Die juristischen Kommentare entwerfen die Familie damit als ihrem Wesen nach dem Recht vorausgehend. Politischer Auftrag, gesellschaftlicher Nutzen und göttlicher Ursprung fallen dabei zusammen. Die Familie wird so auf verschiedenen Ebenen als Institution gerechtfertigt. Gegenüber ihren Mitgliedern erscheint sie als eigene Ordnung. Einer der Kommentatoren verteidigt daher ausdrücklich den Titel des Gesetzes gegen den Einwand, es handele sich eigentlich um ein Personalstatutsgesetz (*qānūn al-aḥwāl aš-šaḫṣīya*), und nicht um ein Familiengesetz.[51] Der Kommentator begründet seine eigene Position damit, daß das Gesetz nicht von abstrakten Personen, sondern von Familienmitgliedern handle, die als Frauen oder Männer, als Personen bekannter oder unbekannter Abstammung schließlich jeweils ganz unterschiedliche Rechte und Pflichten hätten.[52]

Die Autoren sehen in Ehe und Familie aber nicht nur eine objektive, dem einzelnen äußere Ordnung. Sie legen außerdem Wert auf die Betonung der Innerlichkeit der Beziehung zwischen den Eheleuten bzw. zwischen den Familienmitgliedern insgesamt und deren gegenseitigen Zuneigung. Diese emotionale Seite wird jedoch ganz in den Dienst der Familie gestellt.[53] Die folgende Definition der Ehe durch einen algerischen Rechtswissenschaftler faßt die herrschende Sichtweise treffend zusammen: „*Le mariage, s'il n'est pas nécessairement fondé sur le sentiment et l'amour et ne fait de ceux-ci, ni une nécessité, ni une obligation, reste avant tout l'union de deux personnes de sexe différent pour créer une famille. C'est donc la source même de la naissance de la famille. Le mariage est d'essence divine et appartient au droit naturel, tout en demeurant, comme toute institution humaine, sujet à d'importantes mutations. Le droit qui gouverne la formation du mariage, en Algérie, puise ses règles à diverses sources, dont l'une prépondérante et s'appuyant sur la loi coranique, confère à l'institution ses formes essentielles.*“[54]

---

50 F. SA^cD *Qānūn al-usra*, 14.
51 Für eine solche Kritik vgl. etwa ^cALĪ SULAIMĀN *Qānūn al-usra*.
52 F. SA^cD *Qānūn al-usra*, 13.
53 So erscheint die Mutterliebe nicht nur als natürlicher Instinkt und als gesellschaftliche Pflicht der Frau, sondern auch als deren persönliche Erfüllung (F. SA^cD *Qānūn al-usra*, 174, 203 f.).
54 BENMELHA *Droit de la famille*, 35.

6.1.3.2 Kritik am Familiengesetz

Die Kommentatoren loben das Familiengesetz zunächst ausdrücklich als wichtige Errungenschaft auf dem Weg zur Vereinheitlichung des Personalstatuts. Auch mit dem Inhalt des Gesetzes sind sie im wesentlichen einverstanden. Insbesondere die programmatische Konzeption von Ehe und Familie trifft auf ihre Zustimmung. Die Autoren begrüßen es, daß das Familiengesetz von 1984 die Ehe umfassender definiert als das traditionelle islamische Recht. Dabei geht es ihnen vor allem um die Bedeutung der durch die Ehe gestifteten Verbindung zwischen Mann und Frau. Zwar sehen die Autoren in Übereinstimmung mit dem traditionellen islamischen Recht in der Stiftung legitimer sexueller Beziehungen nach wie vor einen Zweck der Ehe.[55] Sie gehen aber bei ihrer Definition in verschiedener Weise über das traditionelle Recht hinaus. Die Ehe, so einer der Kommentatoren, sei im Unterschied zur Auffassung der traditionellen Rechtsgelehrten kein Vertrag, der allein dem Mann das „sexuelle Nutzungsrecht" (*istimtāᶜ*) am Körper der Frau übertrage. Vielmehr verleihe die Ehe beiden Eheleuten gleichermaßen ein gegenseitiges sexuelles Nutzungsrecht und auferlege ihnen außerdem gleiche Rechte und Pflichten, sofern dies nicht der „Natur" zuwiderlaufe.[56] Nach Auffassung eines zweiten Kommentators muß die Ehe über ihre Funktion der Stiftung legitimer sexueller Beziehungen hinaus auch als persönliche Verbindung zwischen Mann und Frau aufgefaßt werden.[57]

Keiner der Autoren hält die vollständige und umfassende Anwendung traditioneller malikitischer oder allgemein islamrechtlicher Vorschriften für sinnvoll oder für notwendig. Die Kommentatoren betrachten weder die malikitische Schule noch den *fiqh* insgesamt als bindend. In verschiedenen Fällen greifen sie dabei selbst direkt auf Koran und *sunna* zurück, um gegenüber dem traditionellen Recht neue Lösungen zu begründen.[58] Meist verweisen sie jedoch lediglich ganz allgemein auf die *šarīᶜa*, ohne damit unbedingt das traditionelle Recht oder seine Quellen zu meinen. Die Kritik der Autoren an dem Familiengesetz richtet sich daher auch nicht grundsätzlich gegen Abweichungen vom traditionellen islamischen Recht. Die Autoren kritisieren das Familiengesetz vielmehr da, wo es das neue, von ihnen propagierte Modell einer patriarchalischen Kernfamilie untergräbt. Dabei unterscheiden sich die Kommentatoren zum Teil erheblich in ihrer Bereitschaft, traditionalistische Positionen im Interesse der Stabilisierung von Ehe und Familie aufzugeben. Im folgenden soll anhand der Kritik eines eher pragmatisch orientierten Kommentars, der von einem erfahrenen algeri-

55 SAᶜD *az-Zawāǧ*, 242, 260; F. SAᶜD *Qānūn al-usra*, 48 ff.
56 F. SAᶜD *Qānūn al-usra*, 46 f.
57 MUḤADDA *Aḥwāl šaḫṣīya*, 48 f.
58 Vgl. etwa MUḤADDA *Aḥwāl šaḫṣīya*, 70 ff.; SAᶜD *az-Zawāǧ*, 120-125.

schen Richter verfaßt worden ist, untersucht werden, welches Reformpotential in diesem neuen Verständnis von Ehe und Familie liegt.

Brüche im Leitbild der Familie

ᶜAbd al-ᶜAzīz Saᶜd, Vorsitzender des Berufungsgerichts Annaba und Verfasser des im folgenden vorgestellten Kommentars zu dem Familiengesetz von 1984, kritisiert vor dem Hintergrund der aktuellen gesellschaftlichen Bedingungen zunächst einzelne Traditionalismen des Gesetzes. Dahinter steht jedoch nicht die Absicht, die hierarchische Struktur von Ehe und Familie aufzuheben. Die Ausführungen des Autors zielen vielmehr auf eine Anpassung dieser Strukturen an die neuen Verhältnisse.

Saᶜd nimmt grundsätzlich an, daß die Familie ihre vom Gesetzgeber zumindest implizit vorausgesetzten traditionalen Schutzfunktionen nicht mehr erfüllen kann. Im Zusammenhang mit seiner Erläuterung der neuen gesetzlichen Regelung zur Wohungsfrage bezweifelt der Autor die vom Gesetzgeber unterstellte Möglichkeit, daß Frauen nach einer Verstoßung wieder von ihrer Familie aufgenommen werden. Er geht vielmehr davon aus, daß aufgrund der neuen Regelung auch „unschuldige" Frauen und Kinder auf die Straße geworfen werden könnten. Dennoch fordert er an diesem Punkt keine Reform des Gesetzes. Stattdessen bedauert er es, daß sich bisher weder öffentliche Einrichtungen noch private Wohltätigkeitsvereine der Frauen und Kinder auf der Straße angenommen haben.[59] Staat und Gesellschaft sollten also für die sozialen Kosten der nach seiner Auffassung notwendigerweise immer gegen die eine oder gegen die andere Seite „ungerechten" Regelung der Wohnungsfrage aufkommen.

In seiner Kritik der gesetzlichen Vorschriften zur Ehevormundschaft ist Saᶜd dagegen konsequenter. Er hält die nach Gesetz notwendige Mitwirkung des Ehevormundes der Frau bei der Eheschließung nicht für sinnvoll. Da die islamischen Rechtsgelehrten in der Frage der Ehevormundschaft unterschiedliche Auffassungen vertreten hätten, der Koran selbst keine Regelung dazu enthalte, fordert der Autor die Abschaffung der gesetzlichen Ehevormundschaft. Er schlägt stattdessen vor, dem Vater ein Widerspruchs- bzw. Veto-Recht bei der Eheschließung seiner Tochter einzuräumen.[60] Hinter diesem Vorschlag steht offensichtlich eine zweifache Absicht. Einerseits geht es Saᶜd darum, angesichts der gewachsenen gesellschaftlichen Bedeutung der Ehe dem Willen der Frau ein größeres Gewicht beizumessen: Die Frau soll grundsätzlich selbst ihre Ehe schließen können. Andererseits soll das das Mitwirkungsrecht ersetzende Veto-Recht nur noch dem Vater zukommen und nicht, wie die malikitische Ehevormundschaft, unter Umständen auch

59 SAᶜD *az-Zawāğ*, 33.
60 SAᶜD a.a.O., 125.

anderen männliche Verwandten der Frau.[61] Die Abhängigkeit der Frau von ihrer Familie würde damit zwar nicht aufgehoben, aber dennoch so deutlich beschränkt, daß ihr nurmehr symbolische Bedeutung zukäme.

Der Traditionalismus des Gesetzes im Rückgriff auf traditionelles malikitisches Recht wird von Saᶜd mit umgekehrter Stoßrichtung auch im Zusammenhang mit der Unterhaltspflicht des Ehemannes kritisiert. So befürchtet Saᶜd etwa, daß Frauen unter den aktuellen Bedingungen die unbedingte und einseitige Unterhaltspflicht des Mannes „ausnutzen" könnten. Saᶜd wirf dem Gesetzgeber daher vor, ungeachtet sich wandelnder gesellschaftlicher Verhältnisse an der alleinigen materiellen Verantwortung des Mannes für die Familie festzuhalten. Während andere Kommentatoren der Frau im Interesse der Aufrechterhaltung tradierter Geschlechterrollen das Recht auf Erwerbstätigkeit einfach absprechen,[62] bezieht Saᶜd in dieser Frage nicht eindeutig Position. Zwar betrachtet er die Erwerbstätigkeit von Frauen als mögliche Gefährdung der gesellschaftlichen und familialen Ordnung (die Frau könnte darin ihre Unabhängigkeit suchen oder die Hausarbeit vernachlässigen).[63] Aus den Meinungen der Gelehrten des islamischen Rechts könne jedoch, so Saᶜd, kein eindeutiges Verbot abgeleitet werden. Saᶜd ist allerdings der Auffassung, daß die Frau, wenn sie einer Erwerbstätigkeit nachgeht, auch zum Familienhaushalt beitragen sollte. Das Familiengesetz, nach dem die verheiratete Frau vollkommen frei über ihr Vermögen verfügen kann, müßte daher nach seiner Auffassung geändert werden.[64] Die Argumentation Saᶜds bringt deutlich die Schwierigkeiten zum Ausdruck, die sich aus der Auflösung der traditionalen geschlechtsspezifischen Arbeitsteilung für die Rechtfertigung der überkommenen Ordnung von Ehe und Familie ergibt. „*Es gehört zu den Erfordernissen der Ehe, die von den Menschen in allen Ländern der Welt seit Tausenden von Jahren anerkannt sind, daß die Frau sich der Erledigung der häuslichen Angelegenheiten und den Kindern widmet. Der Mann ist vollkommen mit der Arbeit außerhalb des Hauses beschäftigt, um das zu beschaffen, was zur Befriedigung der Bedürfnisse der Frau und der Kinder nötig ist. (Er muß beschaffen,) was für ihren Unterhalt und ihre Unterstützung gebraucht wird und dem allgemeinen Wohlbefinden*

---

61 Zur Ehevormundschaft im traditionellen malikitischen Recht vgl. LINANT DE BELLEFONDS *Traité de Droit Musulman*, II, 54 und III, 182 f. Dabei fällt auf, daß weder das Familiengesetz noch der Kommentar zwischen der Ehevormundschaft für die jungfräuliche Tochter und der für die Frau, die bereits verheiratet war, unterscheidet.

62 So macht F. Saᶜd das Recht der Frau, einer Erwerbsarbeit nachzugehen, in jedem Fall von der ausdrücklichen Erlaubnis des Mann abhängig. Er begründet dies mit dem Recht des Mannes, über die Frau zu verfügen, und mit der Gehorsamspflicht der Frau gegenüber ihrem Mann (F. SAᶜD *Qānūn al-usra*, 189 f.).

63 SAᶜD *az-Zawāǧ*, 279 f.

64 SAᶜD a.a.O., 201 f.

im Rahmen der ehelichen Partnerschaft (šarika)*(dient), in der die Verantwortlichkeiten (der Mitglieder) gerecht aufgeteilt sind. (...) Wenn eine Veränderung dieser Situation eintritt und die Frau ihren natürlichen Arbeitsplatz, für den sie geschaffen ist, verläßt, weil sie dazu veranlaßt ist, eine andere Arbeit außerhalb des Hauses zu suchen, die ihr einen Lohn einbringt, so ist es nicht gerecht, daß wir ihr diesen Lohn zu ihrer alleinigen Verfügung überlassen (...).*"[65] Es ist nach Meinung Sa^cds also schlichtweg „ungerecht", daß die erwerbstätige Frau nach dem Familiengesetz nichts zum Familienhaushalt beitragen muß. Mehr Rechte möchte der Autor der Frau jedoch auch im Fall ihrer materiellen Mitverantwortung für die Familie nicht gewähren.

Außerdem hält es Saᶜd nicht für gerechtfertigt, daß die Frau laut Gesetz im Fall einer Verletzung der Unterhaltspflicht durch den Mann einen Grund für die richterliche Verstoßung (*taṭlīq*) besitzt. Nach Auffassung des Autors sollte zunächst geprüft werden, ob der Mann nicht fähig oder nur nicht willens ist, seiner Unterhaltspflicht nachzukommen. Ist der Mann mittellos, so sollte die Frau nach Meinung des Autors nur dann gerechtferigterweise den *taṭlīq* beantragen können, wenn sie selbst nicht für sich und ihre Kinder sorgen kann.[66] Saᶜd hält damit zwar grundsätzlich daran fest, daß die Rechte des Ehemannes an seine Funktion als Alleinversorger geknüpft sind. Kann der Mann diese Funktion jedoch aus von ihm unverschuldeten Gründen nicht erfüllen, darf die Ehe nicht einfach auf Antrag der Frau aufgelöst werden.

Umgekehrt kritisiert Saᶜd aber auch, daß das Gesetz die Verstoßung nicht stärker reglementiert. Er schlägt im Zusammenhang mit der willkürlichen Verstoßung vor, der Frau statt eines Schadensersatzes einen monatlichen Unterhalt über ein Jahr oder auch über einen längeren Zeitraum zuzugestehen.[67]

Auch an einem anderen Punkt fordert Saᶜd im Interesse des Schutzes von Ehe und Familie die Beschränkung männlicher Vorrechte. Der Autor hält es für problematisch, daß das Gesetz die Vaterschaftsbestreitung nicht genauer geregelt hat und daher weiterhin der *liᶜān* in seiner islamrechtlichen Form anwendbar ist.[68] Er fordert dagegen, nach dem Vorbild des tunesischen Personalstatutsgesetzes gerichtlich überprüfbare Beweise für die Bestreitung der Vaterschaft zu verlangen. Als Grund führt der Autor an, daß angesichts des moralischen Verfalls in muslimischen Gesellschaften der *liᶜān* in seiner traditionellen Form nicht aufrechterhalten werden könne. Es sei unmöglich,

65 SAᶜD a.a.O., 202.
66 SAᶜD a.a.O., 256-260.
67 SAᶜD a.a.O., 310.
68 Zur Regelung des *liᶜān* im traditionellen Recht und in der algerischen Rechtsprechung vgl. Kapitel 5.2.

daß sich der Richter allein auf die Aussage nur einer Partei (des Mannes) verlasse. In dieser Form gefährde der *liᶜān* die Stabilität der Familie in unvertretbarer Weise.[69] Saᶜd geht hier offenbar davon aus, daß die Grundlagen der traditionalen Ordnung brüchig geworden sind. Daher bedarf es nach seiner Auffassung neuer gesetzlicher Reglementierungen, um die Stabilität der Familie sicherzustellen.

6.1.3.3 Elemente der Neubegründung

Zusammenfassend kann festgehalten werden, daß nach Auffassung der Kommentatoren des Familiengesetzes Ehe und Familie gesellschaftlich nützliche, natürliche und zugleich göttliche Ordnungen darstellen. Das Recht hat hier lediglich die Funktion, diese Ordnungen zu schützen und aufrechtzuerhalten. Es bleibt der Ehe und der Familie jedoch letztlich ein rein äußerlicher Rahmen. Von dieser Position aus werden, wie sich bei Saᶜd zeigt, auch Vorschriften des traditionellen islamischen Rechts kritisierbar. Aus der Innenperspektive stellt die Ehe eine emotionale und zugleich vernünftige Verbindung zwischen Mann und Frau dar. Daher auch die große Bedeutung, die von allen Kommentatoren dem Willen der Frau bei der Eheschließung beigemessen wird.

Aus dem institutionellen und gleichzeitig innerlichen Charakter der Ehe ergibt sich für die Autoren allerdings nicht unbedingt die Notwendigkeit, überkommene Strukturen in Frage zu stellen. Am deutlichsten kritisiert Saᶜd den Traditionalismus des Gesetzes dort, wo er nach seinem Empfinden die Stabilität von Ehe und Familie gefährdet. Die hierarchische Grundstruktur des Geschlechterverhältnisses aber will auch er nicht verändern. Saᶜd erweist sich vielmehr insbesondere in der Frage der Polygynie als unnachgiebiger Anwalt männlicher Privilegien. Ausführlich legt er die Vorzüge des islamrechtlichen Systems der Vielehe dar, um schließlich das Familiengesetz von 1984 dafür zu kritisieren, daß es die Polygynie ungerechtfertigterweise über die Bestimmungen von Koran und *sunna* hinaus reglementiert hat.[70] Saᶜd begründet seine Kritik an dieser Reglementierung allerdings nicht nur mit islamischem Recht, sondern auch mit einem neuen Argument: Der Mann werde durch das Gesetz unter Umständen gegen seinen Willen gezwungen, die erste Frau zu verstoßen. Das aber könne nicht im Interesse des Gesetzgebers liegen.[71]

---

69 SAᶜD *az-Zawāǧ*, 358 f.
70 SAᶜD a.a.O., 149 ff.
71 SAᶜD a.a.O., 274 f.

6.1.4 Zusammenfassung

Der Wandel des algerischen Personalstatuts läßt sich nicht auf eine „neuen Anthropologie" zurückführen, die auf Gleichberechtigung und eine stärkere Verankerung personaler Rechte der Familienmitglieder zielt.[72] Die Rechtsentwicklung verläuft tatsächlich wesentlich weniger gradlinig und ihre Folgen bleiben häufig ambivalent. So ist das Anliegen, Ehe und Familie zu formalisieren, von einer Tendenz zur Aufrechterhaltung familialer Autoritätsverhältnisse überlagert. Dabei zeigen das Familiengesetz von 1984 und insbesondere die Fackommentare dazu, daß gerade die Kontrolle und Stablisierung von Ehe und Familie eng mit einem neuen Verständnis von Ehe und Familie als „privater" Verhältnisse verbunden sind, in die der Staat nicht eingreift und auch nicht eingreifen soll. Staatliches Reglement und familiale Autorität müssen hier also keinen Widerspruch darstellen. Die Gewährung familialer „Autonomie" scheint geradezu die Voraussetzung dafür zu sein, die Familie als Versorgungs- und Sozialisationsinstanz „beanspruchen" zu können.[73] Reglementierung und Autonomie bzw. Aufrechterhaltung familialer Autorität können so als zwei Seiten ein und desselben Prozesses der Institutionalisierung von Ehe und Familie interpretiert werden.

72 So die Vermutung von Borrmans (BORRMANS *Statut personnel et famille*, 610 f.).

73 Vgl. hierzu Danzelots Studie zur Entwicklung der Familie in Europa seit dem späten 18. Jahrhundert (DANZELOT *Ordnung der Familie*). Zur Entwicklung der Idee der Ehe als Institution im europäischen Rechtsdenken vgl. RÖHL *Rechtssoziologie*, 384 f.; SCHWAB *Familie*.

6.2 DER „GEBRAUCH“ DES RECHTS – STRATEGIEN DER KONFLIKTPARTEIEN

Neben den Auffassungen der Richter und des Gesetzgebers stellt auch der „Gebrauch“, den betroffenen Frauen und Männer vom Recht machen, einen wichtigen Teil der Rechtspraxis dar.[74] Das hier vorliegende Material erlaubt zwar keinen unmittelbaren Einblick in die Motive und Problemsichten der beteiligten Frauen und Männer. Dennoch kann anhand der in den Urteilen zusammengefaßten Sachverhalte und anhand der Begründungen der Kassationsklagen gezeigt werden, welche Strategien Anwälte in bestimmten Konfliktfällen für erfolgversprechend halten. Die Kassationsklagen sind dabei insofern von großem Interesse, als sie sich bis zum Inkrafttreten des Familiengesetzes von 1984 von verfahrensrechtlichen Fragen abgesehen nur in einigen wenigen Punkten auf gesetzliche Regelungen beziehen können. Nicht einmal die Rechtsprechung kann einen konstanten und als bekannt vorauszusetzenden Referenzrahmen bilden.[75]

Die Auswertung des hier vorliegenden Materials zeigt, daß die relativ große Rechtsunsicherheit einer eher instrumentellen Sicht der Betroffenen auf Recht Vorschub leistet. So wird immer wieder das Nebeneinander von Gesetz und islamischem Recht dazu genutzt, das eine Rechtssystem gegen das andere auszuspielen. Diese Art des strategischen Gebrauchs des Gesetzes bzw. des islamischen Rechts an sich sagt aber noch nichts über die Struktur eines Konfliktes oder über die eigentlichen Interessen der Parteien aus. Hinter dem Rekurs auf Gesetz steht ebensowenig immer eine „moderne“ Orientierung wie der Bezug auf traditionelles Recht zwangsläufig Hinweis auf eine „traditionalistische“ Position sein muß. Oftmals verbirgt sich hinter

---

74 CHARNAY *Méthode de sociologie juridique*, 120 f. Insbesondere Dwyer hat in diesem Zusammenhang auf die Bedeutung des *law-related behaviour*, d.h. der Interessen, Strategien und normativen Bezüge der Konfliktparteien für das Verständnis der Rechtsentwicklung in nahöstlichen Ländern hingewiesen (DWYER *Law and Islam*, 6 f., 10).

75 Die Rechtsprechung des Obersten Gerichtshofes ist selbst Fachleuten und Praktikern kaum bekannt (vgl. auch TAIB *Juge algérien*, 126 f.). Auch ist die Rechtsprechung in sich nicht in allen Punkten einheitlich. Das zeigt sich im Zusammenhang mit Fragen des Schadensersatzes der Frau bei einer willkürlichen Verstoßung. Das Verhältnis zwischen gesetzlichem Schadensersatz (*taʿwīḍ*) und islamrechtlicher Trostgabe (*mutʿa*) bleibt ungeklärt (vgl. dazu Kapitel 4.2.). In anderen Fällen scheinen die obersten Richter selbst gar keine eindeutige Festlegung zu wünschen. Das gilt ebenso für die Dauer der *ḥaḍāna* für Jungen wie für die bei einer Klage auf Vaterschaftsleugnung durch *liʿān* einzuhaltende Frist (vgl. dazu Kapitel 5.2.).

den eher formelhaften Verweisen der Konfliktparteien auf islamisches Recht und / oder auf Gesetz auch bloß der Rekurs auf ein subjektives Gerechtigkeitsempfinden, mit dem die Meinung des Richters beeinflußt werden soll. Gerade darin aber liegt die Bedeutung einer Auswertung der vor Gericht eingesetzten Strategien.[76]

6.2.1 Gesetz vs. *šarīʿa*

Wie weiter oben dargestellt, führt die noch immer verbreitete Praxis informeller Eheschließungen häufig dazu, daß im Fall eines Konflikts zwischen den Partnern das Vorliegen einer rechtmäßigen Ehe erst im Nachhinein vor Gericht festgestellt werden muß.[77] In der Regel kämpfen dabei Frauen um die Legalisierung der Ehe, während Männer vor Gericht die Wirksamkeit informell geschlossener Ehen bestreiten. Diese Konfliktkonstellation ist bereits ein deutlicher Hinweis darauf, daß außerrechtliche Sanktionsmechanismen nicht mehr selbstverständlich greifen. Die Frau bzw. ihre Familie verfügt offensichtlich nicht über die Mittel, den Mann zur Übernahme seiner Verantwortung aus Ehe und Vaterschaft zu zwingen. Männer haben daher nicht unbedingt negative soziale Sanktionen zu erwarten, wenn sie sich ihren familialen Pflichten entziehen. Unter Rückgriff auf islamisches Recht werden jedoch nach herrschender Sitte geschlossene Ehen in der Regel auch gegen den späteren Willen des Mannes vor Gericht anerkannt. Genau dagegen richtet sich die Strategie von Männern, wenn sie hier Gesetz gegen islamisches Recht ins Feld führen.

Um eine informelle, nicht unter Einhaltung der notwendigen Formalitäten geschlossene Ehe zu bestreiten, berufen sich Männer daher häufig auf die gesetzlichen Vorschriften über den Nachweis der Ehe. Sie argumentieren vor Gericht damit, daß nach Gesetz eine Ehe nur durch amtlichen Eintrag nachgewiesen werden kann.[78]

In einem hier dokumentierten Fall aus dem Jahr 1983 versucht der Kläger geltend zu machen, daß eine islamrechtliche Eheschließung juristisch wirkungslos ist. Der Anwalt des Klägers argumentiert dabei folgendermaßen: Das Urteil, das die Ehe zwischen seinem Mandanten und der Beklagten festgestellt hat, entbehre jeder „legalen Grundlage" (*asās šarʿī*). Da keine amtli-

---

76 Angesichts der relativ wenigen Urteile, in denen das Familiengesetz von 1984 bereits zur Anwendung kommt, werden im folgenden vor allem Beispiele aus der Zeit bis zum Inkrafttreten des Gesetzes berücksichtigt.

77 Zur gerichtlichen Anerkennung irregulärer Eheschließungen vgl. Kapitel 4.1.

78 AdJ 1968, 26.6.68 (CS); AdJ 1968, 25.12.68 (CS). Zur Rechtsgrundlage und zur Rechtsprechung des Obersten Gerichtshofes in dieser Frage vgl. Kapitel 4.1.

che Urkunde vorgelegen habe, hätten die Richter zum islamischen Recht „Zuflucht" nehmen müssen, um die Eheschließung trotzdem gegen den Mann feststellen zu können. Nach Gesetz sei eine Ehe jedoch nur durch ihre amtliche Registrierung nachzuweisen. Nach islamischem Recht geschlossene Ehen seien daher gesetzlich wirkungslos (*laisa lahā aiya aṯar au qīma qānūnīya*). Der Oberste Gerichtshof weist diese Klage ab.[79]

Wie die Schließung der Ehe ist auch deren Auflösung durch Gesetz und Rechtsprechung gegenüber dem traditionellen Recht formalisiert und reglementiert worden. Auch hier bestimmt daher das Spannungsverhältnis zwischen Formalisierung auf der einen, islamrechtlicher Privatheit auf der anderen Seite den Handlungsspielraum der Betroffenen. Im Fall von Verstoßungen geht es Männern vor diesem Hintergrund meist darum, sich dem Verstoßungsverfahren insgesamt oder zumindest den materiellen Folgen einer Verstoßung zu entziehen.

In den hier vorliegenden Urteilen sind insbesondere aus den sechziger Jahren eine Reihe von Fällen dokumentiert, in denen Männer auf gesetzliche Scheidungsgründe aus dem *décret* von 1959 zurückgreifen, um so eine Verstoßung zu umgehen. Sie wollen damit verhindern, daß sie im Rahmen des Verstoßungsverfahrens nach demselben *décret* zur Leistung von Schadensersatz verpflichtet werden. Die Betroffenen versuchen dabei meist, die schuldhafte Verletzung ehelicher Pflichten seitens der Frau als Scheidungsgrund geltend zu machen. Der Oberste Gerichtshof lehnt dies ab, da die Beendigung der Ehe auf Antrag des Mannes nach seiner Auffassung immer eine Eheauflösung durch den einseitigen Willen des Mannes, d.h. eine Verstoßung darstellt.[80]

Die Kläger berufen sich in solchen Fällen also nicht deshalb auf Gesetz, um die Anwendung islamischen Rechts an sich zu umgehen. Es ist vielmehr ihre Absicht, das Gesetz selbst auszuhebeln: Der Rekurs auf gesetzliche Scheidungsgründe dient lediglich dazu, die Reglementierung der Verstoßung durch dasselbe Gesetz zu umgehen.

Umgekehrt können sich Frauen auf Gesetz berufen, um eine Ehe, die ohne ihre Zustimmung oder gegen ihren ausdrücklichen Willen geschlossen worden ist, auflösen zu lassen.[81] Aufgrund der nach wie vor starken Abhängigkeit algerischer Frauen von ihren Familien sind solche Fälle allerdings eher selten. Frauen sind in der Regel diejenigen, die die Feststellung einer Ehe verlangen. Daher ist in den hier vorliegenden Urteilen nur ein Fall doku-

---

79 Unver. 29.942 (11.4.83).

80 AdJ 1965, 23.12.64 (CS). Vgl. auch AdJ 968, 27.3.68 (CS) und Kapitel 4.2.

81 RASJEP 4/68, 3.11.66 (Cour).

mentiert, in dem eine Frau unter Berufung auf das Gesetz eine informelle Eheschließung bestreitet.[82]

6.2.2 *Šarīʿa* vs. Gesetz

Der Rekurs auf islamisches Recht wird von Frauen und Männern in ganz unterschiedlicher Weise genutzt. Während Männer im Namen des islamischen Rechts in der Regel althergebrachte Privilegien verteidigen, versuchen Frauen, unter Berufung auf islamisches Recht neuen Handlungsspielraum zu gewinnen.

6.2.2.1 Islamisches Recht und männliche Privilegien

Um sich wegen möglicher finanzieller Folgen einem gerichtlichen Verstossungsverfahren zu entziehen, können Männer sich auf die Privatheit der Eheauflösung im traditionellen islamischen Recht berufen. In einem hier dokumentierten Fall legt der Mann Kassationsklage gegen ein Urteil ein, das eine irreguläre Ehe anerkannt, nicht aber, wie von ihm gefordert, auch deren außergerichtliche Auflösung im gegenseitigen Einverständnis festgestellt hat. Die Richter, so der Anwalt des Klägers, hätten die Feststellung des *ṭalāq* im gegenseitigen Einverständnis abgelehnt, da der *ṭalāq* nicht vor Gericht stattgefunden habe. Der Anwalt hält dem entgegen, daß auch die Ehe zwischen seinem Mandanten und der Beklagten nur nach ibaditischer Gewohnheit vor der Dorfversammlung (*ǧamāʿa*) geschlossen worden und nicht registriert gewesen sei. Das positive algerische Recht (*al-qānūn al-waḍʿī*) beruhe aber, so der Anwalt, insbesondere im Bereich des Personalstatuts auf den Prinzipien des islamischen Rechts nach hanafitischer Interpretation (*mabādiʾ aš-šarīʿa al-islāmīya al-ḥanafīya*) (sic!). Danach komme eine Eheschließung allein durch den Willen der Eheleute zustande und müsse durch Zeugen nachweisbar sein. Das gleiche gelte für jede Art der Eheauflösung (*ṭalāq*). Nur der Mann besitze das Verfügungsrecht über den Bestand der Ehe (*al-ʿiṣma bi-yad az-zauǧ*). Der Richter habe demgegenüber lediglich die Aufgabe, die Beendigung der Ehe festzustellen. Zur Untermauerung seiner Argumentation führt der Anwalt weiter aus, daß die zu verhandelnde Sache von ganz besonderer Bedeutung sei, da sie den Glauben der Bewohner des Mizab berühre. Diese seien für ihre tiefe Verbundenheit mit der Religion und mit ihren gewohnheitsrechtlichen Traditionen (*taqālīduhum al-ʿurfīya*) bekannt. Der Oberste Gerichtshof folgt dem Anwalt des Klägers und annul-

82 MQ 1/90, 34.438.

liert das angefochtene Urteil, da nach herrschender Rechtsprechung auch die Eheauflösung durch Zeugen nachgewiesen werden kann.[83]

Der Verweis auf traditionelles islamisches Recht und auf Gewohnheit wird hier bewußt zur Umgehung der gesetzlichen Formalisierung der Verstoßung und der mit ihr verbundenen Reglementierung eingesetzt. Gegen den Willen der Frau kann der Kläger unter Berufung auf traditionelles Recht die Bestätigung einer außergerichtlichen Eheauflösung im gegenseitigen Einverständnis durchsetzen. Die Frau ist damit an die von ihr möglicherweise nur unter privatem Druck akzeptierten Bedingungen der Eheauflösung gebunden. Sie kann keinen Schadensersatzanspruch stellen und auch keine ausstehenden Unterhaltszahlungen mehr einfordern.

Männer versuchen aber nicht nur, ihr Verfügungsrecht über den Bestand der Ehe unter Berufung auf islamrechtliche Vorschriften gegen gesetzliche Reglementierungen zu verteidigen. Sie sind ebenso darum bemüht, auf diese Weise gegen die Möglichkeit der gerichtlichen Eheauflösung auf Antrag der Frau vorzugehen. Manche Kläger scheinen dabei bereits die richterliche Verstoßung (*taṭlīq*) an sich und deren ohnehin sehr enge Auslegung durch die algerische Rechtsprechung als illegitimen Eingriff in ihre Autorität zu verstehen. Um den *taṭlīq* anzufechten, berufen sie sich dabei auf ihre Stellung als „Inhaber der ehemännlichen Autorität" (*ṣāḥib al-ᶜiṣma az-zauǧīya*).[84]

In einem der hier dokumentierten Fälle legt der Anwalt des Mannes Kassationsklage gegen ein Berufungsurteil ein, das die richterliche Verstoßung (*taṭlīq*) auf Antrag der Frau wegen der Verletzung der Unterhaltspflicht durch den Mann entschieden hat. Die Kassationsklage wird damit begründet, daß das angefochtene Urteil gegen Gesetz (*qānūn*) verstößt. Da die eheliche Autorität (*ᶜiṣma zauǧīya*) allein in der Hand des Mannes (*yad az-zauǧ*) liege, könne eine Eheauflösung unter keinen Umständen gegen dessen Willen durchgesetzt werden. Der Anwalt der Beklagten weist diese Argumentation zurück. Die eheliche Autorität des Mannes sei hier nicht berührt. Der *taṭlīq* sei begründet, da der Frau aus der Ehe nachweislich ein Schaden entstanden sei. Der Oberste Gerichtshof folgt dem Anwalt der Beklagten und weist die Klage ab.[85]

---

83 MQ 4/89, 35.026.

84 Unver. 29.757 (CS); MQ 4/91, 44.457. MQ 2/90, 36.414. Im malikitischen Recht, auf dessen Terminologie sie hier zurückgreifen, hat der Mann tatsächlich ein eigentumsähnliches Recht (*milk*) an der *ᶜiṣma*, aufgrund dessen er die Ehe jederzeit durch seinen einseitigen Willen beenden kann (SANTILLANA *Diritto musulmano*, 181).

85 MQ 4/91, 44.457.

6.2.2.2 Islamisches Recht und Handlungsmöglichkeiten von Frauen

Frauen versuchen in verschiedenen hier dokumentierten Fällen, die *šarīʿa* in ihrem Sinn neu zu interpretieren. Auch das zeigt sich vor allem im Zusammenhang mit der richterlichen Verstoßung. Es ist bereits weiter oben gezeigt worden, daß der Oberste Gerichtshof im Unterschied zu Gerichten der ersten und zweiten Instanz die Möglichkeiten für Frauen, eine richterliche Verstoßung (*taṭlīq*) zu beantragen, tendenziell einschränkt.[86] Lediglich in Fällen, in denen eine Verletzung der Unterhaltspflicht durch den Mann nachgewiesen ist, haben Frauen gute Chancen, ihre Interessen durchzusetzen. Dennoch versuchen Frauen unter Verweis auf den malikitischen Begriff der Schädigung (*ḍarar*), auch andere Gründe für eine Eheauflösung geltend zu machen.[87]

In mehreren der hier dokumentierten Fälle begründen Frauen ihre Klage auf *taṭlīq* damit, daß sie von ihrem Mann körperlich mißhandelt werden. Der Anwalt einer Frau legt Kassationsklage gegen ein Urteil ein, das den *taṭlīq* in einem solchen Fall abgelehnt hat. Als Grund für die Kassationsklage führt der Anwalt die mangelhafte Begründung des Urteils und den Verstoß gegen einen Rechtsgrundsatz (*qāʿida šarʿīya*) an. Die mißhandelte Frau habe, so der Anwalt, dem Gericht ein ärztliches Attest über ihre Verletzungen vorgelegt. Außerdem sei beantragt worden, Zeugen zu hören, um ihre Mißhandlung durch den Mann bestätigen zu lassen. Die Richter hätten die Berücksichtigung des Attests mit der Begründung verweigert, aus ihm ginge die Täterschaft des Mannes nicht hervor. Gleichzeitig sei die Anhörung von Zeugen abgelehnt worden. Da aber nach der islamischen *šarīʿa* körperliche Mißhandlung (*ḍarb*) als Grund für den *taṭlīq* anerkannt sei, entbehre das Urteil jeder Rechtsgrundlage. Der Oberste Gerichtshof weist die Klage zurück. Die Beweiswürdigung liege allein in der Kompetenz der zuständigen Gerichte.[88]

Obwohl sich der Anwalt der Frau in dem hier zitierten Fall durchaus auf traditionelles malikitisches Recht berufen kann, stößt er bei den Richtern auf Widerstand. Das hängt nicht zuletzt mit deren Vorverständnis von Ehe und Familie zusammen.[89] Der Durchsetzbarkeit von Interpretationen des tradi-

---

86 Vgl. Kapitel 4.2.

87 Vgl. Kapitel 4.2.

88 NQ 1982 (Sondernr.), 26.535 (CS).

89 Tatsächlich ist das traditionelle malikitische Recht in der Frage des Nachweises einer Schädigung der Frau durch den Mann nicht sehr streng und akzeptiert etwa auch Zeugen vom Hörensagen (vgl. LINANT DE BELLEFONDS *Traité de Droit Musulman*, II, 462 f.).

tionellen Rechts, die diesem Vorverständnis entgegenstehen, sind daher enge Grenzen gesetzt.[90]

In einem anderen Fall beruft sich der Anwalt der Klägerin in einer – auf den ersten Blick – ausgesprochen traditionalistischen Weise auf Regeln des islamischen Rechts. Darin drückt sich jedoch keinesfalls das Anliegen aus, überkommene Verhältnisse aufrechtzuerhalten.

Der Anwalt legt hier Kassationsklage gegen ein Verstoßungsurteil ein, weil die Verstoßung in erster Instanz von einer Richterin ausgesprochen worden ist. Der Anwalt behauptet, darin läge ein Verstoß gegen islamrechtliche Grundsätze. Im Bereich des Personalstatuts müsse, so die Begründung, auf jeder Ebene islamisches Recht angewendet werden. Außerdem könne im Sinn des *ordre publique* (*niẓām ᶜāmm*) eine Frau keine Ehe schließen und sei daher auch nicht dazu befugt, eine Verstoßung vorzunehmen. Indem das Berufungsgericht die Verstoßung anerkannt hat, habe es einen zentralen Grundsatz des *ordre publique* im islamischen Recht (*fī š-šarīᶜa al-islāmīya*) verletzt. Zum Schluß führt der Anwalt an, daß auch unter den Richtern des Berufungsgerichts eine Frau gewesen sei. Nach islamischem Recht sei dies nicht zulässig. Der Oberste Gerichtshof lehnt diese Klage ab. Beide Gerichte seien, so die obersten Richter, nach Gesetz und nach den geltenden Regelungen über das Richteramt besetzt gewesen. In der Zusammenfassung ihres Urteils stellen die obersten Richter ausdrücklich fest: „*(...) die (die Justiz) organisierenden positiven Texte enthalten nichts, was der Frau verbietet, das Richteramt auszuüben.*“[91]

Der Anwalt der Klägerin versucht hier nur vordergründig, im Namen einer traditionalistischen islamischen Sozialmoral positives algerisches Recht und die Ordnung der Justiz zu delegitimieren. Was sich hinter dieser wenig überzeugenden Strategie verbirgt, ist jedoch ein ganz anderes Problem. Frauen können nach algerischer Rechtsprechung zwar unter Umständen die Folgen einer Verstoßung beeinflussen. Sie haben jedoch keine Möglichkeit, sich einer Verstoßung an sich zu widersetzen. Es ist also gerade die islamrechtliche Verstoßung, auf die der Anwalt der Frau hier seinerseits mit einem selektiven und rein instrumentell gemeinten Rückgriff auf die *šarīᶜa* reagiert.

---

90 Zu dem Familienmodell, das der Rechtsprechung des Obersten Gerichtshofes zugrundeliegt, vgl. oben.

91 MQ 3/89, 33.397.

6.2.3 *Šarīᶜa* vs. *šarīᶜa*

Nur in einem der hier vorliegenden Fälle berufen sich beide Konfliktparteien auf islamisches Recht, wobei sie jeweils eine andere Interpretation bzw. eine andere Rechtsschule zur Begründung ihrer Position anführen. Inhaltlich geht es um die Frage, ob für die nachträgliche Anerkennung einer Eheschließung die Mitwirkung des Ehevormundes der Frau nachgewiesen sein muß oder nicht. Auch hier kämpft die Frau um die Feststellung der Ehe, wohingegen der Mann die Gültigkeit der Eheschließung bestreitet.

Im Verlauf eines typischen Konflikts um die Rechtsfolgen einer Verstossung bestreitet der Mann unter Rückgriff auf malikitisches Recht die islamrechtliche Gültigkeit der Ehe, da der Ehevormund der Frau bei der Eheschließung nicht mitgewirkt hat. Dem hält der Anwalt der Klägerin entgegen, daß die Frau keinen Ehevormund gebraucht hat, da sie zum Zeitpunkt der Eheschließung keine Jungfrau mehr gewesen ist (*ṯayyib*). Der Anwalt kann sich hierbei auf die Meinung zahiritischer Rechtsgelehrter stützen.[92] In Abweichung von der herrschenden Rechtsprechung folgt der Oberste Gerichtshof in diesem Fall tatsächlich dem Anwalt der Frau. Als Grund für ihre Entscheidung führen die obersten Richter an, daß die Gelehrten des islamischen Rechts hinsichtlich der Ehevormundschaft der Frau geteilter Meinung gewesen seien, und daß sich im Koran als der Hauptquelle der islamischen *šarīᶜa* keine eindeutige Aussage zu dieser Frage finde.[93]

6.2.4 Gerechtigkeit vs. Recht

Im folgenden soll es um Fälle gehen, in denen sich die Konfliktparteien nicht auf islamisches Recht oder auf Gesetz berufen können. Von Interesse ist dabei weniger der Erfolg bzw. der Mißerfolg solcher Strategien als vielmehr die Analyse der Interessen und Argumentationsweisen der Betroffenen. Die Konfliktparteien begründen ihre Positionen hier direkt unter Rekurs auf außerrechtliche Werte und Normen. Inhaltlich geht es dabei überwiegend darum, daß Frauen darum bemüht sind, ihre Ansprüche als Ehefrauen und Mütter einzufordern, während Männer sich ihren Verpflichtungen zu entziehen oder ihre überkommenen Privilegien zu verteidigen suchen. Zum Teil geht es aber auch um Auseinandersetzungen, in denen Frauen eine Klage auf richterliche Verstoßung zu begründen versuchen.

---

92 Tatsächlich zitieren die obersten Richter in ihrer Urteilsbegründung den Rechtsgelehrten Dāwūd b. ᶜAlī (gest. 883), Gründer der zahiritischen Rechtsschule (vgl. auch SPIES/PRITSCH *Klassisches islamisches Recht*, 267).

93 MQ 2/92, 51.715.

6.2.4.1 Spielräume einer konservativen Ehemoral

Männer nutzen den selektiven Rekurs auf eine konservative Ehemoral in der Regel dazu, ihre Vorrangstellung in der Ehe zu behaupten. Dazu gehört auch die Aufrechterhaltung ihres alleinigen Verfügungsrechts über den Bestand der Ehe. Dieses alleinige Verfügungsrecht wird sowohl gegen die islamrechtliche Möglichkeit des *taṭlīq* als auch gegen die Reglementierung der Verstoßung durch das positive Recht angeführt. Dabei beziehen sich Männer zum Teil nicht einmal mehr formal auf traditionelles Recht, sondern unmittelbar auf außerrechtliche Werte und soziale Normen.

In einem in dieser Hinsicht typischen Fall legt der Anwalt des Mannes Kassationsklage gegen ein Urteil ein, das den *taṭlīq* wegen Verletzung der Unterhaltspflicht ausgesprochen hat. Der Anwalt begründet die Klage mit der Behauptung, die Frau habe die eheliche Wohung nach einem Streit mit dem Mann freiwillig verlassen und offen zugegeben, nicht mehr zu ihm zurückkehren zu wollen. Dieses Verhalten allein sei Beleg genug für ihre schlechte Absicht (*sūʾ nīyatihā*). Die Frau besitze folglich, so der Anwalt, keinen Grund für eine richterliche Verstoßung. Der Oberste Gerichtshof weist diese Klage aus verfahrensrechtlichen Gründen ab.[94]

In dem zitierten Fall kann sich der Anwalt nicht auf islamisches Recht beziehen. Er versucht auch gar nicht, den Vorwurf der Verletzung der Unterhaltspflicht durch seinen Mandanten zu widerlegen. Er unterstellt einfach der Frau, die Verletzung der Unterhaltspflicht nur als Vorwand dafür zu nutzen, sich von ihrem Mann scheiden zu lassen.

Im Rahmen von Verstoßungsverfahren versuchen Männer außerdem, unter Bezug auf eine offen misogyne Sexualmoral Ansprüche der Frau aus der Eheauflösung abzuwehren. Es liegt hier eine Reihe von Fällen vor, in denen Männer in dieser Absicht die Jungfräulichkeit der Frau zum Zeitpunkt der Eheschließung im Nachhinein bestreiten.

Der Anwalt eines Mannes erhebt vor dem Oberste Gerichtshof Klage gegen ein Urteil, das die Eheauflösug durch Verstoßung sowie den Anspruch der Frau auf noch nicht geleisteten Unterhalt, auf Wartezeit-Unterhalt (*nafaqat al-ᶜidda*) und auf Schadensersatz bestätigt hat. Als Gründe für die Kassationsklage nennt der Anwalt zwar die Verletzung des Personalstatutsrechts (*qānūn al-aḥwāl aš-šaḫṣīya*) und der islamischen *šarīᶜa* sowie das Fehlen einer gesetzlichen Grundlage (*asās qānūnī*). Tatsächlich kann er sich jedoch weder auf Gesetz noch auf traditionelles Recht stützen. So bestreitet der Anwalt den Unterhaltsanspruch der Frau mit dem Argument, sie sei zum Zeitpunkt des Vollzugs der Ehe keine Jungfrau mehr gewesen. Die

94 MQ 2/89, 32.158.

ärztlichen Gutachten, die die Beklagte zu ihrer Verteidigung vorgelegt habe, könnten, so der Anwalt, ebenso für eine andere Frau ausgestellt worden sein. Mit dem gleichen Argument bestreitet der Anwalt die Grundlage des Anspruches der Frau auf Schadensersatz. Der Oberste Gerichtshof weist diese Argumentation zurück. Die Jungfräulichkeit sei im Zusammenhang mit den Folgen der Verstoßung rechtlich unerheblich.[95]

In einem ähnlichen Fall bestreitet der Anwalt des Klägers nicht nur die Jungfräulichkeit der Frau zum Zeitpunkt der Eheschließung. Er leugnet im Namen seines Mandanten auch den Vollzug der Ehe und damit die eheliche Abstammung des Kindes der Frau. Der Frau könne daher weder Wartezeit-Unterhalt noch eine Trostgabe (*mutᶜa*) zugesprochen werden. Der Oberste Gerichtshof lehnt auch diese Klage ab.[96]

Trotz der in dieser Hinsicht konsequenten Haltung des Obersten Gerichtshofes, spielt die Frage der Jungfräulichkeit in Verstoßungsverfahren vor Gerichten der ersten und zweiten Instanz nach wie vor eine große Rolle. Dabei werden ärztliche Gutachten von beiden Seiten dazu benutzt, die eigene Position zu stärken. In der Praxis haben Frauen dabei gute Chancen, mit Hilfe solcher Gutachten vor einem Gericht der ersten oder zweiten Instanz ihren Anspruch auf Schadensersatz wegen willkürlicher Verstoßung durchzusetzen.[97] An diesen Fällen wird deutlich, daß auch hinter dem Rekurs auf eine konservative Sexualmoral ganz unterschiedliche Motive stehen können.

Im Zusammenhang mit Konflikten um die Anerkennung der legitimen Abstammung von Kindern (*nasab*) zeigt sich außerdem, welche Probleme sich unter den gegebenen Verhältnissen aus der Formalisierung des Personalstatuts ergeben können.[98] In einem Fall reicht der Anwalt eines Mannes Kassationsklage gegen ein Urteil ein, das in zweiter Instanz eine Verstoßung entschieden und der Frau Anspruch auf noch nicht geleisteten Unterhalt, auf Wartezeit-Unterhalt und auf eine Trostgabe zugesprochen hat. Der Anwalt bestreitet zunächst die Grundlage für einen Anspruch der Frau auf Unterhalt und auf eine Trostgabe, da die Ehe gar nicht vollzogen worden sei. Daher könne, so der Anwalt, auch das Kind der Frau nicht als ehelich gelten. Außerdem sei die Frau in der Hochzeitsnacht bereits schwanger gewesen. Das Kind bliebe auch dann ein Kind der Unzucht (*ibn az-zinā*), wenn es vor der Eheschließung vom Kläger selbst gezeugt worden wäre. Denn gemäß Artikel 1 des algerischen Zivilgesetzbuches müsse in der verhandelten Sache islamisches Recht angewendet werden. Nach *šarīᶜa* stamme aber nur das in der Ehe gezeugte Kind rechtlich von seinem Vater ab. Die Ehebrecherin

95 Unver. 30.074 (CS).
96 MQ 4/89, 33.715.
97 Maḥkamat Bilkūr, 90/843, 2.1.91 (unv.).
98 Zur herrschenden Rechtsprechung in dieser Frage vgl. Kapitel 5.2.

müsse nach islamischem Recht (*bi-l-ḥadd*) bestraft werden. In einem solchen Fall könne das Kind rechtlich nicht als Kind des Klägers betrachtet werden (*lā yakūn al-walad maᶜhu šarᶜīyan*). Der Oberste Gerichtshof folgt der Argumentation des Anwalts nicht. Dennoch wird das angefochtene Urteil wegen eines Verfahrensfehlers annulliert. Auch hätte die Frau nach Auffassung der obersten Richter einen Eid schwören müssen, um den Vollzug der Ehe vor Gericht gegen die Behauptung des Mannes nachzuweisen.[99]

In dem zitierten Beispiel gibt es keine rechtliche Grundlage für die Leugnung des Vollzugs der Ehe. Der Kläger versucht daher, die Frau moralisch zu diskreditieren. Die Anspielung auf die *ḥadd*-Strafe für Unzucht ist dabei rein polemischer Natur und hat ausschließlich die Funktion, die Ehre der Frau zu verletzen.[100] In Verbindung mit dem Argument, der Mann könne zwar möglicherweise der leibliche, keinesfalls aber der legitime Vater des fraglichen Kindes sein, zeigt sich in dieser Anspielung auch die Bigotterie der herrschenden Sexualmoral.

Angesichts der Rigidität des islamrechtlichen Grundsatzes der legitimen Abstammung und angesichts der repressiven sozialen Praxis versuchen Frauen in einzelnen Fällen dennoch, sich auf die vom traditionellen malikitischen Recht anerkannte Fiktion des im Mutterleib „eingeschlafenen" Fötus zu berufen.[101] Vor Gericht bleibt diese Strategie allerdings erfolglos.

In einem Fall klagt eine Frau, vertreten durch ihren Anwalt, auf Anerkennung der Vaterschaft für ein dreizehn Monate nach der Eheauflösung geborenes Kind. Der Anwalt schließt seine Ausführungen mit der Bemerkung, jeder wisse, daß eine Schwangerschaft durchaus länger als ein oder auch als zwei Jahre dauern könne. Allein Gott sei allwissend (*allāhu aᶜlam*). Das Gericht gibt der Klage unter Verweis auf die von der algerischen Rechtsprechung zugrundegelegte zwölfmonatige Höchstdauer der Schwangerschaft jedoch nicht statt.[102]

---

99 MQ 1/90, 34.262.

100 Nach traditionellem Recht würde der Mann sich dadurch entweder selbst der Unzucht beschuldigen oder sich der Falschaussage (*qaḏf*) schuldig machen. Zu den *ḥadd*-Strafen im traditionellen Recht vgl. Artikel *ḥadd* (EI²).

101 Zur Bedeutung des Glaubens an das "eingeschlafene Kind" in Algerien vgl. ZERDOUMI *Enfants d'hier*, 70 ff. Für die marokkanische Gesellschaft vgl. MIR HOSSEINI *Marriage on Trial*, 143 f.

102 NQ 1982 (Sondernr.), 80.222 (Maǧlis al-Qaḍā').

6.2.4.2 Elemente einer neuen Ehemoral

Frauen versuchen in bestimmten Situationen auch, jenseits des traditionellen islamischen Rechts und jenseits der herrschenden konservativen Ehemoral ihre Ansprüche als Ehefrauen und Mütter durchzusetzen. Ihnen bleibt dabei oftmals nur die Möglichkeit, an das subjektive Gerechtigkeitsempfinden der Richter zu appellieren. Diese Strategie wird von Frauen vor allem dann eingesetzt, wenn es um die Legalisierung einer weder nach Gesetz noch nach islamischem Recht legitimen Ehe und um die Feststellung der Abstammung von Kindern geht.[103] Manche Gerichte der ersten und zweiten Instanz sind dabei offensichtlich bereit, auch irreguläre Verbindungen im Interesse von Frauen und Kindern zu legalisieren. Der Oberste Gerichtshof annulliert solche Urteile jedoch konsequent.[104]

Trotz der restriktiven Rechtsprechung gehen Frauen unter Umständen bis vor den Obersten Gerichtshof, um eine Beziehung als Ehe anerkennen zu lassen und um ihre Ansprüche aus der Ehe gerichtlich durchzusetzen. Der Anwalt einer Frau reicht so Kassationsklage gegen ein Urteil ein, das die Feststellung der Ehe zwischen seiner Mandantin und dem Beklagten abgelehnt hat. Als Grund für die Kassationsklage nennt der Anwalt die mangelhafte Begründung des Urteils. In seinen Ausführungen legt er dar, daß die beiden nach einem „Übergriff" (*taᶜaddin*) des Beklagten gegen die Klägerin „vor Gott und vor den Leuten" als Ehepaar gelebt hätten (*ᶜāšā ka-zauǧain amām allāh wa amām an-nās*). Der Oberste Gerichtshof weist diese Klage ab.[105]

In einem zweiten Fall geht es um die Anerkennung der Ehelichkeit eines Kindes. Der Anwalt der Frau legt hier Kassationsklage gegen ein Urteil ein, das in zweiter Instanz die Abstammung des Kindes von seinem Vater (*nasab*) für nicht erwiesen erklärt hat. Als ersten Grund für die Klage nennt der Anwalt das Fehlen einer gesetzlichen Grundlage, da das angefochtene Urteil weder einen Gesetzestext noch eine islamrechtliche Quelle nennt, auf die es sich stützt. Als zweiten Punkt führt er die Verletzung von Verfahrensgrundsätzen an. So sei die Leugnung der Vaterschaft ohne einen Beweis oder Eid des Mannes akzeptiert worden. Schließlich wirft der Anwalt den Richtern vor, sie hätten die „Fakten" (*waqāʾiᶜ*) nicht berücksichtigt, die in den Prozeßunterlagen ausführlich dokumentiert seien. Mit diesem letzten Punkt spielt der Anwalt auf das voreheliche Zusammenleben seiner Man-

---

103 Nur in einem einzigen der hier dokumentierten Fälle leugnet die Frau in einer solchen Situation die Ehe, während der Mann deren Feststellung verlangt. Das Kassationsgericht gibt der Frau Recht (MQ 1/90, 34.438).

104 MQ 4/89, 34.137.

105 MQ 1/92, 55.706.

dantin mit dem Beklagten an. Der Oberste Gerichtshof weist die Klage ab. Das Kind sei, so die obersten Richter, 64 Tage nach der Eheschließung geboren worden und könne daher rechtlich nicht als ehelich gelten. Das voreheliche Beiwohnen zwischen der Klägerin und dem Beklagten sei Unzucht. Ein Kind der Unzucht (*ibn az-zinā*) gelte juristisch nicht als Kind seines Vaters.[106]

In dem zitierten Fall versucht die Frau, die Ausgrenzung und die Rechtlosigkeit nichtehelicher Mutter- und Kindschaft offen in Frage zu stellen. Sie macht dabei gegen islamisches Recht und gegen überkommene Moralvorstellungen einfach die Tatsache geltend, daß sie schon vor der Ehe mit ihrem späteren Ehemann zusammengelebt hat.

Frauen versuchen aber nicht nur, im Namen der Gerechtigkeit ihre Ansprüche als Ehefrauen und Mütter durchzusetzen. Sie sind im Zusammenhang mit Eheauflösungen ebenso darum bemüht, sich der ehemännlichen Autorität und insbesondere dem alleinigen Verfügungsrecht des Mannes über den Bestand der Ehe zu widersetzen. Dabei geht es ihnen zum einen darum, die Willkür von Verstoßungen abzuschwächen. Zum anderen suchen sie nach neuen Möglichkeiten, ihrerseits eine gerichtliche Eheauflösung beantragen zu können.

Auch wenn Frauen gegenüber einer Verstoßung ebenso wie gegenüber deren Rücknahme durch den Mann nach islamischem Recht juristisch machtlos sind, machen sie in solchen Fällen gegen männliche Vorrechte ein neues, partnerschaftliches Verständnis der Ehe geltend. Nach diesem Verständnis erscheint die Verstoßung bzw. deren Rücknahme nicht als legitimer Ausdruck ehemännlicher Autorität, sondern als inakzeptable Willkür und Demütigung der Frau. In einem hier dokumentierten Fall legt der Anwalt der Frau Kassationsklage gegen ein Urteil ein, das die zuvor verstoßene Frau nach der Widerrufung der Verstoßung durch den Mann zur Rückkehr in die eheliche Wohnung (*ruǧūᶜ*) verpflichtet hat. Der Anwalt führt aus, daß die Klägerin während der Verstoßungsverhandlung selbst ihre Rückkehr verlangt hatte. Dennoch habe der Mann auf der Verstoßung beharrt. Dies stelle eine schwere Demütigung der Frau dar, nach der eine Fortsetzung der Ehe nicht mehr gestattet sei (*ġair masmūḥ*). Schließlich sei das Urteil insgesamt unbegründet und habe keine legale Grundlage (*asās šarᶜī*). Das Berufungsgericht habe sich bei seiner Entscheidung allein auf subjektive Erwägungen bezüglich des Wohls der Kinder und auf die Abwesenheit eines definitiven (*qāṭiᶜ*) Verstoßungsgrundes gestützt. Der Frau könne jedoch, so der Anwalt, emotional nicht zugemutet werden, nach ihrer Demütigung durch den Mann noch weiter in ehelicher Gemeinschaft mit ihm zu leben. Der Oberste Gerichtshof gibt dem Anwalt zwar in keinem Punkt inhaltlich Recht. Das ange-

---

106 MQ 1/90, 35.087.

fochtene Urteil wird dennoch annulliert, da aus den Unterlagen nicht hervorgeht, ob der Mann seine Frau gemäß den Vorschriften des *fiqh* innerhalb der „Wartezeit" (*ʿidda*) oder erst danach zurückgenommen hat.[107]

Auch in diesem Fall kann sich der Anwalt bei der Begründung der Kassationsklage an keiner Stelle auf Gesetz oder auf islamisches Recht stützen. Obwohl er sich auf beides beruft, stellt er durch seine Ausführungen den nach traditionellem Recht und nach herrschender Rechtsprechung unumstrittenen Anspruch des Mannes auf Verstoßung in Frage. Er stellt die Verstossung und deren Widerrufung als Demütigung bzw. als emotionale Zumutung für die Frau dar. Damit rekurriert er auf ein Modell der Ehe, in dem Vertrauen und gegenseitiger Respekt zwischen den Eheleuten notwendige Voraussetzungen für das Zusammenleben sind.

Obwohl solche Strategien zumindest vor dem Obersten Gerichtshof regelmäßig scheitern, beziehen sich Frauen auch zur Begründung eines Antrags auf richterliche Verstoßung (*taṭlīq*) zum Teil ausdrücklich auf neue, wenn nicht egalitäre so doch zumindest partnerschaftliche Vorstellungen von Ehe. Sie versuchen zum Beispiel, die mangelnde Harmonie oder die Entfremdung zwischen den Eheleuten als Gründe für eine richterliche Verstoßung geltend zu machen. Der Oberste Gerichtshof lehnt solche Gründe unter Verweis auf traditionelles malikitisches Recht stets ab.[108]

6.2.5 Zusammenfassung

Das traditionelle islamische Recht erweist sich im „Gebrauch" des Rechts nur als ein normativer Referenzrahmen unter anderen.[109] Wie das Gesetz und wie konservative oder auch neue, partnerschaftliche Ehevorstellungen wird das traditionelle islamische Recht nach Maßgabe konkreter Interessen vor Gericht strategisch eingesetzt. Die Normativität des islamischen Personalstatuts ist dabei ebenso umkämpft wie sein Inhalt. Das Personalstatut kann also nicht allein deshalb als in die „normative Struktur" der Gesellschaft eingebettet betrachtet werden, weil es islamischem Recht folgt.

Hintergrund für die vor Gericht eingesetzten Strategien sind die Veränderungen überkommener Familienstrukturen, von denen Männer und Frauen

107 MQ 4/89, 35.322.

108 MQ 1/90, 34.767.

109 Die Konfliktparteien rekurrieren nicht, wie Mir-Hosseini in ihrer Studie über Marokko und Iran festgestellt hat, auf den heiligen Charakter des islamischen Rechts (MIR-HOSSEINI *Marriage on Trial*, 15).

in ganz unterschiedlicher Weise betroffen sind.[110] Für Frauen stellen sich die Folgen des sozialen Wandels in erster Linie als Verlust an ökonomischer und sozialer Sicherheit dar, ohne daß sich für sie unmittelbar größere persönliche Freiheit und Handlungsfähigkeit ergeben. Sie kämpfen daher vor Gericht vor allem um die Durchsetzung ihrer materiellen und moralischen Ansprüche als Ehefrauen und Mütter. Gleichzeitig geht es ihnen aber auch um die Begrenzung ehemännlicher Autorität. Männer verteidigen demgegenüber einerseits althergebrachte Privilegien. Andererseits versuchen sie, sich ihren familialen Pflichten als Ehemann und Vater zu entziehen. Sie beziehen sich vor Gericht nicht nur auf islamisches Recht und Gesetz, sondern auch auf außerrechtliche Normen und Vorstellungen. Dabei tritt zum Teil deutlich die Bigotterie der herrschenden Sexualmoral zutage. An den hier dokumentierten Konfliktkonstellation wird deutlich, daß in dem Maße, in dem traditionale soziale Kontroll- und Integrationsmechanismen an Bedeutung verlieren, Recht insbesondere für Frauen zu einem wichtigen Instrument der Durchsetzung ihrer Ansprüche und Interessen wird.[111]

---

110 Zu geschlechtsspezifischen Reaktionen auf die Krise der traditionellen Familie vgl. auch von SIVERS *Maghreb und Westafrika*, 404 f.

111 Eine ähnliche Entwicklung hat Botiveau für Ägypten festgestellt (BOTIVEAU *Loi islamique et droit*, 21 f., 218-231.).

7 *ŠARĪʿA* ALS STAATLICHES RECHT – PROBLEME DER LEGITIMATION

Im folgenden geht es um Fragen der Legitimität von Recht allgemein und um die Bedeutung, die dem islamischen Recht in diesem Zusammenhang zukommt. Unter dem Gesichtspunkt seiner sozialintegrativen Funktion gilt für das Recht als „legitime Ordnung“, daß es nicht allein auf äußerem Zwang beruhen kann.[1] Die Geltung des Rechts setzt darüber hinaus seine prinzipielle Anerkennung bzw. seine Anerkennungswürdigkeit voraus. Eine Rechtsordnung oder einzelne Rechtsnormen müssen begründet, d.h. legitimiert sein. Recht kann seine Legitimität je nach dem Niveau der Begründung unmittelbar aus Traditionen oder religiösen Weltbildern, aus Geltung des „absolut gültig Erschlossenen“ oder aus positiver Satzung beziehen.[2] Aber auch das positiv gesetzte Recht bedarf einer Begründung seines normativen Geltungsanspruchs.[3] Im Rahmen des demokratischen Rechtsstaates beruht die normative Geltung des positiven Rechts dabei zunächst auf seiner Legalität, d.h. auf seiner Begründbarkeit im Rahmen einer bestimmten Rechtsordnung. Gesetze sind dann legitim, wenn sie mit grundlegenden Verfassungsnormen übereinstimmen.[4] Die Geltung der Verfassung ihrerseits setzt idealerweise einen allgemeineren Konsens über die Grundlagen des politischen Gemeinwesens voraus.[5] Um schließlich auch im empirischen Sinn zu gelten, muß Recht nicht nur von den dazu befähigten Gerichten konsequent angewendet, sondern auch in der gesellschaftlichen Praxis zumindest überwiegend befolgt werden.[6]

---

1 Zum Begriff der "legitimen Ordnung" vgl. WEBER *Wirtschaft und Gesellschaft*, 16 ff.; zur Weiterentwicklung des Begriffs in Bezug auf Recht vgl. HABERMAS *Faktizität und Geltung*, 90-94, 96 ff., 108.

2 Vgl. WEBER *Wirtschaft und Gesellschaft*, 16 ff., 456-468.

3 Zur Verteidigung dieses Gedankens gegen Luhmanns Theorie der "Legitimation durch Verfahren" aus rechtswissenschaftlicher Perspektive vgl. LARENZ *Methodenlehre*, 191 f. Für eine Kritik der Luhmannschen Rechtssoziologie aus der Perspektive der Diskurstheorie vgl. HABERMAS *Faktizität und Geltung*, 96 f.

4 LARENZ *Methodenlehre*, 188.

5 Habermas fordert hierfür die diskursive Begründung bzw. Begründbarkeit des normativen Geltungsanspruchs von Recht (HABERMAS *Faktizität und Geltung*, 95 ff.).

6 Zum Verhältnis von normativer und empirischer Geltung des Rechts vgl. HABERMAS *Faktizität und Geltung*, 94 f.

In Algerien scheint die Geltung des Rechts auf allen drei Ebenen – auf der der Legitimität, auf der der Legalität und auf der der empirischen Durchsetzung – zum Problem geworden zu sein.[7] Die Konzepte der Legalität und des Rechtsstaates bleiben vom instrumentellen Rechtsverständnis der zuständigen Staatsorgane überschattet und können daher kaum legitimierende Wirkung haben.[8] Recht, auf dessen Setzung der Staat ein Monopol beansprucht, ist vor allem Mittel zur Durchsetzung von Regierungspolitik.[9] Auch die Verfassung bildet nicht wirklich eine der Staatsmacht übergeordnete Steuerungs- und Kontrollinstanz. Der algerische Rechtswissenschaftler Ahmed Mahiou hat in einer Untersuchung nachgewiesen, daß die in der Verfassung festgeschriebenen allgemeinen Prinzipien weder auf der Ebene der Gesetzgebung noch in der Rechtsprechung eine wirklich entscheidende Rolle spielen.[10] Nicht zuletzt scheint auch die empirische Geltung des Rechts problematisch zu sein. Das hängt zum einen mit der Heterogenität der Rechtsordnung und mit strukturellen Problemen des Justizwesens, wie der mangelnden Unabhängigkeit der Gerichte zusammen. Zum anderen ist aber auch festgestellt worden, daß das Recht seinem Inhalt nach der algerischen Realität in weiten Bereichen nicht angemessen ist.[11]

Die algerische Situation scheint in all diesen Punkten keinen Einzelfall darzustellen. Wissenschaftliche Untersuchungen zu anderen arabischen Ländern haben dabei bisher vor allem den Zusammenhang zwischen Legitimationsproblemen des Staates und Krise des Rechtssystems hervorgehoben.[12] Es ist argumentiert worden, daß Gesetzgebung und Rechtsprechung insbesondere seit Anfang der achtziger Jahre dazu neigen, auf diese Krise mit einer Akzentuierung des Rückgriffs auf islamisches Recht zu reagieren.[13] Baudouin Dupret hat für Ägypten gezeigt, daß das islamische Recht in Rechtsprechung und Gesetzgebung als eine Art paralleler Referenzrahmen zum positiven Recht dient. Hinter dem parallelen Bezug auf das islamrechtliche „Repertoire" steht nach seiner Auffassung das Anliegen, Geltungsdefizite des Rechts durch dessen „Normalisierung" auszugleichen. Unter Normalisierung versteht Dupret dabei sowohl die Annäherung

---

7 Für Algerien vgl. CHALABI *Droit, Etat et pouvoir*. Für andere arabische Länder vgl. BOTIVEAU *Loi islamique et droit*, 14 ff. und DUPRET *Entre le droit et la loi*.

8 Vgl. CHALABI *Droit, Etat et pouvoir*.

9 MAHIOU *Etat, droit et société*.

10 MAHIOU *Principes Généraux*.

11 Vgl. CHALABI *Droit, Etat et pouvoir*.

12 Vgl. auch BOTIVEAU *Loi islamique et droit*, 13.

13 Für die Rechtsprechung in Ägypten bzw. Algerien vgl. DUPRET *Entre le droit et la loi* und CHALABI *La légalité*. Für neuere Kodifizierungsversuche des islamischen Rechts in Ägypten vgl. BOTIVEAU *Reinterpretations of Islamic Law* und PETERS *Divine Law*.

zwischen Recht und gesellschaftlicher Praxis als auch diejenige zwischen religiös-ethischer und juristischer Norm.[14] Wie in den meisten Untersuchungen bleiben allerdings auch hier der Inhalt des Rechts und die konkrete Gerichtspraxis ausgespart. Recht kommt vor allem in Form von Diskursen vor. Im Unterschied dazu soll im folgenden die Funktion der verschiedenen „juristischen Repertoires“ in einem konkreten sozialen Feld, dem Personalstatut, im Vordergrund stehen.

---

14 DUPRET *Entre le droit et la loi*. Zum Verhältnis zwischen sozialer Praxis und Recht vgl. auch BOURDIEU *Habitus, code et codification*.

7.1 ASPEKTE DER „POSITIVIERUNG" DES ISLAMISCHEN RECHTS

Das nachkoloniale algerische Rechtssystem ist strukturell stark vom französischen Vorbild geprägt.[15] Es ist ein System nationalstaatlichen Gesetzesrechts, in dem das islamische Recht formal gesehen bloß eine untergeordnete Rolle spielt.[16] Nur im Bereich des Personalstatuts gilt grundsätzlich islamisches Recht. Es erscheint daher sinnvoll, zunächst anhand einer Diskussion der Rechtsquellen die Sicht auf das islamische Recht zu rekonstruieren, die der Rechtsprechung und der Gesetzgebung in diesem Bereich zugrundeliegt.[17]

7.1.1 Die Quellen des Personalstatutsrechts in der Rechtsprechung bis 1984

7.1.1.1 Islamisches Recht

In der wissenschaftlichen Literatur wird die Frage nach der „Positivierungsfähigkeit" des islamischen Rechts im Zusammenhang mit seiner Kodifizierung und seiner partiellen Reformierung kontrovers diskutiert. Einige Autoren sehen dabei einen grundsätzlichen Widerspruch zwischen dem islamischen Recht als heiligem Recht und als Juristenrecht auf der einen, der selektiven Kodifizierung seiner Vorschriften im Rahmen einer nationalstaatlichen Ordnung des Gesetzesrechts auf der anderen Seite. Einer der wichtigsten Vertreter dieser Auffassung war Joseph Schacht, der vor allem den Positivismus und den Eklektizismus zeitgenössischer Reformen kritisiert hat. Eine wirkliche Weiterentwicklung des islamischen Rechts ist dagegen nach seiner Ansicht nur dann möglich, wenn Rechtsreformen nach Maßgabe systematisch zu begründender, allgemeinerer islamischer Prinzipien durchgeführt würden. Bei dieser Beurteilung bezieht sich Schacht auf die Frühphase der Herausbildung des islamischen Rechts, in der die Übernahme und die Islamisierung vorgefundenen Rechts ebenfalls vom Boden „koranischer Grundwerte" aus geleistet worden sei.[18]

---

15 SALACUSE *Law in Africa*, 4 f.

16 So kommt ihm allein im Rahmen des Zivilrechts in eingeschränkter Form die Funktion einer Hilfsquelle zu (Artikel 1 ZGB). Es ist dabei nicht bekannt, ob dieser Bestimmung in der Rechtspraxis überhaupt Bedeutung zukommt.

17 Für eine Diskussion der Rechtsquellen aus soziologischer Perspektive vgl. LÉVY-BRUHL *Sociologie du droit*, 39-79.

18 SCHACHT *Modern Islamic Legislation* und ders. *Modernism and Traditionalism*. Vgl. auch LAYISH *Secularization of Islamic Law*.

Auch Ann E. Mayer geht von einem grundsätzlichen Widerspruch zwischen islamischem Recht und positivem, staatlichem Recht aus. Sie sieht allerdings im Unterschied zu Schacht das Hauptproblem in der islamrechtlichen Theorie der Wurzeln des islamischen Rechts (*uṣūl al-fiqh*), d.h. in der Vorstellung von seinem göttlichen Ursprung.[19] Andere Autoren betonen im Gegensatz zu Schacht und Mayer gerade die vielfältigen Möglichkeiten, einzelne islamrechtliche Methoden und Konzepte der Rechtsfindung auf die Ebene der Gesetzgebung zu übertragen und mit ihrer Hilfe Reformen des traditionellen Rechts islamisch zu begründen. In dieser Perspektive stellen auch pragmatische und selektive Eingriffe des Gesetzgebers nicht zwangsläufig einen Bruch mit islamischem Recht dar. Sie können vielmehr ebenso als Ausdruck der Entwicklungs- und Anpassungsfähigkeit des islamischen Rechts interpretiert werden.[20]

Im Unterschied dazu scheint der in der wissenschaftlichen Literatur herausgestellte spezifische Charakter des islamischen Rechts in der Rechtsprechung des Obersten algerischen Gerichtshofes nicht zum Problem zu werden. Der Oberste Gerichtshof betreibt vielmehr in konsequenter Fortsetzung der kolonialen Rechtsprechung weiter die „Positivierung" des islamischen Rechts als Summe standardisierbarer und für verbindlich erklärter Einzelvorschriften. Er betrachtet zwar die *šarīᶜa* im Bereich des Personalstatuts als geltendes Recht. Das islamische Recht wird in einer Entscheidung des Obersten Gerichtshofes von 1966 auch als „islamisches Gesetz" (*loi musulmane*) bezeichnet.[21] Im Bereich des Personalstatuts, so auch ein Urteil der obersten Richter, aus den achtziger Jahren müssen die Vorschriften der *šarīᶜa* (*aḥkām aš-šarīᶜa*) angewendet werden.[22] Formal wird das islamische Recht dabei aber wie kodifiziertes Recht behandelt.[23] Häufig wird es sogar in der Form von Gesetzesartikeln (*mādda*) zitiert.[24]

Auch spezifisch islamrechtliche Methoden spielen bei der Auslegung der *šarīᶜa* keine Rolle. Die Richter des Obersten Gerichtshofes beziehen sich weder systematisch auf die klassische Lehre der *uṣūl al-fiqh*, noch greifen sie auf weitergehende Konzepte der Rechtsfindung wie etwa das

---

auch LAYISH *Secularization of Islamic Law*.

19 MAYER *Methodology*.

20 ANDERSON *Islamic Law Today*; COULSON *Islamic Law*, 202-217. Für eine Kritik an "orientalistischen" Darstellungen des islamischen Rechts in der Gegenwart vgl. HILL *Orientalism and Legal Liberalism*; vgl. auch FLUEHR-LOBBAN *Islamic Law and Society*, 285-290.

21 RASJEP 1968, 15.12.66 (CS).

22 MQ 1/89, 35.891.

23 X.X.X. *Jurisprudence algérienne*, 1186.

24 MQ 3/90, 45.311; MQ 3/90, 47.915.

Allgemeinwohl (*maṣlaḥa*) oder die Notwendigkeit (*ḍarūra*) zurück.[25] Die obersten Richter sind auch nicht darum bemüht, allgemeinere islamrechtliche Grundsätze zu entwickeln. Die für den Rechtsreformismus in anderen Ländern zentralen Begriffe der Ziele (*maqāṣid*)[26] oder der Prinzipien (*mabādiʾ*)[27] der *šarīʿa* bleiben in der algerischen Rechtsprechung bloße Leerfomeln. Tatsächlich wenden die Richter des Obersten Gerichtshofes, wie in den vorangegangenen Kapiteln gezeigt werden konnte, ganz überwiegend malikitisches Recht an. Zum Teil werden aber auch die aus der Kolonialzeit stammenden Reformen übernommen oder Vorschriften des traditionellen Rechts ohne gesetzliche Grundlage im Interesse der Stabilisierung von Ehe und Familie modifiziert. Daher wird das malikitische Recht nur selten ausdrücklich als Rechtsquelle benannt.[28] Zwar zitieren die Richter einzelne malikitische Rechtskompendien oder Kommentare[29] – sie vermeiden es aber, die *mālikīya* oder gar ein einzelnes Rechtswerk für verbindlich zu erklären. Die weitaus meisten Urteile des Obersten Gerichtshofes berufen sich bloß ganz allgemein auf islamisches Recht – auf die *šarīʿa*[30] bzw. auf deren verbindliche Bestimmungen (*aḥkām*)[31] oder auf die islamische Jurisprudenz (*fiqh*).[32] Es ist allerdings ganz offensichtlich nicht

---

25 Vgl. auch X.X.X. *Jurisprudence algérienne*, 1185; BORRMANS *Statut personnel et famille*; 530 ff. BENMELHA *Droit algérien de la famille*, 21 ff. Die seit dem 10. Jahrhundert in allen sunnitischen Rechtsschulen anerkannten Quellen des islamischen Rechts sind Koran, *sunna*, Konsens der Gelehrten (*iǧmāʿ*) und Analogieschluß (*qiyās*) (COULSON *Islamic Law*, 55 ff.; MAYER *Methodology*, 183; SCHACHT *Introduction*, 57-68). Daneben anerkennt insbesondere die malikitische Rechtsschule aber auch über den *qiyās* im engeren Sinn hinausgehende Quellen, die sich an Konzepten des Allgemeinwohls (*maṣlaḥa*) und der Notwendigkeit (*ḍarūra*) orientieren (COULSON *Islamic Law*, 91 f., 144; HALLAQ *Uṣūl al-Fiqh*; KERR *Islamic Reform*, 80-102). Zu den epistemologischen Implikationen der *uṣūl al-fiqh* vgl. AL-AZMEH *Islamic Legal Theory*.

26 MQ 4/91, 59.013.

27 MQ 2/89, 32.786.

28 Vgl. etwa MQ 3/90, 44.630.

29 Unter den angeführten Texten ist der *Muḫtaṣar* des ḪALĪL b. Isḥāq (gest. 1365) (GAL, S. II, 96) der mit Abstand am häufigsten zitierte (vgl. etwa MQ 1/89, 35.992; MQ 2/89, 40.438). Andere Texte, die deutlich seltener zitiert werden, sind die *Risāla* des Ibn Abī Zaid AL-QAIRAWĀNĪ (gest. 996) (GAL, S. I, 301) (MQ 1/90, 34.438), die *Tuḥfat al-ḥukkām fī nukat al-ʿuqūd wa-l-aḥkām* des Abū Bakr Muḥammad IBN ʿĀṢIM (gest. 1427) (GAL, S. II, 375) (MQ 3/89, 34.791) und der Kommentar zum *Muḫtaṣar* des Ḫalīl von Aḥmad b. Muḥammad AD-DARDĪR (gest. 1786) in der Kommentierung durch Muḥammad b. ʿArafa AD-DASŪQĪ (gest. 1815) (GAL, S. II, 479 f.) (MQ 2/91, 49.575). Zu den Autoren und ihren Werken vgl. auch SPIES/PRITSCH *Klassisches islamisches Recht*, 254-260.

30 MQ 1/89, 31.997; MQ 1/89, 39.022.

31 MQ 1/89, 35.891; MQ 1/89, 38.331; MQ 1/89, 39.463.

32 MQ 1/89, 39.775; MQ 2/89, 32.653; MQ 1/89, 35.934.

die Absicht des Obersten Gerichtshofes, den erst- und zweitinstanzlichen Gerichten durch diese Vagheit in der Bestimmung der Rechtsquellen mehr Interpretationsspielraum zu gewähren. Die Verweise auf islamisches Recht bleiben vielmehr deshalb so allgemein, weil sie lediglich die Funktion haben, den Entscheidungen des Obersten Gerichtshofes Autorität und den Charakter der Regularität zu verleihen.[33]

Insgesamt sind die obersten Richter also nicht darum bemüht, die Reinterpretation des traditionellen Rechts und einzelne Neuerungen systematisch islamrechtlich zu begründen. Im Namen des islamischen Rechts setzten sie vielmehr ihre durch selektive Rezeption des traditionellen malikitischen Rechts ebenso wie durch Gesetzesreformen und in einzelnen Punkten noch durch die koloniale Rechtsprechung geprägten Auffassungen gegen abweichende Rechtsmeinungen durch.[34] In einzelnen Fällen dient der allgemeine Hinweis auf islamisches Recht bloß noch der Legitimierung von Entscheidungen, die tatsächlich nach Maßgabe außerrechtlicher Erwägungen getroffen worden sind und ganz offensichtlich nicht mit traditionellem Recht übereinstimmen.[35]

Nur eine einzige der hier dokumentierten Urteilsbegründungen enthält Ausführungen methodischer Art. Dabei geht es um die Frage, ob die Mitwirkung des Ehevormundes der Frau für das Zustandekommen einer islamrechtlich gültigen Eheschließung notwendig ist. In Abweichung von der herrschenden Rechtsprechung kommt der Oberste Gerichtshof zu dem Ergebnis, daß der *walī* nicht unbedingt als Element der Eheschießung betrachtet werden muß.[36] Die obersten Richter stellen zunächst die verschiedenen Auffassungen der islamischen Rechtsschulen und deren textliche Grundlagen dar und gelangen schließlich zu folgender Meinung: „*Und wenn wir den edlen Koran studieren, der die erste Quelle der islamischen* šarīʿa *ist, so finden wir (darin) keinen Vers, der befiehlt und festschreibt, daß der Vormund eine Pflicht* (farḍ) *bei der Eheschließung ist.*“[37] Wahrscheinlich sind die obersten Richter hier deshalb um eine so ausführliche Begründung

---

33 NQ 2/85, 81.245.

34 Das gilt insbesondere für die Zustimmung der Frau zur Eheschließung, für die Betonung des Kindeswohls bei Entscheidungen über die Personensorge und auch für die Festlegung einer gesetzlichen Höchstdauer der Schwangerschaft. Für die koloniale Rechtsprechung in diesen Fragen vgl. CHARNAY *Vie musulmane*, 303 ff. Für die aktuelle Rechtsprechung vgl. Kapitel 4.1, 4.2 und 5.2.

35 MQ 3/90, 44.994. In diesem Fall hat der Oberste Gerichtshof entschieden, daß die Frau ihren islamrechtlichen Anspruch auf eine unabhängige Wohnung angesichts der herrschenden Wohnungsnot nicht in jedem Fall realisieren könne. Zum Leitbild der Familie vgl. Kapitel 6.1.

36 Zur herrschenden Rechtsprechung in dieser Frage vgl. Kapitel 4.1.

37 MQ 2/92, 51.715.

bemüht, weil sie eine äußerst ungewöhnliche Entscheidung treffen, die von ihrer eigenen bisherigen Rechtsprechung abweicht.

Insgesamt entwickelt der Oberste Gerichtshof jedoch keine geschlossene Reformperspektive. Es herrscht vielmehr ein pragmatischer und selektiver Umgang mit traditionellem islamischen Recht vor. Daher bereitet in der Regel auch die Begründung von Neuerungen keine großen methodischen oder theoretischen Schwierigkeiten.

7.1.1.2 Gesetz

Die Anwendung islamischen Rechts in Personalstatutssachen bedeutet nicht, daß die Richter in diesem Bereich die Gültigkeit staatlicher Gesetze an sich in Zweifel ziehen. Insbesondere im Hinblick auf formelles Recht wird das Verhältnis von islamischem Recht und staatlichem Gesetz in der Rechtsprechung des Obersten Gerichtshofes nicht zum Problem. Die Anwendung des Zivilverfahrensgesetzes auch für Personalstatutssachen wird an keinem Punkt in Frage gestellt. Nach Auffassung der obersten Richter sind der ordentliche Ablauf von Gerichtsverfahren ebenso wie die Beachtung der Zuständigkeit und der Hierarchie der verschiedenen Gerichtsinstanzen selbstverständlich auch für den Anwendungsbereich des islamischen Rechts verbindlich.[38] Verfahrensfehler führen genauso wie der Verstoß gegen islamisches Recht zur Annullierung von Urteilen durch den Obersten Gerichtshof.[39]

In Fragen des materiellen Rechts wird das Verhältnis von islamischem Recht und staatlichem Gesetz zwar erst nach der formalen Aufhebung des aus der Kolonialzeit übernommenen Rechts 1975 endgültig geklärt.[40] Aber auch bis dahin herrscht ein eher pragmatischer Umgang mit punktuellen Spannungen zwischen islamischem Personalstatut und (kolonial-)staatlichem Gesetz vor. Selbst in dieser Zeit besteht kein prinzipieller Gegensatz zwischen beiden.

Da für das Personalstatut grundsätzlich islamisches Recht gelten soll, schränken die Richter des Obersten Gerichtshofes die Gültigkeit der kolonialen Reformen von 1957 und 1959 in einer Entscheidung aus dem Jahr 1966 zwar ein. Die Reformgesetze sind nach Auffassung der obersten Richter nur insoweit anzuwenden, wie sie dem islamischen Recht nicht entgegenstehen. So heißt es im Zusammenhang mit der nachträglichen Feststellung einer *à la musulmane* geschlossenen Ehe: „*Attendu, en définitif,*

---

38 Art. 233 ZVG; vgl. auch MATHÉTÉS *Réforme judiciaire*; für die Rechsprechung vgl. MQ 2/90, 46.111; MQ 2/89, 32.066; MQ 2/89, 42.870; MQ 4/89, 34.762.

39 MQ 2/89, 32.006; MQ 4/89, 34.762; MQ 3/91, 56.268.

40 Zur postkolonialen Rechtsentwicklung insgesamt vgl. Kapitel 2.2.

que tous les textes cités (des années 1957 et 1959, bd*) ne sauraient être considérés comme ayant été promulgués pour modifier un des principes essentiels du droit musulman, ce qu'ils ne pouvaient ni ne devaient faire, sans le violer, et méconnaître la convention du 5 juillet 1830, confirmée par une jurisprudence constante de la Cour de Cassation et par laquelle la France s'était solonnellement engagée à respecter et à appliquer. Attendu, en réalité, qu'ils ne constituent que des mesures règlementaires destinées précisément à protéger les institutions musulmanes quant à leurs effets à l'égard des tiers et à mieux garantir l'union conjugale contre les aléas et les difficultés pouvant résulter de l'absence de preuve écrite et administrative.*“[41] Diese Entscheidung stellt jedoch nicht, wie Salacuse vermutet hat, die Geltung des positiven Rechts grundsätzlich in Frage.[42] Es geht vielmehr darum, den selektiven Rückgriff auf die Reformgesetze zu rechtfertigen. Die tatsächlich übernommenen Regelungen werden dabei gleichzeitig implizit als islamische bzw. zumindest als „islamischen Institutionen“ dienliche Regelungen ausgegeben.

Lediglich im Bereich des Zivilrechts kommt es an einigen Punkten zu Abgrenzungsschwierigkeiten zwischen islamischem Recht und staatlichem Gesetz. Dabei wird deutlich, daß der Oberste Gerichtshof eine Ausweitung der Anwendung des französischen *code civil* auf Kosten des islamischen Personalstatuts konsequent ablehnt. Die Meinung einzelner algerischer Richter, die etwa unter Berufung auf den *code civil* die Adoption für rechtmäßig erklären, kann sich daher nicht durchsetzen.[43] Ebensowenig erkennt der Oberste Gerichtshof die Gültigkeit von Testamenten an, die nach französischem Recht aufgesetzt worden sind. Selbst wenn diese Testamente aus der Zeit vor der Unabhängigkeit stammen, werden sie für unwirksam erklärt.[44] Nach dem vorliegenden Material kommt es nur in einer Frage, die über das Personalstatutsrecht im engeren Sinn hinausgeht, zum Konflikt. Die obersten Richter lehnen hier die mit kolonialem Recht begründete Beschränkung des islamrechtlichen Vorkaufsrechts auf bestimmte, vom französischen *code civil* vorgesehene Fälle als rechtswidrig ab. Der Oberste Gerichtshof beruft sich bei der Begründung dieser Entscheidung allerdings nicht einfach auf islamisches Recht. Er greift vielmehr auf das Gesetz vom Dezember 1962 zurück, das aus der

---

41 RASJEP 68, 21.4.66 (Cour).

42 Salacuse hat diese Urteilsbegründung als Ausdruck einer prinzipiellen Überordnung des islamischen Rechts über das von Menschen gesetze Recht durch die oberste algerische Rechtsprechung interpretiert (SALACUSE *Law in Africa*, 88). Mir scheint diese Interpretation allerdings insbesondere auch im Lichte anderer, hier zitierter Entscheidungen des Kassationsgerichts nicht haltbar.

43 Vgl. X.X.X. *Jurisprudence algérienne*, 1190 f.

44 AdJ 168, 20.3.68 (CS); MQ 2/91, 63.219.

Kolonialzeit übernommenes Recht in seinen „kolonialistisch inspirierten" Teilen außer Kraft setzt.[45]

Im Jahr 1975 wird das Verhältnis zwischen islamischem Recht und Gesetz durch die formale Aufhebung sämtlicher Gesetze aus der Kolonialzeit und durch die Verabschiedung eines neuen algerischen Zivilgesetzbuches weitergehend geklärt. Das Zivilgesetzbuch macht die „Prinzipien" (*mabādi'*) des islamischen Rechts zu einer Hilfsquelle des Rechts in allen Fragen, die vom Gesetz selbst nicht geregelt sind. Hinsichtlich des Testaments und der Schenkung verweist das Zivilgesetzbuch außerdem auf das noch zu verabschiedende Familiengesetz und bestätigt damit deren, in der herrschenden Rechtsprechung bereits vorgenommene Zuordnung zum Personalstatut. Gleichzeitig enthält das Zivilgesetzbuch in der bis dahin kritischen Frage des Vorkaufsrechts Regelungen, die islamischem Recht entlehnt sind.[46] Schließlich ändert sich die Rechtslage auch insofern, als seit 1975 keine formalrechtliche Grundlage mehr für die Nichtanwendung gesetzlicher Vorschriften existiert, wie sie bis dahin zumindest für das aus der Kolonialzeit übernommene Recht vorgelegen hat.

Für die Rechtsprechung seit 1975 läßt sich zunächst ganz allgemein feststellen, daß die Gültigkeit staatlicher Gesetze nun an keinem Punkt mehr in Frage gestellt wird. Selbst dort, wo gesetzliche Regelungen islamisches Recht modifizieren, werden sie vorbehaltlos und ohne Einschränkung angewendet. Das zeigt sich insbesondere im Zusammenhang mit der Regelung zur Zuteilung der ehelichen Wohnung nach einer Eheauflösung. Das Zivilgesetzbuch von 1975 sieht vor, daß der Richter bei der Eheauflösung die Mietwohung derjenigen Seite zuweisen kann, die die Personensorge für die gemeinsamen Kinder ausübt – d.h. in der Regel der Frau.[47] Obwohl der Oberste Gerichtshof diese Bestimmung eher eng auslegt, ist sie dennoch geeignet, Verstoßungen zu erschweren und kann damit durchaus als indirekte Reglementierung interpretiert werden.[48]

Allein in Fragen des Beweisrechts besteht in der Rechtsprechung in einigen Punkten ein Dualismus zwischen islamischem und positivem Recht fort. So legt der Oberste Gerichtshof über den Nachweis der Unzucht folgendes fest: „*Nach fiqh und Rechtsprechung steht fest, daß die Unzucht* (zinā) *nur durch ein Geständnis, durch ein rechtskräftiges Urteil eines*

---

45 AdJ 1966 (I)-1967, 16.11.66 (CS).

46 Der Oberste Gerichtshof wendet seither tatsächlich einfach die entsprechenden Bestimmungen des Zivilgesetzbuches an, ohne gleichzeitig auf islamisches Recht zu verweisen (MQ 2/89, 41.996; MQ 3/89, 32.812; MQ 3/89, 33.797).

47 Artikel 467 Absatz 2 ZGB (vgl. auch Kapitel 2.3 und 4.2).

48 Er hält seine Anwendung lediglich dann für verpflichtend, wenn die Frau die Personensorge für mindestens drei Kinder ausübt (vgl. BENMALHA *Droit algérien de la famille*, 173).

Straftgerichts oder durch die Aussage von vier Augenzeugen nachgewiesen werden kann, die den Akt der Unzucht gleichzeitig beobachtet haben.“[49] Die Richter nennen hier neben den gesetzlichen Beweismitteln des gerichtlichen Geständnisses und der rechtskräftigen Verurteilung auch die vier Augenzeugen des islamischen Rechts.[50] Damit wird die parallele Gültigkeit des islamischen Beweisrechts impliziert. Von größerer praktischer Bedeutung ist, daß der Oberste Gerichtshof im Zusammenhang mit der gerichtlichen Feststellung einer nicht registrierten Eheschließung unter Berufung auf islamisches Recht keine Frauen als Zeuginnen zuläßt. Zur Begründung wird unter Verweis auf malikitisches Recht erklärt, eine Frau könne den Eheschluß nicht bezeugen (*al-marʾa lā takūn šāhidatan fī z-zawāǧ*).[51] Auch in der Frage des Nachweises einer Schädigung (*ḍarar*) der Frau, durch die sie einen Grund für die richterliche Verstoßung besitzt, fordert der Oberste Gerichtshof einen Beweis „nach *šarīʿa*“. Ärztliche Gutachten über die Spuren der Mißhandlung am Körper der Frau werden mit der folgenden Begründung als Beweismittel abgelehnt: „*Der Nachweis (der körperlichen Behandlung) kann sich nach* šarʿ *nicht auf ein ärztliches Attest stützen. Denn der Arzt ist nur eine Person, die nicht den Akt der Mißhandlung beobachtet hat, sondern nur bezeugen kann, was er (an Spuren der Mißhandlung) am Körper (der Frau) sieht (...).*“[52] Die Richter legen also auch in diesem Fall islamisches Beweisrecht zugrunde und verlangen die Aussagen zweier Augenzeugen. Das islamische Recht wird aber nicht auf Kosten des Zivilverfahrensgesetzes angewendet. Die Richter betrachten das Beweisrecht hier vielmehr als Teil des materiellen Rechts – und als materielles Recht gilt für das Personalstatut islamisches Recht.

49 NQ 1/1982, 24.12.79.

50 Vgl. auch Artikel 323-350 ZGB. Zu einer ausführlichen Darstellung des Beweisrechts im algerischen Zivilgesetz und im islamischen Recht vgl. BAKŪŠ *Adillat al-iṯbāt*.

51 MQ 1/91, 48.184. Zum malikitischen Recht vgl. BOUSQUET *Précis*, 117.

52 MQ 1/90, 34.267; vgl. auch MQ 4/91, 52.278.

7.1.1.3 Rechtsprechung

Obwohl sie weder nach Gesetz noch nach traditionellem islamischen Recht eine Rechtsquelle darstellt,[53] berufen sich algerische Richter in ihren Urteilsbegründungen explizit auf die herrschende Rechtsprechung (*jurisprudence*/ *aḍāʾ*), auf die richterliche Praxis (*ʿamal qaḍāʾī*) oder die richterliche Rechtsfortbildung (*iǧtihād qaḍāʾī*). In den ersten Jahren nach der politischen Unabhängigkeit verweisen manche Urteile sogar noch auf die Rechtsprechung der vor der Unabhängigkeit für das Personalstatut zuständigen kolonialen Berufungs- und Revisionsgerichte.[54] Seit der Aufhebung der Gesetze von 1957 und 1959 gewinnt die Rechtsprechung als Rechtsquelle dann noch weiter an Bedeutung.[55] Immer häufiger wird seither in den Urteilsbegründungen die Formel „nach islamischem Recht (*šarīʿa*) und Rechtsprechung (*qaḍāʾ*)" verwendet.[56] Der Oberste Gerichtshof bezieht sich gelegentlich auch ausdrücklich auf eigene frühere Entscheidungen (*qaḍāʾ al-maǧlis al-aʿlā*).[57] Auf dieser Grundlage können auch die formal aufgehobenen Gesetze von 1957 und 1959 wie bisher angewendet werden. Die Rechtsprechung bleibt in Fragen der Vormundschaft, des amtlichen Ehenachweises und hinsichtlich des Prinzips der gerichtlichen Eheauflösung auch über 1975 hinaus unverändert.[58] Der Verweis auf herrschende Rechtsprechung enthebt die Richter außerdem der Notwendigkeit, systematische, islamrechtliche Begründungen für Neuerungen und Reformen zu suchen.

Demgegenüber kann die Bezugnahme auf die Rechtsprechung nicht einfach als Ausdruck einer tatsächlichen Vereinheitlichung der Rechtsmeinung betrachtet werden. Das zeigt insbesondere die Heterogenität der Entscheidungen erst- und zweitinstanzlicher Gerichte.[59] Nicht einmal die Rechtsprechung des Obersten Gerichtshofes ist in sich immer konsistent.

---

53 Für das traditionelle islamische Recht vgl. LINANT DE BELLEFONDS *Traité de Droit Musulman*, I, 26 ff. Eine Ausnahme bilden in diesem Zusammenhang die in Marokko seit dem 17. Jahrhundert zusammengestellten Sammlungen wichtiger Gerichtsentscheidungen (*ʿamal*) (a.a.O., 28 f.). Vgl. auch BERQUE *Méthode juridique*, 33-42.

54 RASJEP 68/14.3.67. Auch rechtswissenschaftliche Arbeiten zum algerischen Familienrecht beziehen nach wie vor die koloniale Rechtsprechung mit ein (vgl. etwa BENMELHA *Droit algérien de la famille*, 48 ff.).

55 Vgl. dazu auch MAHIEDDINE *Reconduction*.

56 MQ 4/91, 52.273.

57 MQ 3/89, 33.509.

58 Vgl. Kapitel 4.1 und 4.2 sowie 5.2.

59 Die Urteile des Obersten Gerichtshofes werden nicht systematisch gesammelt und sind der Mehrheit der Richter und praktizierenden Juristen offenbar auch gar nicht vertraut. Vgl. auch TAIB *Juge algérien*, 126 f.

Die Formel „nach *šarīʿa* und Rechtsprechung" dient oft nur dazu, einzelnen Entscheidungen den Anschein von Regularität zu verleihen. Die Bedeutung der Tatsache, daß algerische Richter ihre Urteile unter Verweis auf herrschende Rechtsprechung begründen, liegt eher darin, einmal mehr den Grad der „Positivierung" des islamischen Rechts zu unterstreichen.

7.1.1.4 Gewohnheit (*ʿurf/coutume*)

Die Richter des Obersten algerischen Gerichtshofes greifen im Bereich des Personalstatuts nicht auf Gewohnheit als Rechtsquelle zurück. Sie sind vielmehr darum bemüht, im Namen des Gesetzes ein einheitliches, im wesentlichen malikitischem Recht entnommenes Personalstatutsrecht gegen gewohnheitsrechtliche Einflüsse durchzusetzen. Zu konkreten Konflikten kommt es dabei jedoch lediglich im Zusammenhang mit dem unter französischer Kolonialherrschaft institutionalisierten kabylischen Gewohnheitsrecht. Der Oberste Gerichtshof annulliert regelmäßig Urteile, die kabylisches Gewohnheitsrecht anwenden. Inhaltlich geht es dabei in der Regel um Fragen der Personensorge oder um Erbsachen, wobei das kabylische Gewohnheitsrecht in beiden Fällen männliche Vorrechte gegenüber dem islamischen Recht deutlich ausbaut. So endet nach kabylischem Gewohnheitsrecht die Personensorge der Mutter für ihr Kind schon dann, wenn der Säugling die körperliche Gegenwart der Mutter nicht mehr unbedingt braucht. Auch im Erbrecht werden Frauen gegenüber dem islamischen Recht insofern benachteiligt, als sie an Immobilien grundsätzlich kein Eigentum erben können.[60] Der Oberste Gerichtshof annulliert Urteile, in denen kabylische Gewohnheit angewendet wird, mit der Begründung, sie verstießen gegen „Gesetz". In einem vielzitierten Urteil aus dem Jahr 1967 heißt es dazu: „*(...) Mais attendu qu'en matière d'état des personnes la coutume ne saurait faire échec à la loi (...).*"[61]

Die Ablehnung des Gewohnheitsrechts als Rechtsquelle durch den Obersten algerischen Gerichtshof scheint dabei weniger traditionellen islamrechtlichen Bedenken gegen den *ʿurf* geschuldet zu sein.[62] Es geht vielmehr darum, das algerische Personalstatut zu vereinheitlichen. Gleich-

---

60 Zum kabylischen Gewohnheitsrecht vgl. BORRMANS *Statut personnel et famille*, 38-44, 101-105, 438 ff.

61 RASJEP 68/21.6.67. Vgl. auch BENMELHA *Droit algérien de la famille*, 21.

62 Tatsächlich hat Gewohnheit gerade im Maghreb eine große Rolle für das islamische Recht gespielt. Von islamischen Juristen ist der *ʿurf* jedoch nie als Rechtsquelle anerkannt worden. Zum Verhältnis von *fiqh* und *ʿurf* im Maghreb vgl. BERQUE *Méthode juridique*, 33 ff. Vgl. auch COULSON *Islamic Law*, 243 f.; LINANT DE BELLEFONDS *Traité de Droit Musulman*, I, 25 f.

zeitig grenzt sich die nachkoloniale Rechtsprechung so vom kolonialen System des Rechtspluralismus ab, in dem auch das islamische Recht lediglich als „Gewohnheitsrecht" geduldet war.[63]

Auch als herrschende Sitte wird Gewohnheit vom Obersten Gerichtshof nur insoweit anerkannt, wie sie islamischem Recht entspricht. Das zeigt sich etwa in der Frage der Anerkennung nichtamtlicher Eheschließungen. Der Oberste Gerichtshof geht hier davon aus, daß eine nicht nach Gesetz geschlossene Ehe (*zawāǧ ʿurfī*) im Nachhinein anerkannt werden kann, wenn alle islamrechtlichen Elemente der Eheschließung (Mitwirkung des *walī* der Frau, *ṣadāq*, Anwesenheit zweier Zeugen) nachgewiesen sind.[64] Lediglich im Zusammenhang mit der Feststellung von *wuqūf* bzw. *aḥbās* berufen sich die obersten Richter auf „anerkannten Brauch" (*coutume consacrée*), um private fromme Stiftungen, die nicht nach malikitischem, sondern nach hanafitischem Recht errichtet worden sind, für gültig erklären zu können.[65]

7.1.1.5 Rechtslehre

Algerische Richter können nicht auf eine etablierte, systematische Lehre des islamischen Rechts im allgemeinen und des Personalstatuts im besonderen zurückgreifen. Bisher sind von der algerischen Rechtswissenschaft kaum Impulse für eine reformorientierte Neuinterpretation des islamischen Rechts ausgegangen. In der akademischen Juristenausbildung wird das islamische Recht (*fiqh*) lediglich als Hilfsquelle des materiellen Rechts oder als Interpretationsrahmen für das positive Recht, nicht aber als historisch und dogmatisch eigenständiges Rechtssystem gelehrt.[66] Daher fehlt auch der Rechtswissenschaft der Zugriff auf die dem islamischen Recht eigenen Methoden und Kategorien der Rechtsfindung. Im Unterschied zu anderen arabischen Ländern werden in Algerien auch keine ernsthaften rechtswissenschaftlichen Diskussionen über die Reform- und Kodifizierungsfähigkeit des islamischen Rechts geführt.[67]

Vor diesem Hintergrund begnügen sich algerische Richter damit, Reformen und Neuerungen einfach als islamische zu deklarieren und sie so

---

63 Zum kolonialen Status des islamischen Rechts als Gewohnheit vgl. auch CHARNAY *La vie musulmane*, 290 ff. und HOOKER *Legal Pluralism*, 463.

64 MQ 4/91, 58.224.

65 AdJ 1969, 26.3.69 (CS).

66 MAHIEDDIN *Enseignement du droit musulman*; SAADI *Science juridique*.

67 Vgl. dazu Kapitel 3.2. Die Aktualisierung islamrechtlicher Reformpotentiale durch Anhänger des Reformislam und durch Juristen sowie Debatten um Möglichkeiten der Kodifizierung des islamischen Rechts haben demgegenüber zum Beispiel in Ägypten eine wichtige Rolle für die Rechtsentwicklung gespielt (vgl. BOTIVEAU *Reinterpretations of Islamic Law* und PETERS *Divine law*).

zu legitimieren. Ihre Entscheidungen enthalten in der Regel keine systematischen Ausführungen rechtsdogmatischer Art. So heißt es etwa im Zusammenhang mit der Festlegung einer Höchstdauer der Schwangerschaft von 12 Monaten lapidar, dies entspreche der „überwiegenden" Auffassung unter islamischen Juristen (*al-qaul ar-rāǧiḥ ʿind al-fuqahāʾ*).[68]

7.1.2 Das Familiengesetz und die Kodifizierung der *šarīʿa*

Mit Inkrafttreten des Familiengesetzes wird das islamische Recht endgültig in die Rechtsordnung des algerischen Nationalstaates integriert. Schon seiner Form nach ist das Familiengesetz positives, staatliches Recht. Der Gesetzgeber erhebt im Zusammenhang mit der Verabschiedung des Familiengesetzes auch keinen Anspruch auf religiöse Legitimität. So lautet die Formel über das Inkrafttreten des Gesetzes: „*Der Präsident der Republik erläßt gemäß der Verfassung, insbesondere der Artikel 151,1 und 154, und gemäß dem, was die Nationalversammlung (*al-maǧlis aš-šaʿbī al-waṭanī*) beschlossen hat, folgendes Gesetz* (...)."[69] Mit keinem Wort wird hier auf den Islam oder das islamische Recht verwiesen.[70] Die Geltung des Familiengesetzes wird aber nicht nur formal ohne Bezug auf den Islam begründet. Das Gesetz gibt auch die im engeren Sinn religiöse Dimension des islamischen Personalstatuts insofern auf, als es im Unterschied zum traditionellen Recht in allen seinen Teilen Gültigkeit für die Gesamtheit der algerischen Staatsbürger ohne Ansehen der Religionszugehörigkeit beansprucht. „*Dieses Gesetz wird auf alle algerischen Staatsbürger (*mawāṭinūn*) angewendet* (...)."[71]

68 Die Richter verlassen sich hier allerdings nicht allein auf die Überzeugungskraft dieser Behauptung. Zur weitergehenden Rechtfertigung wird vom Gericht deshalb noch hinzugefügt, daß Fachleute (der Medizin) diese Festsetzung bestätigt hätten (NQ 2/85, 80.222). Tatsächlich stellt die Festsetzung einer Höchstdauer der Schwangerschaft von einem Jahr eine Neuerung dar, die nicht mit traditionellem Recht zu begründen ist. Nach Meinung der vier sunnitischen Rechtsschulen kann eine Schwangerschaft bis zu zwei oder sogar bis zu sieben Jahre dauern. Erst seit einer ägyptischen Eherechtsreform aus dem Jahr 1929 ist die Festsetzung einer Höchstdauer der Schwangerschaft von nur einem Jahr auch in anderen Ländern eingeführt worden (LINANT DE BELLEFONDS *Traité de Droit Musulman*, III, 33 f.; 39 ff.).

69 Gesetz Nr. 84-11 vom 9. Juni 1984 (*al-Ǧarīda ar-rasmīya, 12.6.1984, 910).*

70 Im Unterschied dazu beansprucht etwa der marokkanische Gesetzgeber für das Personalstatutsgesetz auch religiöse Legitimität (vgl. AL-KAŠBŪR *Qānūn al-aḥwāl aš-šaḫṣīya*, 36 f.).

71 Artikel 221 Familiengesetzbuch. Diese Art der Gleichsetzung von religiöser und nationaler Zugehörigkeit ist schon zuvor vom algerischen Staatsangehörigkeitsrecht vollzogen worden. Im Unterschied dazu differenzieren sowohl das traditionelle islamische Recht als auch die Gesetze der meisten arabischen Länder im Bereich des

Ungeachtet dieses Prozesses der „Positivierung“ des islamischen Rechts erhebt das Familiengesetz dennoch Anspruch auf „Islamität“. Das drückt sich zunächst ganz allgemein darin aus, daß das Gesetz ohne verfassungsrechtliche Verpflichtung inhaltlich ganz überwiegend auf traditionellem islamischen Recht beruht.[72] Einzelne Formulierungen wie die des gesetzlichen Adoptionsverbots legen darüber hinaus die Interpretation nahe, daß das islamische Recht als solches auch weiterhin neben dem oder in Ergänzung zum Gesetz selbst gelten soll: *„Die Adoption ist nach islamischem Recht (*šarᶜan*) und nach Gesetz (*qānūnan*) verboten.“*[73] Außerdem erklärt das Familiengesetz die Bestimmungen des traditionellen Rechts (*aḥkām aš-šarīᶜa al-islāmīya*) ausdrücklich zur einzigen Hilfsquelle der Rechtsfindung. *„In allem, was das Gesetz nicht regelt, wird auf die Vorschriften (*aḥkām*) der islamischen* šarīᶜa *zurückgegriffen.“*[74] Gegenüber dem Zivilgesetzbuch von 1975 hat der Gesetzgeber dem islamischen Recht damit größeres Gewicht beigemessen. Das Zivilgesetzbuch von 1975 erklärt im Unterschied zum Familiengesetz zunächst nicht nur den Wortlaut, sondern auch den „Geist“ des Gesetzes für verbindlich. Außerdem werden nicht die Vorschriften, sondern lediglich die Prinzipien (*mabādiʾ*) der *šarīᶜa* als Hilfsquelle genannt. Schließlich begreift das Zivilgesetzbuch das islamische Recht auch nicht als potentiell allumfassend. Die Prinzipien des islamischen Rechts werden durch weitere, nachrangige Hilfsquellen (Gewohnheit, Naturrecht und Billigkeit) ergänzt.[75] Im Unterschied dazu überläßt es Artikel 222 Familiengesetzbuch allein dem Richter, ob er bei seiner Auslegung des Gesetzes den Willen des Gesetzgebers oder die innere Teleologie des Familiengesetzes überhaupt berücksichtigt. Indem die Vorschriften des islamischen Rechts als einzige Hilfsquelle genannt werden, wird außerdem impliziert, daß sie potentiell allumfassend sind.

7.1.3 Zusammenfassung

Insgesamt zeichnen sich sowohl die algerische Rechtsprechung als auch die Gesetzgebung durch ihren selektiven und „positivistischen“ Zugang zum islamischen Recht aus.[76] Der von der wissenschaftlichen Literatur in den

---

Personenstandsrechts zwischen Muslimen und Angehörigen anderer Religionen.

72 Zur verfassungsrechtlichen Bedeutung des Islam in Algerien vgl. auch MERAD *Religion de l'Etat.*

73 Artikel 46 FGB.

74 Artikel 222 FGB.

75 Artikel 1 ZGB.

76 Dieser Positivismus ist sowohl auf die koloniale Schule als auch auf den Einfluß des ägyptischen Rechtsmodernismus in Algerien zurückzuführen. Zum Positivismus der

Vordergrund gestellte spezifische Charakter des traditionellen islamischen Rechts als heiliges Recht und als Juristenrecht geht dadurch zwar im wesentlichen verloren. Gleichzeitig scheint der Bezug auf *šarīᶜa* dem Personalstatut dennoch seine Legitimität und, indem das islamische Recht zum Gesetz erklärt wird, gewissermaßen auch seine Legalität zu verleihen. Das Familiengesetz von 1984 besiegelt schließlich auf der einen Seite den Prozeß der Positivierung des islamischen Rechts und seiner Integration in die nationalstaatliche Rechtsordnung. Auf der anderen Seite bleibt auch das Gesetz hinsichtlich der Frage der Geltung des islamischen Rechts und seines Verhältnisses zum staatlichen Recht ambivalent. Das wird insbesondere in der Formulierung des Adoptionsverbots deutlich. Darüber hinaus stellt der Verweis auf die Vorschriften der *šarīᶜa* als einziger Hilfsquelle im Bereich des Personalstatutsrechts zwar zunächst das Gesetz über islamisches Recht. Artikel 222 FGB bedeutet also nicht unbedingt eine Rücknahme des staatlichen Monopols der Rechtsetzung. Dennoch wird die richterliche Rechtsfortbildung nicht auch an den Willen des Gesetzgebers und die *ratio legis* gebunden. Dadurch wird zumindest die Bedeutung der eher programmatischen Teile des Gesetzes stark eingeschränkt.

---

kolonialen Schule des *droit musulman algérien* vgl. CHARNAY *Vie musulmane*, insbes. 273-314 und HENRY/BALIQUE *Doctrine coloniale*, 38 ff. Zum Einfluß des ägyptischen Rechtsmodernismus auf die Dekolonisierung des algerischen Rechts vgl. MAHIOU *Rupture ou continuité*. Zur Lehre des islamischen Rechts an ägyptischen Universitäten vgl. BOTIVEAU *Loi islamique et droit*, 27-56, 69-74, 167-190, 218-232.

7.2 DIE „ISLAMISIERUNG“ DES PERSONALSTATUTS

Trotz seiner „Positivierung“ scheint das islamische Recht im Verständnis der Richter und des Gesetzgebers eine unabhängige Existenz und eine eigene Qualität zu bewahren bzw. eine solche neu zu gewinnen. Legalität im engeren Sinn und Islamität des Rechts müssen dabei keine Gegensätze bilden. Auch ist kein eindeutiges Über- bzw. Unterordnungsverhältnis zwischen beiden erkennbar. Das islamische Recht wird vielmehr zum Gesetz erklärt und gilt gleichzeitig von Gesetz wegen. So werden Urteile, die nach Auffassung des Obersten Gerichtshofes gegen islamisches Recht verstoßen, schon vor Inkrafttreten des Familiengesetzes von den obersten Richtern zur Neuverhandlung „nach dem Gesetz“ (*ṭibqan li-l-qānūn*) an die zuständige Instanz zurückverwiesen.[77] Die obersten Richter betrachten die Verletzung von Bestimmungen des islamischen Rechts als Verletzung „nationalen Rechts“ (*qānūn dāḫilī*).[78] Im Zusammenhang mit der Weigerung des Obersten Gerichtshofes, das Urteil eines französischen Gerichts vollstrecken zu lassen, berufen sich die obersten Richter auch auf den algerischen *ordre publique* (*niẓām ʿāmm*), der nach ihrer Auffassung die Anwendung des islamischen Rechts erforderlich macht.[79]

Diese Situation bleibt auch nach Inkrafttreten des Familiengesetzes von 1984 weiterhin bestehen. Dabei läßt sich sowohl anhand der Rechtsprechung als auch am Beispiel des Familiengesetzes zeigen, daß die Integration des islamischen Rechts in die positive Rechtsordnung kein eindimensionaler und auch kein abgeschlossener Prozeß ist. In gewisser Weise kommt es umgekehrt auch zu einer Islamisierung des positiven Rechts. Im Unterschied zu anderen wissenschaftlichen Untersuchungen, die vor allem die Positivierung des islamischen Rechts betonen,[80] soll im folgenden geklärt werden, wie sich Positivierung und Islamisierung des Rechts zueinander verhalten.

---

77 MQ 1/89, 35.934.

78 MQ 4/89, 35.026.

79 MQ 4/90, 52.207.

80 Vgl. etwa BOTIVEAU *Islamiser le droit.*

7.2.1 Ambiguität und Autorität – das „Islamische" in der Rechtsprechung

In einem ersten Schritt soll zunächst das Rechtsverständnis der Richter des Obersten Gerichtshofes rekonstruiert werden. Dabei geht es insbesondere um die Frage, welche Bedeutung und welche Funktion die Bezugnahme auf islamisches Recht in der Sprache der Urteilsbegründungen hat.

7.2.1.1 *Šarīᶜa* und *qānūn* in der Rechtssprache

Die Urteilsbegründungen enthalten in der Regel sowohl islamrechtliche als auch moderne juristische Begriffe des positiven Rechts. Religiöses, islamisches und positives, staatlich gesetztes Recht können dabei als zwei Bedeutungsfelder voneinander unterschieden werden, auf die sich die Urteilsbegründungen immer gleichzeitig beziehen. Die Ordnungsbegriffe, um die herum die Bedeutungsfelder gebildet werden, sind die *šarīᶜa* (das islamische Recht) auf der einen und der *qānūn* (das Gesetz) auf der anderen Seite. Die obersten Richter formulieren ihre Urteilsbegründungen stets in einer Sprache, in der beide Bedeutungsfelder weder strikt voneinander getrennt noch vollkommen ineinander auflösbar sind. Die Begriffe *qānūn* und *šarīᶜa*, bzw. die um sie gebildeten semantischen Felder beeinflussen sich vielmehr gegenseitig und verändern dadurch ihre jeweilige Grundbedeutung.

Die islamrechtliche Terminologie wird, wie bereits oben ausgeführt worden ist, in den Urteilsbegründungen nicht systematisch verwendet. Die Richter des Obersten Gerichtshofes folgen weder der traditionellen Lehre der *uṣūl al-fiqh*, noch greifen sie theologische oder juristische Reformansätze im Umgang mit islamischem Recht auf. Im Namen der *šarīᶜa* wendet der Oberste Gerichtshof neben einzelnen Reformen oder Neuerungen überwiegend malikitisches Recht an. *Šarīᶜa*, (malikitischer) *fiqh* und angewandtes Recht werden so in eins gesetzt.[81] Dabei wird dem Verweis auf islamisches Recht schon vor 1984 immer ein zweiter auf das Gesetz hinzugefügt, auch wenn keine entsprechenden gesetzlichen Bestimmungen vorliegen. Im Rahmen des Personalstatuts sprechen die Richter auch vom islamischen Gesetz (*loi musulmane* oder *qānūn as-šarīᶜa al-islāmīya*).[82] Dadurch wird dem Begriff des Gesetzes zugleich islamische Qualität verliehen. Die gleiche Wir-

---

81 Zum Verhältnis von *šarīᶜa* und *fiqh* vgl. COULSON *Islamic Law*, 75 ff.; zur Bedeutung der Differenzierung zwischen beiden Begriffen für die moderne Rechtsentwicklung und die politischen Debatten in Ägypten vgl. BOTIVEAU *Islamiser le droit*; NŪR FARAḤĀT *al-Muǧtamaᶜ*, insbes. 17 ff.

82 MQ 2/91, 63.216; vgl. auch BENMELHA *Droit algérien de la famille*, 21.

kung haben parallele Verweisungen auf islamisches Recht und Rechtsprechung. Indem also das islamische Recht in Begriffen des positiven Rechts formuliert wird, werden umgekehrt auch nicht religiös konnotierte Begriffe sozusagen islamisiert.[83]

Auch nach der Verabschiedung des Familiengesetzes im Jahr 1984 ändert sich die Rechtssprache kaum. Urteile, in denen das neue Gesetz angewendet wird, enthalten immer auch einen zusätzlichen Verweis auf islamisches Recht. Die üblichen Formeln, mit denen die obersten Richter ihre Entscheidungen einleiten, lauten weiterhin *šarᶜan wa qānūnan* oder *fiqhan wa qānūnan.*[84] Selbst dann, wenn das Gesetz eindeutige Regelungen vorsieht, beruft sich der Oberste Gerichtshof gleichzeitig auf Gesetz und auf islamisches Recht.[85] Dabei stützen sich die Richter nicht auf die gesetzliche Verankerung des islamischen Rechts als Hilfsquelle. Im Fall von Gesetzeslücken beziehen sie sich in der Regel unmittelbar auf islamisches Recht. Nur in einem der hier vorliegenden Urteile wird auf Artikel 222 Familiengesetzbuch verwiesen, um die Anwendung des islamischen Rechts zu rechtfertigen.[86]

7.2.1.2 Bedeutungen der *šarīᶜa*

Die beschriebene Ambiguität der Rechtssprache hat große Bedeutung für die symbolische Dimension des Rechts.[87] So kann der Begriff *šarᶜī* je nach Kontext die Bedeutung von „legitim“, „gesetzlich“ oder „rechtmäßig im Sinn des islamischen Rechts“ annehmen. Das vom staatseigenen algerischen Verlag *Edition Nationale des Livres* (ENAL) herausgegebene französisch-arabische Rechtswörterbuch gibt sowohl für *légalité* als auch für *légitimité* die Übersetzungen *šarᶜīya* und *qānūnīya* an.[88] Auf die besondere Konnotation des Begriffs *šarᶜī*, die sich aus seiner morphologischen Verwandtschaft mit den Begriffen *šarīᶜa* bzw. *šarᶜ* ergibt, geht das Wörterbuch nicht ein.[89] Auch hier wird also zwischen der Begrifflichkeit des islamischen Rechts und der des positiven Rechts nicht unterschieden. Diese Uneindeutigkeit von Rechtsbegriffen erweitert nicht nur den Entscheidungsspielraum der Rich-

83 Worin diese Qualität im Verständnis der Richter besteht, läßt sich nur anhand konkreter Entscheidungen prüfen. Zum Inhalt der Rechtsprechung vgl. Kapitel 4 und 5 Zum Leitbild der Familie vgl. Kapitel 6.

84 MQ 3/90, 53.304; MQ 4/90, 44.858.

85 MQ 4/90, 52.207.

86 MQ 1/91, 55.116.

87 Vgl. dazu GEERTZ *Fact and Law*.

88 *Lexique juridique*.

89 Auch andere zweisprachige Wörterbücher gehen über diese Art begrifflicher Probleme hinweg (vgl. auch AL-ĠARRĀM *Muṣṭalaḥāt qānūnīya*).

ter.[90] Sie verweist zugleich auf ein Rechtsverständnis, in dem unterstellt wird, daß Legalität und Legitimität mit der Achtung des islamischen Rechts zusammenfallen. Diesem Verständnis nach kann einerseits das positive Recht auf islamisches Recht verpflichtet werden. Umgekehrt kann aber auch das positive Recht für sich islamische Legitimität beanspruchen.

Anhand der ausdrücklichen Verweisungen der Richter auf den überpositiven Charakter des islamischen Rechts läßt sich genauer zeigen, wann und mit welcher Absicht in der Rechtsprechung das islamrechtliche Repertoire herangezogen wird. So argumentieren die Richter in bestimmten Fällen mit der historischen bzw. mit der ideologischen Legitimität des islamischen Rechts. Sie leiten dabei die Notwendigkeit, im Bereich des Personalstatuts islamisches Recht anzuwenden, aus der religiösen und damit der nationalen Zugehörigkeit der Algerier ab.[91] So heißt es an einer Stelle, daß das algerische Volk als muslimisches Volk (*ša*ᶜ*b muslim*) islamisches Recht achten müsse.[92] Die gleiche Argumentation bildet den Hintergrund dafür, daß der Oberste Gerichtshof die Anerkennung von nach französischem Recht aufgesetzten Testamenten ablehnt, selbst wenn diese noch aus der Zeit vor der Unabhängigkeit stammen. In einer Urteilsbegründung aus dem Jahr 1990 heißt es dazu: „*Das Gesetzt des Testators im Jahr 1952 ist nicht das französische Recht* (...), *sondern das Gesetz der Algerier, (d.h.) das Gesetz* (*qānūn*) *und die Prinzipien* (qawāᶜid) *der islamischen* šarīᶜa (...).“[93] Mit dieser Argumentation verweigern die Richter des Obersten Gerichtshofes die Anwendung des zur Zeit der Aufsetzung des fraglichen Testaments tatsächlich geltenden Rechts.[94] In ihrer Begründung berufen sie sich dabei zwar auf das Zivilgesetzbuch von 1975, nach dem auf ein Testament das zum Zeitpunkt des Todes für den Erblasser gültige Recht (*qānūn*) anzuwenden ist.[95] Als Muslim habe für den Erblasser aber, so die Auffassung des Obersten Gerichtshofes, auch damals islamisches Recht gegolten.

---

90 So fordert der Oberste Gerichtshof z.B. im Zusammenhang mit dem Nachweis einer Schädigung der Frau (*ḍarar*), die als Rechtsgrund für eine Eheauflösung geltend gemacht wird, einen legalen bzw. islamrechtlichen oder legitimen Beweis (*bayyina šar*ᶜ*īya*) (NQ 1982, 26.335; MQ 1/91, 34.267).

91 Auch algerische Rechtswissenschaftler begründen die Notwendigkeit, im Bereich des Personalstatuts islamisches Recht anzuwenden, in der Regel mit der historischen Bedeutung des Islam für die algerische Gesellschaft (vgl. ᶜALĪ SULAIMĀN *Qānūn al-usra*; BENMELHA *Famille algérienne*).

92 MQ 2/92, 51.715.

93 MQ 2/91, 63.216.

94 Zu der vom kolonialen Gesetzgeber eingeräumten Möglichkeit, ein Testament nach französischem Recht aufzusetzen, vgl. BORRMANS *Statut personnel et famille*, 433 ff.

95 Artikel 16 Satz 1 ZGB.

Die obersten Richter unterstellen hier einen vorrechtlichen, quasi natürlichen Zusammenhang zwischen der religiös-nationalen Zugehörigkeit der Algerier und dem Personalstatutsrecht. Diese Haltung ist nicht einfach nur auf den Einfluß des algerischen Nationalismus zurückzuführen.[96] In ihr drückt sich auch das Anliegen aus, dem nunmehr vereinheitlichten islamischen Personalstatutsrecht größere Autorität zu verleihen, indem das islamische Recht zu einer Art überpositivem, religiösem Naturrecht erklärt.[97]

Nur in einigen wenigen Urteilsbegründungen führen die obersten Richter ausdrücklich die heilige Dimension oder den göttlichen Ursprung des islamischen Rechts an. Auch hier geht es darum, die Autorität des Personalstatuts zu untermauern. So heißt es in einem Fall, daß die Anerkennung einer illegitimen Verbindung als Ehe die „Heiligkeit" (*qadāsa*) des islamischen Rechts verletze.[98] In einem anderen Fall weisen die obersten Richter in einem Kommentar zu ihrem Urteil ausdrücklich darauf hin, daß die Eheauflösung gegen Kompensation (*ḫulʿ*) göttlichen Ursprungs sei. „*Der* ḫulʿ *ist eine Regelung, die von Gott dem Erhabenen erlassen worden ist. Diese Regelung ist nach dem Buch (Gottes), nach* sunna *und nach Meinung einiger* fuqahāʾ *vorgeschrieben.*"[99] Sie heben mit dieser Begründung ein Urteil auf, das den *ḫulʿ* auf Antrag der Frau gegen den Willen des Mannes entschieden hat.

Die Richter appellieren in den beiden genannten Fällen g243
zwar an die überpositive Autorität des islamischen Rechts, sie stellen damit aber keineswegs geltendes Recht und Gesetz in Frage. In den zitierten Fällen geht es ihnen vielmehr darum, die Manipulation einzelner Vorschriften des traditionellen islamischen Rechts durch Richter der erst- und zweitinstanzlichen Gerichte zu verhindern. Das Personalstatut soll so auf eine bestimmtes Leitbild verpflichtet werden, das die Aufrechterhaltung der überkommenen Geschlechtehierarchie mit der Idee der Institutionalisierung von Ehe und Familie verbindet.[100] Die Heiligkeit des islamischen Rechts dient hier seiner Festlegung auf einen bestimmten sozialen Inhalt.

An anderer Stelle wird deutlich, daß der Verweis auf islamisches Recht auch die Funktion haben kann, der juristischen eine parallele, religiöse Sanktio-

---

96 Vgl. auch Kapitel 1.1.

97 Zur Bedeutung naturrechtlicher Ideen im Reformislam vgl. KERR *Islamic Reform*, 107, 119-123. Zu religiös-naturrechtlichen Konzepten unter algerischen Juristen vgl. Kapitel 6.1.

98 MQ 4/89, 34.137.

99 NQ 1980, 21.305 (Kommentar). Inhaltlich geht es darum, daß der Richter den *ḫulʿ* nicht gegen den Willen des Mannes anwenden kann.

100 Dahinter steht auch das Interesse an der Einflußnahme auf die gesellschaftlichen Verhältnisse. Zur wechselseitigen Beeinflussung von gesellschaftlicher Praxis und Recht vgl. BOURDIEU *Habitus, code et codification*.

nierung hinzuzufügen. Wie bereits weiter oben dargestellt worden ist, hält der Oberste algerische Gerichtshof grundsätzlich an der Möglichkeit fest, die allgemeine Vaterschaftsvermutung durch *liʿān* anzufechten.[101] Zwar reglementieren die obersten Richter die Anwendung des *liʿān*. Sie sind sich dennoch offensichtlich im klaren darüber, daß sie dessen Mißbrauch nicht verhindern können. So heißt es in einer Urteilsbegründung des Obersten Gerichtshofes, die das Recht des Mannes auf *liʿān* bestätigt, daß derjenige, der den *liʿān* ohne Grund hinauszögere, den Fluch Gottes auf sich ziehe. *„Der Fluch Gottes bedeutet, (daß Gott) seinen Zorn gegen denjenigen (richtet), der den* liʿān *ausspricht, (...) und (er bedeutet) Unheil im Jenseits.*“[102]

Die Richter verweisen hier auf eine zweite, außerrechtliche Sanktionierung der Rechtsnorm. Damit müssen sie nicht unbedingt an das religiöse Bewußtsein des Betroffenen apellieren. Zwar wurde Religiosität etwa im Diskurs des Reformislam tatsächlich als wirksames Mittel zur Verinnerlichung von Rechtsnormen und zu deren motivationaler Verankerung im Bewußtsein des einzelnen betrachtet.[103] Es ist aber ebenso denkbar, daß der Verweis auf eine außerrechtliche Sanktionierung des „Rechtsmißbrauchs“ hier auf Kritik an der sozialen Unverträglichkeit der Vaterschaftsbestreitung durch *liʿān* reagiert.[104]

Religiöses Bewußtsein soll nicht zuletzt auch die Rechts- bzw. Gesetzestreue der Richter selbst stärken. Der Oberste Gerichtshof annulliert ein Urteil, das eine medizinische Untersuchung angeordnet hat, um auf Antrag des Ehemannes die Jungfräulichkeit seiner Frau feststellen zu lassen. Dem halten die obersten Richter entgegen, daß nach islamischem Recht allein das Wort der Frau in Fragen der Jungfräulichkeit gelte. In der Urteilsbegründung weisen die obersten Richter dann ausdrücklich darauf hin, daß das islamische Recht wegen seines göttlichen Ursprungs von algerischen Gerichten unbedingt anzuwenden sei. *„Wenn es in den Bestimmungen der* šarīʿa *einen eindeutigen Text gibt, und der Richter (dennoch) nicht danach entscheidet, (...) so entscheidet er anders, als Gott es den Menschen* (ʿibād) *befohlen hat. (Dafür) ist er (der Richter) vor Gott verantwortlich.*“[105] Der Verweis auf göttlichen

---

101 Vgl. Kapitel 5.2.

102 MQ 3/91, 76.343. Zum *liʿān* im islamischen Recht und in der algerischen Rechtsprechung vgl. Kapitel 5.2.

103 Auch Vertreter des Reformislam sahen in der Religion eine wichtige Instanz für die Verankerung ethischer Werte. Hier stand jedoch die Frage nach der Vereinbarkeit von Vernunft und Offenbarung in der Begründung des rechten Verhaltens im Vordergrund (vgl. KERR *Islamic Reform*, 121-129, bes. 125 ff.

104 Zum Verhältnis von Recht und Moral im traditionellen hanafitischen Recht vgl. JOHANSEN *Sündige, gesunde Amme*.

105 MQ 1/91, 55.116.

Ursprung des Personalstatuts dient hier zugleich als Ermahnung der Richter und als Untermauerung der Autorität von Recht und Gesetz.

7.2.2 *Šarīʿa* und die Legitimierung der herrschenden Ordnung – der Diskurs des Gesetzgebers

Während bisher allein die Rechtsprechung untersucht worden ist, soll im folgenden auch die Sicht des Gesetzgebers auf islamisches Recht einbezogen werden. Dabei wird deutlich, daß auch im politischen Diskurs der Verweis auf islamisches Recht von Bedeutung ist und daß auch hier eine Ambivalenz von Positivierung und Islamisierung des Rechts bestehen bleibt. Für die Rekonstruktion des politischen Diskurses werden dabei die zur Eröffnung der parlamentarischen Beratungen des Familiengesetzes 1984 vor der Nationalversammlung gehaltenen Reden des Justizministers Boualem Baki und des Berichterstatters der Kodifizierungskommission untersucht.[106]

7.2.2.1 Die Ansprache des Justizministers

In seiner Präsentation der Gesetzesvorlage geht Justizminister Boualem Baki noch einmal ausführlich auf die besondere Bedeutung des Familiengesetzes ein.[107] In seinen Augen stellt die Kodifizierung des Familienrechts an sich eine wichtige Errungenschaft dar. Der zu verabschiedende Text schließe, so Baki, endlich ein Geseztesvakuum (*faġr qānūnī*), unter dem die algerische Gesellschaft schon lange gelitten habe. Falsche Auslegungen des Rechts und fehlerhafter *iǧtihād* der Richter hätten bisher die Verwirklichung der Gerechtigkeit (*ʿadāla*) stark beeinträchtigt.

Nach Darstellung des Justizministers ist die Gesetzesvorlage das Ergebnis gemeinsamer Bemühungen von Nationalversammlung, Partei und den zuständigen Ministerien. Die konkreten Bestimmungen des Gesetzes, die sich an dem Beschluß des ZK des FLN zur Familienpolitik orientierten, seien auf die muslimische, zivilisierte und revolutionäre algerische Gesellschaft abgestimmt.[108] Die mit der Ausarbeitung beauftragten gesellschaftlichen und politischen Organisationen hätten die Aufgaben gehabt, einen Text zu verfassen, der die Familie als soziale Institution schützt und der mit der Nationalcharta, mit der Verfassung und mit den familienpolitischen Parteibe-

---

106 Zum Hintergrund der Verabschiedung des Familiengesetzes und zu den beteiligten Personen und Institutionen vgl. Kapitel 3.1.

107 NQ 1/1985, 13-16. Für die französische Übersetzung vgl. *Journal Officiel des Débats* (JOD), 21.4.84, 14 f.

108 Für eine ausführliche Darstellung des Beschlusses des Zentralkomitees vgl. Kapitel 3.1.

schlüssen übereinstimmt. Der Justizminister sieht die Aufgabe des Gesetzes also darin, die Familie zu stabilisieren und die Einheit der Nation zu stärken.

Gleichzeitig ist Boualem Baki darum bemüht, den islamischen Charakter des Gesetzes zu unterstreichen. Im Zusammenhang mit den Regelungen zum Erbrecht betont er, daß das Gesetz nicht über koranische Regelungen hinausgehe.[109] Das Gesetz insgesamt sei aus dem islamischen Recht (*aš-šarīʿa al-islāmīya*) gewonnen - aus dessen Vorschriften und aus dessen „Wurzeln" (*uṣūl*). Erklärend fügt Baki hinzu, daß in dem Gesetz nichts vom islamischen Recht Erlaubtes (*ḥalāl*) verboten, und nichts Verbotenes (*ḥarām*) erlaubt, daß nichts Indifferentes (*mubāḥ*) verworfen und zu nichts Verwerflichem (*makrūh*) ermuntert werde. Baki spielt hier auf die fünf religiös-ethischen Bewertungen (*al-aḥkām al-ḫamsa*) an, die die Gelehrten des islamischen Rechts neben den im engeren Sinn juristischen Kriterien für die Wirksamkeit von Rechtsgeschäften entwickelt haben.[110] Daran wird deutlich, daß Baki das islamische Recht eher als einen ethischen Referenzrahmen, denn als ein Rechtssystem im engeren Sinn betrachtet.

Das Familiengesetz ist nach der Darstellung des Justizministers aber nicht nur vom Standpunkt des islamischen Rechts aus legitim. Es ist, so Baki, auch unter rein pragmatischen Gesichtspunkten gerechtfertigt. Das aus Koran und *sunna* gewonnene Gesetz sei auch jenseits religiöser Erwägungen gesellschaftspolitisch sinnvoll. Daher könne auch Nichtmuslimen ein islamisches Familiengesetz nur nützlich sein. Keine Verfassung, so der Justizminister, schütze die Familie und die Rechte und Pflichten ihrer Mitglieder besser als der Koran. Die im algerischen Familiengesetz festgeschriebene Ungleichheit der Geschlechter rechtfertigt Baki dabei mit den unterschiedlichen „natürlichen" Veranlagungen von Mann und Frau und mit ihren notwendigerweise verschiedenen familialen und sozialen Rollen.

Um seinen Ausführungen größeres Gewicht zu verleihen, weist Baki auf die moralischen Verfallserscheinungen in den sogenannten fortschrittlichen Gesellschaften hin. Dort würden im Namen von Befreiung und Selbstverwirklichung grundlegende ethische Werte mißachtet. Eine Ehebrecherin habe die gleichen Rechte wie eine legitime Ehefrau und auch zwischen legitimen und illegitimen Kindern werde keine Unterscheidung mehr getroffen.

---

109 Dies ist allerdings eine reine Behauptung. Tatsächlich geht schon das traditionelle islamische Recht in Fragen des Erbrechts über koranische Vorschriften hinaus. Außerdem führt das algerische Familiengesetz mit dem *tanzīl* eine dem traditionellen Recht insgesamt fremde Regelung ein (zum islamischen Erbrecht und dem Familiengesetz vgl. Kapitel 5.3).

110 Vgl. SCHACHT *Introduction*, 120 ff. Zum Verhältnis von religiös-moralischen und juristischen Elementen im traditionellen islamischen Recht vgl. auch JOHANSEN *Sündige, gesunde Amme*.

Im Gegensatz dazu beruhe das algerische Familiengesetz auf einer Kodifizierung der „reinen“ islamischen Traditionen der algerischen Gesellschaft und bewahre diese somit vor dem moralischen Niedergang.

Aus der Ansprache Boualem Bakis lassen sich einige Grundaussagen herauslesen, die für unseren Kontext von Bedeutung sind. Baki nimmt sowohl den Islam als auch die wichtigen politischen Texte des unabhängigen Algerien als Quelle bzw. als Bezugsrahmen für das Familiengesetz in Anspruch. Er nennt jedoch weder konkrete islamische noch revolutionäre Standards, nach denen das Familiengesetz beurteilt werden muß. Durch den Hinweis auf die fünf ethischen Qualifikationen des traditionellen Rechts (*al-aḥkām al-ḫamsa*) wird das Familiengesetz eher mit einer „islamischen Moral“ identifiziert. Gleichzeitig setzt Baki in seiner Rede das Islamische des Familiengesetzes, ohne es näher zu bestimmen, mit dem gesellschaftlich Nützlichen gleich. Das erinnert stark an Ansätze des Reformislam. Zwar war auch dieser Diskurs von einer gewissen Ambivalenz hinsichtlich seiner Verwendung zur Legitimierung bzw. Delegitimierung bestehender Verhältnisse und ihrer islamrechtlichen Begründungen gekennzeichnet. Das Ziel der Reformdenker war es jedoch, durch die Gleichsetzung von Islam und gesellschaftlichem Wohl sozialen und normativen Wandel zu rechtfertigen.[111] In der Argumentation des algerischen Justizministers kehrt sich dieses Anliegen geradezu in sein Gegenteil um. Die Gleichsetzung von Islam und gesellschaftlichem Wohl dient bei ihm der Untermauerung islamrechtlich legitimierter Hierarchien in Ehe und Familie, die gleichzeitig zum Ausdruck einer „natürlichen“ Ordnung erklärt werden. Diese naturalisierende Sicht auf Gesellschaft als Organismus wird dann mit einem rein positivistischen Gerechtigkeitsbegriff verbunden, mit dem Gerechtigkeit auf die Gleichbehandlung von Gleichem (und die Ungleichbehandlung von Ungleichem) reduziert wird.[112]

7.2.2.2 Der Bericht der Kommission

Der *rapporteur* der Kodifizierungskommission erläutert zunächst den verfassungsmäßigen Auftrag seiner Kommission und deren Status im Rahmen der Parlamentsarbeit.[113] Er wiederholt, daß die Kommission ihren Gesetzesvorschlag auf der Grundlage der Nationalcharta, der Verfassung und der

---

111 Vgl. KERR *Islamic Reform*, 121, 129 ff., bes. 130.

112 Durch einen solchen Gerechtigkeitsbegriff sind in europäischen Rechtsdiskursen reale Ungleichheiten und insbesondere die rechtliche Ungleichbehandlung von Frauen und Männern immer wieder gerechtfertigt worden (vgl. GERHARD *Bürgerliches Recht*).

113 JOD, 21.4.84, 15-19. Die Aufzeichung der Parlamentsdebatten liegt hier nur in der offiziellen französischen Übersetzung vor.

ZK-Beschlüsse des FLN zur Familienpolitik ausgearbeitet habe. Der *rapporteur* benennt schließlich die Quellen, auf deren Basis die Vorschriften des Gesetzes beruhen: Koran, *sunna* des Propheten, Konsens der Gelehrten (*iğmāʿ*), Analogieschluß (*qiyās*), eigene Interpretation (*iğtihād*), die Lehren der vier sunnitischen Rechtsschulen und einzelne Meinungen anderer Gelehrter sowie die Personalstatuten aus Syrien, Ägypten, Marokko und Tunesien. Diese Aufzählung der Rechtsquellen nennt zwar zunächst die traditionell anerkannten Wurzeln des islamischen Rechts (*uṣūl al-fiqh*). Indem ihnen jedoch noch weitere Methoden und textliche Quellen hinzugefügt werden, wird implizit auch für diese islamische Legitimität beansprucht.[114] Das erlaubt einerseits einen sehr pragmatischen Umgang mit dem traditionellen Recht. Andererseits kann daraus jedoch auch gegenüber Kritikern der Anspruch auf islamische Legitimität des Gesetzes abgeleitet werden.

In seinen Ausführungen über die Familie im Islam erläutert der *rapporteur* die dem Gesetz zugrundeliegenden ethischen Standards. Diese werden jedoch nicht unter Bezug auf die genannten Quellen des Gesetzes entwickelt, sondern anscheinend unmittelbar aus dem islamischen Recht abgeleitet. Ohne den Begriff der *šarīʿa* näher zu bestimmen, macht der *rapporteur* dazu folgende Ausführungen: „*Aussi la Chari'a, avec tout ce qu'elle comporte comme principes éternels et règles solides, constitue-t-elle un texte complet prenant en charge les intérêts de l'homme dont l'objectif est la réalisation du bien-être de la société toute entière en tout lieu et en tout temps. Simple, la Chari'a permet à toute communauté musulmane (ou à ses représentants) d'en tirer les dispositions qui s'adaptent à la situation et à ses conditions existentielles.*“[115] Das islamische Recht wird auch hier nicht nur als ein von Gott gegebenes, allumfassendes System betrachtet, sondern darüber hinaus mit dem gesellschaftlichen Wohl gleichgesetzt. Im Unterschied zu Boualem Baki betont der *rapporteur* zwar gerade die Notwendigkeit von Reformen. Die Repräsentanten der Muslime haben dabei nach seiner Auffassung die Kompetenz und die Verantwortung für die Ableitung konkreter Vorschriften aus dem islamischen Recht und damit für dessen Anpassung an die gegenwärtigen Umstände. Aber auch im Bericht des *rapporteur* wird für das Familiengesetz islamische Legitimität in Anspruch genommen. Die *de facto* Säkularisierung des islamischen Rechts wird dadurch sozusagen neutralisiert, wobei die Islamität des Gesetzes hier letztlich vom Besitz politischer Definitionsgewalt und nicht mehr von formalen oder inhaltlichen Kriterien abhängt.

114 Zur Lehre der *uṣūl al-fiqh* vgl. oben.
115 JOD 21.4.84, 16.

7.2.3 Zusammenfassung

Die Bedeutung und die spezifische Funktion des islamischen Rechts für die Rechtsprechung und für die Gesetzgebung im Bereich des Personalstatuts läßt sich weder von formalistischen noch von essentialistischen Definitionen des traditionellen islamischen Rechts aus rekonstruieren. Auch die Annahme eines grundlegenden Gegensatzes zwischen islamischem Recht einerseits und positivem Recht andererseits läuft Gefahr, den Blick auf den komplizierten Zusammenhang zwischen beiden zu verstellen. Anhand der Rechtsprechung läßt sich zeigen, daß es im Prozeß der Positivierung des islamischen Rechts umgekehrt auch zu einer Islamisierung des positiven Rechts kommt. Obwohl die historische Struktur und die spezifischen Methoden des islamischen Rechts dabei aufgegeben werden, kommt der *šarīʿa* im Verständnis der Richter und des Gesetzgebers weiterhin Wichtigkeit zu. Die Rolle des islamischen Rechts oder des „Islamischen" im Recht läßt sich aber nur vom Rechtsverständnis der Akteure her bestimmen.[116] Dieses Rechtsverständnis wiederum ist immer auch von konkreten „sozialen Feldern" und ihrer spezifischen Form der Verrechtlichung abhängig.[117] Dabei scheint es angesichts der hier untersuchten Rechtspraxis problematisch, von einer „Normalisierung" des Rechts durch Bezugnahme auf das „islamrechtliche Repertoire" zu sprechen. Die Rechtspraxis zeigt vielmehr, daß der normative Geltungsanspruch des islamischen Rechts ebenso wie sein konkreter Inhalt umstritten bzw. zumindest stark umkämpft ist. Für den Bereich des Personalstatuts könnte daher eher in Ergängzung zu Jean-Robert Henrys These, nach der die Anwendung islamischen Rechts im Rahmen des modernen Nationalstaates zur „Sakralisierung" des Staates führt, von einer Tendenz zur „Sakralisierung" eines bestimmten Modells von Ehe und Familie gesprochen werden.[118]

116 Zur Unterscheidung zwischen „Islam im Recht" und der Geltung einzelner Bestimmungen des islamischen Rechts als positives Recht aus anthropologischer Sicht vgl. DWYER *Law and Islam*, 12.

117 Vgl. dazu MOORE *Semi-autonomous social field* und SANTOS *Production of law*.

118 Vgl. HENRY *Droit musulman, Etat moderne*.

8 SCHLUSS: GRENZEN DER VERRECHTLICHUNG

Entwicklungen des Personalstatutsrechts können nicht losgelöst von dessen „Kontexten“ betrachtet werden. Konflikte um die Kodifizierung und die Reform des islamischen Rechts lassen sich sinnvollerweise nur vor dem Hintergrund spezifischer institutioneller Rahmenbedingungen und Strukturen des juristischen sowie des politischen Feldes untersuchen. Im algerischen Fall sind dabei sowohl die sich wandelnden gesellschaftspolitischen Prioritäten der Staats- und Parteiführung als auch die verschiedenen Interessen der beteiligten Ministerien zu berücksichtigen, die wiederum als Ausdruck von Konkurrenz und Machtkämpfen zwischen verschiedenen politischen Lagern oder auch zwischen Institutionen verstanden werden können. Der ohnehin stets selektive Rückgriff auf traditionelles islamisches Recht ist in diesem Zusammenhang zwar häufig mit einer eher konservativen Einstellung in Fragen der Familie und der Geschlechterbeziehungen allgemein verbunden. Der Inhalt des traditionellen Rechts und seine normative Eigenlogik können aber unter den gegebenen Verhältnissen konservative Vorstellungen auch untergraben. Die politischen Auseinandersetzungen um das Personalstatut in der algerischen Öffentlichkeit werden schließlich deshalb so kontrovers und erbittert geführt, weil sich hierin allgemeinere Vorstellungen von Staat, Recht und Religion kristallisieren.

Die juristischen Debatten über das islamische Personalstatut ihrerseits sind von der Heterogenität der algerischen Rechtskultur und von den Widersprüchen innerhalb des algerischen juristischen Feldes geprägt. Hier wird deutlich, daß die zunehmende Marginalisierung der französischsprachigen Rechtswissenschaftler zu einer stärker theoretischen Ausrichtung und gleichzeitig zur Politisierung ihrer Auseinandersetzung mit dem Thema führt. Unter den überwiegend arabischsprachigen „Praktikern“ herrscht demgegenüber ein eher pragmatischer und positivistischer Zugang zum islamischen Recht vor. Von ihnen verfaßte Abhandlungen lassen dabei ebenso wie die konkrete Praxis algerischer Gerichte immer wieder die Bedeutung erkennen, die außerrechtlichen Normen und Ordnungsvorstellungen für die Interpretation des Personalstatutsrechts zukommt.

Inhaltlich zielt die Rechtsentwicklung im Bereich des Personalstatuts insgesamt auf die Formalisierung und Institutionalisierung von Ehe und Familie. Hierfür scheinen sowohl staatliche und höchstrichterliche Reforminteressen als auch ein allgemeinerer gesellschaftlicher Bedarf nach „Verrechtlichung" ausschlaggebend zu sein. Gleichzeitig ist die Institutionalisierung von Ehe und Familie mit einer partiellen „Retraditionalisierung" bzw. zumindest mit der Aufrechterhaltung überkommener Hierarchien in Ehe und Familie verbunden. Rechtsprechung und Gesetz greifen kaum in die „inneren" Verhältnisse, insbesondere nicht in die Geschlechterbeziehungen ein. Die Idee von Ehe und Familie als privatem Raum und als sozusagen vorrechtlichem Gebilde scheint die Kehrseite des Prozesses ihrer Institutionalisierung zu sein. Die Erweiterung materieller und personaler Rechte von Frauen wird daher nur insoweit unternommen, als sie der Stabilisierung von Ehe und Familie dient.

Ein bisher nicht verabschiedeter Entwurf der algerischen Regierung vom Frühjahr 1998 zur Reform des Familiengesetzes bestätigt diese Tendenz der Rechtsentwicklung.[1] Auch hier stehen Ehe und Kernfamilie im Vordergrund. So soll nach dem Reformprojekt die Ehe nicht mehr als Vertrag, sondern als rechtlich sanktionierte „Verbindung" zwischen Mann und Frau definiert werden.[2] Auch die Bedeutung des Ehevormundes der Frau wird zurückgenommen (ohne allerdings diese Institution ganz aufzuheben): Der Ehevormund soll bei der Eheschließung nur noch anwesend sein, d.h. nicht mehr aktiv an ihr mitwirken.[3] Nach dem Reformprojekt sind die Eheleute außerdem zu gegenseitigem Respekt verpflichtet.[4] Auch werden die besonderen Pflichten der Frau aus dem Gesetz gestrichen.[5] Zusätzlich wird die Polygynie stärker reglementiert - sie setzt nach dem Projekt eine ausdrückliche richterliche Genehmigung voraus.[6] Das Interesse an der Stabilisierung der Ehe kommt unter anderem in der geplanten Neufassung der Wohnungsregelung im Fall einer „willkürlichen" Verstoßung zum Ausdruck.[7]

Die stärkere Berücksichtigung der Kernfamilie zeigt sich insbesondere an der strengeren Sanktionierung der väterlichen Unterhaltspflicht und an den

---

1 *El Moudjahid*, 10./11. April 1998. Zur Kritik algerischer Frauenorganisationen an dem Reformprojekt vgl. die verschiedenen Beiträge zum Thema in *Info Femmes Algériennes*, Nr. 9, März 1998.

2 Artikel 4 FGB.

3 Artikel 9 und 11 FGB.

4 Artikel 36 FGB.

5 Artikel 39 FGB.

6 Artikel 8 FGB.

7 Es ist in dem Reformprojekt vorgesehen, daß die Frau, wenn sie für die Personensorge der Kinder verantwortlich ist, im Fall einer willkürlichen Verstoßung grundsätzlich in der Ehewohnung verbleiben kann (Artikel 52 FGB).

Ergänzungen zur Personensorge bzw. zum Erbrecht.[8] Schließlich sieht das Reformprojekt zum erstenmal die „Vaterschafts-“ bzw. „Mutterschaftsfeststellung“ vor - allerdings nur in solchen Fällen, in denen diese nicht bestritten wird.[9]

Im Unterschied zu den bisher genannten Reformen scheint die folgende Neuerung des Scheidungsrechts angesichts der bisher herrschenden Rechtsprechung eher überraschend. Unter den Gründen, aus denen eine Frau die gerichtliche Eheauflösung beantragen kann, wird in dem Reformprojekt zusätzlich die Unmöglichkeit der Fortsetzung der ehelichen Gemeinschaft bzw. die „Unverträglichkeit“ zwischen den Eheleuten aufgeführt.[10] Aber selbst wenn das Reformprojekt tatsächlich in dieser Fassung verabschiedet werden sollte, bliebe abzuwarten, welche Auslegung diese Vorschrift in der Rechtsprechung erfahren wird.

Prinzipiell kann sich der hier herausgestellte Prozeß der Institutionalisierung von Ehe und Familie auf einen relativ breiten gesellschaftlichen Konsens stützen. So bringen auch die meisten liberalen Kritiker des Familiengesetzes ihre Forderungen im Namen der Notwendigkeit vor, Ehe und Familie zu schützen. Nur eine kleine Minderheit unter ihnen versucht demgegenüber in den letzten Jahren, vom Boden vertragsrechtlicher Ehekonzeptionen aus zu argumentieren.

So hat ein algerischer Rechtswissenschaftler und Anwalt 1990 in einem Zeitungsinterview die Einführung eines dualen Eherechtssystems vorgeschlagen.[11] Obwohl er das Familiengesetz von 1984 wegen der Ungleichbehandlung der Geschlechter als verfassungswidrig einstuft, hält er die Forderung nach dessen Rücknahme unter den gegenwärtigen politischen Verhältnissen für unrealistisch. Statt dessen fordert er, neben dem Familiengesetz als dem *régime légal* der Ehe das Optionsrecht auf eine „zivile“, rein vertragliche Form der Eheschließung zu gewähren. In Marokko wird eine ähnliche Idee ausdrücklich unter Verweis auf islamrechtliche Traditionen diskutiert. Juristen schlagen hier vor, den Ehevertrag des islamischen Rechts dahingehend neu zu interpretieren, daß in ihm nicht nur materielle, sondern

8 Hier werden zum einen der Mutter, die die Personensorge innehat, mehr Kompetenzen zugestanden (Artikel 63 FGB). Zum anderen ist im Fall des Todes der Mutter nun unmittelbar der Vater von Gesetzes wegen zur Personensorge gemeinsamer Kinder berufen (Ergänzung zu Artikel 65 FGB als Artikel 65 b). Im Zusammenhang mit Fragen des Erbrechts sieht das Reformprojekt nun das Eintreten der Enkel in den Erbanspruch eines vorverstorbenen Kindes allgemein (nicht mehr nur eines vorverstorbenen Sohnes!) vor (Artikel 169 FGB).

9 Artikel 40 und 44 FGB.

10 Artikel 53 FGB.

11 *Algérie Actualité*, 17. Mai 1990.

insbesondere auch personale Folgen der Eheschließung und Bedingungen der Eheauflösung festgelegt werden können.[12] Die Idee der individuellen Gestaltbarkeit der Ehe wird hier zwar islamrechtlich begründet, letztlich zielt der Vorschlag aber auf die Ermöglichung freier vertraglicher Vereinbarungen zwischen den Eheleuten, durch die die in der islamrechtlichen Eheschließung angelegte hierarchische Struktur des Geschlechterverhältnisses weitgehend neutralisiert würde. Schließlich sind auch in Ägypten in den letzten Jahren Diskussionen über einen neuen Ehevertrag geführt worden. Eine bekannte Juristin und Frauenrechtlerin hat in diesem Zusammenhang ein neues Modell für das in Ägypten verwendete Eheschließungsformular ausgearbeitet, in dem in Form von durch die Eheleute zu beantwortenden Fragen mögliche Vereinbarungen über bestimmte Rechte der Frau bzw. über die Begrenzung der ehemännlichen Gewalt aufgeführt werden.[13]

Angesichts der oben dargestellten Dynamik der Familienrechtsentwicklung ist allerdings nicht zu erwarten, daß solche gegenläufigen Ideen einer vertraglichen Gestaltbarkeit der Ehe unter Juristen und Politikern auf nennenswerte Zustimmung stoßen werden.

---

12 Vgl. BARǦĀWĪ *ʿAqd az-zawāǧ* und die marokkanische Zeitschrift *Femmes du Maroc*, 10.9.96, 40 ff.

13 Vgl. ZULFICAR *Women in Development*.

Zitierte Gesetze und Verfassungen

Vor 1962:

„Loi No 57.778 portant réforme du régime des tutelles et de l'absence en droit musulman“ vom 11. Juli 1957
(Journal Officiel de la République Française, 30.7.1957)

„Ordonnance No 59.274 relative au mariage contracté dans les départements d'Algérie, des Oasis et de la Saoura par les personnes de statut civil local“ vom 4. Februar 1959
(Journal Officiel de la République Française, 11.2.1959)

„Décret No 59.1082 portant règlement d'administration publique par l'application de l'ordonnance No 59.274 du 4 février 1959“ vom 17. September 1959
(Journal Officiel de la Répbulique Française, 19.9.1959)

Nach 1962:

„La Constitution“/„ad-Dustūr“
(République Algérienne Démocratique et Populaire/al-Ǧumhūrīya al-ǧazāʾirīya ad-dīmuqrāṭīya aš-šaʿbīya, 1963, 1976, 1989)

„Loi No 62-157 tendant à la reconduction, jusqu'à nouvel ordre, de la législation en vigueur au 31 décembre 1962“ vom 31. Dezember 1962
(Journal Officiel de la République Algérienne, 11.1.1963)

„Loi No 63-96 portant Code de la nationalité algérienne“ vom 27. März 1963
(Journal Officiel de la République Algérienne, 2.4.1963)

„Loi No 63-224 fixant l'âge minimum pour le mariage“ vom 29. Juni 1963

„Ordonnance No 73-29 portant abrogation de la loi No 62-157 du 31 décembre 1962 tendant à la reconduction, jusqu'à nouvel ordre, de la législation en vigueur au 31 décembre 1962" vom 5. Juli 1973
(Journal Officiel de la République Algérienne, 3.8.1973)

„al-Qānūn raqm 75-58 al-mutaḍammin al-qānūn al-madanī" (Code Civil) vom 26. September 1975
(verändert und erweitert 1980, 1983, 1984, 1988, 1989)
(Hrsg.: Wizārat al-ᶜadl, Algier 1991)

„Qānūn raqm 84-11 yataḍammin qānūn al-usra" (Code de la famille) vom 9. Juni 1984
(al-Ǧarīda ar-rasmīya, 12.6.1984)

Zitierte Dokumente

Barnāmiǧ
Al-mašrūᶜ at-tamhīdī li-l-barnāmiǧ as-siyāsī li-l-ǧabha al-islāmīya li-l-inqāḏ
al-Ǧabha al-islāmīya li-l-inqāḏ
o.O., o.J. (1990 ?)

Charte Nationale
Charte Nationale
Parti du Front de Libération Nationale (FLN)
1976, 1986

JOD
Journal Officiel des Débats de l'Assemblée Populaire Nationale
(Traduction française)
21., 23., 24. April und 29. Mai 1984

Milaff
Diskussionspapier zur Familiengesetzgebung (ohne Titel)
Wizārat aš-šuʾūn ad-dīnīya, mufattišīya wilāyat Bātina
2. Februar 1983 (unveröffentlicht)

Mašrū[c]
al-Mašrū[c] at-tamhīdī li-qānūn al-usra
Wizārat al-[c]adl
O.J. (1983/84 ?) (unveröffentlicht)

Projet 1979
Projet du Code de la famille
1979 (unveröffentlicht)

Projet 1981
Projet de statut personnel
1981 (unveröffentlicht)

Rapport
Rapport de synthèse de la sous-commission du statut personnel
in: Annuaire de la Justice (AdJ), 1969, S. 27-34

Zitierte Rechtsprechung

RASJEP
Revue Algérienne de Sciences Juridiques, Economiques et Politiques (4/1968)

AdJ
Annuaire de la Justice (1965-1969)

BdM
Bulletin des Magistrats (1966-1970)

NQ
Našrat al-quḍāt (1970-1986)

MQ
al-Mağalla al-qaḍā'īya (1989-1992)

Unver. (Unveröffentlichte Urteile)
Oberster Gerichtshof (15 Urteile aus dem Jahr 1983)
Maḥkamat Bilkūr, 20.1.1991
Maḥkamat Bi'r Murād Rāyis, 21.3.1993

Zitierte algerische Zeitungen und Zeitschriften

El-Moudjahid (1990/91, 1998)

Algérie Actualité (1984, 1989-1991)

Révolution Africaine (1983, 1989-1991)

al-Munqiḏ (1989-1991)

Abkürzungen

CS Cour Suprême/Mağlis al-qaḍā' al-aʿlā (Oberster Gerichtshof)

FGB Code de la famille/Qānūn al-usra (Familiengesetzbuch)

FIS Front Islamique du Salut/al-Ǧabha al-islāmīya li-l-inqāḏ (Islamische Heilsfront)

FLN Front de Libération Nationale (Front der Nationalen Befreiung)

UNFA Union Nationale des Femmes Algériennes (Nationale Union der Algerischen Frauen)

ZGB Code Civil/al-Qānūn al-madanī (Zivilgesetzbuch)

ZK Comité Central/al-Lağna al-markazīya (Zentralkomitee)

ZVG Code de Procédure Civile/Qānūn al-iğrā'āt al-madanīya (Zivilverfahrensgesetz)

Zitierte Literatur (Monographien, Sammelbände, Zeitschriften):

ABDELKRIM-CHIKH, R. *Enjeux symboliques*
"Les enjeux politiques et symboliques de la lutte des femmes pour l'égalité entre les sexes en Algérie."
in: Peuples Méditerranéens, 48/49, 1989, S. 257-278

ABEL, R. L. *Comparative Law*
"Comparartive Law and Social Theory."
in: American Journal of Comparative Law, 26, 1978, S. 219-226

ABROUS, D. *L'honneur*
L'honneur face au travail de femmes en Algérie.
Paris, 1989

ABŪ DĀWUD *sunan*
Matn sunan Abī Dāwud. Bd. I-IV
Kairo, 1950

ABŪ ZAHRA, M. *Aḥwāl šaḫṣīya*
al-Aḥwāl aš-šaḫṣīya.
Kairo, o.J.

ABUN-NASR, J. *Islam und Nationalidentität*
"Islam und die algerische Nationalidentität."
in: Die Welt des Islams, 3/4, 1977-78, S 178-194

ACHOUR, C. und MORSLY, D. *Entre enracinement et devenir*
"Entre un enracinement et un devenir. Le discours algérien sur la femme et la famille."
in: Plurial, 1986, S. 7-19

ACKER, J. *Problem with Patriarchy*
"The Problem with Patriarchy."
in: Sociology, 2, 1989, S. 235-240

ADAM, A. *Chronique sociale*
"Chronique sociale et culturelle (Algérie)."
in: Annuaire de l'Afrique du Nord (AAN), 1979, S. 665-677

ADEL, F. *Lien conjugal*
Formation du lien conjugal et nouveaux modèles familiaux en Algérie.
Oran, 1995

ADORNO, T. W. (Hrsg.) *Familie*
Frankfurter Beiträge zur Soziologie.
Bd. 4: Soziologische Exkurse.
Frankfurt/M., 1967, S. 116-133

AGERON, C.-R. *Histoire de l'Algérie*
Histoire de l'Algérie contemporaine.
Tome 2: De l'insurrection (1871) au déclenchement de la guerre de libération (1954).
Paris, 1979

ders. *L'Algérie contemporaine*
Histoire de l'Algérie contemporaine.
Paris (*Que sais-je?*), 1983

AIT-ZAI, N. *L'enfant illégitime*
"L'enfant illégitime dans la société musulmane."
in: Peuples Méditerranéens, 48/49, 1989, S. 113-122

dies. *L'abandon de l'enfant*
"L'abandon de l'enfant et la loi."
in: Revue Algérienne des Sciences Juridiques, Economiques et Politiques (RASJEP), 3, 1991, S. 473-493

AL-AHNAF, M. *Code du statut personnel*
"Maroc: Le Code du statut personnel."
in: Maghreb-Machrek, 145, 1994, S. 3-25

AL-AZMEH, A. (al-ᶜAẓma) *Islamic Legal Theory*
"Islamic Legal Theory and the Appropriation of Reality."
in: ders. (Hrsg.)
Islamic Law. Social and Historical Contexts.
London, 1988, S. 250-265

ᶜALĪ SULAIMĀN, ᶜA. *Qānūn al-usra*
"Ḥaul qānūn al-usra."
in: RASJEP, 2, 1986, S. 435-444

ANDERSON, N.J.D. *Eclipse of the Patriarchal Family*
"The Eclipse of the Patriarchal Family in Contemporary Islamic Law."
in: ders. (Hrsg.)
Family Law in Asia and Africa.
London, 1968, S. 221-234

ders. *Law Reform*
Law Reform in the Muslim World.
London, 1976

ders. *Islamic Law Today*
"Islamic Law Today. The Background to Islamic Fundamentalism."
in: Arab Law Quarterly, 2, 1987, S. 339-351

ANNUAIRE STATISTIQUE *Annuaire statistique*
Annuaire Statistique de l'Algérie.
Office National des Statistiques.
Alger, 1994 (résultats 1992)

ᶜARABĪ, B. AL- *al-Waṣīya*
"Šurūṭ inᶜiqād al-waṣīya fī qānūn al-usra al-ǧazāʾirī."
in: RASJEP, 2, 1990, 392-368

ders. *aṭ-Ṭalāq*
"Ṭuruq aṭ-ṭalāq fī qānūn al-usra al-ǧazā'irī."
in: RASJEP, 3, 1990, 616-54

ARKOUN, M. *Algeria*
"Algeria."
in: Hunter, SH. T. (Hrsg.)
The Politics of Islamic Revivalism.
Bloomington, 1988, S. 171-186

ASLAOUI, L. *Etre juge*
Etre juge.
Algier, 1983

dies. *Effets du code*
"Effets du code algérien de la famille."
Communication au Colloque "Femmes et droit de la famille au Maghreb",
Institut du Monde Arabe, mars 1990
(Unveröffentlichtes Manuskript)

dies. *L'enfant au Maghreb*
"Le statut juridique de l'enfant au Maghreb."
in: RASJEP, 2, 1990, S. 241-257

dies. *Dame justice*
Dame justice. Réflexions au fil du jour.
Algier, 1990

ᶜAẒMA, ᶜA. AL- (Al-Azmeh) *al-ᶜAlmānīya*
al-ᶜAlmānīya min manẓūr muḫtalif
Beirut, 1992

BADR, G. *Relance du droit islamique*
"La relance du droit islamique dans la jurisprudence algérienne depuis
1962."
in: Revue internationale de droit comparé, 1970, S. 43-54

BAKŪŠ, Y. *Adillat al-iṯbāt*
Adillat al-iṯbāt fī l-qānūn al-madanī al-ǧazā'irī wa-l-fiqh al-islāmī.
Algier, 1988

BARĞĀWĪ, Ḫ. *ᶜAqd az-zawāǧ*
Tausīᶜ maǧāl aš-šurūṭ fī ᶜaqd az-zawāǧ. Fikra ǧadīda?
Universität Rabat, 1996
(Unveröffentlichtes Manuskript)

BELHADJ, L. *Atteintes à la liberté*
"Les atteintes à la liberté du mariage."
in: RASJEP, 2, 1988, S. 425-447

BELTRAN, C.P. *Estatuto juridico*
Estatuto juridico de la mujer argelina: Matrimonio y divorcio.
Granada, 1991

BEN ACHOUR, Y. *Politique, religion et droit*
Politique, religion et droit dans le monde arabe.
Tunis, 1992

BENCHENEB, A. *Tradition et modernité*
"Le droit algérien de la famille entre la tradition et la modernité."
in: RASJEP, 1, 1982, S. 23-33

ders. *Kafala*
"La formation du lien de *kafala* et les silences législatifs."
in: RASJEP, 2, 1991, S. 47-64

BENHAMOUDA, B. *Allocution*
"Allocution de Monsieur Boualem Benhamouda, Ministre de la Justice, Garde des Sceaux à l'ouverture de l'année judiciaire 71-72."
in: RASJEP, 4, 1971, S. 1003-1010

BENMELHA, G. *Famille algérienne*
"La famille algérienne entre le droit des personnes et le droit public."
in: RASJEP, numéro spécial 20ème anniversaire (1982), S. 29-44

ders. *Droit algérien de la famille*
Eléments du droit algérien de la famille.
Tome 1: Le mariage et sa dissolution.
Paris, 1985

ders. *Le droit patrimonial*
Le droit patrimonial algérien de la famille. Successions, testament, waqf, donation.
Algier, 1995.

BENNOUNE, M. *Making of Algeria*
The Making of Contemporary Algeria, 1830-1987.
Cambridge u.a., 1988

BERGMANN, A. und FERID, M. (Hrsg.) *Algerien*
Inernationales Ehe- und Kindschaftsrecht: Algerien.
84. Lieferung abgeschlossen am 1.10.1985,
Frankfurt/M, S. 8-27

BERQUE, J. *Le Maghreb entre deux guerres*
Le Maghreb entre deux guerres.
Paris, 1962

ders. *Méthode juridique*
Essai sur la méthode juridique maghrébine.
Rabat, 1944

BIN LAŠNAB, ᶜA. *at-Tanāzuᶜ*
"at-Tanāzuᶜ bain al-kitābī wa-l-lafẓī fī takwīn al-ᶜilāqa az-zauǧīya ḍimn al-qānūn al-ǧazāʾirī al-muᶜāṣir."
in: RASEP, 3, 1974, S. 61-66

BÖCKENFÖRDE, E.W. *Freiheit und Recht*
"Freiheit und Recht, Freiheit und Staat"
in: ders.
Recht, Staat und Freiheit
Frankfurt/M., 1992, S. 42-57

ders. *Wertbegründung*
"Zur Kritik der Wertbegründung des Rechts"
in: ebenda, S. 67-91

BONTEMS, C. *L'influence française*
"L'influence française dans le projet de code de la famille algérienne."
in: RASJEP, 4, 1982, S. 625-645

ders. *Tentatives de codification*
"Les tentatives de codification du droit musulman dans l'Algérie coloniale."
in: Flory, M. und Henry, J.-R. (sous la dir. de)
L'enseignement du droit musulman.
Paris, 1989, S. 113-131

BORRMANS, M. *Statut personnel et famille*
Statut personnel et famille au Maghreb de 1940 à nos jours.
Paris, 1977

ders. *Documents*
"Documents sur la famille au Maghreb de 1940 à nos jours."
in: Oriente Moderno, 59, 1979, S. 272-398

ders. *Les grandes lignes*
"Les grandes lignes du nouveau code algérien de la famille."
in: Quaderni di Studi Arabi, 2, 1984, S. 63-80

BOTIVEAU, B. *Islamiser le droit*
"Islamiser le droit? L'exemple égyptien."
in: Maghreb-Machrek, 126, 1989, S. 5-24

ders. *Droit de la famille*
"1979-1985: Le droit de la famille en question."
in: Maghreb-Machrek, 127, 1990, S. 51-64

ders. *Reinterpretations of Islamic Law*
"Contemporary Reinterpretations of Islamic Law: The Case of Egypt."
in: Mallat, C. (Hrsg.)
Islam and Public Law. Classical and Contemporary Studies.
London u.a., 1993, S. 261-277

ders. *Loi islamique et droit*
Loi islamique et droit dans les sociétés arabes.
Paris u.a., 1993

BOUCEBCI, M. *Psychiatrie tourmentée*
La psychiatrie tourmentée. L'effet Dagma."
Algier, 1990

BOUDEFA, S. *Image de la femme*
"Image de la femme dans les discours officiels."
in: Femme, famille et société en Algérie.
Université d'Oran: Unité de Recherche en Anthropologie Sociale et Culturelle (URASC). Journées d'étude, 2-4 juin 1987.
Oran, 1988, S. 178-208

BOURDIEU, P. *Entwurf einer Theorie*
Entwurf einer Theorie der Praxis.
Frankfurt/M., 1979

ders. *Sociologie de l'Algérie*
Sociologie de l'Algérie.
Paris, 1985

ders. *Champ juridique*
"La force du droit. Eléments pour une sociologie du champ juridique"
in: Actes de la recherche en sciences sociales, 64, 1986, S. 3-19

ders. *Habitus, code et codification*
"Habitus, code et codification."
in: ebenda, S. 40-44

BOUSQUET, G.-H. *Précis*
Précis de Droit Musulman principalement malékite et algérien.
Algier, o.J.

ders. *Ethique sexuelle*
L'éthique sexuelle de l'Islam.
Paris, 1966

BOUTEFNOUCHET, M. *Famille algérienne*
La famille algérienne. Evolution et caractéristiques récentes.
Algier, 1982

BRAC DE LA PERRIERE, C. *Associations algériennes*
Les associations algériennes ayant pour but la promotion des femmes.
Rapport soumis au Fonds des Nations Unies pour la Population.
o.O., 1993

BUḪĀRĪ, AL- *aṣ-Ṣaḥīḥ*
Matn ṣaḥīḥ al-Buḫārī. Bd. I-IV
Kairo, 1386 H.

BURGAT, F. *L'Algérie*
"L'Algérie: de la laïcité islamique à l'islamisme."
in: Maghreb-Machrek, 121, 1988, S. 43-59

ders. *L'islamisme au Maghreb*
L'islamisme au Maghreb. La voix du Sud.
Paris, 1988

CAMAU, M. *La démocratisation*
"Trois questions à propos de la >démocratisation< dans le monde arabe."
in: Egypte/Monde arabe, 4, 1990, S. 25-46

CESARI, J. *Droits de l'homme*
"Algérie: contexte et acteurs du combat pour les droits de l'homme."
in: Maghreb-Machrek, 142, 1993, S. 24-31

CHALABI, EL-H. *Place de l'Islam*
"La place de l'Islam dans le droit public algérien."
in: RASJEP, 2, 1984, S. 429-451

ders. *L'Etat et le droit*
L'Algérie, l'Etat et le droit 1979-1988.
Paris, 1989

ders. *Droit, Etat et pouvoir*
"Droit, Etat et pouvoir, de l'Algérie coloniale à l'Algérie indépendante."
in: NAQD Revue d'études et de critique sociale, 3, 1992, S. 35-47

ders. *La légalité*
"La légalité à l'épreuve du sacré: l'invocation du Coran et des Hadiths devant les juridictions criminelles."
in: RASJEP, 1, 1993, S. 17-29

CHALABI, EL-H. und MEKARBECH, C. *L'enfant hors mariage*
"L'enfant conçu et né hors mariage."
in: RASJEP, 2, 1987, S. 295-312

CHARNAY, J.-P. *Méthode de sociologie juridique*
"Sur une méthode de sociologie juridique, l'exploitation de la jurisprudence."
in: Annales E.S.C., 3 und 4, 1965, S. 513-527, 734-754

ders. *Vie musulmane*
La vie musulmane en Algérie d'après la jurisprudence de la première moitié du XXe siècle.
Paris, 1991

CHAULET, C. *Stratégies familiales*
"Stratégies familiales et rôles des femmes."
in: Femme, famille et société en Algérie.
Université d'Oran: Unité de Recherche en Anthropologie Sociale et Culturelle (URASC). Journées d'étude, 2-4 juin 1987
Oran, 1988, S. 105-109

CHRISTELOW, A. *Muslim Law Courts*
Muslim Law Courts and the French Colonial State in Algeria.
Princeton, 1985

COLLOT, C. *Institutions de l'Algérie*
Les institutions de l'Algérie durant la période coloniale (1830-1962).
Paris u.a., 1987

COLONNA, F. *Cultural Resistance*
"Cultural Resitance and Religious Legitimacy in Colonial Algeria."
in: Economy and Society, 3, 1974, S. 233-252

dies. *Instituteurs*
Instituteurs algériens, 1883-1939.
Paris, 1975

COULSON, N.J. *Succession*
Succession in the Muslim Family.
Cambridge, 1971

ders. *Islamic Law*
A History of Islamic Law.
Edinburgh, 1991

CUBERTAFOND, B. *République Algérienne*
La République Algérienne Démocratique et Populaire.
Paris, 1979

DANOUNI, H. (Danūnī) *Régime des biens*
"Le régime des biens des époux en droit algérien."
in: Revue Tunisienne de Droit, 1986, S. 157-178

DANŪNĪ, H. (Danouni) *Taᶜaddud az-zauǧāt*
"Ḥaul qānūn al-usra. Taᶜaddud az-zauǧāt fī t-tašrīᶜ al-ǧazāʾirī."
in: RASJEP, 2, 1987, S. 512-499

DAOUD, Z. *Féminisme et politique*
Féminisme et politique au Maghreb.
Paris u.a., 1993

DEHEUVELS, L.-W. *Islam et pensée contemporaine*
Islam et pensée contemporaine en Algérie.
Paris, 1991

DEKHLI, F. *Principe d'égalité*
"Le principe d'égalité dans le mariage au regard du droit positif algérien."
in: RASJEP, 3/4, 1988, S. 713-724

DENDANI, D. *Filiation*
"Droit de filiation, adoption et kafala."
in: RASJEP, 4, 1993, S. 779-791

DENNERLEIN, B. *Difficile autonomie*
"La difficile autonomie des luttes de femmes."
in: Maghreb-Machrek, 154, 1996, S. 16-24

DEPREZ, F. *Pérennité de l'Islam*
"Pérennité de l'Islam dans l'ordre juridique au Maghreb."
in: Gellner, E. und Vatin, J.-C. (Hrsg.)
Islam et politique au Maghreb.
Paris, 1981, S. 315-353

DUPRET, B. *Entre le droit et la loi*
"Entre le droit et la loi. Le juge et le jeu de la normalisation islamique du droit positif."
in: Droits et Cultures, 2, 1995, S. 47-64

DWYER, D.H. *Substance and Process*
"Substance and Process: Reappraising the Premises of the Anthropology of Law."
in: Dialectical Anthropology, 4, 1979, S. 309-320

dies. *Law and Islam*
"Law and Islam in the Middle East: An Introduction."
in: dies. (Hrsg.)
Law and Islam in the Middle East.
New York u.a., 1990, S. 1-14

EBERT, H.-G. *Personalstatut*
Das Personalstatut arabischer Länder. Problemfelder, Methoden, Perspektiven.
Franfurt/M., 1996

ELSENHANS, H. *Postkoloniale Entwicklung*
Algerien. Koloniale und postkoloniale Entwicklung.
Hamburg, 1977

ders. *Algerian Development*
"Contradictions in the Algerian Development Process: The Reform of the Public Sector and the New Approach to the Private Sector in Industry."
in: The Maghreb Review, 3/4, 1981, S. 62-72

ders. *Contradiction*
"Algeria: Contradiction of Rent-Financed Development."
in: The Maghreb Review, 3/4, 1989, S. 226-248

ETIENNE, B. *Cultures et Révolution*
L'Algérie. Cultures et Révolution.
Paris, 1977

FAATH, S. *Berberbewegung*
"Die Berberbewegung Algeriens im Spannungsfeld zwischen gesellschaftlicher Realität und monolithischer Staatsideologie."
in: Orient, 3, 1989, S. 379-412

FANON, F. *Algerische Revolution*
Aspekte der Algerischen Revolution.
Frankfurt/M., 1979

FLUEHR-LOBBAN, C. *Islamic Law and Society*
Islamic Law and Society in the Sudan.
London, 1987

FORST, R. *Gerechtigkeit*
Kontexte der Gerechtigkeit.
Frankfurt/M., 1994

FORSTNER, M. *Ehe- und Kindschaftsrecht*
"Das neue algerische Ehe- und Kindschaftsrecht - Gesetz und soziale Wirklichkeit."
in: Das Standesamt, 7/8 und 9, 1987, S. 197-221 und 237-249

GADANT, M. *Islam et nationalisme*
Islam et nationalisme en Algérie.
Paris, 1988

dies. *Nationalité et citoyennenté*
"Nationalité et citoyenneté, les femmes algériennes et leurs droits."
in: dies.
Le nationalisme algérien et les femmes.
Paris, 1995, S. 117-171

dies. *Mouvement des femmes*
"Le mouvement des femmes en Algérie, modernisme ou féminisme?"
in: a.a.O., S. 209-228

dies. *Le corps dominé*
"Le corps dominé des femmes ou la valeur de virginité."
in: a.a.O., S. 245-286

GADANT, M. und HARBI, M. *Quel pôle démocratique*
"Quel pôle démocratique?"
in: Esprit, 1, 1995, S. 119-125

ĠARRĀM, I. AL- *Muṣṭalaḥāt qānūnīya*
al-Muṣṭalaḥāt al-qānūnīya fī t-tašrī[c] al-ǧazā'irī.
Algier, 1992

ĠAZĀLĪ, M. AL- *Iḥyāʾ ʿulūm ad-dīn*
Iḥyāʾ ʿulūm ad-dīn.
Kairo, 1933

GEERTZ, C. *Fact and Law*
"Fact and Law in Comparative Perspective."
in: ders.
Local Knowledge: further Essays in Interpretative Anthropology.
New York, 1983, S. 167-234

GELLNER, E. *Leben im Islam*
Leben im Islam. Religion als Gesellschaftsordnung.
Stuttgart, 1985

ders. *Nationalismus und Moderne*
Nationalismus und Moderne.
Berlin, 1991

GERBER, H. *State, Society and Law*
State, Society and Law in Islam. Ottoman Law in Comparative Perspective.
New York, 1994

GERHARD, U. *Bürgerliches Recht*
"Bürgerliches Recht und Patriarchat."
in: Gerhard, U. u.a. (Hrsg.)
Differenz und Gleichheit. Menschenrechte haben (k)ein Geschlecht.
Frankfurt/M., S. 188-204

GILSENAN, M. *Recognizing Islam*
Recognizing Islam. Religion and Society in the Modern Middle East.
London u.a., 1990

GOODY, J. *Ehe und Familie*
Die Entwicklung von Ehe und Familie in Europa.
Frankfurt/M., 1989

GORDON, D. *Passing of French Algeria*
The Passing of French Algeria.
London u.a., 1966

ders. *Women of Algeria*
Women of Algeria. An Essay on Change.
Cambridge, 1972

GOURON, H. *Constitution algérienne*
"La constitution algérienne du 28 novembre 1996."
in: Maghreb-Machrek, 156, 1997, S. 36-48

GRANDGUILLAUME, G. *Arabisation*
Arabisation et politique linguistique au Maghreb.
Paris, 1983

HABERMAS, J. *Faktizität und Geltung*
Faktizität und Geltung. Beiträge zur Diskurstheorie des Rechts und des demokratischen Rechtsstaates.
Frankfurt/M., 1992

HADDAD, R. *Projets de codes*
"Où en sont les projets de codes algériens?"
in: Annuaire de la Justice (AdJ), 1965, S. 159-176

HAMDAN, L. *Difficultés de codification*
"Les difficultés de codification du droit de la famille algérien."
in: Revue internationale du droit comparé, 4, 1985, S. 1001-1015

HANF, T. *Modernisierung ohne Säkularisierung*
"Modernisierung ohne Säkularisierung. Versuch über religiös-politische Bewegungen in der Dritten Welt."
in: Matz, U. (Hrsg.)
Die Bedeutung der Ideologie in der heutigen Welt.
Köln u.a., 1986, S. 129-152

HARBI, M. *La guerre commence*
1954. La guerre commence en Algérie.
Brüssel, 1984

HARNĀN, ᶜA. (Hernane) *al-Usra*
"al-Usra al-ǧazāʾirīya bain al-aṣāla wa-l-muᶜāṣara."
in: RASJEP, 2, 1990, S. 412-359

ḤASANAIN, M. *al-Hiba*
"ᶜAqd al-hiba fī t-tašrīᶜ al-ǧazāʾirī."
in: RASJEP, 2, 1987, S. 552-514

HAYEF, I. *Célibat féminin*
"Le célibat des femmes en Algérie."
in: Colonna, F. (Hrsg.)
Etre marginal au Maghreb.
Paris, 1993, S. 251-257.

HENRICH, D. *Familienrecht*
Familienrecht.
Berlin, 1995

HENRY, J.-R. *Droit musulman, Etat moderne*
"Droit musulman et structure d'Etat moderne en Algérie: l'héritage colonial."
in: Gellner, E. und Vatin, J.-C. (Hrsg.)
Islam et politique au Maghreb.
Paris, 1981, S. 305-313

ders. *Droit comme enjeu*
"La redécouverte du droit comme enjeu politique et culturel et comme objet sociologique."
in: Droit et environnement au Maghreb. Colloque des 10-11-12 décembre 1987 (CNRS, Fondation Roi Abdul-Aziz)
Paris u.a., 1989, S. 171-181

HENRY, J.-R. und BALIQUE, F. *Doctrine coloniale*
La doctrine coloniale du droit musulman algérien.
Paris, 1979

HERNANE, A. (Harnān) *La Hadhâna*
La Hadhâna dans ses rapports avec la puissance paternelle en droit algérien.
Algier, o.J.

HILL, E. *Orientalism and Legal Liberalism*
"Orientalism and Legal Liberalism: the Study of Islamic Law in the Modern Middle East."
in: Review of Middle Eastern Studies, 2, 1976, S. 57-70

dies. *Mahkama*
Mahkama! Studies in Egypt's Legal System. Courts and Crimes, Law and Society.
London, 1978

dies. *Islamic Law*
Al-Sanhuri and Islamic Law.
Kairo, 1987

HÖLL, R. *Stellung der Frau*
Die Stellung der Frau im zeitgenössischen Islam. Dargestellt am Beispiel Marokkos.
Frankfurt/M. u.a., 1979

HONNETH, A. *Kommunitarismus*
(Hrsg.) Kommunitarismus. Eine Debatte über die moralischen Grundlagen moderner Gesellschaften.
Frankfurt/M. u.a., 1995

HOOKER, M.B. *Legal Pluralism*
Legal Pluralism. An Introduction to Colonial and Neo-Colonial Laws.
Oxford, 1975

JANSEN, W. *Women without Men*
Women without Men. Gender and Marginality in an Algerian Town.
Leiden u.a., 1978

JOHANSEN, B. *Eigentum*
"Eigentum, Familie und Obrigkeit im hanafitischen Strafrecht."
in: Die Welt des Islams, 19, 1979, S. 1-73

ders. *Sacred and Religious Elements*
"Sacred and Religious Elements in Hanafite Law - Functions and Limits of the Absolute Character of Government Authority."
in: Gellner, E. und Vatin, J.-C. (Hrsg.)
Islam et politique au Maghreb.
Paris, 1981, S. 281-303

ders. *Staat, Recht und Religion*
"Staat, Recht und Religion im sunnitischen Islam. Können Muslime einen religionsneutralen Staat akzeptieren?"
in: Marré, H. und Stützing, J. (Hrsg.)
Essener Gespräche zum Thema Staat und Kirche, Bd. 20.
Münster, 1986, S. 12-81

ders. *Sündige, gesunde Amme*
"Die sündige, gesunde Amme. Moral und gesetzliche Bestimmung (hukm) im islamischen Recht."
in: Die Welt des Islams, 28, 1988, S. 264-282

JULIEN, C.-A. *L'Afrique du Nord*
L'Afrique du Nord en marche. Nationalismes musulmans et souveraineté française.
Paris, 1972

KACHA, N. *L'Algérienne*
"L'Algérienne et le changement."
in: Présence de Femmes (Collectif)
Algier, 1984, S. 137-140

KANDIYOTI, D. *Bargaining*
"Bargaining with Patriarchy."
in: Gender and Society, 3, 1988, S. 274-290

KAŠBŪR, M. AL- *Qānūn al-aḥwāl aš-šaḫṣīya*
Qānūn al-aḥwāl aš-šaḫṣīya ma[c] ta[c]dīlāt 1993.
Rabat, 1993

KEDDIE, N. *Scholars*
(Hrsg.) Scholars, Saints and Sufis.
Berkeley u.a., 1972

KERR, M. H. *Islamic Reform*
Islamic Reform. The Political and Legal Theories of Muḥammad [c]Abduh and Rashīd Riḍā.
Berkeley u.a., 1966

KHALIL BEN ISH'AQ *Abrégé*
Übersetzung von G.-H. Bousquet:
Abrégé de la Loi Musulmane selon le rite de l'IMAM MALEK.
Algier u.a., 1958

KHELLADI, A. und VIROLLE, M. *Démocrates algériens*
"Les démocrates algériens."
in: Les Temps Modernes, 580, 1995, S. 177-195

LABAT, S. *Islamistes algériens*
Les islamistes algériens. Entre les urnes et le maquis.
Paris, 1995

LALAMI-FATES, F. *Associations de femmes*
"Entre le pouvoir et l'islamisme, la voie étroite du mouvement indépendant des femmes."
in: Revue M, avril-mai 1992, S. 57-59

LAMBTON, A.K.S. *State and Government*
State and Government in Medieval Islam. An Introduction to the Study of Islamic Political Thought: The Jurists.
Oxford, 1981

LAPASSAT, E.J. *Justice en Algérie*
La justice en Algérie 1962-1968.
Paris, 1969

LARENZ, K. *Methodenlehre*
Methodenlehre der Rechtswissenschaft.
Berlin u.a., 1983

LA^cŠAB, M. *al-Mabādi*ʾ
al-Mabādiʾ al-ʿāmma li-l-qānūn al-madanī al-ǧazāʾirī.
Algier 1993

LAYISH, A. *Secularization of Islamic Law*
"The Contribution of the Modernists to the Secularization of Islamic Law."
in: Middle Eastern Studies, 3, 1978, S. 263-277

ders. *Family waqf*
"The Māliki Family waqf according to the Wills and waqfiyyāt."
in: Bulletin of the School of Oriental and African Studies, 1, 1983, S. 1-32

ders. *Divorce in the Libyan Family*
Divorce in the Libyan Family.
New York, 1991

LAZREG, M. *Gender and Politics*
"Gender and Politics in Algeria: Unraveling the Religious Paradigm."
in: Signs, 4, 1990, S. 755-780

dies. *Eloquence of Silence*
The Eloquence of Silence. Algerian Women in Question.
New York, 1994

LEBOLD, H. *Mythos der Kämpferin*
"Zum Mythos von der revolutionären Kämpferin: Frauen im algerischen Befreiungskampf."
in: Peripherie, 13, 1983, S. 56-67

LECA, J. *Etat et société*
"Etat et société en Algérie."
in: Kodmani-Darwish, B. (Hrsg.)
Maghreb: Les années de transition.
Paris, 1990, S. 17-58

ders. *Democratization in the Arab World*
"Democratization in the Arab World: Uncertainty, Vulnerability and Legitimacy. A Tentative Conceptualization and some Hypotheses."
in: Salamé, Gh. (Hrsg)
Democracy without Democrats.
London u.a. 1994, S. 48-83

LECA, J. und VATIN, J.-C. *L'Algérie politique*
L'Algérie politique. Institutions et régime.
Paris, 1977

LEGGEWIE, C. *Widersprüche*
"Widersprüche des >islamischen Sozialismus< - am Beispiel der Frauenfrage in Algerien."
in: SOWI (Sozialwissenschaftliche Informationen für Unterricht und Studium), 10, 1981 (Heft 2), S. 81-87

LEßNER, D. *Soziale Lage der Frau*
Zur sozialen Lage der Frau in Entwicklungsländern. Eine Fallstudie: Algerien.
München, 1978

LEVY-BRUHL, H. *Sociologie du droit*
La sociologie du droit.
Paris, 1971

LIEBESNY, H.J. *Law of the Middle East*
The Law of the Near and Middle East. Readings, Cases and Materials.
New York, 1975

LINANT DE BELLEFONDS, Y. *Traité de Droit Musulman*
Traité de Droit Musulman Comparé, Bd. I-III.
Paris, 1965 (Bde I und II), 1973 (Bd. III)

LOUIS, M.-V. *La lutte*
"Les Algériennes, la lutte."
in: Les Temps Modernes, 432/433, 1982, S. 152-193

MAHIEDDIN, M.N. *Dualisme conflictuel*
"Dualisme conflictuel et rupture des logiques juridiques en droit algérien."
in: AAN, 23, 1984, S. 323-333

ders. *Fiqh islamique*
"Le fiqh islamique et la formation du droit en Algérie."
in: The Maghreb Review, 1/2, 1988, S. 42-48

ders. *Enseignement du droit musulman*
"L'état actuel de l'enseignement du droit musulman en Algérie."
in: Flory, M. und Henry, J.-R. (sous la dir. de)
L'enseignement du droit musulman.
Paris, 1989, S. 253-265

ders. *Rapports juridiques*
"Quelques aspects des rapports juridiques entre parents et enfants en droit algérien de la famille."
in: Carlier, J.-Y. (sous la dir. de)
Le statut personnel des musulmans. Droit comparé et droit international privé.
Brüssel, 1992, S. 181-197

ders. *Marriage*
"Algeria. Marriage: Its Formation and Effects in Algerian Substantive Law."
in: Bainham, A. (Hrsg.)
The International Survey of Family Law.
Cambridge, 1994, S. 1-28

MAHIOU, A. *Principes généraux*
"Les principes généraux du droit et la constitution."
in: RASJEP, 3, 1978, S. 429-443

ders. *Rupture ou continuité*
"Rupture ou continuité du droit en Algérie."
in: RASJEP, numéro spécial 20ème anniversaire (1982), S. 107-135

ders. *Etat, droit et société*
"Etat, droit et société. Reflexions sur l'expérience algérienne."
in: Droit et environnement au Maghreb. Colloque des 10-11-12 décembre 1 987 (CNRS, Fondation Roi Abdul-Aziz).
Paris u.a., 1989, S. 23-33

MANNHEIM, K. *Konservatismus*
Konservatismus. Ein Beitrag zur Soziologie des Wissens.
Frankfurt/M., 1984

MATHETES, O. *Réforme judiciaire*
"La réforme judiciaire algérienne."
in: AAN, 1966, S. 111-119

MAYER, A.E. *Methodology*
"The Sharīᶜah: A Methodology or a Body of Substantive Rules?"
in: Heer, N. (Hrsg.)
Islamic Law and Jurisprudence.
Seattle u.a., 1990, S. 177-198

MERAD, A. *Réformisme musulman*
Le réformisme musulman en Algérie de 1925 à 1940
Paris, 1967

ders. *Religion de l'Etat*
"L'Islam, religion de l'Etat, comme principe constitutionnel: réflexions sur le cas algérien."
in: The Maghreb Review, 6, 1981, S. 1-9

MERNISSI, F. *Feminity as Subversion*
"Feminity as Subversion: Reflections on the Muslim Concept of Nushuz."
in: Eck, D.L. und Jain, D. (Hrsg.)
Speaking of Faith - Cross-Culture Perspectives on Women, Religion and Change.
London, 1986, S. 88-100

dies. *Geschlecht, Ideologie, Islam*
Geschlecht, Ideologie, Islam.
München, 1987

MESSAOUDI, K. *Une algérienne debout*
Une algérienne debout.
Entretiens avec Elisabeth Shemla.
Paris, 1995

MIR-HOSSEINI, M. *Marriage on Trial*
Marriage on Trial. A Study of Islamic Family Law.
London u.a., 1993

MOORE, S. F. *Semi-Autonomous Social Field*
"Law and Social Change: The Semi-Autonomous Social Field as an Appropriate Subject of Study."
in: Law and Society Review, 4, 1973, S. 719-746

dies. *Law as Process*
Law as Process: An Anthropological Approach.
London, 1978

M'RABET, F. *Femme algérienne*
La femme algérienne. Suivi de: Les Algériennes.
Paris, 1979

MUḤADDA, M. *Aḥwāl šaḫṣīya*
al-Aḥkām al-asāsīya fī l-aḥwāl aš-šaḫṣīya.
al-Ǧuz' al-awwal: al-ḫiṭba wa-z-zawāǧ.
Algier, o.J. (1986 ?)

MUNDY, M. *Family, Inheritance and Islam*
"The Family, Inheritance and Islam: A Re-Examination of the Sociology of Fara'id Law."
in: Al-Azmeh, A. (Hrsg.)
Islamic Law. Social and Historical Contexts.
London, 1988, S. 1-123

dies. *Oral and Written*
"Between the Oral and the Written (Bookreview: Lawrence Rosen, The Anthropology of Justice. Law as Culture in Islamic Society)"
in: History Workshop Journal, 32, 1991, S. 184-192

MUSALLAM, B. *Sex and Society*
Sex and Society in Islam. Birth Control before the nineteenth Century.
Cambridge u.a., 1983

NAĞAM, *Muḥāḍarāt*
Muḥāḍarāt fī qānūn al-usra.
Algier, 1992

NŪR FARAḤĀT, M. *al-Muǧtama*[c]
al-Muǧtama[c] wa-š-šarī[c]a wa-l-qānūn.
Kairo, 1986

PATEMAN, C. *Sexual Contract*
The Sexual Contract.
Stanford, 1988

PERISTIANY, J.G. (Hrsg.) *Family Structures*
Mediterranean Family Structures.
London u.a., 1976

PETERS, R. *Divine Law*
"Devine Law or Man-Made Law? Egypt and the Application of the Shari'a."
in: Arab Law Quarterly, 3, 1988, S. 231-253

POWERS, D. *Family Endowments*
"Orientalism, Colonialism, and Legal History: The Attack on Muslim Family Endowments in Algeria and India."
in: Comparative Studies in Society and History, 31, 1989, S. 535-571

PROCHASKA, D. *Making Algeria French*
"Making Algeria French and Unmaking French Algeria."
in: Journal of Historical Sociology, 4, 1990, S. 305-328

PRUVOST, L. *La famille*
Dossiers d'islamologie.
5. La famille au Maghreb.
Algier, 1984-85

dies. *Contrat de mariage*
Le contrat de mariage.
Oran, 1988

QĀḌĪ, S. *Qānūn al-usra*
"Qānūn al-usra al muftarā ᶜalaih"
in: at-Tadkīr, 10, 1991

QAIRAWĀNĪ, Ibn Abī Zaid AL- *ar-Risāla*
ar-Risāla.
Mit Übersetzung von L. Bercher:
La Risâla ou Epître sur les éléments du dogme et de la loi de l'Islâm selon le rite mâlikite.
Algier, 1975

RAFFINOT, M. und JACQUEMOT, P. *Capitalisme d'état*
Le capitalisme d'état algérien.
Paris, 1977

REZIG, I. *Women's Roles*
"Women's Roles in Contemporary Algeria: Tradition and Modernism."
in: Utas, B. (Hrsg.)
Women in Islamic Societies. Social Attitudes and Historical Perspectives.
London u.a., 1983, S. 192-208

RIESEBRODT, M. *Fundamentalismus*
Fundamentalismus als patriarchlische Protestbewegung. Amerikanische Protestanten (1910-1928) und iranische Schiiten (1961-1979) im Vergleich.
Tübingen, 1990

ROBERTS, H. *Radical Islamism*
"Radical Islamism and the Dilemma of Algerian Nationalism: The Embattled Arians of Algiers."
in: Third World Quaterly, 2, 1988, S. 556-589

RÖHL, K.F. *Rechtssoziologie*
Rechtssoziologie.
Köln u.a., 1987

ROSEN, L. *Law and Social Change*
"Law and Social Change in the New Nations."
in: Comparative Studies in Society and History, 1, 1978, S. 3-28

ders. *Anthropology of Justice*
The Anthropology of Justice: Law as Culture in Islamic Society.
Cambridge, 1989

ROUADJIA, A. *Les frères et la mosquée*
Les frères et la mosquée.
Paris, 1990

ROULAND, N. *Anthropologie juridique*
L'anthropologie juridique.
Paris, 1990

SA^cD, ^cA. *az-Zawāǧ*
az-Zawāǧ wa-ṭ-ṭalāq fī qānūn al-usra al-ǧazā'irī.
Constantine, 1989

ders. *al-Ǧarā'im*
al-Ǧarā'im al-wāqi^ca ^calā niẓām al-usra.
Algier u.a., 1990

SA^cD, F. (zitiert als F. Sa^cd) *Qānūn al-usra*
Šarḥ qānūn al-usra al-ǧazā'irī fī z-zawāǧ wa-ṭ-ṭalāq.
Algier 1986

SA^cDĪ, M.S. *Šarḥ*
Šarḥ al-qānūn al-madanī al-ǧazā'irī. Bd. I-II
Algier, 1991-93

SAADI, N.R. *Science juridique*
"Quelques réflexions sur l'état de la science juridique en Algérie."
in: RASJEP, 1, 1985, S. 7-23

ders. *Le nom*
"Le nom, le sang ou la filiation exhortée par le droit."
in: RASJEP, 1/2, 1991, S. 55-64

ders. *Femme et loi*
La femme et la loi en Algérie.
Casablanca, 1991

SAI, F. Z. *Codification*
"A propos de la codification du droit de la famille."
in: Le mois en Algérie, 3, 1983, S. 30-37

SALACUSE, J.W. *Law in Africa*
An Introduction to Law in French Speaking Africa.
Bd 2: North Africa.
Charlottesville, 1975

SALAH-BEY, M. *Filiation naturelle*
"La filiation naturelle dans le projet de code de la famille algérien."
in: RASJEP, 3, 1974, S. 85-96

SANSON, H. *Statut de l'Islam*
"Statut de l'Islam en Algérie."
in: AAN, 18, 1979; S. 95-109

ders. *Laïcité islamique*
Laïcité islamique en Algérie.
Paris, 1983

SANTILLANA, D. *Diritto musulmano*
Instituzioni di diritto musulmano malichita. Bd. I
Rom, o.J.

SANTOS, B. d. S. *Production of Law*
"On Modes of Production of Law and Social Power"
in: International Journal of the Sociology of Law, 13, 1985, S. 299-336

SARI, D. *Croissance démographique*
"L'indispensable maîtrise de la croissance démographique en Algérie."
in: Maghreb-Machrek, 129, 1990, S. 23-46

SCHACHT, J. *Modern Islamic Legislation*
"Problems of Modern Islamic Legislation."
in: Studia Islamica, 12, 1960, S. 99-129

ders. *Modernism and Traditionalism*
"Modernism and Traditionalism in a History of Islamic Law."
in: Middle Eastern Studies, 4, 1965, S. 388-400

ders. *Introduction*
An Introduction to Islamic Law.
Oxford, 1984

SCHÖLCH, A. *Säkularistische Traditionen*
"Säkularistische Traditionen im Vorderen Orient."
in: Jahrbuch 1985/86 des Wissenschaftskollegs zu Berlin.
Berlin, 1987, S. 191-201

SCHRÖDER, R. *Bürgerliches Erbrecht*
"Der Funktionsverlust des bürgerlichen Erbrechts."
in: Mohnhaupt, H. (Hrsg.)
Zur Geschichte des Familien- und Erbrechts.
Frankfurt/M., 1987, S. 282-294

SCHWAB, D. *Familie*
"Familie."
in: Brunner, O. und Conze, W. und R. Kosellek (Hrsg.)
Geschichtliche Grundbegriffe. Historisches Lexikon zur politisch-sozialen Sprache in Deutschland. Bd. II
Stuttgart, 1975, S. 253-301

SHAHAM, R. *Family and the Courts*
Family and the Courts in Egypt.
Leiden u.a., 1997

SIVERS, P. von *Maghreb und Westafrika*
"Maghreb und Westafrika."
in: Ende, W. und Steinbach, U. (Hrsg.)
Der Islam in der Gegenwart.
München, 1984, S. 399-418

ders. *National Integration*
"National Integration and Traditional Rural Organisation in Algeria, 1970-80: Background for Islamic Traditionalism?"
in: Arjomand, S. A. (Hrsg.)
From Nationalism to Revolutionary Islam.
Oxford, 1984, S. 94-118

SOLINAS, P. *La famille*
"La famille."
in: Braudel, F. und Duby, G. (Hrsg.)
La méditerranée. Les hommes et l'héritage.
Paris, 1986, S. 81-120

SOURIAU, C. *L'arabisation*
"La politique algérienne de l'arabisation. A propos de la première conférence nationale de l'arabisation à Alger (14-17 mai 1975)."
in: AAN, 1975, S. 363-401

SPIES, O. und PRITSCH, E. *Klassisches islamisches Recht*
"Klassisches islamisches Recht."
in: Handbuch der Orientalistik.
Erste Abteilung: Der Nahe und Mittlere Osten.
Ergänzungsband 3: Orientalisches Recht.
Leiden u.a., 1964, S. 220-386

TAIB, E. *Juge algérien*
"Le juge algérien et la notion d'indépendance."
in: Droits et Cultures, 2, 1995, S. 123-145

TAUSCHER, T. *Islamisches Familienrecht*
Sharīᶜa. Islamisches Familienrecht der sunna und shīᶜa.
Frankfurt/M., 1987

TLEMCANI, R. *State and Revolution*
State and Revolution in Algeria.
London, 1986

TOUALBI, R. *Représentations*
Les attitudes et les représentations du mariage chez la jeune fille algérienne.
Algier, 1984

TOZI, M. *Islam et Etat*
"Islam et Etat au Maghreb."
In: Maghreb-Machrek, 126, 1989, S. 25-46

VALENSI, L. *Le Maghreb*
Le Maghreb avant la prise d'Alger (1790-1830).
Paris, 1969

VANDEVELDE, H. *Glissement*
"Quelques signes d'un glissement des notions de >peuple< et de >citoyens< à celles de >umma< et >mu'minin< en Algérie depuis l'indépendance."
in: RASJEP, numéro spécial 20ème anniversaire (1982), S. 137-160

dies. *Problème du code*
"Où en est le problème du code de la famille en Algérie?"
in: Maghreb-Machrek, 97, 1982, S. 39-54

dies. *Entre le planning et le code*
"Condition féminine: entre le planning et le code."
in: Présence de Femmes (Collectif).
Algier, 1984, S. 129-132

dies. *Code de la famille*
"Le code algérien de la famille."
in: Maghreb-Machrek, 107, 1985, S. 52-64

VATIN, J.-C. *Religious Resistance*
"Religious Resistance and State Power in Algeria."
in: Cudsi, A.S. und Dessouki, A.E.H. (Hrsg.)
Islam and Power.
London, 1981, S. 119-157

WALTZ, S. E. *Human Rights*
Human Rights and Reform. Changing the Face of North African Politics.
Berkeley u.a. 1995

WEBER, M. *Wirtschaft und Gesellschaft*
Wirtschaft und Gesellschaft. Grundriß der verstehenden Soziologie.
Tübingen, 1985

XXX *Jurisprudence algérienne*
"Aspects de la jurisprudence algérienne sur la famille."
in: RASJEP, 4, 1968, S. 1183-1192

ZERDOUMI, *Enfants d'hier*
Enfants d'hier. L'éducation de l'enfant en milieu traditionnel algérien."
Paris, 1982

ZIDANI, F.C. *L'enfant hors mariage*
L'enfant né hors mariage en Algérie.
Algier, o.J. (1991/92 ?)

ZULFICAR, M. *Women in Development*
Women in Development. A Legal Study.
o.O., 1995 (UNICEF)

Enzyklopädien und Wörterbücher:

Brockelmann, C. (GAL)
Geschichte der arabischen Literatur.
Supplementband I, II, III
Leiden 1937, 1938, 1942

Enzyklopaedi des Islam (EI[1])
Bd. I-IV
Leiden u.a., 1913-34

The Encyclopaedia of Islam (EI[2])
Bd. I-VIII
Leiden, 1960-95

Lexique juridique.
Français-Arabe.
(Terki, R. und Cabbabé, M.)
Algier, ENAL, 1992

Wehr, H.
Arabisches Wörterbuch für die Schriftsprache der Gegenwart.
Wiesbaden, 1985

Wensinck, A.
Concordance et indices de la tradition musulmane.
Bd. I-VI
Leiden, 1936-88

FSC
www.fsc.org
MIX
Papier | Fördert
gute Waldnutzung
FSC® C083411

Kolibri 360 GmbH
Ferdinand-Jühlke-Straße 7
99095 Erfurt, Deutschland
produktsicherheit@kolibri360.de